新加坡 Singapore

MOOK NEWAction no.83

作者
戴鎂珍・墨刻編輯部

攝影
戴鎂珍・墨刻攝影組

特約主編
戴鎂珍

美術設計
李英娟・呂昀禾 (特約)

地圖繪製
Nina

封面圖片提供
Marina Bay Sands Singapore(中)
SkyHelix Sentosa(下)

出版公司
墨刻出版股份有限公司
地址：台北市115南港區昆陽街16號7樓
電話：886-2-2500-7008
傳真：886-2-2500-7796
E-mail：mook_service@cph.com.tw
讀者服務：readerservice@cph.com.tw
墨刻官網：www.mook.com.tw

發行公司
英屬蓋曼群島商家庭傳媒股份有限公司城邦分公司
地址：台北市115南港區昆陽街16號8樓
電話：886-2-2500-7718 886-2-2500-7719
傳真：886-2-2500-1990 886-2-2500-1991
城邦讀書花園：www.cite.com.tw
劃撥：19863813
戶名：書虫股份有限公司

香港發行所
城邦（香港）出版集團有限公司
地址：香港九龍土瓜灣土瓜灣道86號順聯工業大廈6樓A室
電話：(852)25086231
傳真：(852)25789337
E-MAIL：hkcite@biznetvigator.com

馬新發行所
城邦(馬新)出版集團 Cite (M) Sdn Bhd
地址：41, Jalan Radin Anum, Bandar Baru Sri Petaling, 57000
Kuala Lumpur, Malaysia.
電話：(603)90563833
傳真：(603)90576622
E-mail：services@cite.my

製版・印刷
藝樺設計有限公司・漾格科技股份有限公司

經銷商
聯合發行股份有限公司（電話：886-2-29178022）
誠品股份有限公司
金世盟實業股份有限公司

城邦書號
KV3083

定價
480元

ISBN
978-986-289-985-4・978-986-289-988-5(EPUB)
2024年3月初版 2024年6月2刷

首席執行長　Chief Executive Officer
何飛鵬　Feipong Ho

生活旅遊事業總經理暨墨刻出版社長
PCH Group President & Mook Managing Director
李淑霞　Kelly Lee

總編輯　Editor in Chief
汪雨菁　Eugenia Uang

資深主編　Senior Managing Editor
呂宛霖　Donna Lu

編輯　Editor
趙思語・唐德容・王藝霏・林昱霖
Yuyu Chew, Tejung Tang,Wang Yi Fei, Lin Yu Lin

資深美術設計主任　Senior Chief Designer
羅婕云　Jie-Yun Luo

資深美術設計　Senior Designer
李英娟　Rebecca Lee

影音企劃執行　Digital Planning Executive
邱茗晨　Mingchen Chiu

資深業務經理　Senior Advertising Manager
詹顏嘉　Jessie Jan

業務經理　Advertising Manager
劉玫玟　Karen Liu

業務專員　Advertising Specialist
程麒　Teresa Cheng

行銷企畫經理　Marketing Manager
呂妙君　Cloud Lu

行銷企畫專員　Marketing Specialist
許立心　Sandra Hsu

業務行政專員　Marketing & Advertising Specialist
呂瑜珊　Cindy Lu

印務部經理　Printing Dept. Manager
王竟為　Jing Wei Wan

U0020420

國家圖書館出版品預行編目資料

新加坡/戴鎂珍作. -- 初版. -- 臺北市:墨刻出版股份有限公司出版:
英屬蓋曼群島商家庭傳媒股份有限公司城邦分公司發行, 2024.03
272面 ;16.8×23公分. -- (New action ; 83)
ISBN 978-986-289-985-4(平裝)
1.CST: 旅遊 2.CST: 新加坡
738.79　　113001806

墨刻整合傳媒廣告團隊

提供全方位廣告、數位、影音、代編、出版、行銷等服務
為您創造最佳效益
歡迎與我們聯繫：mook_service@mook.com.tw

Exchange」的兌換處，不僅數量多，營業時間也長。每家的匯率不太一樣，且不一定都可用台幣兌換，如果需要換錢的話，建議先多家比價，並選擇百貨公司內或人潮較多的匯兌所比較安心。像是牛車水的珍珠坊、烏節路的Lucky Plaza、萊佛士坊地鐵站的The Arcade皆有多間匯兌所聚集，建議可來此比價後再換錢。

◎當地手機預付SIM卡

如果在當地有經常打電話的需要，在機場四大航廈、超市、加油站和通訊行等，皆能購買短期使用的手機預付SIM卡，售價依天數和使用量而不同。而新加坡的三大電信業者為Singtel、StarHub與M1。

◎退稅

在新加坡買東西都要另外收取7%的消費稅（簡稱GST），旅客在貼有「Tax Free」或「Tax Refund」的同一家商店消費滿新幣100元即可享有退稅。許多沒貼免稅標誌的小商店也有各自的退稅方案，記得向店家詢問。退稅方式如下：

透過遊客電子退稅計畫(eTRS)：只要消費商家有加入此系統，就能以同一張信用卡消費，作為各項消費的憑證。消費後向商家索取eTRS票據和原始發票，離境前即可至機場的GST Refund專區，透過eTRS自助服務機自行辦理退稅。如選擇將稅款退還到信用卡者可直接登機，無需再辦理任何手續；如選擇現金退稅，請到候機中轉大廳的GST Cash Refund Counter領取退還的現金。自2013年起，eTRS已完全取代填寫表格的做法，遊客現在無需再填寫不同商店的各種表格。

◎新加坡式華語的特殊用法

在新加坡，用華語幾乎可以跟華人溝通無礙，由於新加坡的多元背景，語源複雜，有時還是會碰上讓人一頭霧水或需要多思考幾秒鐘的情形。像是如果有人說現在是1點3個字，就表示現在時間為1點15分，其中的「字」即代表5分鐘，這是源自粵語；另外由於閩南話的

緣故，這裡也習慣用「拜」來表示「星期」，像是「拜二」即是「星期二」；而在描述多位數的數字時又接近英語的用法，一萬習慣講「十千」，十萬則說成「一百千」。以下介紹幾個常見的新加坡式華語單字提供參考。

新加坡式華語	意思
水	飲料
水草(較常使用英文Straw)	吸管
羅里(源自英文Lorry)	卡車，貨車
孑袋	袋子
樂齡人士	銀髮族
巴剎(源自馬來文Pasar)	菜市場
沖涼(源自廣東話)	洗澡
還錢	結帳，付款
黃梨	鳳梨
做工	工作，上班
巴仙(源自英文Percent)	百分比
固本(源自英文Coupon)	折價券
散錢	零錢
看戲	看電影
安哥(源自英文Uncle)	(上了年紀的)叔叔
安娣(源自英文Aunty)	(上了年紀的)阿姨

Singapore 新加坡

no.83

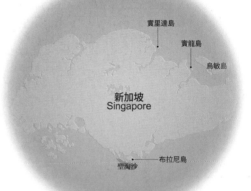

實里達島

實龍島

烏敏島

新加坡
Singapore

黑德沙 布拉尼島

MOOK NEWAction

3

本書所提供的各項可能變動性資訊，如交通、時間、價格、地址、電話或網址，係以2024年3月前所收集的為準；但此類訊息經常異動，正確內容請以當地即時標示的資訊為主。
如果你在旅行中發現資訊已更動，或是有任何內文或地圖需要修正的地方，歡迎隨時指正和批評。你可以透過下列方式告訴我們：
寫信：台北市南港區昆陽街16號7樓MOOK編輯部收
傳真：02-25007796
E-mail：mook_service@hmg.com.tw

符號說明

☎ 電話	💲 價格	⏱ 所需時間	🏠 住宿
📠 傳真	🌐 網址	📏 距離	f Facebook
📍 地址	✉ 電子信箱	🚗 如何前往	📷 Instagram
⏰ 時間	❗ 注意事項	🚇 市區交通	○ Line
🚫 休日	✿ 特色	ℹ 旅遊諮詢	

時空穿梭

就在新加坡

(SG

心想獅城

📍 牛車水區

歡迎來到新加坡

新加坡，這個被稱作「花園城市」的國度治安良好、市容整齊乾淨，然而，更令人著迷的是這裡的多變面貌。新加坡擁有得天獨厚的地理位置與複雜的歷史背景，因此融合了來自各方民族的多元文化：在同一條街上，可以發現中國佛寺和道教宮廟、印度教寺廟、基督教教堂以及伊斯蘭清真寺比鄰而居；在同一個市場裡可以品嚐華人小吃、馬來美味、印度拉餅和娘惹佳餚，不論是建築景色或美食料理都讓遊客流連駐足。此外，新加坡濱海灣、聖淘沙兩大重磅旅遊點，集結了建築奇景與充滿歡笑的度假勝地，吸引人們一再重返暢遊。

本書完整收錄近年新加坡最熱門的旅遊景點，歸納為市區、郊區及聖淘沙三部分，並將內容延伸至鄰國的馬來西亞新山、印尼民丹島，讓讀者可以做更豐富的旅遊規劃。此外，我們做了更有系統、更容易入門的整理介紹，包括「新加坡之最」、「精選行程」、「最佳旅行時刻」、「新加坡好味」、「新加坡好買」、「交通攻略」、「新加坡小百科」、「聰明旅行家」等主題單元。不論行前準備或旅行途中，本書都是資料最實用豐富、宛如隨身百寶箱的旅遊指南。

©Marina Bay Sands

新加坡全圖

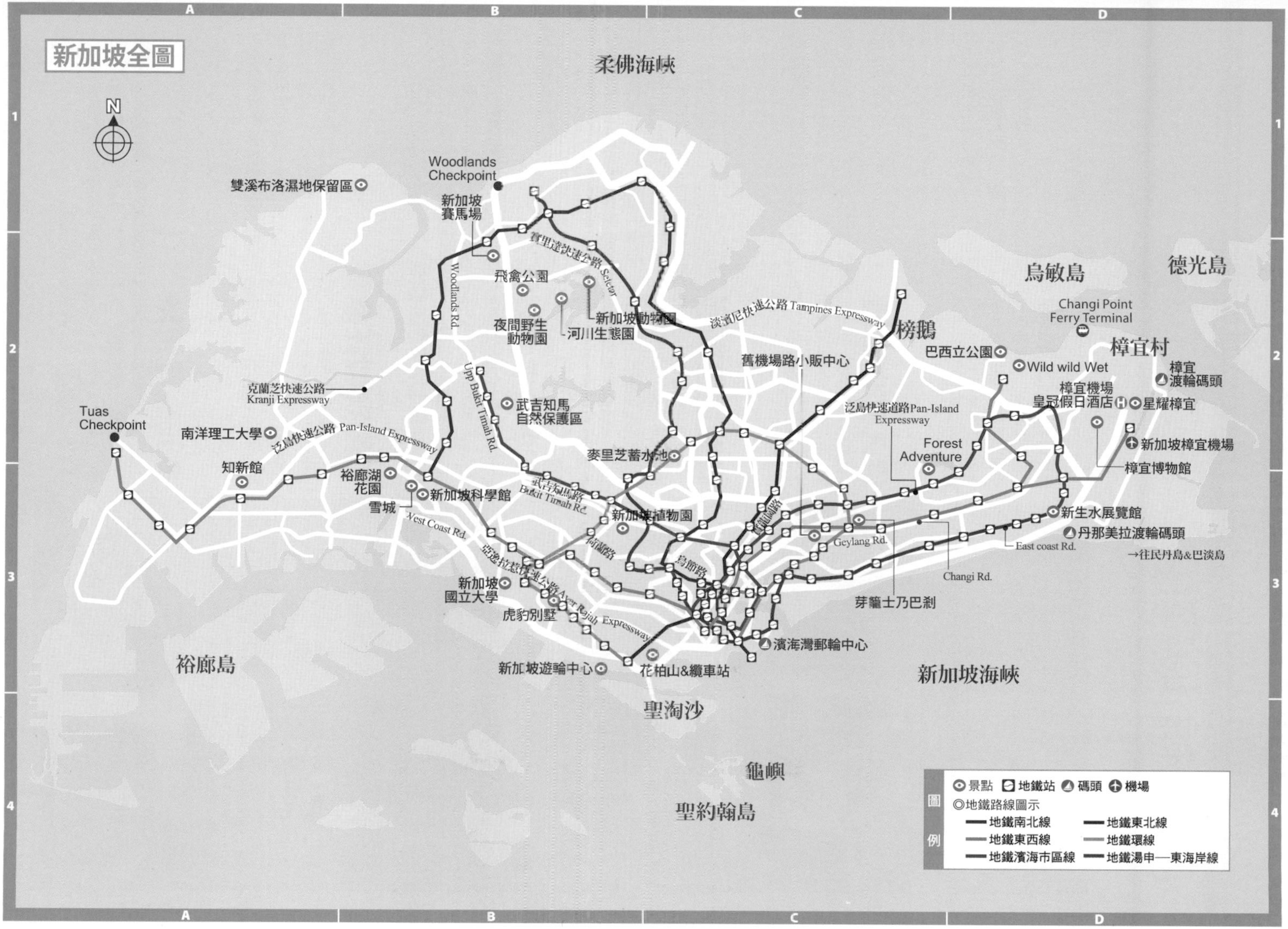

柔佛海峽

德光島

烏敏島

樟宜村

Changi Point
Ferry Terminal

● Wild wild Wet
樟宜機場
皇冠假日酒店 ⊕ 新加坡樟宜機場
● 星耀樟宜
樟宜渡輪碼頭
● 新生水展覽館
樟宜博物館
● 新生水展覽館
● 丹那美拉渡輪碼頭
→往民丹島&巴淡島

新加坡海峽

Changi Rd.
榜鵝
East coast Rd.
泛島快速公路 Tampines Expressway
巴西立公園 ⊚
Forest
Adventure
泛島快速公路 Pan-Island
Expressway
Geylang Rd.
Changi Rd.
樟宜士乃巴剎

有機場路小販中心
淡濱尼快速公路 Tampines Expressway

Geylang Rd.

● 渡海灣渡輪碼頭

新加坡海峽

龜嶼

聖約翰島

里湖沙

Woodlands
Checkpoint
新加坡
賽馬場
Woodlands Rd.
管理行政快速公路 Seletar
新加坡植物園
● 河川生態園
夜間野生
動物園
武吉知馬
自然保護區
麥里芝蓄水池
● 新加坡科學館
武吉知馬路 Upp Bukit Timah Rd.
Upp Bukit Timah Rd.

新加坡博物館
武吉知馬路 Bukit Timah Rd.
亞逸拉惹快速公路 Ayer Rajah Expressway
亞歷山大路
影視別墅
新加坡
國立大學
新加坡遊輪中心

西海岸路 West Coast Rd.

虎豹別墅

花柏山 & 纜車站

花柏山 & 纜車站

雙溪布洛濕地保留區 ⊚

裕廊湖
花園
雪城
裕廊飛禽公園

克蘭芝快速公路
Kranji Expressway
泛島快速公路 Pan-Island Expressway
南洋理工大學
知新館

N

Tuas
Checkpoint

裕廊島

圖例
◉ 景點 ⊞ 地鐵站 ⊚ 碼頭 ⊕ 機場
◉ 地鐵路線圖示
━ 地鐵南北線 ━ 地鐵東北線
━ 地鐵東西線 ━ 地鐵環線
━ 地鐵濱海市區線 ━ 東海岸線

7

必去新加坡理由

Singapore Botanic Gardens

城市地標巡禮

提起新加坡，你會想到什麼？是象徵新加坡的魚尾獅雕像、堪稱建築奇景的濱海灣金沙酒店、巨型摩天輪，或是外型宛如巨大榴槤的濱海藝術中心？一座座經典地標映入眼簾，開始訴說專屬於新加坡的故事。

深入文化街區

複雜的歷史背景，使新加坡社會融合了來自各方種族的多元文化，走一圈新加坡，深入各大文化街區，細細感受市政區、牛車水、小印度、甘榜格南、芽籠士乃與加東的不同風情，彷彿環遊世界歸來。

玩翻主題樂園

聖淘沙名勝世界與新加坡環球影城是不少人最愛的景點，不同的主題館及設施讓人一整天也玩不膩。此外，新加坡還有許多規劃良好的主題樂園，包括動物、植物、鳥類、科技和遊樂場應有盡有，鄰近的馬來西亞樂高樂園更是近年的熱門景點，適合展開親子遊。

花園城市生態遊

一般人對新加坡的印象通常是進步的建設和現代高樓，其實這座「花園城市」中保有許多綠地，除了植物園和花園之外，還有生態保護區及自然公園，孕育了多樣的熱帶植物與生物，不妨前往親近大自然，感受熱帶綠意風景。

沉醉獅城狂歡夜

獅城的生活愈晚愈熱鬧，光是夜店的種類和主題就多到眼花撩亂，舉凡品酒談心的Lounge Bar、樂團駐唱的Pub、知名DJ坐鎮的舞廳、頂樓的高空酒吧，以及亞洲票選排行前50名的雞尾酒吧，都讓派對迷為之瘋狂，玩不夠的，還有整條街或好幾棟建築串連的特區，一口氣進駐多家精彩夜店，等著你來流連忘返。

多元味覺探險

在新加坡，美食就是種族文化融合的展現。舉凡華族的海南雞飯、肉骨茶、辣椒螃蟹，馬來的沙嗲、椰漿飯，印度的薄餅、拉茶，土生華人的叻沙和娘惹糕等，無一不豐富我們的味覺感官，令人想大快朵頤，來一場舌尖上的探險。

旅行計畫
Plan Your Trip

Top Highlights of Singapore
新加坡之最

文●墨刻編輯部　攝影●墨刻攝影組

©Andrew Tan/ Singapore Tourism Board

拜訪地標魚尾獅
The Merlion in Singapore

傳說11世紀時，三佛齊國的王子在新加坡上岸後，曾經看到一頭獅子，於是將此地稱作「Singapura」，「Singa」在馬來語中是獅子的意思，而「pura」則是都市之意，這就是新加坡被稱為「獅城」的由來。而魚的尾巴象徵著新加坡更古老的名字「Temasek」（意即海之鎮），也說明了新加坡是如何由一個小海港發展成今日繁榮的模樣。在新加坡多座魚尾獅雕像中，魚尾獅公園的這尊無疑是最著名的一座，這尊雕像由新加坡名匠林浪新於1972年完成，從此成為代表新加坡的標誌。魚尾獅公園是觀光客必定到此拍照留念的景點，尤其利用借位方式拍攝的各種「接水照」更大受遊客歡迎，成為拍照必備的姿勢。(P.68)

最佳博物館
The Best Museum

©National Gallery Singapore

紅點設計博物館，
濱海灣
Red Dot Design Museum,
Marina Bay(P.73)

新加坡國家美術館，
市政區
National Gallery Singapore,
Civic District(P.94)

漫步於濱海灣花園擎天樹之間
Walking between Supertrees

人工打造的濱海灣花園處處展現創意與工程的奇蹟，尤其是園中高聳的18棵擎天樹叢（Supertree Grove），無論從哪個角度望去，都教人讚嘆。擎天樹以鋼筋水泥打造的樹幹上植滿了熱帶花草，天黑後，燈光效果搭配音樂在夜空中流動，宛如歷經奇幻旅程。樹叢的高度從9層到16層樓不等，一條25公尺高、128公尺長的天橋將其中兩棵大樹連接起來，登高走在橋上，眼前 又是一番截然不同的風景。(P.70)

新加坡國家博物館，
市政區
National Museum of
Singapore, Civic District
(P.98)

土生華人博物館，
市政區
Peranakan Museum,
Civic District(P.98)

亞洲文明博物館，
新加坡河畔
Asian Civilisations Museum,
Singapore River(P.111)

11

金沙空中花園登高賞景
Remarkable View from the Sands SkyPark

被譽為「偉大工程奇蹟」的金沙空中花園,是全球首座架設在3棟酒店大廈頂端的空中花園,比艾菲爾鐵塔還高,占地面積相當於3個足球場,自從開幕後,已成為新加坡的閃亮地標。

站在花園中號稱全球最大的公共觀景台,距離地面200公尺的高度彷彿方舟甲板,可環視新加坡的城市輪廓,還能俯瞰一旁的濱海灣花園。空中花園裡的戶外游泳池專為酒店的房客開放,望不著邊界的池水讓人有種漂流大海的錯覺,還能居高俯瞰中央商業區的新舊建築,是相當奇妙的體驗。(P.77)

最佳民俗文化區
The Best Cultural Precincts

市政區
Civic District(P.90)

牛車水
Chinatown(P.115)

©Singapore Flyer

登上新加坡摩天觀景輪
Singapore Flyer Experience

喜歡搭乘各式摩天輪的玩家，當然不能錯過新加坡這一站！登上目前全球第二高的新加坡摩天觀景輪，除了可以360度觀賞新加坡蓬勃發展的濱海灣繁華景色，也可眺望印尼及馬來西亞的遠方風景，讓人心曠神怡。此外，還提供量身打造的主題派對與特色雞尾酒旅程，只要提前預約，就能享有私人的觀景輪空間。(P.68)

挑戰極限冒險活動
Enjoy Extreme Facilities

新加坡設有各種極限活動和設施，大多數聚集在聖淘沙島上，有在室內模擬飛行跳傘的iFly以及賽道蜿蜒飛速的卡丁車賽場(HyperDrive)，更有來自紐西蘭AJ Hackett創立的Bungy Jump，挑戰從50公尺高塔縱身而下的失速恐懼。同時，這裡還有亞洲第一的高空滑索設施Megazip，玩家只利用一根滑索和腰間的扣環，從英比奧山頂滑翔450公尺而下，直達西樂索海灘外的小島，絕對滿足愛冒險的玩家。

如果在新加坡市區，不妨前往克拉碼頭，位於河畔的Slingshot和GX-5設施，將人由地面彈向天空或擺盪，刺激度滿分。(聖淘沙P.233、克拉碼頭P.112)

©Skypark Sentosa by AJ Hackett

©新加坡旅遊局

最佳小販中心
The Best Food Centre

老巴剎，
濱海灣
Lau Pa Sat, Marina Bay
(P.81)

麥士威小販中心，
牛車水
Maxwell Food Centre,
Chinatown (P.128)

與環球影城動畫明星同樂
Having Fun in Universal Studio Singapore

想要和《小小兵》、《史瑞克》、《變形金剛》動畫電影中的主角明星近距離接觸，一定得到新加坡的環球影城來！這些新加坡獨家限定的遊樂主題，別家可是看不到。此外還有好萊塢、紐約、科幻城市、古埃及、失落的世界等主題區，各區分別以賣座電影的故事為遊戲設計藍圖，而電影中的角色也會定時與遊客見面。(P.229)

吃遍小販中心
在地美食
Visiting Local Food centres

在新加坡，若想吃遍所有著名的美食小吃，又不希望花太多錢，最好的選擇莫過於小販中心。不但食物種類齊全、價格公道，新加坡政府還會定期檢查各攤位的衛生，讓人吃得安心。新加坡各個小販中心都有最知名的人氣店家，如果時間充裕且不知道從哪間店開始吃起，不妨就從隊伍最長的店家開始排隊吧！另外，新加坡人有拿面紙佔位的習慣，找座位時需要留意一下。

中峇魯市場，
中峇魯
TiongBahru Market,
TiongBahru (P.131)

紐頓小販中心，
紐頓
Newton Food Centre,
Newton (P.151)

舊機場路小販中心，
加冷
Old Airport Road Food
Centre, Kallang (P.210)

走逛新興潮流街區
Visiting Trendy Neighborhoods

說到新加坡的潮流街區，很多人會想到布滿鮮豔塗鴉、開設許多小店的哈芝巷，但近年來，中峇魯（Tiong Bahru）和惹蘭勿剎（Jalan Besar）這兩區倒是綻放出獨特的人文風貌。尤其英國殖民時期，政府在中峇魯興建新加坡第一代「組屋」，這些老建築歷經第二次世界大戰仍保存了下來，目前被列為保留區。自2010年起，許多餐廳、咖啡店與獨立書店陸續進駐後，寧靜的氛圍與發展軌跡，讓這裡成為新加坡文青最愛的聚集地，英國雜誌《Vogue》更封中峇魯為「全球15大最酷鄉里」。

惹蘭勿剎原本是五金行、材料行集中的老工業區，隨著越來越多咖啡店、餐廳和酒吧開設在老房子裡，不約而同都保留了原有的建築外觀和舊招牌，混搭出復古工業風。（中峇魯P.130、惹蘭勿剎P.179）

最佳夜生活
The Best Nightlife

濱海灣
Marina Bay
推薦：CÉ LA VI SkyBar /
Lantern Bar / Over Easy
(P.82)

克拉碼頭 / 駁船碼頭，新加坡河畔
Clarke Quay / Boat Quay,
Singapore River
推薦：Zouk / Southbridge
(P.112)

日夜樂遊動物園
Singapore Zoo Tour

位於北部郊區的新加坡動物園、夜間野生動物園、河川生態園和飛禽公園比鄰而居，非常適合安排一日遊。開放式的動物園，利用小溪流、岩壁或水塘等天然屏障隔離動物，而非採用鐵欄杆，讓人感覺動物就在身邊。隔鄰是全球第一座夜間野生動物園，同樣是以溪流、岩石、樹幹等為天然屏障，在夜色籠罩下探訪花豹、蚺蛇、野牛等叢林生物，更有探險氛圍。亞洲首座以河川為主題的河川生態園，集結了世界各大淡水河生態，還可搭乘遊船一探亞遜雨林生態。(新加坡動物園P.249、夜間野生動物園P.250、飛禽公園P.250、河川生態園P.251)

在萊佛士酒店品飲新加坡司令
Drinking a Singapore Sling
at Raffles Hotel

1915年由華裔酒保嚴崇文(Ngiam Tong Boon)發明的新加坡司令(Singapore Sling)，不僅是萊佛士酒店Long Bar的傳奇調酒，更被譽為新加坡國酒。新加坡司令由琴酒、櫻桃白蘭地、橘香酒、本尼迪克特甜酒、石榴汁等調配而成，再加入鳳梨汁、萊姆汁，並以切片鳳梨和櫻桃做裝飾，喝起來甜甜的，原本是為女性所設計的口味，如今則廣受大眾喜愛。在Long Bar喝新加坡司令可以配著花生吃，吃完後記得依照酒吧的傳統，將殼丟到地上喔!(P.100)

| 客納街 / 安祥路 / 廈門街，牛車水
Club St. / Ann Siang Rd. / Amoy St., Chinatown
推薦：Native / Savanh Bistro & Lounge (P.134) | 荷蘭村
Holland Village
推薦：Wala Wala Café Bar (P.160) | 哈芝巷 / 峇里巷，甘榜格南
Haji Lane / Bali Lane, Kampong Glam
推薦：Blu Jaz Cafe / Piedra Negra (P.190) |

獅城「新」式午茶
High Tea in Singapore

由於深受英國殖民文化影響，新加坡人對下午茶情有獨鍾，也發展出非常「新加坡式」的High Tea風情。比如萊佛士酒店的傳統三層英式下午茶、富麗敦酒店的主題午茶Buffet，以及歐風茶館TWG Tea、美式Lady M、華麗摩洛哥Bacha Coffee，乃至街巷裡的特色咖啡店，或以娘惹午茶為招牌的餐廳等，糕點繽紛上桌，搭配清香茶湯或濃濃咖啡，伴隨典雅精緻的空間氛圍，享受午茶時光。（萊佛士酒店The Grand Lobby P.100、富麗敦酒店The Courtyard P.82、TWG Tea P.155、Bacha Coffee P.84）

入住特色精品酒店
Stay at a Boutique Hotel

專程到新加坡住精品酒店？沒錯，多年來，強調小而美的精品酒店(Boutique Hotel)在新加坡不斷誕生，在旅館主人打造下，每間旅店都擁有獨一無二的個性色彩，有些是普普藝術風或後現代時尚，有些則請名師打造專屬家具，請藝術家創作酒店造景，還有些坐落於百年老宅或店屋中，營造別具情調的懷舊風情。品味高超的陳設與故事感，讓許多人寧可捨棄五星級飯店，也要入住體驗。

最佳花園與自然公園
The Best Gardens & Nature Parks

濱海灣花園，
濱海灣
Gardens by the Bay,
Marina Bay (P.70)

新加坡植物園，
登普西山
Singapore Botanic
Gardens, Dempsey Hill
(P.166)

喝一杯本土特調雞尾酒
Enjoy a Local Cocktail

在紐約和倫敦風行已久的Cocktail Bar，2017年才進入新加坡的夜生活版圖，尤其「Jigger & Pony」和「28 HongKong Street」這兩家開路先鋒都曾登上「World's 50 Best Bars」排行榜，吸引愛好者前來朝聖。Cocktail Bar向來以歐美人士為主要客層，而透過新加坡的混搭融合，由在地人經營、強調本土風格的眾多酒吧迅速崛起，並攻進「Asia's 50 Best Bars」榜單。各家酒吧調製的靈感擷取自國花卓錦萬代蘭、珍多冰、娘惹文化、咖椰土司等元素，充滿local風味。（Mama Diam P.102、Native P.136）

註：「World's 50 Best Bars」由Perrier贊助，並由全球680名專家組成的學院，投票選出世界最佳酒吧的最終名單，從2009年起每年票選一次，而「Asia's 50 Best Bars」自2016年開始發布。

從繁華都會瞬間走進熱帶雨林
Explore Rainforests in Bustling City

在這個城市島國裡，竟擁有400個公園和4座自然保護區，不僅走在購物中心林立的烏節路上可以看見蝴蝶飛舞，只要坐上公車或地鐵約5~15分鐘車程，就能從摩天高樓瞬間進入原始森林或紅樹林濕地。特別是鄰近烏節路的世界文化遺產「新加坡植物園」、全球罕見的都會型熱帶雨林「武吉知馬自然保護區」，以及由許多步道、橋樑和公園串連而成的「南部山脊」等，探訪隱藏於鬧市中的大自然瑰寶。

Top Itineraries of Singapore
新加坡精選行程 文●墨刻編輯部

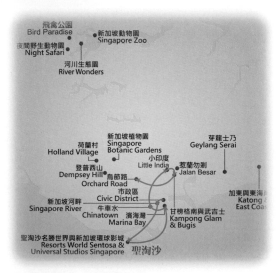

經典城市地標4天

●行程特色

這個行程涵蓋了新加坡最著名的精華景點與地標,新加坡市區範圍雖然不大,想要在3~4天內走完精華景點,時間仍然較為緊湊。抵達新加坡後,可以在市政區欣賞殖民百年建築、在新加坡河畔體驗克拉碼頭精彩的夜生活,接著在聖淘沙名勝世界與新加坡環球影城暢遊一整天。濱海灣的各大建築奇景也是行程中的重點,包括濱海灣花園、濱海灣金沙、摩天輪等,當然也不可錯過魚尾獅公園,接著前往牛車水遊逛老街區,採買伴手禮及品嚐庶民美食。最後一天,逛完小印度、甘榜格南等民族街區,再前往購物勝地——烏節路,感受新加坡人愛購物的特性。

●行程內容

Day 1:市政區(Civic District)與新加坡河畔(Singapore River)

Day 2:聖淘沙名勝世界(Resorts World Sentosa)與新加坡環球影城(Universal Studios Singapore)

Day 3:濱海灣(Marina Bay)與牛車水(Chinatown)

Day 4:小印度(Little India)、甘榜格南(Kampong Glam)與烏節路(Orchard Road)

瘋玩主題園區4天

●行程特色

這個行程囊括了新加坡最熱門的主題區,抵達新加坡之後,直奔充滿南國度假風情與多項娛樂設施的聖淘沙島,不論是在聖淘沙名勝世界或在西樂索沙灘周邊,都有許多好好玩的景點,新加坡環球影城更是老少咸宜,值得在島上待上兩天遊玩。第3天回到新加坡本島,探索北部郊區的3大動物園,開放式的園區與日夜不同主題讓人大開眼界。第4天一次走遍市政區、濱海灣的知名地標,最後到牛車水享用在地美食,採購充滿南洋風的伴手禮。

●行程內容

Day 1:聖淘沙(Sentosa Island)與聖淘沙名勝世界(Resorts World Sentosa)

Day 2:新加坡環球影城(Universal Studios Singapore)

Day 3:新加坡動物園(Singapore Zoo)、河川生態園(River Wonders)與夜間野生動物園(Night Safari)

Day 4:市政區(Civic District)、濱海灣(Marina Bay)與牛車水(Chinatown)

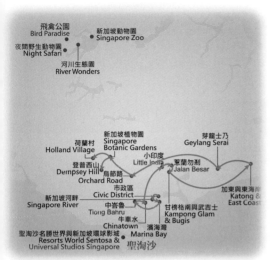

探索深度文化5天

●行程特色

　　新加坡有4大民族文化區,近年還有許多深具獨特歷史的區域紛紛受到矚目,這個行程涵蓋上述區域,可以慢慢發掘新加坡的在地特色。市政區有許多殖民建築與博物館,河畔也有許多見證歷史的景點,不妨搭乘遊船暢遊新加坡河。

　　接下來的行程有兩大焦點,一為遊覽牛車水、小印度、甘榜格南、加東、芽籠士乃等區,可以品嚐不同民族的美食與選購特色商品,還可順遊中峇魯、惹蘭勿剎,這兩個重獲關注的老社區各有不同風景;二為造訪新加坡首座世界遺產——新加坡植物園,尤其不可錯過其中的國家胡姬花園,參觀後可前往登普西山或荷蘭村,感受鬧中取靜的悠閒風情。

●行程內容

Day 1：市政區(Civic District)與新加坡河畔(Singapore River)

Day 2：濱海灣(Marina Bay)、中峇魯(Tiong Bahru)與牛車水 (Chinatown)

Day 3：小印度(Little India)與惹蘭勿剎(Jalan Besar)、甘榜格南 與武吉士(Kampong Glam & Bugis)

Day 4：加東與東海岸(Katong & East Coast)、芽籠士乃 (Geylang Serai)

Day 5：烏節路(Orchard Road)、新加坡植物園(Singapore Botanic Gardens)與登普西山(Dempsey Hill)或荷蘭村 (Holland Village)

新馬親子樂遊7天

●行程特色

　　馬來西亞柔佛州的新山市(Johor Bahru)與新加坡僅隔著柔佛海峽,自從2012年全亞洲第一座樂高主題樂園在此開幕,遊賞新加坡時順道前往新山樂高樂園便成為最熱門的玩法。這個行程先在新加坡遊覽市政區、小印度、新加坡河畔,以及濱海灣、牛車水等區,再前往新山展開為期1~2天的樂園之旅,適合親子造訪。接著回到新加坡,一次拜訪3大動物園,並在新加坡環球影城及聖淘沙玩遍遊樂設施。

●行程內容

Day 1：市政區(Civic District)、小印度(Little India)與新加坡河 畔(Singapore River)

Day 2：濱海灣(Marina Bay)及牛車水(Chinatown)

Day 3：馬來西亞樂高樂園度假村(Legoland Malaysia Resort)與 馬來西亞樂高樂園(Legoland Malaysia)

Day 4：樂高水上樂園(Legoland Water Park)

Day 5：新加坡動物園(Singapore Zoo)、河川生態園(River Wonders)或夜間野生動物園(Night Safari)

Day 6：新加坡環球影城(Universal Studios Singapore)

Day 7：聖陶沙(Sentosa Island)與聖淘沙名勝世界(Resorts World Sentosa)

When to go
最佳旅行時刻 文●墨刻編輯部

新加坡位於馬來半島最南端，鄰近馬六甲海峽南口，南面以新加坡海峽與印尼相隔，北面隔著柔佛海峽與馬來西亞相望。因為地理位置接近赤道，屬於熱帶海洋性氣候，溫暖潮溼，全年如夏，溫度約在24～32℃之間。12至3月東北季風盛行，雨量較多的時期是在11至1月之間；6至9月受西南季風影響，氣候較為乾燥，午後偶有短暫雷陣雨，夜晚均涼爽舒適。

新加坡氣溫和雨量表 （溫度單位：℃ 雨量單位：mm）

月份 氣溫&雨量	1月	2月	3月	4月	5月	6月	7月	8月	9月	10月	11月	12月
最高均溫	30.1	31.1	31.6	31.8	31.6	31.3	30.9	30.9	31.1	30.7	30.0	31.0
平均溫度	26	26.5	27	27.4	27.7	27.8	27.4	27.3	27.2	27.1	26.5	26
最低均溫	23.3	23.6	24	24.4	24.8	24.8	24.6	24.5	24.3	24.1	23.8	23.5
雨量	241.3	159.9	185	187.8	172.1	160.4	158.6	175.4	168.8	193.5	256.6	288.1
平均下雨天數	15	11	14	15	15	13	13	14	14	16	19	19

新加坡**旅行日曆**

時間	節慶	地點	內容
1月	印度豐收節 Pongal Festival	小印度	通常為期4天，是慶祝豐收、感恩自然的節日。印度寺廟會舉行禱告儀式，小印度也將舉行一連串的慶祝活動。
1月或2月	華人農曆新年 Chinese New Year	牛車水、 華人區、	華人的重要節日，華人區張燈結綵，街頭巷尾可見舞龍舞獅表演，年節氣息濃厚。
1月或2月	春到河畔&妝藝大遊行 River Hongbao & Chingay Parade	濱海灣	華人農曆新年期間舉行的「妝藝大遊行」，有雜耍、舞龍舞獅、舞蹈等眾多表演，還有國際團隊加入演出，發展成盛大的街頭遊行，於濱海灣舉行。「春到河畔」則於濱海灣浮動舞台舉行。
1月或2月	印度大寶森節 Thaipusam	小印度	為了紀念濕婆幼子──戰神盧穆干的誕生，信徒揹著巨大華麗的「贖罪架」，以尖刺刺穿皮膚和臉頰，從斯里尼維沙柏魯瑪興都廟出發，一路遊行至3公里外的丹達烏他帕尼興都廟，場面盛大。

4月 (回曆每年 9月)	開齋節 Hari Raya Aidilfitri	芽籠士乃、 甘榜格南	伊斯蘭教齋戒月在回曆9月份，一整個月的齋戒中，穆斯林從日出到日落都不能進食。齋戒月結束後則盛大舉辦一系列慶祝活動，其中又以芽籠士乃和甘榜格南地區最為熱鬧。屆時芽龍士乃街邊將豎起牌坊亮燈，販賣傳統美食和各類用品的攤位林立，穆斯林會來這裡購買節慶用品。開齋節當天，家庭的男性成員會起個大早，到回教堂參與宗教儀式，然後全家一起祭拜祖先。開齋節的日期若依據西曆計算，則每3年會往前推移一個月，比如2020~2022年在5月舉行，2023~2025年在4月舉行。
4月到5月	世界名廚高峰會 World Gourmet Summit	多個地點	始於1997年的美食盛會，每年邀請全球各地名廚到新加坡，遊客可以欣賞大廚的烹飪過程，品味佳餚，參與葡萄酒酒會。
5月	衛塞節Vesak Day	各大佛教寺廟	佛教紀念釋迦牟尼佛誕生、成道、涅槃的節日，部分街道會舉行燭光遊行。
5月	新加坡雞尾酒節 Singapore Cocktail Festival	濱海灣金沙旁的廣場	起源於2017年的雞尾酒盛宴，邀請來自世界各地頂尖的調酒師齊聚在此，發揮創意推出上百種雞尾酒。活動為期近20天，除了品酒，還有現場娛樂表演和異國美食可享用。
5月到7月	新加坡熱賣會 Great Singapore Sale	多個地點	大至百貨公司、大型商場，小至民族文化飾品店，在熱賣會期間通通推出折扣，最低可低至三折，愛購物的人別錯過這波優惠。
5月到6月	新加坡國際藝術節 Singapore International Festival of Arts	多個地點	亞洲最具影響力的藝術節之一，活動為期1個月，來自全球各大藝術團體，在此推出上百場藝術節目表演。
6月	端午節 Dragon Boat Festival	勿洛蓄水池	將在勿落蓄水池舉行一年一度的龍舟賽，來自全球的參賽隊伍無不卯足全力，場面精彩。
7月	新加坡美食節 Singapore Food Festival	全島	1994年舉辦至今，各地將舉行品嚐新加坡特色美食的活動。
8月9日	國慶日National Day	全島	全島慶祝國慶，濱海灣一帶會舉行國慶空中表演和遊行活動。
8月或9月	中元節 Hungry Ghost Festival	牛車水、華人區	華人會按傳統祭祀亡魂，不少區域也會搭建舞台安排歌舞、戲曲表演。
9月	新加坡大賽車季 Grand Prix Season SIngapore	濱海灣、市政區一帶	從2008年開始舉辦，是世界唯一的F1一級方程式賽車夜間賽，活動在濱海灣及市政區一帶舉行，為期3天，周邊還會有許多熱鬧的表演活動。
9月或10月	中秋節 Mid-Autumn Festival	牛車水	華人的重要節日，牛車水一帶會掛上紅燈籠，街上擺出各種造型的花燈，也有傳統及創新的月餅可以品嚐。
10月或11月	印度屠妖節Deepavali	小印度	又稱為萬燈節，節慶期間小印度區張燈結綵、萬家燈火，熱鬧程度媲美中國農曆新年。點燈的目的是紀念正義的克里希納王戰勝邪惡的納拉卡蘇拉，同時也象徵著光明戰勝黑暗，為人間帶來希望。
12月	聖誕節 Christmas Light-Up	全島	約從11月中旬開始，各處瀰漫著過節氣氛，烏節路上的商場擺出大型裝飾，成為絢麗的購物街。
12月	戶外熱舞節ZoukOut	聖淘沙西樂索海灘	由新加坡知名夜店Zouk主辦的戶外熱舞節，每年12月於西樂索海灘舉行。整整兩晚的派對，由國際DJ帶來電子樂風演繹，並上演煙火秀。

※以上節慶的項目內容和舉辦日期，每年會有些許更動，請以當地每年公告的時間為準。

23

Best Taste in Singapore
新加坡好味

文●墨刻編輯部　攝影●墨刻攝影組

新加坡各種族和諧相處的寬廣包容性，同樣展現在美食上。來自印度、中國、馬來、印尼、歐洲和土生華人（華人與馬來人的混血後代）等各族群的菜系在新加坡交會，除了保有祖籍家鄉的烹調手法，更透過在地生活彼此影響，逐漸融合出繽紛多元的「新加坡式」飲食文化。

華人料理

華人以米飯為主食，但受到當地馬來和印度文化的影響，新加坡華人的飲食習慣還添加了幾分辛香辣味，無論炒粿條、炒蝦麵或海南雞飯都會搭配一碟辣椒做佐料。

肉骨茶

　　肉骨茶是以豬骨加入許多香料和中藥材熬煮而成的湯，通常會搭配白飯和油條食用。湯頭有潮州、福建、廣東等類型。（介紹及店家推薦詳見P.49）

水粿

　　水粿是以米為主要材料，先將米磨成粉漿，再倒入一個個半圓形的鋁製模子，放進蒸籠蒸熟後，香Q有彈性的水粿就出爐了。淋上油蔥醬料，口感一級棒。推薦位於中峇魯市場二樓的「槌柏水粿」。

炒蘿蔔糕

　　在每座小販中心幾乎都能吃到炒蘿蔔糕，做法是以鍋鏟一邊將蘿蔔糕切成一塊塊，一邊加入蛋及蘿蔔乾翻炒。炒蘿蔔糕共有黑、白兩種口味，白的是原味，口味較鹹，黑的則加入甜醬油快炒，不妨兩種都試試看。

海南雞飯

　　最初是由海南移民帶來的料理，受了當地各種族飲食影響，逐漸脫離原型，演變成「新加坡式」海南雞飯。以滑嫩Q彈的白斬雞搭配雞油香飯，隨盤附上醬油、蒜末、辣椒3種醬汁，配上一碗清雞湯，簡單美味，是當地知名的國菜之一。（介紹及店家推薦詳見P.52）

炒福建蝦麵

福建蝦麵大多使用黃色油麵，加入豆芽菜、韭菜、豬肉、蝦子和花枝火炒，再淋上豬骨湯燜煮，最後附上半顆金桔與辣椒醬當佐料，剛起鍋的蝦麵味道很香，湯汁讓麵條看起來更美味。

炒粿條

炒粿條是非常普遍的中式小吃，以寬扁的麵條加入豆芽菜、魚板、蛤蜊、臘腸、雞蛋及鮮蝦等配料下鍋快速翻炒，通常會添加豬油與黑醬油，讓味道更香濃鮮美。

咖椰吐司

這是新加坡常見的早餐或下午茶點心，這種炭烤吐司或麵包通常會塗上牛油和咖椰醬，口味較甜，搭配半熟蛋與咖啡，在許多咖啡店(Kopitiam)都有販售。（介紹及店家推薦詳見P.55）

辣椒螃蟹

辣椒螃蟹是新加坡國菜之一，使用薑、蒜和新鮮辣椒烹煮，濃郁的醬汁滲入蟹肉裡，特別入味又刺激食慾。品嚐時不用顧及形象，用手拿著吃最過癮，可以點一盤小饅頭，用饅頭沾醬汁來吃，也很夠味。此外，採用大量黑胡椒調味的黑胡椒螃蟹也擄獲許多人心，人氣不輸辣椒螃蟹。

©珍寶海鮮

福建薄餅

福建薄餅類似台灣人常吃的潤餅，先在白色麵皮上塗一層蒜蓉、辣椒醬與甜醬油，再將豆芽菜、香菇、鮮蝦片、雞蛋泥、沙葛、紅蘿蔔絲、花生粉等餡料包進麵皮內，捲成長條狀，切成幾小段，即大功告成。

客家釀豆腐

釀豆腐是將魚漿或絞肉塞進豆腐或腐皮內，再加上其他配料煮成湯就可以享用了，由廣東梅縣的客家移民引進，已成為新加坡普及的美食。許多釀豆腐的攤位都提供更多材料任君選擇，包括魚丸、蟹肉棒、魷魚、魚板、高麗菜、空心菜等，選擇喜歡的食材後交給店家即可，食量大的人可加點麵條或米粉。其湯頭有清湯、叻沙等多種口味可以選擇。

肉脞麵

新加坡的肉脞麵又稱肉碎麵，有點類似台灣的肉燥麵，但配料相對豐富許多，分為乾和湯兩種，將黃細麵或扁麵燙熟後，加入肉末、肉絲、肉丸、豬肝、魚乾、蘑菇和豬油等，再淋上烏醋與特調醬汁，口感濃郁。

馬來料理

多數馬來人信奉伊斯蘭教，不能食用豬肉且滴酒不沾。其飲食深受印度、華人、阿拉伯人影響，烹煮料理時都會使用各種香料，而香料分為新鮮和乾燥兩種，主要的料理概念是先把新鮮原料如蔥頭、生薑、蒜頭、辣椒、黃薑等充分混合，過油炒過，再加入胡荽種子、小茴香、洋茴香、丁香、肉桂、荳蔻等乾燥香料。

沙嗲Satay

沙嗲相傳源於中東的烤肉串（Kebab），由阿拉伯人傳進新加坡，逐漸演變成南洋街頭小吃。將以香料醃製過的牛、羊、雞肉串成一串，用炭火燒烤後，沾著濃郁的沙嗲醬入口，堪稱人間美味。沙嗲醬料由椰醬、花生醬和辣醬調配而成，每家攤位都有獨門秘方。通常會再配上黃瓜片、洋蔥片和馬來蒸飯糰（Ketupat），讓口感清爽些。

椰漿飯Nasi Lemak

在馬來語中，nasi是「飯」的意思，lemak是「椰漿」的意思，合起來就是馬來椰漿飯。傳統吃法是用芭蕉葉包成三角狀，並附有魚乾、花生、黃瓜、煎蛋等小菜，再加上些許辣椒醬食用。現代版吃法會再搭配炸雞翅、炸雞腿或炸魚。

羅惹Rojak

羅惹是道地的馬來小吃，將鳳梨、豆芽菜、小黃瓜、沙葛、青芒果切成細塊狀，加入炸豆腐和油條，淋上黑色醬汁攪拌均勻，宛如沙拉大雜燴。由蝦膏、糖、醋和辣椒醬調製而成的醬汁吃起來酸酸甜甜，通常還會灑上一些碎花生粒，整體口味偏甜，適合當作開胃菜。

珍多Chendol

珍多又稱煎蕊，是加了紅豆與椰糖的黑糖色刨冰，淋上香濃的椰奶，再加上綠色粉條與香蘭調味料，就是繽紛的南洋冰品，可以選擇原味珍多或是當地流行的榴槤口味。

紅豆冰Ice Kacang

紅豆冰在新馬一帶是相當受歡迎的冰品，在碗底鋪上紅豆、玉米醬、亞答籽與多種配料後，再撒上細密的刨冰雪霜，最後淋上如彩虹般多彩的糖漿及濃甜的煉乳，既賞心悅目又好吃。

烏打Otak

將魚肉漿加入香茅、藍薑、辣椒、蔥和椰漿等各種香料醃製後，一起包裹在芭蕉葉裡，然後用小火慢烤，烤熟後打開芭蕉葉即可食用。通常可在販售叻沙或椰漿飯的店攤裡找到。

娘惹料理

娘惹美食是土生華人創製的一種菜系，結合了中國和馬來兩種料理之精華，既保留傳統中華菜的特色，又加入許多馬來和印尼常用的香料，包括椰漿、檸檬草、亞參、羅望子、蝦醬、藍薑、黃薑、班蘭葉等，使娘惹料理擁有更深奧的味道，深受當地人與觀光客喜愛。

叻沙 Laksa

叻沙是具代表性的娘惹美食，湯頭做法是以咖哩湯汁混合濃厚椰漿，口味甜、鹹、辣兼而有之，材料則有油豆腐、魚丸、蝦子、豆芽菜等，再加入粗米粉，撒上叻沙葉碎片，就是一碗內容豐富、色香味俱全的叻沙。在加東地區的東海岸路沿途可發現部分餐室有販賣叻沙，「328加東叻沙」是其中的知名店家。許多熟食中心裡也找得到叻沙攤檔。有些店家會在叻沙中添加蛤肉，如果不愛吃蛤肉，可直接告知店家。

亞參咖哩魚頭 Curry Asam Fish Head

亞參(Asam)是娘惹料理經常使用的食材，是一種黑色的果實香料，既可入菜，也能煮湯，常被用來增加料理的鮮美度。這道咖哩魚頭是土生華人家庭中常見的主食，亞參、咖哩、椰漿等香料與魚頭融合，有一股淡淡的酸辣香甜，口感絕佳。

印尼黑果雞 Ayam Buah Keluak

Buah Keluak是一種黑色果實，在印尼隨處可見，食用前必須先浸泡後打開，味道有點苦，通常用來和雞肉一起料理，是很傳統的娘惹食物。

娘惹雜菜 Nonya Chap Chye

這是每家娘惹餐廳必備的家常菜，與台灣眾多快炒店裡的炒青菜有異曲同工之妙。通常是將高麗菜、豆角等蔬菜加入馬來香料下去烹煮，融合了湯汁的青菜吃起來鮮甜又爽口。

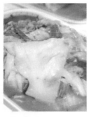

酸辣魚或酸辣蝦 Ikan/Udang Masak Assam Gulai

這道菜是屬於海鮮類的料理，Ikan是魚，Udang是蝦，可以任選一種當作主菜。烹調時以黃薑、檸檬草等各種香料入菜，酸酸辣辣的，非常下飯，湯頭也很好喝。

參峇茄子 Sambal Terong Goreng

參峇醬(Sambal)是娘惹菜常用的調味之一，每個廚師的私房做法都有些許不同，基本上是由辣椒、醋、鹽組成，可依照自己的喜好加入其他香料，所以每間餐廳的參峇醬口味都各有千秋。這道參峇茄子就是利用參峇醬來增加茄子的香味，鮮豔的顏色讓人食慾大開。

娘惹糕 Nyonya Kueh

許多人在台灣應該或多或少都吃過娘惹糕，這正是娘惹甜食的代表。在材料方面，椰子、芒果、香蕉、蜜瓜等東南亞常見的熱帶水果，都經常在各種口味的娘惹糕中出現，尤其以椰子的運用最為廣泛，例如以椰奶製成的娘惹糕，再灑上一層椰子粉，滿嘴都是椰子的味道。娘惹糕種類繁多，不僅口感層次豐富，鮮豔的色彩更是讓人食指大動，最受歡迎的包括千層糕（Kueh Lapis）、九層糕(Lapis Sagu)。

印度料理

新加坡多數的印度人口來自於南印度，主食是米飯，通常搭配豆類或蔬菜食用。南印度天氣炎熱，口味比北印度更辣，香料使用頻繁，椰漿和優格是最常見的食材。北印度的口味比較溫和，代表料理有烤雞和naan。新加坡多數印度餐廳皆融合了南北料理，而傳統的印度人仍習慣用手吃飯，但餐廳都有提供碗筷，不必非得入境隨俗。

印度薄餅Roti Prata

Roti Prata是將揉好的麵糰邊拉拋邊甩成一張薄片，將之折成四方形，再放到平底鍋上煎成金黃色就是印度薄餅，內軟外脆，種類選擇眾多，例如Roti Canai不添加任何餡料，而是直接沾咖哩或白糖吃，品嚐餅皮樸實的口感；也可以選擇Roti Telur，中間加一顆蛋下去煎，而Roti Bawang Telur則是加蛋和洋蔥。為了順應潮流，Roti也有新口味，像是加香蕉的Roti Pisang與加奶油的Roti Planta，變化非常多。

印度烤雞Tandoori Chicken

Tandoori是北印度烹調食物的一種方法，使用泥爐炭火來烤肉，加上香料的炭烤香味，包準能挑逗你的味蕾。在Tandoori的料理中，雞肉和羊肉是最常見的食材，因為能保留大量肉汁，所以特別美味。此外，印度烤餅naan也是採用Tandoori烘烤出來的麵餅。

印度煎餅Murtabak

Murtabak是典型的印度穆斯林料理，有多種餡料可以選擇添加，豬肉當然除外。餡料有雞蛋、洋蔥、羊肉、雞肉或沙丁魚、羊肉咖哩、雞肉咖哩、蔬菜咖哩等提供選擇，許多印度餐廳都會有圖示，可以按圖點餐。

印度甜點 Dessert

在小印度可以找到販售北印度甜點的老店，其中以玫瑰水和番紅花糖漿調味的Gulab Jamun，口感超甜；而方形的Pattisa Soan Papdi表面鋪了一層果仁，酥鬆香脆，味道略甜。

印度拉茶 Teh Tarik

印度拉茶是將熱騰騰的奶茶在兩只鋼杯中來回傾倒，傾倒時一只鋼杯高於師傅的肩膀，另一只則低於師傅的腰，透過高低反覆拉扯，讓奶茶與空氣混合，溢滿泡沫，溫度也恰到好處，口感更加滑順。

咖哩魚頭
Curry Fish Head

這道名菜整個魚頭的魚肉又細又嫩，咖哩烹調更增美味，連湯頭都很好喝。烹調手法每家餐廳各有巧妙，訣竅在於加了哪些咖哩，光是細微的差異就會有很大的不同。其他配料如椰奶，讓湯頭香醇濃郁，加上檸檬草、蔥、香菜、辣椒、蕃茄等配料，更是香氣四溢。

黃薑飯
Nasi Briyani

黃薑飯是將米、香料和印度酥油放進鍋內一起翻炒，香料包括肉桂、薑、香蘭葉、番紅花等，接著再全部泡進雞骨湯中，並加入雞肉或羊肉一同蒸煮即大功告成。這道料埋源自印度，但深受當地馬來人喜愛，成為婚宴喜慶中不可或缺的主食。

蔬菜咖哩佐米煎餅
Vegetable Isutu with Appam

酸酸甜甜的蔬菜咖哩，是由葡萄乾、芒果、糖、檸檬汁或醋相拌而成。米煎餅的口味則偏酸，通常搭配蔬菜咖哩一起食用，味道很合。

Thosai & Vadai

Thosai也稱Dosai，是將白米與黑扁豆調配後烘烤而成的煎餅，拉成宛如一片薄紙，有的折疊平放於盤上，有的捲成圓錐高帽狀，口感清爽，可搭配木豆或咖哩入口。Vadai以扁豆和麵粉揉製後下鍋油炸，號稱印度版甜甜圈，提供蝦、魚、洋蔥、起士等多種口味。

其他飲品與點心

飲料攤常見冷飲

在各大美食街或小販中心的冷飲攤，飲品種類五花八門。包括薏米水、馬蹄水、甘蔗汁、豆花水及酸柑汁等，其中，不少店家販售自家熬煮的薏米水，喝起來清涼解膩，而小販中心裡的甘蔗汁多為現榨，有些還可加入檸檬汁或酸梅。馬來風味的飲料則推薦Bandung，這款飲料加了玫瑰糖漿和煉乳，呈粉紅色澤，口味甜甜。

新加坡人很愛喝美祿(Milo)和麥可•傑克森，除了美祿基本款，還發展出Milo Dinosaur和Milo Godzilla；麥可•傑克森其實是黑仙草加白豆漿，靈感源自已故天王Micheal Jackson的歌曲「Black or White」。

榴槤甜點

在東南亞廣受歡迎的榴槤，在本地發展出多種吃法，既可入菜，又可佐下午茶，也是製作甜點的絕佳材料。比如榴槤泡芙、榴槤蛋糕、榴槤瑞士卷、蛋捲、餅乾、提拉米蘇等，喜歡榴槤的人千萬別錯過。

三明治冰淇淋

在烏節路、牛車水和部分地鐵站附近，可發現三明治冰淇淋的攤車，冰淇淋口味眾多，包括巧克力、薄荷、香芋、芒果、榴槤、草莓等，最後選擇用威化餅或吐司夾冰淇淋，老闆會拿出長條狀的冰淇淋切塊做成一份。此外，也販售各式冰棒和飲料。

Best Buy in Singapore
新加坡好買

文●墨刻編輯部　攝影●墨刻攝影組

新加坡的文化多元，光是不同民族風俗的商品種類就很多樣，此外還有許多在地設計品牌也深受歡迎，不過大家最愛買的當屬美食類伴手禮，比如班蘭蛋糕、叻沙泡麵和咖椰醬等，想撿便宜的不妨逛逛當地的超市。

娘惹手工藝品

土生華人女性（娘惹）的傳統服飾製作相當繁複精細，從衣裙、珠鞋、鈕扣別針到手提包，完全都是純手工縫製刺繡，尤其珠鞋更是使用一顆顆串珠縫製而成。作品圖案都相當精美，百看不厭，價格則依材質與做工精緻度而有不同。據說當地年輕女孩會買來跟牛仔褲混搭，創造全新的流行時尚。

CHARLES & KEITH

CHARLES & KEITH俗稱「小CK」，是讓眾多女性為之瘋狂的平價時尚品牌，1996年創立於新加坡，目前已在眾多國家設有專櫃。品牌以女鞋起家，主打多款項的設計感女鞋和包款、配件，鞋款平均價位約新幣45~90元，皮夾約新幣45元起，若遇到折扣季則更優惠，除了各大百貨商場能找到專櫃，樟宜機場也有分店。

在地設計品牌

若你喜愛當代設計且著迷於獅城風情，走逛一圈設計品牌店鋪、選物店，甚或國家博物館的商品店，都能發現越來越多本土文創風格設計，以Supermama、Bynd Artisan和The Little Dröm Store為例，這些品牌不約而同專注於發掘在地文化，讓新加坡的形象不再僅止於魚尾獅或榴槤，你可以在商品中發現Kopitaim、店屋、Singlish等生活化的元素，其設計靈感都藏著新加坡人獨特的幽默感，值得仔細玩味。

魚尾獅商品

作為代表新加坡的圖騰，魚尾獅的形象深植入人心。除了到魚尾獅公園和魚尾獅塑像合影，當然不能錯過和魚尾獅造型相關的紀念品，從基本的鑰匙圈、玩偶、T恤、刀叉筷子到磁鐵、馬克杯，近幾年還推出各式提袋、隨身鏡等可愛造型，此外餅乾、巧克力、風味茶更是經典伴手禮。

RISIS鍍金胡姬花飾品

RISIS出品鍍金胡姬花的各種紀念品，包括真空的胡姬花擺飾、卡片、衣服等，其中以鍍金或鍍銀的胡姬花首飾最璀璨奪目，由RISIS精選了50多種形狀與大小均符合標準的花朵，首先裹上一層銅衣，保存胡姬花原有的構造，接著包上一層鎳，再鍍上24K金，就完成朵朵獨一無二的飾品，經過設計加工後，全部變成了項鍊、圓盤、戒指、裱畫及耳環、別針等。RISIS在樟宜機場、新達城、濱海灣金沙、國家植物園都設有專賣店。

肉乾

新加坡知名的肉乾品牌包括林志源、胡振隆和美珍香等，各有忠誠擁護者，其中林志源肉乾除了遊客愛買，更受到當地人歡迎，每逢年節前夕總是大排長龍；美珍香則有眾多連鎖店，在台灣也開設分店。除了豬肉和牛肉，還有蝦肉、鴕鳥肉、鱷魚肉等多種選擇。由於防檢署禁止旅客從海外帶肉製品進台灣，建議在新加坡當地品嚐即可。

阿拉伯香水

阿拉伯香水是在甘榜格南逛街時的採買重點之一，由於伊斯蘭教義嚴禁信徒觸碰酒類，因此阿拉伯的香水完全不含酒精，純粹取材自天然花草與精油調製而成，很多香味與名牌香水幾乎沒有差別，但卻只要1/3的價錢，值得採購。

班蘭蛋糕

這是新加坡知名糕點，不少人著迷於其香氣與綿密鬆軟的口感，經常一買就是好幾盒。最知名的品牌當屬Bengawan Solo，這間名店主打班蘭蛋糕和各種娘惹糕，由於保存期限不長，若欲將班蘭蛋糕當成伴手禮帶回國，建議到樟宜機場各大航廈購買後直接帶上飛機。另外，許多大賣場也有販售較為平價的班蘭蛋糕，可依個人需求做選擇。

南洋藥油與藥膏

虎標萬金油分為紅、白兩款，由緬甸華僑胡文虎與胡文豹兄弟研發，至今超過百年歷史，也成為旅遊新加坡必買商品。除了知名大廠，在牛車水也有許多老舖販售自家配方調製的藥油與藥膏，比如專治跌打的紅花油、對風濕關節頗有療效的千里追風油、傷風感冒一試就靈的萬應驅風油、處理蚊蟲咬傷的荳蔻膏、治療富貴手和香港腳的回春膏，這些在馮滿記及泰山藥行等老店都可買到。

TWG Tea

發源於新加坡的頂級茶葉品牌TWG Tea，創立於2008年，標誌上的1837年是為了紀念新加坡在當年度成為茶葉、香料及奢侈品貿易站的歷史，品牌目前共有800多種茶品，其中大部分是獨特的調味茶，而型式則有散茶或袋茶可以選擇。TWG Tea發展至今已經在世界多國成立品牌沙龍分店，雖然在台灣也設有店面，但新加坡當地的售價較為便宜一些，在濱海灣金沙、樟宜機場、ION Orchard多處都能買到。

百勝廚叻沙拉麵

自2013年起，百勝廚（Prima Taste）的叻沙拉麵幾乎每年入選速食麵評選網站The Ramen Rater的「全球十大美味泡麵」排行。這款速食麵湯頭濃郁，味道鮮甜且辣味適中，麵條非常有彈性，雖然在台灣也能買到，不過在新加坡的超市買相對划算，此外還有辣椒蟹、咖哩、蝦湯等多種口味。

肉骨茶包

肉骨茶的湯料是以多種中藥材，包括當歸、八角、枸杞、丁香、花椒、胡椒、生薑、香茅、蒜等十幾種香料，與豬肉和排骨一起熬煮而成，早年提供了辛苦的錫礦工人抵抗地下寒氣、滋養身體、恢復體力的營養所需。當地許多肉骨茶名店和藥材行都有出售自家配方調製的藥材包，在超市購買更為平價，加入排骨後就能在家煮出肉骨茶。

新加坡司令禮盒

Singapore Sling起源於萊佛士酒店的Long Bar，為了讓旅客回國後仍能繼續品飲，酒店的精品店推出新加坡司令禮盒，一盒有3瓶，原汁原味，即開即飲。此外也販售新加坡司令專用的酒杯及調製Shaker。

特色料理醬料包

海南雞飯、叻沙、辣椒螃蟹，這些新加坡的特色料理令人難忘，如果想將這些美味帶回家，只要選購醬料包就能辦到。在超市及樟宜機場都能買到百勝廚(Prima Taste)及其他品牌的一系列新加坡料理醬料包。

鹹蛋魚皮酥&洋芋片

嚴選優質鴨蛋，放入鹽泥中醃製30天，剝殼取出蛋黃，蒸煮攪拌成碎塊，再與魚皮或薯片輕輕混合、烘烤製成，不添加黏著劑，口感鬆脆，每一片都能吃到鹹蛋味。研發鹹蛋黃零食最知名的在地品牌就屬金鴨（Golden Duck）和IRVINS，除了魚皮酥和洋芋片，還推出叻沙、辣椒螃蟹等多種口味。在超市、便利商店和樟宜機場都能買到。

咖椰醬

不論是在亞坤、基里尼咖啡店、土司工坊等販售咖椰吐司的名店，或是在新加坡的超市和大賣場，都能買到罐裝的咖椰醬，每家的味道有別，名店的咖椰醬一罐約新幣6元起，超市品牌的價錢約新幣3元起。由於咖椰醬的保存期限都不算太長，購買時記得看清楚保存期限。

新加坡的超市

新加坡的連鎖超市很多，包括Fair Price、昇崧超市、Cold Storage、Giant等，除了提供當地居民生活必需品，更是遊客採購的必買地。其中分布最廣的就屬Fair Price，在牛車水唐城坊、小印度的城市廣場、VivoCity和樟宜機場第三航廈等處都有，同時在星耀樟宜更開設了超大賣場，伴手禮齊全，適合回國前在此做最後採買。

Transportation in Singapore
新加坡交通攻略

文●墨刻編輯部　攝影●墨刻攝影組

從樟宜機場進入市區

　　從新加坡樟宜機場（Changi Airport）前往市區的交通方式眾多，包括地鐵、公車、計程車及機場巴士等，可以斟酌個人預算來選擇。

樟宜機場 🚇www.changiairport.com

地鐵

　　如果下榻的旅館距離地鐵站不算太遠，那麼搭乘地鐵絕對又快又省錢。樟宜機場地鐵站（Changi Airport , CG2）可以從第二、三航廈步行抵達，如果班機由第一航廈入境，必須先搭乘免費的輕軌列車（Skytrain）前往第二航廈。

1. 從樟宜機場地鐵站乘坐樟宜機場支線（Changi Airport Branch Line）到丹那美拉站（Tanah Merah, EW4）下車，在相同月台的另一邊轉搭東西線，可前往市中心及西部各站。

2. 從樟宜機場地鐵站乘坐樟宜機場支線（Changi Airport Branch Line）到博覽站（Expo, CG1/DT35）下車，轉搭濱海市區線，可前往市中心各站。

💲依乘坐距離遠近而不同，票價約1.30~2.37元。

🕙週一至週六05:31~23:18，週日05:59~23:18。營運時間偶有變動，請隨時上網查詢確認。

🚇www.smrt.com.sg、www.sbstransit.com.sg

機場巴士

　　如果預算不會太緊縮，可選擇搭乘機場巴士

（Airport Shuttle），價錢比計程車便宜，行駛路線涵蓋新加坡大多數飯店（聖淘沙的飯店僅適用於包車），車種分為城市大巴（City Shuttle）、4人座轎車和7人座轎車。在四座航廈的入境大廳1樓（第一航廈在地下樓）均設有 Ground Transport Concierges，可至櫃台登記候車，前往市中心車程約25~30分鐘。

💲City Shuttle成人新幣10元、兒童7元，平均1小時一班。4人座一趟新幣55元、7人座一趟新幣60元。

飯店巴士

　　如果你是向航空公司購買「機票＋酒店」的自由行產品，產品中就提供了機場至飯店的來回接送服務。如果機票與飯店是分開來訂購，記得事先詢問飯店或旅行社是否有提供接送。

公車

　　樟宜機場在第一、二、三航廈的地下樓層均設有公車站牌，第四航廈的公車站牌則位於車場4B旁。從四座航廈均可搭乘36號公車前往市中心的烏節路、市政區、濱海灣等地，平均10分鐘一班。

💲依搭乘距離遠近而不同，票價約1.09~2.37元。可在樟宜機場地鐵站的Ticketing Service Centre，購買ez-link Card或新加坡遊客通行卡，上車刷卡；也可上車付現，請準備剛好的車資，因為車上不找零錢。

🕙平日約06:00~23:58，週六約06:00~00:04。如有變動請上網查詢。

🚇www.go-aheadsingapore.com

計程車

　　在所有航廈的入境大廳1樓，均可找到計程車招呼站（Taxi Stand）。新加坡的計程車一律以跳表計費，開往市區的價格除車資外，還須另外加收機場附加費（Airport taxi surcharge）新幣6元，如果在17:00過後搭乘，則加收新幣8元。當地計程車的跳表規格與機場附加費皆有公開的固定準則，旅客可安心乘坐。

💲依地點遠近、車種和計程車公司而不同，約新幣25~53元。

私人租車

　　可以從Apple Store或Google Play，免費下載

Grab、Gojek、TADA、CDG Zig或ryde等私人叫車服務的應用程式,進行預約;或從機場各航廈入境大廳所豎立的QR code看板直接掃描和預訂,然後前往第一、二、三航廈的入境大廳候車處搭車。

市區交通

地鐵

搭乘地鐵絕對是暢遊新加坡最便捷的交通方式,可以快速前往多數知名景點與區域。新加坡的地鐵運輸系統全名為Mass Rapid Transit,簡稱MRT,自1897年開通至今,目前全島共有6條地鐵線正常營運,由陸路交通管理局(Land Transport Authority)規劃興建,分別交給新加坡地鐵有限公司(SMRT Trains Limited)和新捷運公司(SBS Transit Limited)經營。SMRT負責南北線、東西線、環線和湯申-東海岸線,SBS負責東北線和濱海市區線。

此外,南北線和東北線在北部、東北郊區則興建了無人駕駛的輕軌系統Light Rail Transit,簡稱LRT,方便當地居民進出。

同時,新加坡還有多條地鐵線仍在興建與規劃中,近期的包括濱海市區線第三階段延長線預計於2025年完工,而湯申-東海岸線則預計在2024年完成丹戎禺站至碧灣站的路線。

🌐SMRT Trains在地直撥免費熱線1800-336-8900、SBS Transit在地直撥免費熱線1800-287-2727

🕐大約05:30~00:50,但各路線的營運時間略有不同,請事先上網確認,或下載應用程式:MyTransport.SG。

💲依搭乘距離遠近而不同,票價約1.09~2.37元。

🌐www.smrt.com.sg、www.sbstransit.com.sg

◎車票種類

「SimplyGo」是新加坡陸路交通管理局(Land Transport Authority)推出的便民措施,整合提供一系列交通電子支付選項,為通勤者帶來更多優惠便利。因此舊有的EZ-Link Card和NETS FlashPay Card於2024年6月起停止使用,並全面升級為SimplyGo EZ-Link Card,對當地居民來說宛如電子錢包,只要下載EZ-Link應用程式註冊認證(類似實名制),就能在手機或智慧型手錶上加值,不需再到自動售票機前排隊,還可享有回饋金。

但是對於旅客來說,新加坡地鐵已停止發行普通單程車票,旅客無法再從自動售票機購買單程車票。目前搭乘地鐵的購票支付方式,包括:交通儲值卡(易通卡和萬捷通預付卡)、遊客通行卡、信用卡、手機行動支付共四種。無論使用哪一種方式,車資皆依照搭乘路程遠近計算,每趟1.09~2.37元。至於遊客通行卡,則是在效期內可無限次數搭乘。

🌐simplygo.com.sg、www.transitlink.com.sg

交通儲值卡Stored Value Travel Card

1.易通卡SimplyGo EZ-Link Cards

如果計畫在新加坡停留5天以上且乘坐大眾交通工具會超過8次,或者不想使用信用卡的旅客,建議購買一張易通卡(類似台灣的悠遊卡),可持卡搭乘地鐵、公車、輕軌

及部分計程車,有效期限為5年。卡片餘額若低於3元時,必須再加值才能繼續使用,每次加值最少10元。離開新加坡之前,將卡片拿到地鐵站的Ticket Office辦理退費,可取回沒用完的餘額,但要注意有5元為不可退的卡片費。

🚇樟宜機場地鐵站內設有EZ-Link自動專賣機,可先在此自行購買;或至各地鐵站內的SimplyGo Ticket Office窗口購買和加值,也可利用自動售票機加值。

💲每張卡10元(其中5元為不可退還的卡片費,其餘為加值車資)

🌐www.ezlink.com.sg

❗如果手上仍持有舊的EZ-Link Card,可至SimplyGo Ticket Office窗口或自動售票機進行升級(Upgrade to SimplyGo),方可使用。

2. 萬捷通預付卡NETS Prepaid Cards

這是當地人使用的多用途預付卡,可搭乘地鐵、公車、輕軌及部分計程車,還可在眾多指定商店、餐廳、超市和便利商店以上消費,可消費的店家數量比易通卡多,有效期限為5年。適合搭乘地鐵和公車次數非常頻繁的人。

🚇可至各大地鐵站內的SimplyGo Ticket Office或7-11購買和加值,或下載NETS App,直接在手機上加值。

💲每張卡10元(其中5元為不可退還的卡片費,其餘為加值車資)

🌐www.nets.com.sg

遊客通行卡Singapore Tourist Pass

1.新加坡遊客通行卡Singapore Tourist Pass

此卡適合短天數的遊客,提供1日、2日及3日卡三

新加坡地鐵圖

種選擇，購買後可於效期內無限次搭乘地鐵、公車、輕軌（不包括聖淘沙捷運、特快車或夜間巴士），還能享有許多商店、餐廳推出的優惠。1日卡的使用期限為當天公共交通營運結束的時間，而2日卡與3日卡必須在連續天數內使用。

卡片費用含有10元押金，若在購卡後的6天內至各大SimplyGo Ticket Office退還卡片，便可領回押金，若想繼續使用，可在各地鐵站辦理加值。

🏠可至樟宜機場捷運站內的自動售卡機（Automated STP Kiosks）購買，或前往指定地鐵站的SimplyGo Ticket Office購買，包括樟宜機場、烏節、牛車水、政府大廈、萊佛士坊、武吉士、勞明達、麥士威、海灣舫、港灣、花拉公園等。

💲1日卡22元、2日卡29元、3日卡34元（價格適用於成人和身高超過90公分的兒童），以上費用均含10元押金。

🔗www.thesingaporetouristpass.com.sg

2.新加坡旅遊卡SG Tourist Pass

由EZ-Link公司和新加坡旅遊局合作推出的通行卡，僅提供3日卡，3天必須連續使用。購買後可於效期內無限次搭乘地鐵、公車、輕軌(不包括聖淘沙捷運、特快車或夜間巴士)，還能享有許多商店、餐廳推出的優惠。過期後的通行卡仍可加值繼續使用。卡片費用不含押金，倘若離境前卡內金額未用完，則無法退還餘額。

🏠可在樟宜機場四座航廈入境的便利商店Cheers購買

💲3日卡29元（適用於成人和身高超過90公分的兒童）

🔗www.thesingaporetouristpass.com.sg

手機行動支付

如果你的手機上有綁定Apple Pay、Google Pay、Fitbit Pay或Samsung Pay等應用程式，乘車前只需開啟行動支付，就可以感應讀卡器直接進入閘門。這是最省時便利的支付方式，風險是萬一手機故障或沒電，就無法使用。

信用卡

如果搭乘地鐵和公車的次數不多，使用感應式信用卡最為方便，無須排隊購票或加值。只要你的信用卡卡片上印有「))))」這個指示圖，就是感應式信用卡，可在上下公車、進出地鐵閘門時，拿信用卡在讀卡器上輕觸，即可支付車資。如何判別在海外能否使用，可直接詢問Mastercard或Visa，或上官網查詢。

如果擔心自己的信用卡無法刷過，建議到地鐵站時先拿去自動售票機上，利用加值功能來判定能否使用。雖然刷卡即可搭乘，但提醒你許多信用卡銀行會收取海外交易手續費（額度每家不同）；同時，新加坡的SimplyGo也會每天酌收管理費（約新幣0.6元）。相關資訊可下載SimplyGo的App，或上網查詢。

🔗www.simplygo.com.sg

⚠️台灣的金融卡（印有Maestro和Cirrus圖案），無法支付車資。

◎如何利用自動售票機加值

各大地鐵站裡的自動售票機，在三、四台之中通常只有一台會提供現金支付（Cash Accepted），其他台則是以信用卡支付。因此在加值前，先預備好自己的付款方式。自動售票機以觸碰式螢幕操作，有華語頁面可以選擇，無需擔心語言問題。

1：當易通卡或遊客通行卡餘額不足時，先找到自動售票機，點選「華語」選項，將卡片放在中央下方的感應台或立式凹槽上。

2：點選螢幕裡的「充值」選項，會同時出現「現金（Cash）」和「信用卡（Credit Card）」選項。無論選擇哪一種，都要先點選欲加值的金額（最少新幣10元），再從右上角輸入欲加值的紙鈔，或由螢幕右側的感應器以信用卡感應支付。

3：加值動作完成，即可移出卡片。

◎如何搭乘新加坡地鐵

研究好地鐵地圖，選購好個人欲使用的票卡、信用

新加坡地鐵乘車須知

新加坡地鐵和台北捷運一樣，車廂內不得抽煙、吃東西、喝飲料，違法者將處以新幣500~5000元不等的罰款。另外也要提醒你，可別大剌剌地帶著榴槤上車，雖然沒有明訂罰則，但在法令嚴明的新加坡最好不要以身試法。

卡或手機支付等方式，確認起站和目的地，準備進入站內搭乘地鐵。操作過程和在台北乘坐捷運差不多。

1：從顯示綠色箭頭的閘門進入。

2：持票卡、信用卡或手機支付頁面，在閘門右方的讀卡器上輕觸感應，待閘門自動開啟即可快速通過。

3：確認搭乘的路線方向，依箭頭標示，找到上車的月台。

4：地鐵車廂內有行駛路線圖，每站停靠前也都會有廣播。

5：出站前，也要拿相同的票卡、信用卡或手機支付放在閘門旁的讀卡器上感應，閘門才會開啟。（進出站請使用同一張卡）

6：尋找最接近目的地的出口，出口大多數以英文字母標示（少數地鐵站以數字標示），可循指標前往。

公車

新加坡的兩大客運公司分別是SBS與SMRT，路線遍及全島。站牌上除了有站名外，也寫有5位數的車站編號，部分公車上有顯示站名的電子跑馬燈，但新加坡人還是比較習慣看車站編號。另有巴士營運商Tower Transit和Go-Ahead Singapore，是近年才加入服務行列的客運公司。

若要上車投幣付現，請事先確認票價、備好車資，並告知司機，因為公車上不找零。最方便的方式是使用易通卡、信用卡或遊客通行卡，上、下車時各刷一次（必須同一張卡），還能享有票價優惠。建議可下載NextBus、新加坡巴士通、SG BusLeh等應用程式，可搜尋公車路線和班車抵達時間。

SBS境內免付費熱線1800-287-2727

依搭乘距離遠近而不同，票價約1.09~2.37元，付現車資約1.90~3元。

www.sbstransit.com.sg、www.smrt.com.sg、www.towertransit.sg、www.go-aheadsingapore.com

計程車

新加坡的計程車稱為德士、Taxi或Cab，是方便舒適的交通工具之一。但計程車在中央商業區（CBD）的路邊並不能隨招隨停（尤其是距離公車站9公尺以內的範圍，以及地上畫有雙條黃色鋸齒線條的路邊），乘客必須到計程車招呼站排隊等候，招呼站多設於購物中心、飯店門口或觀光景點附近，一旦遇上週末假日或上下班尖峰時段，招呼站經常大排長龍仍然等不到車。

因此新加坡人通常會打電話叫車，或透過手機下載相關App來預約計程車或私家車，有車的話通常幾分鐘內就可叫到，相當方便。

新加坡有5~6家計程車公司，常見的車身有藍色和黃色，綠色和紅色次之，所有計程車的車資一律以跳表計價，費率依照不同公司而有差異，一般分成普通計程車（Standard）和豪華計程車（Premium），普通計程車起跳價4.1元起，而賓士車的起跳價為4.8元、雪佛蘭的起跳價為4.5元、克萊斯勒的起跳價則為5元，在所有計程車的後座或車窗上都會貼上計價方式表，上車前可留意一下。

特別注意的是，週一至週五06:00~09:29、週六假日10:00~13:59，以及每天17:00~23:59都是交通尖峰時段，計程車除了跳表車資外，會加收25%的附加費，00:00~05:59則加收50%。在尖峰時間，市區部分繁忙路段及樟宜機場、動物園、濱海灣金沙、聖淘沙名勝世界等特定地點也會額外收取3~8元的附加費。預約時或上車前最好先向司機詢問應付哪些附加費，或乾脆避開這些時段，可省下不少錢。付款方式包括：現金、易通卡、信用卡。

如下表

車資計算法	普通計程車	豪華計程車
起跳首公里	4.1~4.8元	4.5~5元
每400公尺（10公里之內）	0.24~0.26元	0.35~0.36元
每350公尺（超過10公里）	0.24~0.26元	0.35~0.36元
每45秒等候時間	0.24~0.26元	0.35~0.36元

計程車公司名稱	24小時預約專線	網址
CDG Taxi	(65)6552-1111或App預約	www.cdgtaxi.com.sg
Strides Taxi	(65)6555-8888	stridespremier.com.sg
Trans Cab	(65)6287-6666	www.transcab.com.sg
Strides Premier	(65)6555-8888	stridespremier.com.sg
Prime Taxi	(65)6778-0808	primetaxi.sg
私人計程車App		網址
Grab		www.grab.com/sg/transport
Gojek		www.gojek.com/sg
ryde		rydesharing.com
TADA		tada.global

※參考網址www.ptc.gov.sg

◎計程車附加費明細表

尖峰時段	週一至週五06:00~09:29、週六假日10:00~13:59、每日17:00~23:59	加成25%
深夜時段	每天00:00~05:59	加成50%
以地點計算	每天17:00~00:00從市區出發	3元
	任何時段前往濱海灣花園、聖淘沙名勝世界	3元
	每天13:00~午夜前往動物園、飛禽公園	3元
	每天17:00~00:00往返機場	8元
	其他時段從機場出發或前往機場	6元
電話叫車或App預約		依車款和不同時段2.3~4.5元

觀光巴士

搭乘觀光巴士可以方便遊客來往於熱門觀光區域之間，Duck & Hippo公司提供多種旅遊套票，除了以下介紹的觀光巴士之外，還有行走於市政區及濱海灣的鴨子船（詳見P.72）。

◎Big Bus Tours

新加坡最受歡迎的Hop-on-Hop-off觀光巴士，坐上敞篷的雙層巴士，周圍景觀一覽無遺。只要購買Big Bus Tours一日票，便可以在指定路線的任何站牌無限次上下車，參觀市中心景點、歷史文化區域，每25~40分鐘一班車。

另有推出Night City Tour，18:15從新達城出發，暢遊濱海堤壩看日落，拜訪老巴剎享用沙嗲，觀賞濱海灣花園音樂聲光秀，最後在克拉碼頭或烏節路下車，體驗夜生活和購物。導遊隨車解說，全程約3小時。

🏠售票處：售票處位於3 Temasek Boulevard #01-K8 Suntec City Mall, Tower 2
☎(65)6338-6877
💲Big Bus Tours（紅線或黃線二選一）：1日票成人45元、2~12歲兒童37元、2歲以下免費。Night city Tour：1日票成人38.7元、2~12歲兒童32.4元、2歲以下免費。以上為官網優惠價。
🌐www.bigbustours.com/en/singapore/singapore-bus-tours

新加坡主題散步之旅

由Journeys Pte Ltd推出的「The Original Singapore Walks」，帶領遊客步行探索新加坡各大歷史文化區域，路線包括：市政區、甘榜格南、牛車水、小印度等，另有造訪樟宜博物館、地獄博物館和福康寧山等深度行程。請上網查詢時間、價格和集合地點，會有專業解說員帶你展開行程。

此外，Let's Go Tour公司也推出三大歷史區域散步行程、各種單車之旅、美食和烹飪等，主題選擇眾多，專業導遊解說，2人即可成行。
🌐www.journeys.com.sg、www.letsgotoursingapore.com
❗時間價格偶有變動，請提前上網確認資訊。

復古偉士牌邊車之旅

這是全球第一個偉士牌邊車導覽行程（Vintage Vespa Sidercar Tours），以精心修復和組裝的車隊載你零距離體驗在地景點、聲音和味道。熱門主題之旅包括：如切+加東之旅、甘榜格南+市政區之旅、中峇魯+東陵之旅、夜遊等。
💲上述的主題之旅1小時每人198元（限定10歲以上），必須事先線上預約和付款。10歲以下兒童可由一名大人陪同，搭乘保姆車隨行，每位兒童半價。
🌐www.sideways.sg
❗所有行程的指定集合地點皆在地鐵站附近。時間價格偶有變動，請提前上網確認。

當地旅遊交通諮詢

新加坡旅遊局總局

新加坡旅遊局(Singapore Tourism Board Tourism Court)官網上的資訊非常詳實豐富，除了介紹新加坡的歷史文化、主題景點、餐飲購物、節慶活動和住宿種類等，還囊括交通指南和各類應用程式的下載，並詳列各間旅客諮詢中心的位置與電話，適合出發前好好的做一下功課。
🏠1 Orchard Spring Lane
☎新加坡境內免付費☎1-800-736-2000
🌐www.visitsingapore.com

新加坡百科
Singapore Encyclopedia

History of Singapore
新加坡歷史

文●墨刻編輯部　攝影●墨刻攝影組

史詩傳說時期

新加坡在14世紀時被蘇門答臘的Srivijaya帝國統轄，由於得天獨厚的地理位置而被取名為淡馬錫(Temasek)，也就是「海城」的意思。傳說中，該帝國的王子桑尼拉‧烏他馬(Sang NilaUtama)在外出狩獵時，看到一隻前所未見的動物，他認為是個好兆頭，於是決定在此建造一座城市，命名為Singapura，以梵語來解釋，Singa就是獅子，pura則為城市，新加坡因此又被稱為「獅城」。

殖民時期

到了18世紀，歐洲列強已展開海外殖民霸權，其中以荷蘭與英國最為積極。1819年，來自英屬東印度公司的史佛福‧萊佛士(Sir Stamford Raffles)正式登陸新加坡，他看中了這座島嶼背後蘊藏的無限潛力，遂與當地的原始統治者柔佛蘇丹簽訂條約，獲准在新加坡建立交易站和殖民地，經過萊佛士多年的努力，這座小小的漁村逐漸發展成繁榮的貿易商港。

島上的自由貿易政策吸引了亞洲、美國和中東的商人前來，在1832年，新加坡成為檳城、麻六甲和新加坡海峽殖民地的行政中心。隨著1869年蘇伊士運河的開通以及電報和輪船的出現，新加坡作為擴大東西方貿易中心的重要性大大增加。到了1860年，新加坡的人口從最初的150人增長到80,792人，主要以華人、印度人和馬來人居多。

二次世界大戰期間

由於地理位置特殊，新加坡在二次世界大戰前一直是大英帝國在東南亞最重要的據點。1941年12月，日本戰機開始襲擊馬來半島，新加坡於1942年2月淪陷，被日本佔據了3年半之久，直到1945年日本投降後，才又回歸英國管轄。

戰後與獨立時期

隨著民族主義的抬頭，新加坡歷經無數協商後，終於在1959年完全脫離英國的統治，成立自治政府並舉辦首次普選。選舉中，人民行動黨(PAP)贏得43席以絕對優勢領先，李光耀成為新加坡第一任總理。1961年新加坡加入馬來亞，與馬來亞、砂勞越和北婆羅洲合併組成聯邦，1963年組成馬來西亞。但這次合併並不成功，新、馬之間矛盾衝突不斷，1964年華人與馬來人在芽龍區爆發大規模衝突，導致馬來巫統和李光耀正式決裂。新加坡於1965年8月9日脫離馬來西亞，成為擁有獨立主權的民主國家。同年12月22日，新加坡宣佈成為獨立共和國，並加入聯合國與大英國協。

現代新加坡

獨立後，在新加坡已故前總理李光耀的帶領下，新加坡在短時間內迅速成為富裕的亞洲四小龍之一，以廉潔的政府、清潔的市容、高效率和完善的法制聞名於世。新加坡是個多元種族的移民國家，也是全球最國際化的國家之一，其居民有30%不是新加坡公民，服務業則有50%是外國勞工。新加坡同時也是亞洲重要的金融、服務和航運中心之一，是繼倫敦、紐約和香港之後的全球第四大金融中心。整個城市在綠化、清潔和環保方面效果顯著，因此又有「花園城市」的美稱。

World Heritage Sites of Singapore
新加坡世界遺產

文●墨刻編輯部　攝影●墨刻攝影組

2015年7月，聯合國教科文組織(UNESO)將新加坡植物園正式列入世界文化遺產名錄，這是新加坡第一座世界文化遺產，也是名錄中首座熱帶花園。

新加坡陳育賢攝

新加坡植物園
Singapore Botanic Gardens

登錄時間：2015年
遺產類型：文化遺產

　　新加坡植物園的建立概念起源於1822年，當時萊佛士爵士(Sir Stamford Raffles)在福康寧山打造了一座植物學實驗園(Botanical and Experimental Garden)，用以研究具有潛在經濟價值的作物，於1829年關閉。

　　1859年時，占地74公頃的新加坡植物園成立，這裡不僅僅是一座英式殖民熱帶植物園，也是植物研究單位，這裡的園長曾在1880年代成功種植橡膠樹，並將種植方式推廣至馬來西亞。如今，新加坡植物園更是當代重要的科學研究機構，在植物保育和教育方面皆不遺餘力。

　　園內散落著天然原始森林和熱帶花園，是尋找綠意的最佳散步去處。其中，國家胡姬花園(National Orchard Garden)更是植物園裡的焦點，全東南亞總共2,500種蘭花，在這裡培育的就超過500種。最特別的是新加坡國花「卓錦萬黛蘭」，1893年由卓錦小姐(Miss Joaquim)在花園內發現，屬於原生種，因此在1981年獲選為國花。

實里達島

實龍島

烏敏島

新加坡植物園
Singapore Botanic Gardens

布拉尼島

聖淘沙

A City in Nature
花園中的城市，慢享綠色美學。

文●Jane
攝影●墨刻攝影組

新加坡自獨立建國以來，在追求經濟成長的同時，對於綠化環境和生態保育也不餘遺力。據國家公園局統計，現今的新加坡有超過一半的土地籠罩在綠意裡，在城市規劃藍圖中，早已跨越Garden City的美譽，達成了階段性使命City in a Garden，並持續朝向A City in Nature的未來願景前進，將新加坡打造為高度宜居的城市。遊客徜徉其中，何不放緩腳步，慢慢享受新加坡式的綠色美學。

綠色美學 ①
從都會街區瞬間進入熱帶雨林

很難想像在這座城市島國裡，竟擁有4座自然保護區和400個大大小小的公園，神奇的是，坐上公車或地鐵大約5~15分鐘車程，就能從摩天高樓瞬間進入原始森林或紅樹林濕地。

特別是鄰近烏節路的世界文化遺產「新加坡植物園」、全球罕見的都會型熱帶雨林「武吉知馬自然保護區」，以及由許多步道、橋樑和公園串連而成的「南部山脊」，都是隱藏於鬧市中的大自然瑰寶。

綠色美學 ②
從農場到餐桌的奇幻旅程

　　將城市農場與餐廳結合，提供本地生產的食材，新鮮烹調端上餐桌，這種Farm to Table的理念在新加坡越來越受歡迎。比如位於烏節商圈不遠處的餐館Open Farm Community，以自家後院的香草蔬果入菜，透過天然香料調味，端出賞心悅目的健康佳餚（詳見P.165）；同樣交通便利的，還有坐落於金融商業大廈51樓的1-Arden空中美食森林，高空的院子裡竟然種著各式農產品!開在園藝園林（HortPark）中的Vineyard提供歐式佳餚，採用在地蔬果和鮮魚烹製，點綴的香料也來自後花園。

🛈1-Arden：www.1-arden.sg、Vineyard：www.vineyardhortpark.com.sg

©Darren Soh / PanPacific Orchard

綠色美學 ③
在綠意環繞的旅宿中醒來

　　清晨，從綠意環繞的旅宿中醒來，是一件幸福的事。無論身處於市區的摩天高樓，或是聖淘沙島的熱帶雨林，許多飯店正貫徹節能減碳的環保設計，比如首間使用太陽能提供部分照明電力的PARKROYAL on Pickering，宛如梯田造型的流線建築綴滿綠色植物，由空中花園收集雨水灌溉。（詳見P.140）

　　被譽為「Garden in a Hotel」的PARKROYAL Collection Marina Bay，位於繁華的濱海灣，不僅在天窗中庭種滿2400多種花草樹木，屋頂還設有農場，充分體現Farm to Table的休閒型態。聳立在烏節商圈的新地標Pan Pacific Orchard，以綠植包裹著鋼筋泥柱和牆面，遠看彷彿巨大的空中雨林，從每間客房望出去都是綠意風景。聖淘沙島上的飯店更是會呼吸的活建築，每一間都不著痕跡地融合在原始森林中，經常出現孔雀逛大街的景象。（詳見P.240）

🛈www.panpacific.com

43

A Kaleidoscope of Cultures
新加坡文化萬花筒

文●墨刻編輯部　攝影●墨刻攝影組

新加坡位於東南亞南端，自古即是貿易興盛之地，華人、馬來人與印度人離開家鄉來到這塊新土地，在此交融出多元的移民文化。現在，我們可以在同一條街上看見中國佛道教寺院、印度教廟宇和伊斯蘭清真寺並立，也可以在一座市場裡品嚐不同民族的料理，從語言、美食、民俗風情到建築景觀，全然繽紛交織，讓遊客流連駐足。

華人文化

　　新加坡以華人居多，約 占總人口76.2%。在19世紀，華人移民大量進駐，到了1827年成為最大的族群，1845年 占新加坡人口數一半以上，成為大多數。這些華人移民多來自中國東南沿海，以福建和廣東省為主，早期新加坡名為石叻坡(Si Lat Po)，是海峽城鎮(Strait Town)的意思，對這些移民而言，南洋可以提供豐富的工作機會，然而事實上，生活卻不比家鄉輕鬆。

　　華人移民大致分為5個族群：廣東、潮州、福建、客家和海南人；廣東人落腳牛車水，從事木工、酒樓、技工等工作，福建人落腳廈門街和直落亞逸街，潮州人則是從新加坡河上岸，福建人、潮州人大多以做生意為主，而海南人由於來的時間較晚，工作機會不多，大多從事烹飪及餐飲業。

　　早期移民因為族群不同，也建造了不同廟宇，例如天福宮是福建移民興建，並由福建運來媽祖供奉；福德祠由客家和廣東移民合力建造，是新加坡第一間中國寺廟；應和館則是客家人成立的會館，因應華人講究風水的習俗，後來興建的遠東廣場特地採用金木水火土的概念。

Singlish小補帖

新加坡式英語（Singlish）是以英語為主，參雜了福建話、馬來語、華語、粵語等方言用字，充分反映出文化多樣性，其中有些用字更被納入牛津英語大辭典中。Slinglish音調的抑揚頓挫、文法結構、發音也自成一格，是新加坡的一大特色，以下介紹幾個常見詞彙：

新加坡式英語	意思
Bo Jio	福建話發音為「沒招」，表示沒有約、沒有邀請。
Jialat	福建話發音為「吃力」，表示糟糕了、慘了。
Boh Liao	福建話發音為「無聊」，表示吃飽太閒。
Blur	源自英語，發音似「ㄅ嘞」，表示糊塗、迷糊。
Sian	福建話發音為「閒」，表示無聊。
Buay Tahan	Buay源自福建話「袂」，Tahan源自馬來語，表示受不ㄌ。
Makan	源自馬來語，意指「吃」或「食物」。
Alamak	源自馬來語，意指「慘了」，有絕望的語氣。
Boleh	源自馬來語，意指「可以」、「能否」。
Hau Lian	福建話發音為「好練」，意指囂張。
Shiok	源自馬來語，表示「爽」。
Wet Market	意指傳統菜市場。
Ang Moh	福建話發音為「紅毛」，指西方人、洋人。
Wah Lau	福建話發音為「哇咾」，驚訝時的感嘆詞，表示哇靠、天哪。
Paiseh	福建話發音為「拍謝」，表示害羞、不好意思。
Can Lah	Yes. It can be done. 是的，可以啦！
Can Ah？	Can you or can't you？ 可以嗎？
Can Lor	Yes. I think so. 是囉！我想也是。
Can Meh？	I don't quite believe you. 是這樣嗎？我不太相信你。

華人以米飯為主，但受到當地馬來和印度文化影響，新加坡華人食物加了幾分辛辣味，例如炒粿條和海南雞飯，都會搭配一碟辣椒做佐料，而新加坡特有的早餐還加入當地常見的椰奶製成咖椰，成為最具代表性的本土美食。關於華人料理介紹詳見**P.24**。

新加坡華人的重要傳統節日有農曆新年、端午節、中元節和中秋節等，新年時除了張燈結綵、高掛大紅燈籠，還有舞龍舞獅表演和妝藝大遊行，極具年節氣氛。

◎**牛車水老街區**P.119、**遠東廣場**P.121、**直落亞逸街**P.124

45

馬來文化

　　馬來人是新加坡第二大種族，占新加坡人口15%。馬來女性通常穿著沙龍，頭上包著頭巾，甘榜格南的亞拉街有許多店家以賣沙龍布為主，可以看到許多穆斯林婦女來此選購。

　　新加坡的馬來人大多信奉伊斯蘭教的遜尼派，他們認為豬是不潔的生物，不能食用豬肉，並且滴酒不沾。因此，在新加坡許多餐廳、攤販都不難發現「Halal」標誌，Halal的原意是指合法的，在此代表食品在食材及烹調過程都符合伊斯蘭教的規範，通過清真認證。但遵守規範並不表示飲食會處處受侷限，除了許多速食店通過清真認證，也可以找到有認證的

海南雞飯及麵攤。值得注意的是，為了尊重文化差異，如果在小販中心用餐，需要自行收拾碗盤時，回收架又分為Halal和非Halal兩種，不可混淆。關於馬來料理的介紹詳見P.26。

　　穆斯林（當地又稱回教徒）的重要節日在每年回曆9月份，一整個月的齋戒中，從日出到日落都不能進食。齋戒月結束後則盛大舉辦一系列慶祝活動，其中又以芽龍士乃和甘榜格南地區最為熱鬧。從齋戒月開始，芽龍士乃街邊會有各種攤位林立，包括傳統美食小吃、服飾、生活用品等，遊客穿梭其中，也能感受到最在地的民俗風情。

◎甘榜格南P.186、芽龍士乃P.206

印度文化

　　印度人是新加坡第三大種族，占總人口7.4%，是印度移民人口最多的國家。新加坡多數的印度人是來自1819年英國殖民時期的移民，最早的移民包括工人、士兵和囚犯。到了20世紀中葉，開始出現性別比和年齡分布都較為均衡的印度裔社區。

　　新加坡的印度人大部分來自南印度，約有55%信仰印度教、25%信仰伊斯蘭教，還有12%信奉基督教。若想近距離感受印度教，可以到興都廟參觀，位於牛車水的馬里安曼興都廟建於1827年，是新加坡最古老的印度興都廟，內部供奉能治癒傳染病的馬里安曼女神，形式則是標準的南印度達羅毗荼式廟宇。

　　印度食物有地域南北之分，還因信仰不同而有所限制，印度教信徒認為牛是神聖的，所以不吃牛肉，信仰伊斯蘭教的穆斯林則不吃豬肉，為了這兩大族群的禁忌，印度餐廳通常不提供牛肉和豬肉，而是以雞肉和羊肉為主，搭配海鮮和蔬菜，以及大家熟知的naan或米飯。南北的口味差異到了新加坡，完全不成問題，因為多數印度餐廳融合南北料理，想吃什麼都吃得到。關於印度料理的介紹詳見P.28。

　　除了料理，南北印度的服飾和習俗也有差異，在新加坡經常看到身穿沙麗的印度婦女，北印度婦女穿著上衣和褲子兩件式，南印度則是由肩上到下擺圍上一條沙麗，由細微的差異便可看出不同。

　　經過200多年的發展，多數的新加坡印度人都將小印度視為家鄉，在此固守文化傳統，可說是本土最具民族色彩的一區，每當屠妖節及大寶森節舉行時，場面盛大非凡。

◎馬里安曼興都廟P.118、印度傳統文化館P.173

土生華人文化

　　早期遠渡重洋來到新加坡、檳城、麻六甲等地開墾的華人移民，由於定居南洋多年，許多人娶馬來女子為妻，後代子孫陸續於南洋出生，在中國和馬來文化交互影響下，混合了馬來和華人的傳統習俗，形成東南亞獨特的文化型態，被稱之為土生華人(Peranakan)。

　　廣義來說，土生華人的父親是華人，母親是馬來人，男性稱為峇峇(BaBa)，女性則是娘惹(Nonya)，馬來女子由於嫁入華人家庭，在飲食方面必須符合華人口味，再加入馬來和印尼常用香料，如椰奶、香茅、檸檬草等，融合兩方飲食從而創造出土生華人料理，並以掌廚的娘惹為菜系命名。

　　想深入了解娘惹飲食，一定要品嚐娘惹家常菜，娘惹菜集結華人料理及馬來料理的精華，添加了椰漿和檸檬草、辣椒、蝦醬等各式南洋香料，讓娘惹料理有了更深奧的味道。關於娘惹料理的介紹詳見P.27。

　　除了飲食，在新加坡想接觸到和土生華人有關的事物，必須到特定地點才能看到保存完善的建築或服飾。比如前往加東的坤成路(Koon Seng Rd.)或烏節路的翡翠山(Emerald Hill)，這裡的土生華人建築通常漆上素雅的顏色，重視細節裝飾，精緻的木頭雕飾很值得細看。從建築可看出英國殖民風格，融合了馬來和中國特色，例如鳳凰就是中國常見的圖騰，而大門外的另一扇矮門，則是因應炎熱天氣和保持隱密而設。

　　娘惹服飾受到馬來影響，由沙龍演變而來，外頭罩著的上衣Kebaya，以手工縫上繁複的動物花鳥圖案，通常沒有鈕扣，而以胸針扣起，下半身搭配裙子。鞋子和皮包是用串珠繡縫做裝飾，圖案多變。想購買娘惹服飾與配件，可在加東的Rumah Bebe或金珠等店鋪訂製傳統服裝，挑選手工珠繡鞋；想學習娘惹手製作，這裡也開班授課，設有迷你展覽館，可以一探娘惹生活型態。

◎土生華人博物館P.98、翡翠山P.146、坤城路P.202、Ruamh Bebe P.204

Singapore Foods for Foodies
新加坡三大國民美食大搜查

文●墨刻編輯部
攝影●墨刻攝影組

最暢快的美食享受不需要上高級餐廳，只要回歸單純的心，走進民間的市井生活，充滿人情故事的在地小吃絕對勝過鮑魚龍蝦。新加坡面積雖小，餐室與熟食檔的聚集密度之高卻相當驚人，街角巷弄裡臥虎藏龍，面對眾多必嚐美味，我們將範圍鎖定在肉骨茶、海南雞飯與咖椰烤麵包三大國民美食，實地走訪21間本土餐室，從老字號一路吃到新生代品牌，各有死忠擁護者，不妨尋找與自己最對味的店家。

肉骨茶

　　雖然名為肉骨茶，但其實是豬骨湯，以豬骨加上香料和藥材熬煮而成，使用的香料有肉桂棒、丁香、六角、胡椒，藥材則有當歸、川芎和枸杞等，通常搭配白飯和油條食用，並附上醬油泡紅辣椒作為沾醬。

　　肉骨茶大致分為潮州派與福建派，潮州人偏愛清湯，放入大量蒜頭與胡椒熬煮，胡椒嗆味較重，新加坡多半以潮州派為主；而福建人喜歡添加黑醬油與眾多中藥材，湯頭呈黑褐色，口感濃厚。當地人在喝肉骨湯時，也會點一壺功夫大茶來去除油膩。

　　至於「肉骨茶」一詞的由來說法很多，有一說是源自於馬來西亞巴生的一名攤商李文地，他因為販賣肉骨湯而被街坊稱作「肉骨地」，在福建話中，「地」和「茶」的發音相同，時間一久就被稱為肉骨茶。

● 新加坡河畔Singapore River

松發肉骨茶Song Fa Bak Kut Teh

P.109C2　乘地鐵東北線在「Clarke Quay」站下車，走出口E，步行約2~3分鐘可達。　11 New Bridge Road #01-01　6533-6128　10:00~21:00　肉骨湯8.9元起　songfa.com.sg

　　松發肉骨茶創立於1969年，起初僅是柔佛路上的流動攤販，發展至今已開設10多間店面，7年榮獲米其林必比登推介，讓許多遊客慕名而來。這間位於新橋路的老店，就在地鐵克拉碼頭站出口E正對面，地理位置非常便利，人氣高到即使隔鄰還加開一間分店，每到用餐時段兩間店依然大排長龍，饕客可得耐心排隊等候，人數較少的也可能要和其他客人併桌。

　　松發的肉骨茶份量適中，湯底味道鮮美，胡椒味和其他名店比起來較不重，推薦給不喜吃辣的人。此外，豬腳和解膩的特調功夫茶也是店內招牌。店內人聲嘈雜，人們坐在木桌椅、板凳上品嚐肉骨茶，很有60年代的懷舊氛圍。在牛車水唐城坊、先得坊、新達城設有分店，可就近品嚐。

●小印度Little India
黃亞細肉骨茶餐室
Ng Ah Sio Pork Ribs Soup Eating House

P.178A1　乘地鐵東北線在「Farrer Park」站下車，走出口B，往左沿Rangoon Rd.步行約10分鐘可達。　208 Rangoon Road, Hong Building　6291-4537　09:00~21:00　肉骨湯9.8元起，功夫茶3~9元，滷大腸8.8元，油條2.2元。　www.ngahsio.com

1955年創業的黃亞細肉骨茶，擁有超高知名度，連國外的報章雜誌都曾大幅報導，儼然成為到新加坡必吃的美食。同樣都是將蒜頭、中藥搭配醬油、胡椒粒等食材伴隨豬骨熬湯，但「黃亞細」的肉骨湯頭卻獨獨教人讚不絕口，原因就在於黃家祖傳秘方。

肉骨茶湯頭的滋味非常濃郁，喝完後精神百倍，尤其湯裡添加的胡椒讓口感清新，就算不喝茶也不覺得油膩。「黃亞細」自開業以來，儘管店面幾經搬遷，卻擁有一批忠實顧客，每天清晨都準時上門報到，飄洋過海買香而來的觀光客更不在少數，連馬英九、周星馳、洪金寶等眾多名人都曾領教過它的魅力。2010年黃亞細退休後，交由珍寶餐飲集團經營，持續打響老字號。

●丹戎巴葛Tanjong Pagar
歐南園亞華肉骨茶
Outram Park Ya Hua Rou Gu Cha

P.62A2　乘地鐵東西線在「Tanjong Pagar」站下車，走出口C，沿Anson Rd走到底，經過高架橋，往右走Keppel Rd可達，全程步行約10分鐘。　7 Keppel Road #01-05/07 PSA Tanjong Pagar Complex　6222-9610　週二至週六07:00~23:00，週日07:00~22:00。　週一　肉骨湯10元起，油條3元。　yahua.com.sg

「亞華」於1973年從路邊攤起家，1991年遷移至歐南園一帶，由於店面狹窄，上門的食客經常坐滿整個走廊，大排長龍的景象蔚為奇觀，而後因政府徵收土地，遂搬遷到Havelock Road。為容納更多顧客需求，2006年選在丹戎巴葛大廈開設歐南園分店，空間十分寬敞，用餐不再人擠人，吸引更多觀光客前來。

店裡採用印尼排骨熬湯，搭配特製佐料，使得湯頭呈金黃色澤，胡椒味不算重、但湯味稍鹹，排骨肉質較韌、有彈性，拿油條泡湯或白飯裡加點鹹菜，滋味都很好。這裡也賣豬肝、豬腰、滷豬腳、茼蒿菜湯等各式小吃，讓人即使吃飽了還想打包帶走。位於Havelock Road的店面鄰近合樂地鐵站，交通也很方便。

●馬里士他路Balestier Road・小印度Little India
發起人肉骨茶
Founder Bak Kut Teh

P.62B1　乘地鐵南北線在「Novena」站下車，從「Opp Novena Ch」站牌搭21、131公車，在「Shaw Plaza」站下車，步行可達；或直接搭計程車前往。　347 Balestier Road　6352-6192　11:45~午夜12:00　週二　肉骨8元起，油條2元。　發起人www.founderbkt.com.sg、發傳人www.legendarybkt.com

誰的膽子這麼大，稱自己是肉骨茶發起人？其實這是老闆蔡水發的噱頭，但這間知名老店的可不僅是噱頭，店內牆面上貼滿老闆與港台藝人的合照，舉凡周潤發、劉嘉玲、周杰倫、吳宗憲、SHE、費玉清等，幾乎所有大牌明星都來過，店裡不僅經常大排長龍，晚餐宵夜時段的顧客更多。

發起人開業於1978年，在更早之前蔡水發就在榜鵝一帶養豬，因此對於豬肉的部位瞭若指掌，他特別選用後背排骨來熬湯，添加蒜頭與胡椒，將湯頭熬成金黃色，胡椒味濃厚，肉骨大塊，咬起來頗有彈性，推薦給喜歡胡椒味重的饕客。發起人的總店位在馬里士他路，目前由獨子傳承，但沒有地鐵可直達，對遊客來

說交通較為方便。不過自2011年起，蔡水發的女兒傳承家業，在Rangoon Road和橋南路開了分店，店名取為「發傳人肉骨茶」，乘坐地鐵方便抵達，讓饕客有了更多便利選擇。

●黃埔西Whampoa West

老亞弟肉骨茶
Lau Ah Tee Eating House

📍P.62B1　🚇乘地鐵東北線在「Boon Keng」站下車，走出口B，沿Whampoa West步行約3分鐘可達。🏠Blk 34 Whampoa West #01-67　☎9755-5250　🕐07:00~21:00，週三07:00~15:00。💲肉骨湯8~12元

　　屬於潮洲風味的「老亞弟」從1965年開賣至今，以平實清淡的肉骨湯溫暖了當地居民的心。這裡的湯頭完全不加中藥材，只採用胡椒和蒜頭為原料，放進排骨和肉骨一起熬煮，火候必須掌控得剛剛好，才能讓肉與骨相黏不散，肉質香甜帶勁、滑嫩卻不糜爛，連蒜頭都能熬成外硬內軟，老闆沈亞弟累積了60年的烹調功力全都濃縮在這小小一碗肉骨湯裡，拿來泡白飯或油條風味更佳，倘若湯喝完了，還可免費續湯。

　　店裡供應鹹菜、豬肝、豬腳、茼蒿等小吃，其中，皮Q肉嫩的豬腳是頗受推薦的料理。店裡空間簡樸寬敞，充滿庶民風情，雖然遠離市中心、隱身在住宅區裡，但距離文慶地鐵站不遠，不妨專程走一趟。

●加東Katong

新興瓦煲肉骨茶
Sin Heng Claypot Bak Koot Teh

📍P.201B2　🚇乘地鐵湯申-東海岸線在「Marine Parade」站下車，沿如切路往北走，約10分鐘可達；或搭12、14、32號公車在「Opp Roxy Sq」站下車，往右沿東海岸路，左轉如切路可達。🏠439 Joo Chiat Road　☎6345-8754　🕐10:00~23:30　🚫週一和週四　💲瓦煲肉骨茶小份10元起

　　1980年，當鄭家三姊妹在丹戎巴葛開設攤檔，就以瓦煲肉骨茶打響名號，掀起一股跟進風潮。隨後輾轉遷至現址，為了迎合現代人少肉少油的健康概念，研發出鎮店之寶「狀元瓦煲肉骨茶」，湯底採用特調藥材與肉骨、排骨一起熬煮，火候控制得剛剛好，讓肉骨和排骨不僅吸收了藥材的香，同時也將甜味釋放至湯裡，肉質滑嫩不糜爛，再加入豐富配料包括蘑菇、豬肚、腐竹、玉米筍和生菜等，使深褐色的湯頭喝起來甜甜不油膩。提供小、中、大、特大4種份量可選擇。

　　除了肉骨茶，瓦煲系列還有豬尾、薑蔥豬肝、冬粉蝦等選項，以及各種配菜如麻油雞、炒冬粉、泰式雞。如有造訪加東，不妨順道品嚐。

海南雞飯

由海南移民帶進新馬地區的「文昌雞」，傳統做法是將整隻雞燙熟白斬，搭配雞油和雞湯所烹煮的雞飯，一起蘸醬品嚐。傳進新加坡之後，受了多元飲食文化影響，逐漸演變成充滿在地風味的新加坡式海南雞飯，調味和烹煮方式開枝散葉，各有千秋。

最為人津津樂道的在於雞肉和骨頭很容易分開，吃的時候不用拿起來啃就能吃得乾乾淨淨，這是因為烹煮過程中需要好幾道繁複的手續，把雞肉放到滾水中用小火慢煮，水滾開後，把雞肉撈起來浸在冷水中約2分鐘，然後放入熱水中繼續滾，這樣的步驟重複3~5次，雞肉就會變得滑嫩好吃。店家通常會將熬煮過程中產生的雞汁澆在飯上，吃起來更有味道，隨盤附上醬油、蒜末、辣椒3種醬汁，任君搭配。

從小販中心到五星級飯店都有在賣海南雞飯，各家口感和價錢都不相同，例如在知名的飯店裡享用，一份約25元起跳，在小販中心只要4~5元就能飽足。

●黃埔西Whampoa West
文東記Boon Tong Kee

🚶P.62B1　🚇乘地鐵東北線在「Boon Keng」站下車，走出口B，沿Whampoa West步行約3分鐘可達。🏠Blk 34 Whampoa West #01-93　📞6299-9880　💲油飯1.8元起，半隻白切雞24元起。　🕐11:00~14:45、17:15~21:30
🌐www.boontongkee.com.sg

像文東記這樣的中檔餐館在新加坡不計其數，但能勝出的最大關鍵在於烹調手法。1979年，老闆程文華在牛車水擺攤賣雞飯，其獨創的粵式白斬雞吃起來清爽不油膩，在健康意識逐漸抬頭的年代，文東記迅速崛起。3年後，選在馬里士他路開設店面，如今已擁有多家分店。

文東記的雞隻來自馬來西亞的農場，經過嚴格挑選，每隻都重達2.2公斤，肥瘦適中，烹煮時先以熱水燙熟，再放進冰水涼鎮，咬起來滑溜有彈性，讓嗜吃白斬雞的人讚不絕口。近年來，文東記另行研發了多種熱炒與粵菜，同時也販賣自製罐裝沾醬，其中最知名的就是辣椒醬、薑蒜與黑醬油，搭配雞飯堪稱一絕。文東記各店的地理位置對觀光客來說較為不便，目前只有黃埔西分店位於文慶地鐵站旁，里峇峇利分店距離大世界地鐵站步行約10分鐘，其他的建議搭計程車前往。

●牛車水Chinatown
天天海南雞飯
Tian Tian Chicken Rice

🚶P.116C3　🚇乘地鐵湯申－東海岸線在「Maxwell」站下車，步行1分鐘可達；或乘地鐵東北線或濱海市區線在「Chinatown」站下車，走出口A，直走寶塔街右轉橋南路可達。　🏠Stall No.10 Maxwell Food Centre　📞9691-4852　💲雞飯約5元起　🕐10:00~19:30　🚫週一　🌐www.tiantianchickenrice.com

1988年，符慧蓮承接了哥哥在麥士威小販中心所開設的小吃攤，秉持著海南家鄉的獨家秘方，將「天天」的好口碑繼續發揚光大，店面外貼著的中英文剪報與美食獎狀只能算是點綴，因為每逢午餐時間，攤位總是大排長龍，早已說明其超高人氣，同時也是觀光客到訪新加坡指名必吃的名店。

老薑爆香後放入湯裡加熱，待湯滾沸後將雞隻丟進去熟，撈起再以冷水稍浸片刻，肉質就變得滑嫩有彈性，鋪排在色澤晶黃的雞飯上，油香四溢，米粒雖濕潤卻不軟糊，沾著手工特製的辣椒、薑蓉與黑醬油入口，口味酸辣，相當夠味，尤其這裡的辣椒醬還多了酸柑皮的調味，連已故美食節目主持人安東尼·波頓（Anthony Bourdain）都讚不絕口。

●烏節路Orchard Road
Chatterbox

P.144C3　乘地鐵南北線在「Somerset」站下車，走出口B，步行約5分鐘可達。　333 Orchard Road #05-03, Hilton Singapore Orchard　6831-6291　Mandarin Chicken Rice每份25元起　週一至週四11:30～16:30、17:30～22:30，週五至週日11:30～16:30、17:30～23:00。　www.chatterbox.com.sg

　說起全新加坡最高檔的海南雞飯，自然非Chatterbox莫屬！Chatterbox與文華酒店同樣創立於1971年，開設於酒店5樓，目前已由希爾頓酒店接手，但Chatterbox的所在位置與名聲不變。

　店內的海南雞飯一份要價25元，整套餐點包括雞肉、飯、三碟醬料及一碗雞湯，上桌時擺盤精美，雞肉肉質軟嫩，沾上店家自製的酸辣醬料入口，味道更是令人印象深刻。Chatterbox的海南雞飯曾多次獲得獎項肯定，雖然價格高貴，餐廳仍高朋滿座，有許多觀光客慕名而來，也有人被其高水準的料理所吸引，若預算充足，不妨嚐嚐這款五星級的海南雞飯。另外，店裡也供應肉骨茶、椰漿飯、龍蝦叻沙等新加坡在地料理，以及薏米水、荔枝水、Bandung等飲料，價格同樣較坊間為高。

●市政區Civic District
津津餐室
Chin Chin Eating House

P.92D1　乘地鐵東西線或南北線在「City Hall」站下車，走出口C，沿著Beach Rd.往萊佛士酒店方向走，左轉Purvis St.可達。　19 Purvis Street　6337-4640　11:00～21:00　白雞、燒雞單人份6元起、半隻18元起，海南豬扒7~18元，海南羊肉湯12~28元。

　很少在旅遊導覽書上露臉的「津津」雖然低調，但在當地老一輩人心中卻佔有一席之地。1935年開業至今，店 的裝潢始終簡樸親民，不僅服務人員全是上了年紀的阿姨或叔叔，就連點菜單也是用木夾一張張夾起，整個氣氛彷彿還沉緬在上個世紀。

　這裡以正宗海南美食掛帥，但雞飯並非主打招牌，菜單上只有白雞和燒雞兩種，也可以做成拼盤；清蒸白雞肉質滑嫩，不帶血絲腥味，而燒雞的皮略有甜度，咬起來滿口清香，即使不搭配蒜蓉辣椒醬也很好吃。由於採用傳統海南烹調手法，因此雞飯的香油味較淡，口感偏乾。除了雞飯，「津津」的海南豬扒、海南什菜、海南羊肉湯等，都是很熱門的拿手菜，不妨順道品嚐。

●諾維娜Novena
威南記雞飯餐室
Wee Nam Kee Chicken Rice Restaurant

🏔 P.62A2　🚇 乘地鐵南北線在「Novena」站下，走出口B，沿Thomson Rd.步行至United Square，約10分鐘可達。🏠 101 Thomson Road #01-08, United Square 📞 6255-6396　⏰ 11:00~21:00　💲 雞飯單人份5.6元起

　　威南記創立於1987年，是當地人熟知且大力推薦的一間餐室，店鋪由原本的Novena Ville搬遷至現在位置，店面內部裝潢仍呈現傳統風貌，紅底黃字的舊招牌、木質桌椅，氛圍簡單而懷舊。除了這間位於United的店鋪，威南記在加東的百匯商場、樟宜機場第二航廈也有店面。

　　店內主要有白雞、油雞、燒雞三種可選，吸附醬汁的雞肉滑嫩細緻，雞皮薄且不油膩，而雞飯香而不油，粒粒分明且口感扎實，單吃就很夠味，與沾了醬料提味的雞肉搭配起來更是得宜，料理簡單而美味，反而令人感受到店家的料理功力。另外，如果想點些冷飲，也推薦店內的薏米水和酸柑汁。

●黃埔Whampoa
黎記雞飯粥品
Loy Kee Chicken Rice & Porridge

🏔 P.62B1　🚇 乘地鐵南北線在「Novena」站下車，再搭計程車前往；也可從市政區的Stamford Rd或烏節路搭乘124、131號公車，在「Opp Balestier Pt」站下車，步行可達。🏠 Blk 91 Whampoa Drive #01-49/50 📞 6256-2256　💲 白雞飯4元起，燒雞飯4.5元起。⏰ 07:00~15:00　🚫 週四和週五

　　頂著80年老字號的招牌，「黎記」傳承到第二代即開枝散葉，各自開設10多家分店，其中位於黃埔小販中心（Whampoa Food Centre）裡的熟食檔由黎家大哥獨立經營，生意興隆，據說每天能賣出200多隻雞，難怪在所有美食票選活動中「黃埔黎記」始終榜上有名。

　　店裡採用的是黃油雞，整隻以文火烹煮30分鐘，嚴格掌控火候，搭配獨家秘方調理，肉質口感較有彈性，再拿蔥、薑、蒜與雞油一起爆香，加入米飯和香蘭葉，淋上雞湯蒸煮，就完成一鍋充滿黎式風味的油香飯。醬料也提供3種選擇，包括薑蓉、紅辣椒與黑醬油，對識途老馬來說無論少了哪一樣，都渾身不對勁。而「黎記」的海鮮暖爐、油雞、雞雜、豬肉粥、豬肝、豬腎等也相當出名，連當地的印度居民都愛吃。

●加東Katong
五星海南雞飯
Five Star Hainanese Chicken Rice

🏔 P.201C2　🚇 乘地鐵湯申-東海岸線在「Marine Parade」站下車，沿如切路往北走，右轉東海岸路，約10分鐘可達；或搭12、14、32號公車在「Opp The Holy Family Ch」站下車可直達。🏠 191 East Coast Road 📞 6344-5911 ⏰ 10:00~02:00　💲 雞肉一人份約6.5元起、雞飯1.2元起 🌐 www.fivestarchickenrice.com

　　「五星」曾經在2008年一舉拿下「海南雞飯新四大天王」票選活動的榜首，讓人注意起這個品牌，但它其實已開業20多年，擁有多家店面，其經營過程猶如倒吃甘蔗，而最大的原因就來自於招牌的菜園雞。

　　菜園雞就是農場裡長大的土雞，由於活動量大，肌肉相當結

實，體型比一般肉雞小，油脂很少，因此煮出來的雞湯和雞飯香味也不濃，剛開始許多客人無法接受，生意並不理想，但歷經時間的考驗，菜園雞如今變成了「五星」的金字招牌。菜園雞皮薄肉嫩，但咬勁十足，深具健康概念，即便每天吃也不用擔心油膩問題，對於初次造訪的觀光客來說也許不夠驚豔，但口感如何就等你親自嚐過了才能分曉。此外，這裡的家鄉豆腐、炒地瓜葉、梅菜扣肉、雞扒等海南家常菜也有不錯的口碑。

咖椰烤麵包

當年，中國東南沿海的閩粵移民紛紛湧入新加坡，最晚抵達的海南人上岸後，卻發現多數工作機會已被佔據，他們只好進入當地的英國家庭幫傭或擔任廚師，長期下來學會歐洲人烘焙點心和煮咖啡的技能，加以創新之後，便自行開設咖啡店販售西式糕點，結合南洋風味的Kaya Toast逐漸成為新馬地區的日常早餐和午茶點心。

咖椰（Kaya）是以椰奶、雞蛋、糖和香蘭葉混合熬煮成果醬，分為綠色與黃褐色兩種，將濃厚的咖椰醬連同牛油塗夾在兩片炭烤土司或麵包中，就是傳統的Kaya Toast。好吃的咖椰醬必須以慢火熬製8小時以上，因此各店家對於火候的掌控度以及挑選的麵包款式，都會影響口感。在地人的套餐吃法通常是點一份Kaya Toast，搭配Teh或Kopi，再加一碗半生熟雞蛋，灑上黑醬油和胡椒粉，攪拌後以吐司蘸著吃，或整碗拿起來喝。

新加坡最古老的海南咖啡店起源於1920年代，當時「瓊和興」（基里尼咖啡店的前身）以咖椰白麵包聲名大噪，而「亞坤」還是小攤販，以烤得薄脆的褐色吐司闖出一片天，隨後，「真美珍」、「協勝隆」、「亞成」、「東亞」等老字號陸續出現，各有千秋。從2000年起，「亞坤」和「基里尼」進駐購物商場開啟連鎖店風潮，緊接著「土司工坊」和其他後起之秀也加入市場，本土咖啡店進入戰國時代。

●牛車水Chinatown・全島
亞坤Ya Kun Kaya Toast

P.116D2　乘地鐵濱海市區線在「Telok Ayer」站下車，走出口C，沿Cross St.走，右轉china St.可達。18 China Street #01-01　6438-3638　週一至週五07:30~16:00，週六和週日07:30~15:00。國定假日　咖椰吐司一份2.6元起，茶或咖啡1.8元起。咖椰吐司套餐5.6元起。半生熟雞蛋1.8元起。www.yakun.com

1926年，當阿坤從海南島搭船來到新加坡，在同鄉會介紹下，暫時到一家咖啡小攤當助手，沒多久，他自行出來開設了阿坤咖啡檔，更在同鄉妻子傳授下自創炭烤巧克力吐司，將椰奶混合糖、雞蛋與班蘭葉調製成咖椰醬，連同奶油塗抹在烤好的吐司片裡，咬起來鬆脆，入口後清爽不甜膩，很快就擄獲許多人的胃，在新加坡闖出名氣來。

阿坤咖啡檔幾經搬遷，1998年終於在遠東廣場落腳，擁有獨立的店面，並由阿坤的兒子接手經營，逐步開設分店，不僅裝潢風格走向年輕化，生意版圖更擴及台灣、日本、韓國等地。亞坤老店是一棟受保護的店屋古蹟，門面上刻有白色的佛手浮雕，據說是好運的象徵，而店內厚重的大理石圓桌年份悠久，坐在這裡用餐，氣氛很古老、很在地。

●市政區Civic District
喜園咖啡店YY Kafei Dian

P.92D2　乘地鐵東西線或南北線在「City Hall」站下車，從出口C步行至美芝路與Purvis St.街口，全程約6分鐘可達。37 Beach Road　6336-8813　週一至週五07:30~19:00，週六和週日08:00~19:00。咖椰烤麵包一份1.6元，咖啡或茶1.7元起。

這是一家老式的海南咖啡店，由幾棟店屋組成，從長長的五腳基走廊裡放眼望去，白色的圓拱門與廊柱構成美麗的場景，彷彿英國殖民時代的優雅未曾走遠，光是坐在這兒喝咖啡就已值回票價。店內的裝潢很簡單，雖然沒有冷氣也不覺得悶熱，圓形大理石桌搭配木板凳，新加坡古早經典的餐室風貌就濃縮在「喜園」裡。

端上桌的烤麵包令人驚喜，圓圓胖胖的造型夾著咖椰醬與奶油，咬下去的瞬間可以吃到炭烤的酥脆外皮，隨後就化為鬆軟的內餡，逐漸被飽足感環繞，此時再搭配一杯利用長嘴壺沖泡出來的「布袋咖啡」，充滿南洋風情的早午餐或下午茶就此展開。同時，這裡也賣各種海南菜，包括海南雞飯、海南豬扒等，有興趣者不妨試試。

新加坡百科…

新

加坡三大國民美食大搜查 Singapore Foods for Foodies

●加東Katong
真美珍
Chin Mee Chin Confectionery

🔺P.201C2 🚇乘地鐵湯申–東海岸線在「Marine Parade」站下車，沿如切路往北走，右轉東海岸路約10分鐘可達；或搭12、14、32號公車在「Opp The Holy Family Church」站下車，步行約2分鐘可達。 🏠204 East Coast Road ☎6345–0419 ⏰08:00~16:00 ❌週一 💰咖椰烤麵包一份2.4元，茶或咖啡1.6元起。🌐www.chinmeechin.sg

像「真美珍」這樣傳統的海南咖啡店，在瞬息萬變的新加坡已經不多見了，再加上遠離市中心，位處於加東地區，少了觀光客的紛雜，平日進進出出都是在地熟面孔，讓它從1925年營業至今，仍然保存了簡樸的店屋格局。地板與牆面鑲嵌著彩色磁磚，大理石圓桌搭配木頭椅座，整個時空彷彿就靜止在1950年代。

店裡的烤麵包是圓形的，剖半後抹上現做的咖椰醬，軟香甜美，口感與長方形的炭烤土司截然不同；更別說採用傳統的海南手法所沖泡出來的茶與咖啡，濃郁醇厚，讓視覺、味覺與心靈都

滿載了新加坡的往日情懷。推薦試試這裡的瑞士捲、奶油螺旋包、小蛋塔與咖哩卜等西點，這些每天新鮮現做出爐的經典糕餅，讓人重拾童年的甜美記憶。「真美珍」曾停業3年，2021年整裝後重新開張，增添了露天座位，但古早氛圍依然保存不變。

●武吉士Bugis•全島
土司工坊Toast Box

🔺P.187B3 🚇乘地鐵東西線或濱海市區線在「Bugis」站下車，走出口C，進入白沙浮商業城，往橋北路方向走可達。 🏠200 Victoria Street #01-67, Bugis Junction ☎6333-4464 ⏰週一至週四07:30~21:00，週五至週日07:30~21:30。 💰咖椰土司2元起，花生厚土司2.2元，咖啡或茶2.5元起。 🌐www.toastbox.com.sg

土司工坊的崛起為新加坡的咖啡店文化投下了震撼彈，摩登復古的裝潢風格營造輕鬆相聚的空間，骨子裡卻是在緬懷1950年代的美好時光，它賣的不僅僅是咖啡，也是一種休閒生活方式，打從2005年初試啼聲就廣受年輕族群喜愛，如今已擁有眾多店面，全然不輸老字號，其秘訣就藏在它的傳統南洋咖啡裡。

從巴西、印尼及馬來西亞挑選上等咖啡豆，加入少許牛油，在攝氏200度的高溫下炭燒烘焙成比例完美的豆子，再將磨好的咖啡粉結合師傅的巧手沖泡，並針對客人的需求添加煉乳、糖或淡奶，每一杯都黑香濃郁卻不苦澀；而招牌厚片土司(Peanut Thick Toast)則採用特製麵糰揉成2.5公分的最佳厚度，炭烤之後外脆內軟，無論塗上奶油或花生醬，口感與一般的薄土司完全不同。

求新求變的土司工坊還推出肉鬆和烏打口味的厚土司，肚子餓了想吃正餐，這裡也有叻沙、蝦麵湯、馬來椰漿飯可選擇。

●烏節路Orchard Road•全島
基里尼咖啡店Killiney Kopitiam

🔺P.144D4 🚇乘地鐵南北線在「Somerset」站下車，走出口A，沿Exeter Rd.左轉基里尼路，步行約5分鐘可達。 🏠67 Killiney Road ☎6734-3910 ⏰06:00~18:00 💰咖椰烤麵包一份1.8元，咖啡或茶2元起。法式咖椰吐司2.8元起。 🌐www.killiney-kopitiam.com

基里尼咖啡店充滿市井活力，晨起運動的老先生、趕著通勤的上班族、穿著制服的學生，各以不同的步調吃著早餐，唯一的缺點是店內空間狹小，每逢用餐尖峰時段經常找不到座位。打從1919年開業至今，味道始終如一，讓當地居民每天甘願起個大早，就為了前來享用傳統的海南式餐點。

1993年，這家咖啡店轉手易主由云德盛承接，他以企業化的經營管理在短短幾年內拓展成30多家分店，並將觸角伸及印尼與馬來西亞，值得慶幸的是，位於基里尼路這家總店從裝潢擺設到餐點製作，依然保有昔日的古早面貌，吸引無數報章雜誌媒體前來報導。標準的基里尼式做法絕對要來一份咖椰烤麵包，將炭燒過的白吐司抹上奶油與咖椰醬，入口香甜酥軟，再喝一杯Teh-O或Kopi-O，白色陶瓷杯上冒著熱騰騰的香氣，保證讓人瞬間醒過來。

除了總店，在各大購物中心及樟宜機場都可找到它的分店。

●牛車水Chinatown
南洋老咖啡Nanyang Old Coffee

🅐P.135D3 乘地鐵東北線或濱海市區線在「Chinatown」站下車，走出口A，沿寶塔街走到底，右轉橋南路可達。🏠 268 South Bridge road 📞6100-3450 🕐07:00~18:00 💲咖椰吐司一份2.6元，茶或咖啡2.1元起。咖椰吐司套餐5.8元起。🌐nanyangoldcoffee.com

以「重現昔日美好的咖啡老味道」為主題，由專人現磨咖啡粉，運用長嘴壺與過濾布袋沖泡出一杯杯新加坡傳統咖啡，裝在青花瓷杯中，充滿復古氛圍。除了手工咖啡，還提供咖椰烤麵包、半生熟雞蛋、椰漿飯、娘惹糕等小吃。走上2樓用餐區，宛如來到迷你博物館，四周擺滿各種咖啡調製器具和古老的家用品，彷彿沉湎在1940年代。店內推出傳統咖啡製作工坊，教導如何親手沖泡一杯南洋咖啡，同時也販售自家研發的產品，包括各種辣椒醬、咖椰醬、傳統咖啡粉、青花咖啡杯等。

●牛車水Chinatown
東亞餐室Tong Ah Eating House

🅐P.116A3 乘地鐵湯申-東海岸線在「Maxwell」站下車，走出口3，沿Neil Rd.走，右轉Teck Lim Rd.，冉左轉恭錫路可達；或乘地鐵東西線在「Outram Park」站下車，走出口4，沿新橋路右轉Kreta Ayer Rd.，再右轉恭錫路可達，步行約5分鐘。🏠35 Keong Saik Road 📞6223-5083 🕐每天07:00~22:20(週三營業至14:00) 💲咖椰吐司一份2.4元起，茶或咖啡1.8元起。咖椰吐司套餐5.8元起。🌐tong-ah-eating-house.business.site

1939年，來自福州的Tang氏家族在Keong Saik Road與Teck Lim Road交叉口的店屋裡開設餐室，白天是供應咖椰吐司和咖啡的Kopitiam，晚上則賣海鮮煮炒，古典Art Deco建築外觀搭配在地美食，形成標誌性的街頭風景。2013年由於租約到期，只得另覓他處，搬遷至附近的店屋，距離舊址僅500公尺左右，店內雖寬敞許多，門前的五腳基卻變得狹小，失去了地理位置的優勢。但忠實顧客依然準時上門，慕名的觀光客也越來越多。

任憑時光流逝，咖椰吐司和本土Kopi始終採取老派製作方式，在炭爐上烘烤吐司和長嘴咖啡壺，壺裡套著絲襪布袋，沖

●牛車水Chinatown・星耀樟宜Jewel Changi Airport
芳土司Fun Toast

🅐P.135A3 🚇1.乘地鐵東北線或濱海市區線在「Chinatown」站下車，走出口A，往右轉走到新橋路上，左轉可達。2.乘地鐵東西線在「Changi Airport」站下車，循指標可前往星耀樟宜。🏠211 New Bridge Road 🕐07:30~19:30 💲咖椰吐司套餐5.5元起，茶或咖啡1.7元起。🌐www.funtoast.com.sg

Fun Toast的前身是「瓊南芳(Kheng Nam Hong)」，1941年由Ah Hian的祖父輩創立，在直落亞逸街開設店面，以精心沖泡的南洋咖啡、茶與炭烤咖椰吐司擄獲人心。因應政府的整修工程，在1990年初期搬遷至廈門街熟食中心，由第二代接手掌舵。多年後，Ah Hian被瓊南芳豐富的歷史故事深深感動，為了繼承這份祖傳遺產，遂與結拜兄弟聯手，以振興、重塑、再創新為概念，打造出Fun Toast。

充滿活力的Fun Toast，既保留南洋咖啡的傳統烘焙技術，也開發許多有趣的小吃和飲料。除了傳統咖椰吐司，還提供麵煎粿麵包、鴛鴦軟麵包和法式吐司可選擇，並推出深受老一輩喜愛的紅籐菜(Red Cane Leaf)清涼飲品。分店遍佈全島，包括牛車水、武吉士、威士馬廣場和星耀樟宜等地，鄰近地鐵站，交通便利。

泡出一杯杯Kopi；抹上咖椰醬和牛油的炭烤吐司甜而不膩，吸引一批擁護者。除了傳統咖椰吐司，還推出酥脆薄片吐司、法式吐司和蒸麵包。

新加坡**本土咖啡Local Kopi**

「本土Kopi」和「精品Cafe」在城市中同時存在，卻又各自綻放光彩，是新加坡獨特的文化景象。來自歐美的精品咖啡館和連鎖店，挾帶著高人氣進駐各大商圈，而近年來，由在地人創業的風格咖啡店也紛紛走進社區鄰里，找到一片天。但最牽動人心的，終究是市井生活中所累積的故事，屬於新加坡人的集體時代記憶，正是坐在Kopitiam裡，以大理石桌搭配木椅，喝一杯本土Kopi或Teh。

當西式烘焙技巧遇見牛油糖衣

和咖椰烤麵包一樣系出同源，當年海南移民在歐美家庭中工作，學會西式咖啡的製作技巧，單飛創業時，為了迎合當地人的口味喜好，便採用炭爐烘烤咖啡豆，烘烤至八分熟時，加入牛油、糖或鹽一起拌炒到全熟，如此一來，咖啡豆裹上一層油亮糖衣，香味更加濃郁；研磨後，以裝有絲襪布袋的長嘴壺沖泡、過濾，先將煉乳（不用奶精或奶油球）和砂糖放入厚實的青花瓷杯中，再倒進滾燙的咖啡，就是充滿南洋風味的Kopi。

定格在時光中的古早咖啡店

受到時代變遷影響，謹守傳統古法製作的咖啡店已越來越少，除了前面介紹的咖椰烤麵包咖啡店(詳見P.55)，部分藏身於各大熟食中心，比如廈門街熟食中心裡的「亞成海南咖啡」、芳林熟食中心的「福海茶室」、牛車水大廈的「五十年代」、「大華茶室」等，以及坐落在社區國宅中的「協勝隆」(詳見P.197)，店內氛圍還停留在50、60年前，不知何時會消失？無人知曉。

學學在地人怎麼點咖啡

無所不在的Kopi早已是新加坡人生活中不可或缺的夥伴，甚至結合Singlish演變出一套點餐時的專用術語。一起來學學吧!

咖啡用語	解釋	來源
Kopi	黑咖啡加煉乳	馬來語的「咖啡」
Kopi-O	黑咖啡加糖	O是福建話「黑」的意思
Kopi-C	黑咖啡加糖和淡奶	C是海南話「鮮」的意思，淡奶與煉乳相似，但不帶甜味。
Kopi O Kosong	黑咖啡不加糖	Kosong是馬來語「空、零、烏有」的意思
Kopi Gah Dai	黑咖啡多加煉乳	Gah Dai意為「多糖」，適用於所有飲料。
Kopi Siew Dai	黑咖啡少加煉乳	Siew Dai是福州話「少糖」的意思
Kopi Pok	黑咖啡加煉乳，但咖啡粉較少，水多一些	Pok是「稀薄」的意思
Kopi Gau	濃黑的咖啡加煉乳	Gau是「濃厚」的意思
Kopi Gu You	黑咖啡加牛油和煉乳	Gu You是「牛油」的意思
Kopi Peng	冰咖啡加煉乳	Peng是「冰」的意思
Yuan Yang	咖啡加黑茶和煉乳	Yuan Yang發音為「鴛鴦」
Kopitiam	新加坡傳統咖啡店	Tiam是閩南語「店」的發音

※Teh（茶）的點法和Kopi相同，只要把Kopi改為Teh即可。

分區導覽
Area Guide

市區

市區

Central Region

新加坡最精彩的景點都聚集在中央區域（簡稱「市區」），這裡有歷史古蹟與博物館聚集的市政區、建設了多項建築地標的濱海灣、大型百貨商場林立的烏節路，也有以酒吧夜店聞名的克拉碼頭和駁船碼頭，以及具有文化底蘊的牛車水、小印度等區。除此之外，近年來還有許多蛻變中的老社區重新獲得注目，一間一間充滿特色的新店家與周邊環境相融，正在重塑新加坡給予世人的既定印象。

從古蹟文化到娛樂購物，從美食夜生活到節慶休閒活動，新加坡豐富動人的多變面貌在此繽紛呈現。

市區之最 Top Highlights of Central Region

濱海灣 Marina Bay
遊逛濱海灣花園、濱海灣金沙之後，沿著濱海灣散步道走一圈，目光所及盡是新加坡多年來引起熱門話題的建築地標，包括富麗敦天地、濱海藝術中心、新加坡摩天輪等皆坐落於此，不妨前來發現獅城新面貌。(P.64)

市政區 Civic District
新加坡政府很重視古蹟建築的保存，百年教堂、政府建築都坐落於此，在這裡，幾乎每兩三條街就有一間博物館，部分博物館改建自古蹟建築，融歷史與文化為一體。(P.90)

新加坡河畔
Singapore River
新加坡河畔最大型的夜間娛樂區當屬克拉碼頭，色彩繽紛的倉庫建築中開設了一間間獨具個性的酒吧和俱樂部，包括人氣夜店Zouk。(P.107)

牛車水 Chinatown
穿梭於店屋之間，目光難免為建築的多彩與造型裝飾所吸引，還能在肉乾、藥材、糕餅等老店舖購買伴手禮，感受南中國的懷舊風情。鄰近的中峇魯近年因咖啡店及獨立書店進駐，重新獲得注目。(P.115)

小印度 Little India
艷麗的色彩、濃烈的香味、誘人的印度料理，小印度的一切無不衝擊著遊人的感官。位於小印度邊緣的惹蘭勿剎，原為五金材料行聚集的舊工業區，近年進駐了許多咖啡館，成為新興潮流區。(P.170)

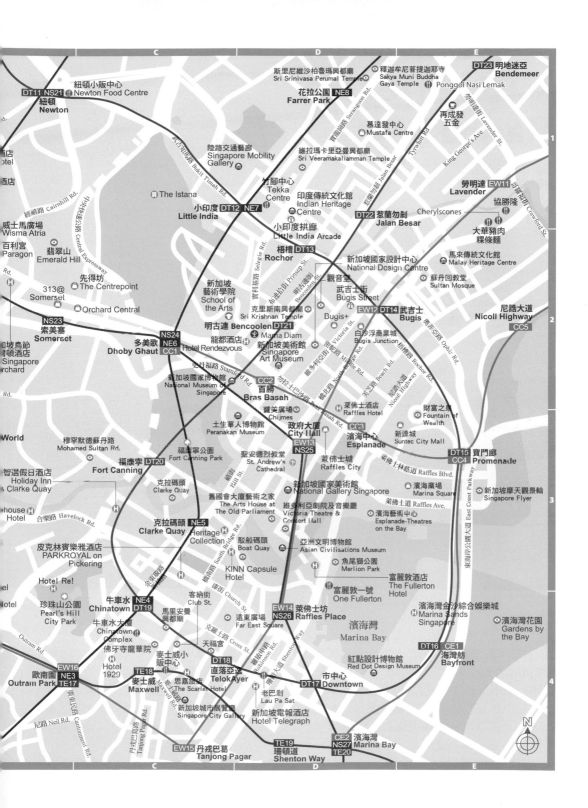

斯里尼維沙柏魯瑪興都廟
Sri Srinivasa Perumal Temple

釋迦牟尼菩提迦耶寺
Sakya Muni Buddha
Gaya Temple

DT23 明地迷亞
Bendemeer

紐頓小販中心
DT11 NS21 Newton Food Centre

紐頓
Newton

花拉公園 NE8
Farrer Park

Ponggol Nasi Lemak

再成發
五金

慕達發中心
Mustafa Centre

陸路交通藝廊
Singapore Mobility
Gallery

維拉瑪卡里亞曼興都廟
Sri Veeramakaliamman Temple

勞明達 EW11
Lavender

The Istana

竹腳中心
Tekka
Centre

印度傳統文化館
Indian Heritage
Centre

DT22 惹蘭勿刹
Jalan Besar

Cheryiscones

協勝隆

小印度 DT12 NE7
Little India

小印度拱廊
Little India Arcade

大華豬肉
粿條麵

威士馬廣場
Wisma Atria

梧槽 DT13
Rochor

新加坡國家設計中心
National Design Centre

馬來傳統文化館
Malay Heritage Centre

百麗宮
Paragon

翡翠山
Emerald Hill

新加坡
藝術學院
School of
the Arts

觀音堂
武吉士街
Bugis Street

蘇丹回教堂
Sultan Mosque

先得坊
The Centrepoint

313@
Somerset

Orchard Central

克里斯南興都廟
Sri Krishnan Temple

Bugis+

EW12 DT14 武吉士
Bugis

尼諾大道
Nicoll Highway
CC5

NS23
索美塞
Somerset

明古連 DT21
Bencoolen

多美歌 NS24
NE6
Dhoby Ghaut CC1

龍城酒店
Hotel Rendezvous

Marina Diam

新加坡美術館
Singapore
Art Museum

Bugis Junction
白沙浮商業城

坡鳥節
酒店
Singapore
rchard

新加坡國家博物館
National Museum of
Singapore

CC2 百勝
Bras Basah

萊佛士酒店
Raffles Hotel

財富之泉
Fountain of
Wealth

新達城
Suntec City Mall

World

穆罕默德蘇丹路
Mohamed Sultan Rd.

土生華人博物館
Peranakan Museum

贊美廣場
Chijmes

政府大廈 EW13
City Hall NS25

聖安烈教堂
St. Andrew's
Cathedral

萊佛士城
Raffles City

濱海中心
Esplanade

DT15 寶門廊
CC4 Promenade

福康寧公園
Fort Canning Park

萊佛士林蔭道 Raffles Blvd.

智選假日酒店
Holiday Inn
s Clarke Quay

福康寧 DT20
Fort Canning

克拉碼頭
Clarke Quay

新加坡國家美術館
National Gallery Singapore

濱海廣場
Marina Square

新加坡摩天觀景輪
Singapore Flyer

舊國會大廈藝術之家
The Arts House at
The Old Parliament

維多利亞劇院及音樂廳
Victoria Theatre &
Concert Hall

萊佛士道 Raffles Ave.

濱海藝術中心
Esplanade-Theatres
on the Bay

house
Hotel

合樂路 Havelock Rd.

克拉碼頭 NE5
Clarke Quay

Heritage
Collection

駁船碼頭
Boat Quay

亞洲文明博物館
Asian Civilisations Museum

皮克林賓樂雅酒店
PARKROYAL on
Pickering

KINN Capsule
Hotel

魚尾獅公園
Merlion Park

富麗敦酒店
The Fullerton
Hotel

el

Hotel Re!

珍珠山公園
Pearl's Hill
City Park

牛車水 NE4
Chinatown DT19

客納街
Club St.

富麗敦一號
One Fullerton

濱海灣金沙綜合娛樂城
Marina Sands
Singapore

濱海灣花園
Gardens by
the Bay

otel

馬里安曼
興都廟

牛車水大廈
Chinatown
Complex

遠東廣場
Far East Square

EW14 萊佛士坊
NS26 Raffles Place

EW16 NE3
TE17
歐南園
Outram Park

佛牙寺龍華院

Hotel
1929

麥士威小
販中心

天福宮

DT18
直落亞逸
TelokAyer

紅點設計博物館
Red Dot Design Museum

濱海灣
Marina Bay

DT16 CE1
海灣舫
Bayfront

TE18
麥士威
Maxwell

思嘉酒店
The Scarlet Hotel

老巴刹
Lau Pa Sat

新加坡城市展覽館
Singapore City Gallery

新加坡電報酒店
Hotel Telegraph

DT17 市中心
Downtown

EW15 丹戎巴葛
Tanjong Pagar

TE19 珊頓道
Shenton Way

CE2 濱海灣
NS27 Marina Bay
TE20

濱海灣

濱海灣
Marina Bay

文●墨刻編輯部
攝影●墨刻攝影組

新加坡政府自1970年代起長期填海造陸，打造出濱海灣，這裡可說是中央商業區（Central Business District，簡稱CBD）的延伸，360公頃的寬廣面積涵蓋了濱海中心、濱海東、濱海南等區域。在政府詳盡規劃下，許多重量級景點地標與休閒設施陸續完工開放，包括摩天觀景輪、濱海堤壩、雙螺旋橋等，均引起熱門話題，更遑論濱海灣金沙以及濱海灣花園。

濱海灣以Explore、Exchange、Entertain為三大發展理念，除了休閒、娛樂、購物、飯店和國際郵輪碼頭之外，仍持續興建金融大廈、高級公寓及熱帶花園等，無論是登上金沙空中花園俯瞰或沿著濱海步道走一圈，都能從多元的角度發現獅城新面貌。

INFO

如何前往——機場至濱海灣

◎地鐵

從樟宜機場站(Changi Airport, CG2)搭乘東西線(East West Line)，在政府大廈站(City Hall，EW13/NS25)或萊佛士坊站(Raffles Place, EW14/NS26)下車，步行可抵達。

從樟宜機場站(Changi Airport, CG2)搭乘濱海市區線(Downtown Line)，在市中心站(Downtown, DT17)或海灣舫站(Bayfront, DT16/CE1)下車，步行可抵達。

◐週一至週六05:31~23:18，週日05:59~23:18。

⑤依乘坐距離遠近而不同，約2.04~2.07元。

◎公車

從樟宜機場(Changi Airport)搭乘36號公車進入市中心，可選擇在新達城、泛太平洋酒店、麗嘉登美年酒店、濱海藝術中心等站下車。

◐營運時間：平日約06:00~23:58，週六約06:00~00:04。平均10分鐘一班。

⑤依搭乘距離遠近而不同，票價約2.10~2.26元。

◎機場巴士

從樟宜機場(Changi Airport)可搭乘機場巴士進入市中心，行駛路線涵蓋新加坡大多數飯店，可在濱海灣的住宿飯店下車。詳細資訊見P.33。

⑤成人10元、兒童7元

濱海灣交通

◎地鐵

濱海灣地區有8座主要地鐵站，可視景點的位置決定要搭乘哪條地鐵線、在哪一站下車，比較方便。

濱海中心站(Esplanade, CC3)：從本站下車步行，可快速抵達萊佛士酒店、濱海藝術中心和新達城。
➤P.66B1

寶門廊站(Promenade, DT15/CC4)：地鐵出口連接美年徑，方便前往泛太平洋酒店、麗嘉登美年酒店、新達城及摩天觀景輪等。
➤P.66C1

政府大廈站(City Hall, EW13/NS25)：從本站下車可經由CityLink Mall的地下購物街，往四面八方涌行，喜歡走路的人可慢慢步行至濱海灣各景點。
➤P.66A1

萊佛士坊站(Raffles Place, EW14/NS26)：由此站可步行前往魚尾獅公園、富麗敦酒店、富麗敦海灣酒店、富麗敦一號、老巴剎等景點。
➤P.66A3

海灣舫站(Bayfront, DT16/CE1)：地鐵出口直接連接濱海灣金沙，並設有通道前往濱海灣花園。
➤P.66C3

市中心站(Downtown, DT17)：由此站下車可前往老巴剎、濱海灣金融中心。
➤P.66A4

濱海灣花園站(Gardens by the Bay, TE22)：由此站下車可步行抵達濱海堤壩和濱海灣花園西側入口。
➤P.66D3

濱海灣站(Marina Bay, NS27/CE2/TE20)：由此站下車可轉乘公車前往濱海堤壩。
➤P.66B4

◎步行

濱海灣範圍不大，如不搭乘地鐵而選擇全程步行，仍可抵達所有景點。

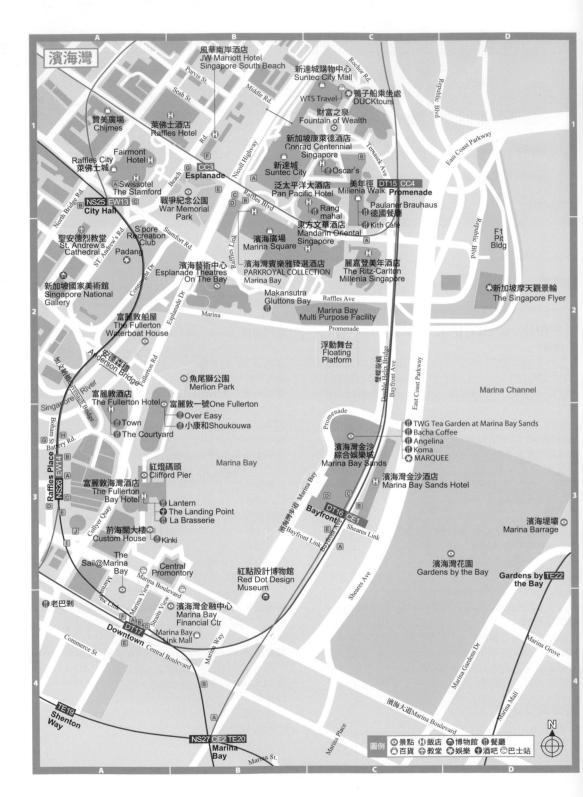

濱海灣

風華南岸酒店
JW Marriott Hotel
Singapore South Beach

新達城購物中心
Suntec City Mall

鴨子船乘坐處
DUCKtours

WTS Travel

財富之泉
Fountain of Wealth

贊美廣場
Chijmes

萊佛士酒店
Raffles Hotel

新加坡康萊德酒店
Conrad Centennial
Singapore

Fairmont
Hotel

Raffles City
萊佛士城

Esplanade

新達城
Suntec City

Oscar's

CC3

Swissotel
The Stamford

美年徑
Millenia Walk

DT15 CC4
Promenade

泛太平洋大酒店
Pan Pacific Hotel

戰爭紀念公園
War Memorial
Park

Paulaner Brauhaus
德國餐廳

Kith Cafe

NS25 EW13
City Hall

Rang
mahal

聖安德烈教堂
St. Andrew's
Cathedral

S'pore
Recreation
Club

東方文華酒店
Mandarin Oriental
Singapore

濱海廣場
Marina Square

Padang

濱海賓樂雅臻選酒店
PARKROYAL COLLECTION
Marina Bay

麗嘉登美年酒店
The Ritz-Carlton
Millenia Singapore

新加坡國家美術館
Singapore National
Gallery

濱海藝術中心
Esplanade Theatres
On The Bay

Makansutra
Gluttons Bay

新加坡摩天觀景輪
The Singapore Flyer

F1
Pit
Bldg

富麗敦船屋
The Fullerton
Waterboat House

Marina Bay
Multi Purpose Facility

Marina Channel

安德森橋
Anderson Bridge

浮動舞台
Floating
Platform

魚尾獅公園
Merlion Park

富麗敦酒店
The Fullerton Hotel

富麗敦一號One Fullerton

Over Easy

TWG Tea Garden at Marina Bay Sands

Bacha Coffee

Town

小康和Shoukouwa

Angelina

The Courtyard

Koma

Marina Bay

濱海灣金沙
綜合娛樂城
Marina Bay Sands

MARQUEE

紅燈碼頭
Clifford Pier

濱海灣金沙酒店
Marina Bay Sands Hotel

富麗敦海灣酒店
The Fullerton
Bay Hotel

Lantern

The Landing Point

Bayfront

DT16 CE1

La Brasserie

Sheares Link

濱海堤壩
Marina Barrage

前海關大樓
Custom House

Kinki

The
Sail@Marina
Bay

Central
Promontory

紅點設計博物館
Red Dot Design
Museum

濱海灣花園
Gardens by the Bay

Gardens by TE22
the Bay

老巴剎

Marina Bay
Financial Ctr

Marina Bay
Link Mall

DT17
Downtown

Marina Boulevard

TE19
Shenton
Way

NS27 CE2 TE20
Marina
Bay

圖例 ● 景點 ⊞ 飯店 ⚏ 博物館 ⚑ 餐廳
⚑ 百貨 ✝ 教堂 ⚘ 娛樂 ⚐ 酒吧 ⚏ 巴士站

N

新加坡旅遊局

濱海灣散步路線
Walking Route in Marina Bay

濱海灣周邊有許多重量級的建築與景點，只要沿著濱海步道走一圈，就能欣賞優美的城市天際線。遊覽的起點可以從①**濱海灣花園(Gardens by the Bay)**開始，這座花園可說是創意與工程的奇蹟，園中兩座植物冷室及18座擎天樹(Supertree Grove)都是超級賣點。接著透過走道抵達②**濱海灣金沙綜合娛樂城(Marina Bay Sands Singapore)**，濱海灣金沙酒店主體為3座高塔，塔頂由空中花園相連，可以居高360度眺望新加坡的濱海風光與城市天際線。

沿著濱海步道走，會經過③**紅點設計博物館(Red Dot Design Museum)**，不妨入內參觀上百件獲獎的設計作品。緊接著走進了富麗敦天地(The Fullerton Heritage)的範圍，最南邊的④**前海關大樓(Customs House)**在1960年代是新加坡海關警察的駐守地，目前為濱海用餐區。往前來到⑤**富麗敦海灣酒店(The Fullerton Bay Hotel)**，其大門巧妙地設置在⑥**紅燈碼頭(Clifford Pier)**裡，進門後必須穿越長廊才能抵達酒店大廳，酒店設計風格兼具典雅時尚，至於紅燈碼頭完工於1933年，目前改裝為餐廳。

⑦**富麗敦一號(One Fullerton)**聚集了各式餐廳、酒吧、咖啡館，其建築屋頂造型現代感十足，再往前走就看見⑧**魚尾獅公園(Merlion Park)**，這是觀光客必到此一遊、必拍照留念的景點。

從公園橫越十字路口來到百年古蹟⑨**富麗敦酒店(The Fullerton Hotel)**，成排希臘式圓柱相當吸睛，

濱海灣散步地圖

摩天
觀景輪

Makansutra
Gluttons Bay

濱海藝術中心 ⑪
⑫
⑬

⑩ 富麗敦船屋
⑭ 雙螺旋橋

⑧ 魚尾獅公園

⑨
富麗敦酒店
⑦ 富麗敦一號

② 濱海灣金沙

⑥ 紅燈碼頭
⑤ 富麗敦海灣酒店

④ 前海關大樓

① 濱海灣花園

③ 紅點設計博物館
Red Dot Design Museum

N

位於河口的歷史地標⑩**富麗敦船屋(The Fullerton Waterboat House)**，則有餐廳進駐。接著走過Jubilee Bridge，可直達⑪**濱海藝術中心(Esplanade-Theatres on the Bay)**，突出的外型就像兩顆特大號榴槤，展現出南洋風情，若餓了，不妨到鄰近的露天熟食中心⑫**Makansutra Gluttons Bay**，品嚐在地小吃。

⑬**新加坡摩天觀景輪(Singapore Flyer)**佇立於濱海灣出海口，高度相當於42層樓，旋轉一圈約30分鐘。環著海灣繞了一大圈，最後來到⑭**雙螺旋橋(The Helix Bridge)**，站在橋上的觀景台可欣賞灣畔的城市風貌。

距離：約4.5公里
所需時間：約2~3.5小時

MAP P.66B2

魚尾獅公園
MOOK Choice

Merlion Park

象徵新加坡的圖騰標誌

🚇乘地鐵東西線或南北線在「Raffles Place」站下車,走出口H,沿Bonham Street走至河畔,右轉沿河畔步行至富麗敦酒店大門,右轉沿著酒店邊緣來到Fullerton Square,左轉走Fullerton Rd.,越過斑馬線就是富麗敦一號,前方即是魚尾獅。或從富麗敦酒店裡,走地下通道可直達。💲免費

　　魚尾獅的形象是在1964年由當時Van Kleef水族館的館長所設計,最初單純作為新加坡旅遊局的標誌,隨著旅遊局的努力推廣,魚尾獅的圖騰漸漸變成新加坡的國家化身。到了1971年,李光耀決意為新加坡豎立一尊國家級地標,於是找來本地名匠林浪新,在新加坡河口、安德森橋畔塑造了魚尾獅雕像。而後因為河口東移,加上新建的濱海大橋將景觀遮蔽大半,因此在2002年將魚尾獅移至現址,為了讓遊客安全地拍照,公園建了一座延伸至海灣中的看台,無論想從何種角度取景都不成問題。

MAP P.66D2

MOOK Choice

新加坡摩天觀景輪

Singapore Flyer

展開新加坡高空奇幻旅程

🚇乘地鐵濱海市區線或環線在「Promenade」站下車,走出口A沿Raffles Blvd步行約6~8分鐘可達。🏠30 Raffles Avenue ☎6333-3311 ⏰10:00~22:30 💲摩天輪+時光之旅套票:成人40元、3~12歲25元,3歲以下免費。香檳體驗:成人79元,年滿18歲才能參加。新加坡司令體驗:成人79元、3~12歲31元,18歲以下提供無酒精飲品。165 Sky Dining:雙人價520元。🌐www.singaporeflyer.com

　　2008年落成的新加坡摩天觀景輪,高達165公尺(相當於42層樓),最獨特的賣點是能在觀景艙中用餐與開party。28個觀景艙都配有全空調及紫外線防護裝備,每台可容納28人,旋轉一圈約30分鐘。站在舒適豪華的觀景艙內,可360度觀賞新加坡濱海灣的繁華景色,亦可遠眺印尼及馬來西亞,讓人心曠神怡。此外,還提供主題派對與特色雞尾酒旅程,只要提前預約,就能享有私人的觀景輪空間。

　　位於觀景輪底部的三層樓進駐不少商店、餐館和娛樂設施,比如2樓的Flight Experience可以在專業教練指導下,操控波音737-800模擬機。此外還有人造雨林和熱帶小徑,別有洞天。

觀景艙數字藏奧秘

　　新加坡摩天觀景輪有很多設計都和風水有關,比如其轉動方向是朝著城市,希望能為國家帶進滾滾財源;而觀景艙的數量與每個觀景艙可容納的人數都是28,則是取廣東話「易發」的諧音。

魚尾獅雕像小檔案

設計者：Alec Fraser-Brunner
雕刻者：林浪新
高度：8.6公尺
重量：70公噸
材質：主體為混凝土，上覆陶瓷鱗片，眼睛為兩盞紅色小茶杯
揭幕日期：1972年9月15日

謎樣生物魚尾獅

魚尾獅是由獅頭和魚尾結合而生，這在生物學上其實有違倫理，但在文化上卻有深遠的歷史意義。

獅頭的典故來自《馬來紀年》中的傳說：三佛齊王國時代，一位王子在前往馬六甲途中擱淺於今日的新加坡海邊，當他上岸時看到一頭奇特的動物，有人告訴他那是獅子，王子遂將此地稱為「Singapura」。「Singa」在梵語中是獅子的意思，而「pura」則是都市之意，雖然故事真偽有待考證，但「獅城」之名卻因此流傳開來。

魚尾的象徵來自新加坡一個古老的名字：淡馬錫(Temasek)，淡馬錫在爪哇話中是「海之鎮」的意思，代表新加坡不忘其以海立國的根本。

MAP　P.66B2

濱海藝術中心

MOOK Choice

Esplanade-Theatres on the Bay

榴槤造型的文化藝術地標

🚇乘地鐵環線在「Esplanade」站下車，走出口D沿地下通道可達；或乘東西線或南北線在「City Hall」站下車，走出口C，通過CityLink Mall地下街，循指標可達，皆步行約10分鐘。
🏠藝術中心1 Esplanade Drive、購物坊8 Raffles Avenue
📞6828-8377　🕐藝術中心售票處12:00~20:00　🌐www.esplanade.com　❗藝術中心推出各種付費的參觀導覽行程，有興趣者可上網查詢。

濱海藝術中心耗資12億台幣打造，於2002年

無心插柳的榴槤造型

濱海藝術中心充滿話題的榴槤外觀，並非設計者最初的本意，原本這兩座巨蛋造型的建築是要建成單純的玻璃帷幕，但考慮到新加坡的氣候，那樣的設計會讓室內燠熱難耐，於是才加裝了7千多個三角形的遮陽鋁板，形成現在人稱「大榴槤」的樣貌。

落成，突出的外型遠遠看去就像兩顆特大號的榴槤，是新加坡最頂級的文藝表演場地，許多國際級大師都曾受邀在這裡的音樂廳(Concert Hall)或戲劇院(Theatre)登台演出。同時附設了一座購物坊(Esplanade Mall)，進駐許多特色商店和時髦餐廳，充分展現新加坡不僅重視文化活動，也不忘購物的個性。

藝術中心另設有屋頂露台(Roof Terrace)可居高觀賞濱海灣全貌；位於藝術中心前方的戶外劇場(Outdoor Theatre)擁有450個座位，許多小型音樂舞蹈活動經常在此演出。

MAP ▶ P.66D3D4

濱海灣花園

MOOK Choice

Gardens by the Bay

全球矚目的熱帶人工花園

🚇乘地鐵濱海市區線或環線在「Bayfront」站下車，走出口B，循指標走Dragonfly Bridge可達，步行約5~8分鐘。或乘地鐵湯申－東海岸線，在「Gardens by the Bay」站下車，走出口1或2，可由花園西側進入。🏠18 Marina Gardens Drive ☎6420-6848 🕐戶外花園05:00~02:00；植物冷室及空中走道09:00~21:00（最後售票時間20:30）。💲戶外花園：免費。植物冷室套票：成人32元、3~12歲18元。擎天樹觀景台：成人14元、3~12歲10元。空中走道：成人14元、3~12歲10元。遊園車：每人3元（當天不限次數搭乘）。🌐www.gardensbythebay.com.sg 🎆Garden Rhapsody燈光秀每天19:45和20:45演出

濱海灣花園由3座花園組成，分別坐落於濱海灣的東、南及中部，總面積達101公頃。濱海南花園是其中最寬廣的花園，占地54公頃，在2012年對外開放。濱海東花園屬於開放式綠地，可跑步、騎單車，隔岸觀賞城市天際線；濱海中花園則從新加坡摩天輪旁往北延伸成一條濱海長廊。

人工打造的濱海南花園處處展現創意與工程的奇蹟，尤其園中高聳的18棵擎天樹叢(Supertree Grove)，採用鋼筋水泥打造的樹幹上植滿了熱帶花草，天黑後則上演聲光音樂秀——「花園狂想

曲(Garden Rhapsody)」，吸引民眾駐足觀賞。樹叢的高度從9到16層樓不等，其中兩棵大樹間設置了一條25公尺高、128公尺長的空中走道(OCBC Skyway)，方便遊客登高覽景，將濱海灣金沙、摩天輪等鄰近景色盡收眼簾。

園裡的兩座冷室——雲霧林(Cloud Forest)和花穹(Flower Dome)是超級賣點，分別打造出熱帶山區及地中海花園景觀，而環繞在擎天樹叢外圍的步道，則一路串起10座小型主題花園，其中4座以遺跡花園(Heritage Garden)為名，利用植物花卉來展示華人、馬來、印度與殖民地的文化關聯。此外還有仙人掌綠亭、遠東兒童樂園、蜻蜓湖和翠鳥湖等區域，不想徒步的人可以搭乘遊園車觀賞。

雲霧林Cloud Forest

從炙熱的室外走進雲霧林冷室，立即感受到舒適涼意和些許水氣，而後目光便會被眼前所見給震懾，一座35公尺高的人造山和瀑布就這麼映入眼簾！雲霧林冷室地約0.8公頃，模擬海拔1,000至3,500公尺的熱帶山區環境，溫度介於23℃~25℃。遊客搭乘電梯並步行至6層樓高的Lost World，可以欣賞蘭花、豬籠草、捕蠅草及眾多蕨類苔蘚植物，沿途還有鐘乳石、水晶展示。沿著Tree Top Walk穿越人造山、瀑布，可以從上頭俯瞰冷室景觀，近距離觀賞攀附於山上的花卉植物，還能欣賞鄰近的濱海灣金沙酒店景色。

花穹Flower Dome

花穹是世界最大的無樑柱玻璃建築，已獲得了金氏世界紀錄認證，室內溫度維持在23℃~25℃，種植的植物以半乾燥地區的花卉草木為主，分為地中海、南非、南美、加州、澳州等不同區域。觀賞重點包括具有超過千年歷史的橄欖樹、難得一見的非洲猢猻樹，以及諸多造型奇異的寶瓶樹。另外，在花穹中間有一座主題花園，每季都會利用花卉和植物設計出對應主題的造型植栽，是拍照取景的好選擇。

擎天巨樹叢Supertree Grove

花園裡共有18棵擎天樹，其中12棵在擎天巨樹叢，另外6棵位於金花園和銀花園。繼魚尾獅和濱海灣金沙之後，擎天巨樹也成為獅城深具代表性的看板明星。巨樹高度25~50公尺不等，其樹幹核心為強化混凝土結構，並覆以植被牆板，外圍再以鋼鐵框架環繞，牆板植物多達162,900株，包括蘭花、蕨類、杉葉石松、藤蔓及鳳梨屬植物等。

擎天巨樹的傘蓋能收集太陽光能，並儲存在太陽能電池中，樹心則能引導空氣流動，透過地面下的系統將來自冷室的熱空氣排放，宛如行使光合作用一般。同時還可承接雨水，維持花園裡的灌溉系統。

MAP▶P.66B1C1

新達城・財富之泉
Suntec City & Fountain of Wealth

依循風水打造的購物城

🚇乘地鐵環線在「Esplanade」站下車，走出口A可直達，步行約5分鐘；或乘東西線或南北線在「City Hall」站下車，走出口C，通過CityLink Mall地下街，循指標可達。
🏠3 Temasek Boulevard ☎6825-2667 ⏰購物中心10:00~22:00，財富之泉10:00~12:00、14:00~16:00、18:00~19:30。🌐www.sunteccity.com.sg

　　由香港商業鉅子聯合投資建造的新達城，集金融、會議、購物、觀光和娛樂於一身，其最大的特點，就是依據風水原則建造的格局。5棟辦公高樓看來就像手的形狀，而號稱全世界最大的噴泉「財富之泉(Fountain of Wealth)」就位於掌心的位置，水自13.8公尺高的青銅巨環流下，形成一道18公尺寬的水屏，據說為新加坡帶來聚財的能量磁場。在固定的時段內，噴泉中央的泡泉器也開放給遊人觸摸，讓人們同樣也能吸納這股「聚財之氣」。位於新達城的購物中心聚集了200多家店面，無論崇尚流行或搜尋美食玩樂等，在這裡一樣都不缺，是一座多功能的休閒娛樂城。

MAP▶P.66B2

濱海廣場
Marina Square

滿足各種消費階層的需求

🚇乘地鐵環線在「Esplanade」站下車，走出口B或C，循指標步行約6~8分鐘可達；或乘地鐵東西線在「City Hall」站下車，通過CityLink Mall循指標可達。🏠6 Raffles Boulevard ☎6339-8787 ⏰10:00~22:00 🌐www.marinasquare.com.sg

　　濱海廣場以平價品牌為主，200多家店鋪、餐廳和親子休閒設施分布於5個樓層，寬廣的中庭經常舉辦特賣會。以販售中東風情和亞洲手工藝品聞名的LIMS在此開設賣場，充滿東方民族色彩的雜貨和古玩，吸引無數尋寶愛好者前來。逛累了，不妨找間咖啡館或餐廳小憩片刻，或體驗腳底按摩、芳香舒壓療程，緩解旅途疲勞。此外，濱海廣場也與東方文華、泛太平洋與濱華3間酒店直接相連。

鴨子船之旅 DUCKtours

　　有沒有搞錯？剛剛還在新加坡河上行駛的遊河船，怎麼開著開著就上岸了？原來這就是新加坡旅遊業獎得主——鴨子船之旅。鴨子船是利用越戰時期美軍的水陸兩棲作戰船改裝而成，因此既可在陸地上縱橫，也能在水面上行駛，於是鴨子之旅得以將「遊城」與「遊河」完美結合，沿途還有精彩解說。遊客在新達城報到上車，從摩天輪附近下水，駛進濱海灣繞一圈，再開上岸前往市區欣賞殖民建築，最後回到新達城。

🚇P.66C1 🏠售票處和乘車處：BIG BUS & DUCK Tourist Hub, Suntec City Tower 2, #01-K8 ☎6338-6877 ⏰10:00~18:00，每小時出發。💲成人45元，2~12歲兒童35元，2歲以下15元。另有推出其他套票優惠行程，請查詢官網。🌐www.ducktours.com.sg
❗建議事先上網預約

MAP ▶ P.66C1

美年徑
Millenia Walk

在現代藝術空間裡逛街

乘地鐵環線在「Promenade」站下車，走出口A直達。
9 Raffles Boulevard 6883-1122 10:00~22:00
www.milleniawalk.com

走進美年徑280公尺長的商店街，抬頭仰望一格格中空的粉彩屋頂，恍如置身現代藝術殿堂，由普立茲克建築獎得主Philip Johnson操刀打造。這裡擁有設計師品牌商店，例如Eyes@Walk和Déjà vu Vintage。3C視聽產

品也來頭不小，包括Harvey Norman旗艦店和Mac.Infinity、Absolute Sound等專賣店。其中更少不了各種餐廳、咖啡館，新加坡首間小型啤酒餐廳Paulaner Brauhaus，就坐落在此。

衝啊~新加坡大獎賽
Singapore Grand Prix

有在關注F1一級方程式的人，一定對新加坡大獎賽不陌生，這不但是東南亞最重要的國際賽事，更是目前全球唯一的夜間賽事。除了比賽時刻外，最熱鬧的就是週末的演唱會，像是皇后合唱團、邦喬飛、魔力紅等，都曾在此登台演出。

新加坡大獎賽於每年9月下旬舉行，為期3天。賽道大部分設於濱海灣北岸，並延伸至市中心的市政區與富麗敦酒店附近。賽道長達5公里，整個賽程要跑61圈，賽道沿途設有10多處看台（Grandstand）與走動區（Walkabout），包括濱海的Bayfront、Promenade和市政區的Stamford、Padang等處。

看台票依地點及票數，從新幣250至2千多元不等。建議愈早買票愈好，購買早鳥票另有優惠價。www.singaporegp.sg

©新加坡旅遊局

MAP ▶ P.66B3

MOOK Choice

紅點設計博物館
Red Dot Design Museum

展出改變生活的頂尖設計

乘地鐵環線或濱海市區線在「Bayfront」站下車，走出口E步行可達；或乘濱海市區線在「Downtown」站下車，走出口B可達。 11 Marina Boulevard 6514-0111 平日11:00~19:00，週六和週日10:00~19:00。 每人10元，6歲以下免費。www.museum.red-dot.sg

紅點設計大獎由德國的設計協會成立，每年都有來自世界各地的上萬件作品投稿，獲獎的作品可以在德國紅點設計博物館展出。2005年，德國選在新加坡的牛車水開設海外第一間分館，2017年搬遷至濱海灣，成為灣畔一道亮麗的風景線。

館內展出超過500件獲獎作品，在此可以看出

設計師如何透過全新概念與創意，以不同角度呈現並打造出我們習以為常的事物與日用品，充滿藝術氣質又不失新潮時尚感。此外，這裡的設計商店、酒吧和咖啡館是必訪之地，而熱鬧的MAAD（藝術與設計市集）也會不定期在博物館前方灣畔舉辦。

MAP P.66A2A3B2

富麗敦天地

(MOOK Choice)

The Fullerton Heritage

古蹟變身時尚繁華地標

🚇乘地鐵東西線或南北線在「Raffles Place」站下車，步行可達富麗敦天地各景點。 ⓌＷ www.thefullertonheritage.com

打從移民潮興起的年代開始，這段從新加坡河口往南延伸至濱海灣畔的範圍就是繁忙的港口碼頭，當時的郵政總局與船隻補水站如今已改為飯店和餐廳，曾經肩負商業重任的碼頭與海關大樓也在政府規劃下，不僅保留了老建築的原有結構，還注入新生命，成為時髦餐飲區。

2010年，這片南北走向的長形區域被賦予「Fullerton Heritage」主題，將鄰近的4座古蹟與當代建築緊密串聯，打造出休閒娛樂景區，包括奢華精緻的富麗敦、富麗敦海灣兩家酒店，以及坐擁海景的富麗敦一號、富麗敦船屋、紅燈碼頭、前海關大樓，進駐創意餐廳、風格酒吧和咖啡館，帶動全新的時尚生活概念。

富麗敦酒店
The Fullerton Hotel

🚇乘地鐵東西線或南北線在「Raffles Place」站下車，走出口H，沿Bonham Street走至河畔，右轉沿河畔步行可達酒店大門。 🏠1 Fullerton Square ☎6733-8388 ⓌＷ www.fullertonhotel.com

前身是郵政總局的富麗敦酒店，建於1928年。最引人注目的是成群排列的帕拉第奧式(Palladian)希臘圓柱，高聳壯碩，莊重典雅，與市政廳和舊最高法院同屬於新古典主義風格的代表性建築。1942年日軍攻佔新加坡時，這裡更成為當時的總督堅守到最後的陣地，其寬敞的走廊曾是盟軍士兵的庇護所。2000年，富麗敦酒店在此開幕，帶給這棟古蹟全新生命。（酒店及餐廳介紹詳見P.82、P.87）

富麗敦船屋
The Fullerton Waterboat House

乘地鐵東西線或南北線在「Raffles Place」站下車，走出口H，沿Bonham Street往南，左轉走Battery Rd.，經過Fullerton Square，左轉沿著Fullerton Rd.，過斑馬線左轉可達。　3 Fullerton Road

位於新加坡河口的富麗敦船屋，在1941年由知名建築師Swan & Maclaren設計完工，為過往的船隻提供泊岸與水源補給。曲線優雅的外觀搭配圓形窗及頂樓的玻璃甲板，不僅傳達出航海的意象，也充分展現Art Deco簡約風格，如今已成為歷史地標，1樓設有便利商店、Toast Junction，3樓則進駐Picotin歐式餐酒館，提供友善溫暖的服務與美味。

前海關大樓Customs House

乘地鐵東西線或南北線在「Raffles Place」站下車，走出口B，從左前方進入Change Alley搭手扶梯上2樓，沿商店通道走，穿過空橋OUE Link，下階梯後，往右側走可達。　70 Collyer Quay

1960年代的新加坡貿易興盛、商船雲集，為了有效控管這座全球最繁忙的港口，Customs House因應而生，以簡單又兼具功能性的現代建築風格佇立於碼頭，成為新加坡海關警察的駐守地，負責港口的看管與監測。Customs House如今規劃為濱海用餐地，多家餐廳與酒吧分設其中，從泰國菜、墨西哥美食到摩登日本料理等，讓新時尚與老房子混搭出浪漫休閒據點。（餐廳介紹詳見P.83）

富麗敦一號One Fullerton

乘地鐵東西線或南北線在「Raffles Place」站下車，走出口H，沿Bonham Street走至河畔，右轉沿河畔步行至富麗敦酒店大門，右轉沿著酒店邊緣來到Fullerton Square，左轉走Fullerton Rd.，越過斑馬線就是富麗敦一號。或從富麗敦酒店裡，走地下通道可直達。　1 Fullerton Road

富麗敦一號與魚尾獅公園相鄰，聚集了許多高級餐廳、酒吧、咖啡館，是新加坡極受歡迎的用餐地點。其建築的屋頂造型宛如陣陣海浪，現代感十足，與古色古香的富麗敦酒店形成強烈對比。然而，建築外倚著濱海灣而設的露天平台，則是食客們最搶手的桌位，向晚海風吹散新加坡的炎熱，海灣週遭的城市天際線漸漸亮起燈火，一邊欣賞風景，一邊品享美食，還有什麼比這更愜意的呢？（餐廳介紹詳見P.83、P.84）

© The Fullerton Bay Hotel

紅燈碼頭Clifford Pier

乘地鐵東西線或南北線在「Raffles Place」站下車，走出口B，從左前方進入Change Alley搭手扶梯上2樓，沿商店通道走，穿過空橋OUE Link，下階梯後，往左側走可達。　80 Collyer Quay

這座碼頭完工於1933年，為了表彰當時擔任總督的Hugh Charles Clifford，於是將英文命名為「Clifford」，不過，老一輩的在地華人仍然習慣稱它為「紅燈碼頭」（以福建話發音），因為當年蜂擁而來的移民和遊客全都從這兒上岸，天黑之後，碼頭就懸掛紅色燈籠來引導船隻入港，紅燈碼頭的別稱就這麼流傳開來。

擁有橘紅色屋頂的碼頭建築採用Art Deco風格，以拱門、拱廊營造典雅氣息，反映了時代的流行趨勢。如今由富麗敦海灣酒店接手，成為多功能活動與婚宴場所。

富麗敦海灣酒店
The Fullerton Bay Hotel

同紅燈碼頭　80 Collyer Quay　6333-8388　www.fullertonbayhotel.com

富麗敦海灣酒店入口就設在紅燈碼頭裡，進門後，必須穿越17公尺寬的古典長廊才能抵達Lobby。為了配合「Fullerton Heritage」的概念，飯店除了與紅燈碼頭緊密相連，強調古今交融，還特別邀請香港知名設計師Andre Fu親自操刀，打造典雅時尚的大廳與濱海餐廳，並將古代航海地圖與當代藝術品自然點綴其中，生動展現獅城豐富的歷史色彩。（酒店及餐廳介紹詳見P.83、P.88）

濱海灣金沙綜合娛樂城

MOOK Choice

Marina Bay Sands Singapore

堪稱旅遊地標的娛樂城

乘地鐵環線或濱海市區線在「Bayfront」站下車,走出口C或D可達。 🏠10 Bayfront Avenue 📞6688-8868 🌐www.marinabaysands.com

濱海灣金沙可 是全球矚目的新加坡旅遊地標,這座2010年完工的綜合娛樂城隸屬於拉斯維加斯金沙集團,打從2007年初開始施工,就以驚人的速度克服萬難、持續興建,由波士頓的建築師Moshe Safdie規劃設計,投資總額高達55億美元。

酒店主體為3座雄偉壯觀的高塔,高達55層樓,且這3座大廈並非完全筆直,而是傾斜的角度,更顯得獨創;同時為了抗拒強勁的海風,還設計了4個伸縮縫以容許約20吋的移動距離,使大樓在強風時不致搖晃。塔頂由一大片空中花園相連,從空中花園可以360度眺望新加坡的濱海風光與城市天際線。

這座娛樂城裡還設有世界級的賭場、劇院、購物商場、博物館與會議展覽中心,而眾多米其林名廚更是受邀將亞洲首間餐廳開在這裡,為濱海灣金沙大力加持,增添閃亮的明星味。(酒店介紹詳見P.86)

暗藏風水的傾斜角度

濱海灣金沙酒店的3座高樓並非直挺挺的建築,而是像本翻開的書,其中一面是垂直結構,另一面則模仿撲克牌在洗牌時的凹折角度,設計成不同的傾斜弧線,最大的傾角高達52度!其中,1號高樓的26度傾角更是暗藏玄機,因為26度以中文可書寫為二十六,又可看作「二加六」,也就是「八」。畢竟開的是賭場,當然要給他「發」一下啦!

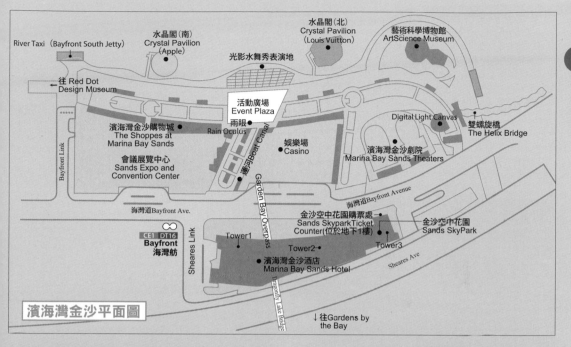

水晶閣（南）
Crystal Pavilion
(Apple)

River Taxi（Bayfront South Jetty）

往 Red Dot
Design Museum

水晶閣（北）
Crystal Pavilion
(Louis Vuitton)

藝術科學博物館
ArtScience Museum

光影水舞秀表演地

活動廣場
Event Plaza
雨眼
Rain Oculus

濱海灣金沙購物城
The Shoppes at
Marina Bay Sands

會議展覽中心
Sands Expo and
Convention Center

Bayfront Link

運河Boat Canal

娛樂場
Casino

Digital Light Canvas

雙蝶旋橋
The Helix Bridge

濱海灣金沙劇院
Marina Bay Sands Theaters

海灣道Bayfront Ave.

CE1 DT16
Bayfront
海灣舫

Garden Bay Overpass

Sheares Link

Dragonfly Lake Bridge

海灣道Bayfront Avenue

Tower1

Tower2

濱海灣金沙酒店
Marina Bay Sands Hotel

金沙空中花園購票處
Sands SkyparkTicket
Counter(位於地下1樓)

Tower3

金沙空中花園
Sands SkyPark

Sheares Ave.

濱海灣金沙平面圖

↓往Gardens by
the Bay

© Marina Bay Sands Singapore

金沙空中花園Sands SkyPark

🏠 售票處位於Tower3的地下1樓。在Bayfront Ave路旁設有入口，可搭手扶梯進入。☎ 6688-8826 ⏰ 11:00~21:00 💲 觀景平台：成人32元、2~12歲28元、65歲以上長者28元。無邊際游池：只有酒店房客才能進入使用。❗ 不可攜帶食物飲料、行李、專業攝影和錄影設備（三腳架、反光板等）進入

被譽為「偉大工程奇蹟」的金沙空中花園，架設於3棟酒店大廈的頂端，比艾菲爾鐵塔還高，佔地面積12,400平方公尺，相當於3個足球場，自開幕後，已被《New York Time》票選為「全球10大熱門景點」之一。

花園裡最引人注目的，當屬全球最大的公共觀景平台，站在距離地面200公尺的高度可環視整座新加坡城市輪廓，以及各種不同角度的遠近風光。如果你是酒店的房客，更不能錯過花園裡的無邊際泳池(Infinity Pool)，望不著邊界的設計讓人浮游其中，有種漂流大海的錯覺，還能居高俯瞰中央商業區的新舊建築，此外，這裡也有餐廳、酒吧、俱樂部等，無論白天或夜晚前來，都有截然不同風情。

濱海灣金沙購物商場
The Shoppes at Marina Bay Sands
🕙 10:30~23:00，各店營業時間略 有不同。

　　這座購物商場佔地80萬平方公尺，除了CHANEL、Cartier、Dior、FENDI、GUCCI、Hugo、LOUIS VUITTON、POLO RALPH LAUREN等170多個奢華名牌坐鎮，還有來自各國的精品店助陣。創立於2008年的新加坡頂級茶葉品牌TWG Tea，在此設有茶館和精品店，茶館販售獨家特製的茶口味冰淇淋。金碧輝煌的摩洛哥品牌Bacha Coffee也開設了概念店。百年法國甜點咖啡館Angelina則優雅進駐。

　　商場裡的用餐選擇非常多樣，從米其林名廚大餐到簡單的平民小吃都有，位於B2的美食廣場Rasapura Masters，集結星、馬、泰、越、中等亞洲美食，是打牙祭的平價好去處。

水晶閣Crystal Pavilions
🕙 週日至週四11:00~22:00，週五、週六及假日前夕11:00~23:00。

　　佇立於海面的兩座水晶閣，是濱海灣金沙極具巧思的創意空間，吸引了國際名店進駐。其中，Louis Vuitton採用「浮動商店」的概念，選在北側的水晶閣開設全球唯一的水上旗艦店，室內裝潢以航海為主題，並加入藝術設計風格，營造出前所未有的購物空間，還能通過水下隧道與購物商城相連。南側的水晶閣則是全球首家全方位水體環繞的蘋果(Apple)直營店，展售最新的產品和潮牌魅力。

乘坐舢舨船 Sampan Rides

　　金沙集團在拉斯維加斯威尼斯人酒店打造了一條人工運河，並在河上划行貢多拉船，成為賭城經典。這個哏原封不動搬到澳門，照樣蔚為風潮。而相同的把戲要是再玩第三遍，就少了新鮮感，於是在此做了點小改變，讓運河上的船伕身穿中式打扮，划著舢舨木船，呈現東方風情。

　　當舢舨在運河盡頭的圓環水道迴轉時，記得抬頭看看上方一個直徑22公尺的壓克力巨碗，這是藝術家Ned Kahn的創作「雨眼」(Rain Oculus)，每小時一次，碗中會注入大水形成壯觀的漩渦，朝下方運河傾注成一道兩層樓高的瀑布，吸引人們佇足等候。想要深入了解「雨眼」的設計理念，不妨參加Eye of the

Waterfall Tour，還能享有免排隊的優待。
🎫 購票處位於購物商場B2，運河登船處旁邊。🔽 Sampan Rides11:00~21:00，Eye of the Waterfall Tour 每週二和四17:00。💲Sampan Rides每人15元、Eye of the Waterfall Tour每人18元

© Marina Bay Sands Singapore

你和新加坡人是走不同的通道進賭場

新加坡開放賭場是為了賺外國人的錢，但又很怕自己國家的人民也一頭栽入無法自拔，因此訂了不少特別的規定。像是「新加坡公民」與「外國人」進賭場的通道是不同的，新加坡人每次進賭場都要繳交娛樂稅新幣150元，期限只有24小時，這是為了嚇阻本國人動不動就往賭場跑。至於外國來的火山孝子自然沒有任何限制，唯恐你過其門而不入，唯一的規定就是要檢查護照，以免新加坡公民混進外國人行列中。

濱海灣金沙賭場Marina Bay Sands Casino

💲入場費：外國遊客持護照可免費入場，但需年滿21歲。

這是新加坡最大的賭場，從走進大門那刻起，就展開驚嘆連連的奢華體驗。放眼望去，整座賭場看不到半根樑柱，挑高的設計讓空間變得異常寬廣，一座閃亮吊燈從天而降，據說鑲滿了132,000顆Swarovski水晶，重約7噸，彷彿走進了歐洲宮廷，充滿貴氣。

中央開放式的空間提供了600多張賭桌、超過2300台吃角子老虎機，再搭配各種熱門的桌牌遊戲，包括Blackjack、Roulette、Baccarat、Poker等，令人流連忘返。如果你是賭場的貴賓玩家或會員，就能前往設於最高兩層樓的私人遊戲室，享受全天候專屬服務。

世界名廚餐廳Celebrity Chefs

⏱各家餐廳位於濱海灣金沙綜合娛樂城中，營業時間和費用各不相同，預約詳情請上網查詢。🌐www.marinabaysands.com

走進濱海灣金沙，再怎麼遙遠的世界級美食都能端到你面前。是的，這座綜合娛樂城不惜重金禮聘多位國際明星廚師，分別在此開設亞洲首家餐廳，其中不乏屢獲殊榮的米其林名廚，是饕客們必訪的美食聖殿。

Maison Boulud由米其林三星名廚Daniel Boulud潛心演繹法式美饌新風采，回望在里昂的童年時光，匯集上等食材，推出充滿愛與溫馨的季節性佳餚。Waku Ghin由米其林二星名廚和久田哲也(Tetsuya Wakuda)主持，擅長法式烹調手法再以日式風格呈現，精選當季新鮮食材端出招牌菜色，例如醃漬牡丹蝦佐海膽和魚子醬。Bread Street Kitchen是「地獄廚神」Gordon Ramsay繼倫敦、杜拜、香港之後所開設的第4間餐廳，供應傳統英式美食及歐陸料理，包括炸魚薯條、威靈頓牛排等。

CUT由Wokfgang Puck領軍，嚴選優質牛肉以木炭和蘋果木烘烤，並搭配名酒，是牛排控的最愛；Wokfgang Puck另從美國比佛利山莊引進餐廳Spago，登上57樓的空中花園提供加州美食。隸屬TAO集團旗下的KOMA提供獨創日式料理和壽司酒吧，推薦自製辣鮪魚、A5和牛里脊肉和新潟雪室熟成和牛肋眼朴葉燒。

藝術科學博物館The ArtScience Museum

🅢 常設展：成人30元、2~12歲、學生及65歲以上長者25元。特展：票價依各展覽而不同。另推出通票，可參觀所有展覽和體驗活動。

位於濱海灣畔的藝術科學博物館，外型貌似一朵巨大的水上蓮花，朝天的花瓣設計宛若張開的十根手指頭，象徵新加坡歡迎世界之手。眾花瓣中央有個洞，每逢雨天就成了集水庫，雨水流進洞口垂直落下，變成一道室內瀑布。

博物館佔地約5,000平方公尺，設有21間藝廊，其中3間固定放置永久展覽品，其他則不定期展出全球知名創作，主題涵蓋了科學、藝術、媒體、生物、設計與建築等，相當生活化。

🔽 10:00~19:00（最後入場時間18:00）

雙螺旋橋The Helix Bridge

🚇 乘地鐵濱海市區線或環線在「Promenade」站下車，走出口A，沿Temasek Ave.步行約8~10分鐘可達；或乘環線在「Bayfront」站下車，走出口D，往藝術科學博物館方向走可達。

這是全世界首座雙螺旋人行步橋，將兩條不鏽鋼繩像麻花般纏繞，拉出弧線形的遮天頂篷，橋面長達280公尺，由澳洲與新加坡的建築團隊設計打造，據說造型的靈感擷取於人體DNA的螺旋樣貌，也象徵亞洲文化中的陰陽兩極，描繪出濱海灣的幸福願景。

自2010年完工後，連結濱海灣周圍步道，站在橋上的觀景台能欣賞灣畔的城市風貌，每當夜幕低垂，橋面湧進大量遊客，無論看夜景、約會談心、拍照留念，在繽紛燈光下洋溢著浪漫氣息。

光影水舞秀——幻彩生輝

這場規模盛大的聲光水舞表演，是造訪濱海灣時不容錯過的夜間節目。在兩座水晶閣前的海灣水面下，藏了18支噴水管，噴出的水柱可達20公尺高，除了水、火、燈光、雷射等水舞元素，最特別的是以水為螢幕，將影像投射在上面，製造出宛如電影般的效果。可以在濱海灣金沙酒店前近距離觀賞，或從富麗敦一號、富麗敦海灣酒店觀看，不同角度各有風情。

🏠 位於活動廣場(Event Plaza)前方 🔽 週日至週四20:00、21:00，週五及週六增加22:00場次。每場約15分鐘。🅢 免費

光之魅影Digital Light Canvas

由國際藝術團隊teamLab運用光影特效所打造的數位叢林畫布，讓遊客透過想像力親手繪製動植物，再漫步其中，感受自己的作品融入叢林畫布的繽紛世界。最後還能將手繪圖案製成紀念品帶回家。

🏠 位於購物商場B-50，Rasapura Masters美食廣場旁。🔽 11:00~21:00 🅢 每人12元，2歲以下免費，未滿7歲者必須由一名付費成人全程陪同。另推出其他套票組合。

MAP ▶ P.66D3

濱海堤壩

Marina Barrage

兼顧蓄水與環保的休閒場地

Marina Barrage

🚇乘地鐵湯申–東海岸線在「Gardens by the Bay」站下車，走出口1，步行可達；或乘地鐵南北線或環線在「Marina Bay」站下車，走出口B往濱海灣金融中心(03391站牌)，轉搭400號公車可達，約20~30分鐘一班。 🏠8 Marina Gardens Drive ☎6514-5959 🌐www.pub.gov.sg/Public/Places-of-Interest/Marina-Barrage 🕐戶外區域全天開放，展覽館及諮詢櫃台09:00~18:00；戲水公園09:00~21:00（週一、週三、週五12:30~21:00）。 ❌週二（展覽館） 💲免費 🚌濱海堤壩提供導覽行程，詳情請洽櫃台或上網查詢。

　被視為工程奇觀的濱海堤壩擁有三合一的功能。首先，它橫跨於350公尺寬的濱海水道上設有7座巨型排水泵，一旦遇到豪雨漲潮，能立即排放多餘雨水，有效阻隔海水倒灌市區的災情；而濱海灣與外海隔絕後，再利用淡化技術將灣內的海水轉化為淡水，可形成一座城市蓄水池，蓄

水池因為不受潮汐影響，水位穩定，就變成舉辦各種水上活動的休閒場地。

　除了堤壩與排水泵，這裡還設有濱海大橋、太陽能公園、綠色屋頂、中央庭院、戲水公園、永續新加坡展覽館(Sustainable Singapore Gallery)及餐廳等設施，可以觀賞海景、戲水、野餐、放風箏，或走進展覽館，探索新加坡如何落實環保議題，努力為自然資源匱乏的小島國創造飲水來源。

MAP ▶ P.66A4

老巴剎

MOOK Choice

Lau Pa Sat

歷史悠久的小販中心

🚇乘地鐵濱海市區線在「Downtown」站下車，走出口A，步行約5分鐘可達；或乘地鐵東西線或南北線在「Raffles Place」站下車，走出口I，沿Robinson Rd步行約5分鐘可達。 🏠18 Raffles Quay（位於Robinson Road與Boon Tat Street交叉處） 🕐24小時開放。室內攤位依各店家而不同，沙嗲攤約19:00~03:00（週六15:00起）。 🌐www.laupasat.sg

　「巴剎」在馬來話中是「市場」的意思，因為1825年就開始營業，歷史悠久，所以被稱為老巴剎。其獨一無二的鋼鐵建築結構是1894年

改建後的成果，細緻典雅的維多利亞式鏤空風格，搭配人聲嘈雜的熟食小販，也稱得上一大奇觀。你可以品嚐薄餅、肉骨茶、福建炒蝦麵、南洋甜品等小吃，而天黑之後的文泰街(Boon Tat St.)幾乎是沙嗲攤位的天下，其中以7、8號攤位人氣最旺，再點一杯拉茶，口感速配。匯聚本土品牌零食與伴手禮的Food Folks，在巴剎裡開設零售店，舉凡鹹蛋魚皮酥、洋芋片（叻沙、海南雞飯口味）、荔枝火龍果巧克力等，可順道採買。

MAP ▶ P.66C3 | **MARQUEE Singapore**

🚇乘地鐵環線或濱海市區線在「Bayfront」站下車，走出口D可進入購物商場。 🏠2 Bayfront Avenue #B1-67, The Shoppes at Marina Bay Sands ☎6688-8660 🕐週五、週六和公共假期前夕22:00~06:00 💲門票依駐場DJ而不同，每人20~60元起，線上訂購享有優惠。必須年滿18歲才能進場。📱marqueesingapore.com

繼紐約、拉斯維加斯和雪梨之後，屢獲獎項的Marquee挾帶著高人氣，首次進軍亞洲就選在濱海灣金沙。佔地面積超過2,300平方公尺，是新加坡目前最大的夜店，不僅完美融合了設計、技術、最先進的DJ控制台和音響系統，還設有巨大的八臂摩天輪及三層樓高的旋轉溜滑梯，加上國際知名DJ和藝人助陣，深深擄獲派對男女的心。

© MARQUEE Singapore

© MARQUEE Singapore

© MARQUEE Singapore

MAP ▶ P.66A3 | **The Courtyard**

🚇乘地鐵東西線或南北線在「Raffles Place」站下車，走出口H，沿新加坡河畔步行，進入富麗敦酒店可達。 🏠The Fullerton Hotel Lobby, 1 Fullerton Square ☎6877-8912 🕐單點飲品08:30~21:00，傳統下午茶：12:00~14:30、15:30~18:00。📱www.fullertonhotel.com

The Courtyard擁有挑高的天井，讓陽光自然灑進中庭大廳，寬敞明亮，適合舒服地窩進沙發裡，享受傳統英式下午茶。提供由英國點心師傅手工特製的果醬、奶油、Scone等點心，特別是維多利亞時代貴族最愛的黃瓜三明治，均優雅呈現在三層托盤上；搭配TWG茶品或Bacha咖啡，耳畔傳來現場演奏的樂音，彷彿回到昔日歐洲貴族的饗宴場景。此外，The Courtyard經常配合當地節慶活動，推出各種主題式下午茶，如果碰巧遇上，不妨嘗鮮。

© The Fullerton Hotel

MAP ▶ P.66B3 | **Over Easy**

🚇乘地鐵東西線或南北線在「Raffles Place」站下車，走出口H，沿Bonham Street走至河畔，右轉沿河畔步行至富麗敦酒店大門，右轉沿著酒店外圍來到Fullerton Square，左轉走Fullerton Rd.，越過斑馬線就是富麗敦一號。或從富麗敦酒店裡走地下通道可直達。 🏠1 Fullerton Road #01-06, One Fullerton ☎9129-8484 🕐週一和週二12:00~15:00、17:00~23:00，週三至週五12:00~15:00、17:00~01:00，週六11:00~15:00、17:00~01:00（週日至23:00）。📱www.overeasy.com.sg

位於富麗敦一號的Over Easy是氣氛輕鬆的美式餐廳及酒吧，人氣始終不墜。這裡供應午、晚餐和點心，如漢堡的肉排多汁，一口咬下的口感相當紮實，搭配的薯條鬆脆不油膩，份量適中。從傍晚開始供應啤酒或調酒等酒精飲料，頗受當地上班族歡迎，經常座無虛席。如果你想感受悠閒時光，不妨選擇河畔的戶外座位區，邊吃飯邊喝點小酒，還能欣賞濱海灣金沙酒店的聲光水舞秀。

© The Fullerton Bay Hotel

© The Fullerton Bay Hotel

MAP ▶ P.66A3 **Lantern**

🚇乘地鐵東西線或南北線在「Raffles Place」站下車，走出口B，從前方進入Change Alley搭手扶梯上2樓，沿商店通道走，穿過空橋OUE Link，下階梯後，往左走進富麗敦海灣酒店可達。🏠The Fullerton Bay Hotel, 80 Collyer Quay ☎3129-8229 ⏰15:00~01:00（週五和週六延至02:00）🌐www.fullertonbayhotel.com

雖然與金沙空中花園遙遙相對，Lantern的美卻毫不遜色。位於富麗敦海灣酒店頂樓，由香港知名設計師Andre Fu設計，Lantern不僅是一座酒吧，更連結了25公尺長的露天游泳池，背後有成群的金融高樓當靠山，可360度環視濱海灣風光與城市天際線。

由於酒店倚著1930年代的紅燈碼頭而建，為了紀念英國殖民歲月，這間酒吧直接以Lantern命名，讓老世界與新時尚在屋頂交會，儘管高度不如人，但豐富的文化底蘊卻值得玩味。當四方燈火輝煌，無論窩在沙發椅微醺、鑽進泳池嬉水或暢快享受按摩池，都別忘了來一杯超人氣調酒「Red Lantern」或「Merlion」，跟著DJ的現場節奏旋轉搖擺，天幕下，彷彿站在全世界的屋頂，舉杯共舞。

MAP ▶ P.66A3 **Landing Point**

🚇乘地鐵東西線或南北線在「Raffles Place」站下車，走出口B，從左前方進入Change Alley搭手扶梯上2樓，沿商店通道走，穿過空橋OUE Link，下階梯後，往左走進富麗敦海灣酒店可達。🏠The Fullerton Bay Hotel, 80 Collyer Quay ☎3129-8557 ⏰10:00~22:00。下午茶平日15:00~17:00、週六假日12:00~14:30和15:30~18:00。🌐www.fullertonbayhotel.com

走進富麗敦海灣酒店大門，右轉之後的長廊就是Landing Point，為了見證1930年代各國移民自紅燈碼頭登陸的歷史，因而命名。除了氣氛的營造，餐點上也強調濃厚的英國色彩，尤其Expressions下午茶相當精緻，可品嚐英式Scone、馬卡龍、奶油蛋捲、火腿、起士等鹹甜點，搭配TWG茶品或Bacha咖啡。此外，還推出「Old-World Glamour Cocktails」系列雞尾酒，採用19世紀的酒單調製而成，不妨淺酌。

© The Fullerton Bay Hotel

MAP ▶ P.66A3 **Kinki**

🚇乘地鐵東西線或南北線在「Raffles Place」站下車，走出口B，從左前方進入Change Alley搭手扶梯上2樓，沿商店通道走，穿過空橋OUE Link，下階梯後，往右側走可達前關大樓。🏠70 Collyer Quay #02-02, Customs House ☎8363-6697 ⏰餐廳：12:00~15:00、18:00~22:30，酒吧：17:00~午夜。⏸週日 💲招牌調酒19元起，壽司單點13元起，午餐套餐32元起。🌐www.kinki.com.sg

如果你只想找個地方安靜的用餐品酒，那麼Kinki絕對不適合你。Kinki要的是熱鬧與趣味，端上桌的調酒與日本菜遊走在傳統與摩登之間，望著牆上的壁畫，色彩濃烈，充滿日式漫畫風格，氣氛頓時變得開朗又嘻哈。傳統壽司、生魚片、天婦羅、握壽司、烤物、和風小菜等，這裡一樣不缺，光是壽司的種類和口味就多達10餘種；頂樓酒吧提供清酒、燒酒和各式創意雞尾酒，有濱海灣夜景相伴，堪稱人生一大享受。

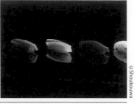

MAP ▶ P.66B3 **小康和Shoukouwa**

🚇乘地鐵東西線或南北線在「Raffles Place」站下車，走出口H，沿Bonham Street走至河畔右轉，向富麗敦酒店方向步行至Fullerton Rd.，過馬路至對面可達富麗敦一號，步行約6~8分鐘。🏠1 Fullerton Road #02-02A, One Fullerton ☎6423-9939 ⏰午餐：週二至週六13:00~15:00，晚餐：週二至週六18:00~20:00、20:15~22:30。🚫週日和週一 💲午餐套餐每人325元起，晚餐套餐每人520元起。🔗www.shoukouwa.com.sg

小康和是「黑衣大廚」Emmanuel Stroobant麾下的新成員，主打頂級江戶前壽司。其師傅皆是來自銀座的料理職人，食材每天從築地市場新鮮直送，無可挑剔的品質，讓這家餐廳開幕沒多久，便拿下2顆米其林星星。為了確保新鮮，師傅會根據當日送來的漁獲設計餐點，因此這裡的菜單都是omakase，也就是一切交由師傅決定，雖然價格高昂，但吃過的人都説值得。除了單點，也推出套餐提供多樣選擇。

MAP ▶ P.66C1 **Oscar's**

🚇乘地鐵濱海市區線或環線於「Promenade」站下車，走出口A，走進美年徑商店長廊，循指標左轉通往康萊德酒店，可在1樓看見餐廳。🏠2 Temasek Blvd. G/F, Conrad Centennial Singapore ☎6334-8888 ⏰早餐：06:00~11:00，午餐12:00~14:30，晚餐18:00~22:30。🔗www.hilton.com

看到Oscar's，聰明的讀者馬上會想到最盛大的電影頒獎典禮奧斯卡，沒錯，位於康萊德酒店(Conrad Centennial Singapore)裡的Oscar's餐廳，就是以電影為靈感而命名的主題餐廳。但餐廳裡並沒有強調任何電影元素，明亮活潑的裝潢感覺充滿活力，以電影音樂作為襯托，腦海中就會浮現電影畫面。透過半開放式廚房，可以欣賞主廚精湛的廚藝表演，餐廳供應各式中西式料理，包括新加坡當地美食，如叻沙、海南雞飯等，西式料理如沙拉、肉類、海鮮等，選擇相當多樣。

MAP ▶ P.66C3 **Bacha Coffee Fashion Avenue**

🚇乘地鐵環線或濱海市區線在「Bayfront」站下車，走出口D可達購物商場。🏠2 Bayfront Avenue #B2-13/14, The Shoppes at Marina Bay Sands ☎6954-1910 ⏰週日至週四10:00~22:00，週五和週六10:00~23:00。💲各式可頌2個8元起，咖啡套餐44元起。🔗bachacoffee.com

在新加坡紅透半邊天的Bacha Coffee，1910年創始於摩洛哥馬拉喀什的Dar el Bacha宮殿，但歷經二次世界大戰後曾歇業60多年，2020年捲土重來，選在濱海灣金沙開設了全球首間概念店，除了金碧輝煌的咖啡廳，還提供外帶服務，以及販售精品級的咖啡與周邊商品。店內的咖啡種類超過200種，可以在咖啡廳享用主廚自製的佳餚或甜點，搭配新鮮沖泡、裝在鵝頸壺的100%阿拉比卡咖啡，並附上Chantilly鮮奶油、蒸牛奶、冰糖和香草豆。別忘了品嚐店裡知名的各種可頌麵包或直接外帶。

Rang Mahal

MAP▶P.66C1

🚇 乘地鐵濱海市區線或環線在「Promenade」或「Esplanade」站下車，走出口A，皆可達泛太平洋酒店。🏠7 Raffles Blvd Level 3, Pan Pacific Singapore ☎6333-1788 🕐午餐12:00~14:30（週六不營業），晚餐18:30~22:30。💲午餐套餐每人約80元起 🌐rangmahal.com.sg

Rang Mahal的意思為「Colorful Palace」，提供現代、經典的高級印度美食，捨棄傳統擺盤方式，採用西方概念，創造出新美學。印度料理通常分為北印度和南印度兩種，而遍遍全印度的主廚表示，印度料理不只有南北之分，每個地區都不同，希望能運用這些繁複的食材，創作出全新料理，滿足所有顧客。店內的招牌菜包括印度碳烤起士火鍋（Tandoori Fondue）、孟買炸雞球（Bombay Pani Puri）及達爾頓羊排（Dhuwandaar Lamb Chops）。

Makansutra Glutton's Bay

MAP▶P.66B2

🚇 乘地鐵環線在「Esplanade」站下車，走出口D沿地下通道經過濱海藝術中心，來到地面後沿濱海步道可達；或乘東西線或南北線在「City Hall」站下車，走出口C，通過Citylink Mall地下街，循指標經過濱海藝術中心，沿濱海步道可達。🏠8 Raffles Ave #01-15 ☎6438-4038 🕐週一至週四16:00~23:00（週五延至23:30），週六和週日15:00~23:30。🚫週一 🌐www.makansutra.com

被譽為「新加坡食神」的司徒國輝創辦了推廣街頭美食文化的Makansutra公司，除了出版美食指南、開設電視節目外，更親自挑選小吃攤販，選在濱海藝術中心旁邊設立了這座露天熟食中心。短短的街道聚集了10餘間餐飲攤，可以吃到蠔煎、炒蘿蔔糕、海南雞飯、沙嗲、辣椒螃蟹、參巴魔鬼魚等當地美食，入夜後宛如夜市般十分熱鬧。

Kith Cafe

MAP▶P.66C1

🚇 乘地鐵環線在「Promenade」站下車，走出口A，進入美年徑的商店長廊可達。🏠9 Raffles Boulevard #01-44/45, Millenia Walk ☎6333-4438 🕐07:30~22:00 💲手工鬆餅18元起，咖啡4.55元起，午餐套餐13元起。🌐kith.com.sg

2009年創立於羅伯遜碼頭（Robertson Quay）河畔的Kith，在當時是咖啡館領域的先驅之一，也為社區鄰里提供了美食與陪伴。如今在新加坡擴展了10家分店，其中一家進駐於美年徑購物長廊。菜單是自家主廚構思的原創食譜，每天精心製作的特色三明治、漢堡和義大利麵，再加上糕點廚房和披薩吧，客人可以享用不斷更新的麵包與糕餅，搭配精選研磨咖啡。推薦選擇多樣的Brunch，包括手工鬆餅、酪梨荷包蛋三明治、水果沙拉等。

Paulaner Bräuhaus

MAP▶P.66C1

🚇 乘地鐵濱海市區線或環線在「Promenade」站下車，走出口A，進入美年徑商店長廊直走，左轉走到底可達餐廳。🏠9 Raffles Boulevard #01-01, Millenia Walk ☎6592-7912 🕐酒吧：週日至週四11:00~午夜，週五和週六11:00~01:00。餐廳：午餐週六和週日11:00~15:00，晚餐每天18:00~23:00。💲午餐單點約20元起，啤酒14元（300ml）起。🌐www.paulaner-brauhaus-singapore.com

提起德國餐廳，馬上就聯想到啤酒和德國豬腳，這兩樣正是Paulaner Bräuhaus的招牌，Paulaner在德文中是「修士」的意思，Bräuhaus則是「啤酒屋」，自1634年即建立的嚴格釀製過程，使顧客能享用新鮮啤酒所帶來的暢快，店裡最受歡迎的啤酒是Paulaner Bräuhaus Lager和Paulaner Bräuhaus Dunkel，前者口味滑順，後者大麥味道分明。巴伐利亞豬腳（Bavarian Schweinshax'n）和香腸拼盤（Wurst Kuche）都是推薦主菜，豬腳以傳統方法製作，表皮先醃製後再烤至香濃酥脆，裡頭保留了豐富肉汁，一口咬下去，兩種口感令人心滿意足；以木炭燒烤的香腸有多種口味，附有自製酸菜和馬鈴薯泥，適合多人一起分享。

MAP ▶ P.66C3

濱海灣金沙酒店
Marina Bay Sands Hotel

🚇 乘地鐵環線或濱海市區線在「Bayfront」站下車，出站可達。 🏠 10 Bayfront Avenue ☎ 6688-8888 🌐 www.marinabaysands.com

濱海灣金沙酒店由3棟高塔般的大廈並排組成，建築工程相當複雜，其奧妙之處就在於這3棟高樓並非完全筆直，而是有傾斜角度的，只要從側面觀賞，就能看出這項設計的巧妙。若想深入了解酒店的建築結構，必須走進大廳，從寬廣的中庭仰望，設計者大膽挑戰建築工程的傑作，將一目了然。

濱海灣金沙特別邀請多位國際知名藝術家為酒店創作，並展示在開放空間裡，與大廳中庭、接待櫃台、餐廳、走道等融為一體，讓人宛如置身於裝置藝術博物館中。而酒店的2561間客房分布於55個樓層，每間均可坐擁濱海景觀，其中包括245間頂級套房，提供24小時私人管家服務。客房的裝潢風格走典雅路線，木質傢俱搭配舒適床枕，洗髮精和沐浴乳則裝進酒店造型的特製瓶子裡，相當別緻。

想游泳，趕快去訂房！

位於57層樓高的無邊際游泳池很吸引人吧！但是提醒你，只有金沙酒店的房客才可以使用喔！所以想游的話就要先訂房，而且記得要趁早訂，因為你想的大家也都想啊！

MAP ▶ P.66A2A3 **富麗敦酒店The Fullerton Hotel**

🚇乘地鐵東西線或南北線在「Raffles Place」站下車,走出口H,沿Bonham Street走至河畔,右轉沿河畔步行可達酒店大門。 🏠1 Fullerton Square 📞6733-8388 🌐www.fullertonhotel.com

　　富麗敦酒店的前身為郵政總局,完工於1928年,1997年郵政總局賣給了信和集團,新東家將其改裝為星級酒店,於2001年以富麗敦之名重新開放,並數度被《Travel + Leisure》、《Condé Nast Traveller》等旅遊雜誌評選為「全球最佳酒店」。酒店最引人注目的是成排壯觀的希臘圓柱,屬於帕拉第奧風格(Palladian)的代表性建築,在2015年被政府列為國家級古蹟。走進大廳,挑高的天井讓陽光自然輕灑而下,通道兩旁的竹子裝飾更添幾分涼意,適合在此享受英式下午茶,偷得浮生半日閒。

　　酒店內坐擁4家餐廳酒吧和1家蛋糕工坊,同時各種設施俱全,包括戶外泳池、水療中心、健身房和精品店,甚至還設立展示館,陳列富麗敦天地昔日的歷史影像及文件。這裡的精品店獨家推出郵政大臣等各種造型的泰迪熊系列玩偶,人氣頗高。酒店以400間客房來延續老建築之美,花卉圖案的地毯配上純白落地木窗,擺設在不同主題的套房裡,營造出英國維多利亞時代的氛圍。

富麗敦是何許人也?

　　在帝國主義時代,維持英國海上霸權的東印度公司於1826年將新加坡、檳城與馬六甲合併,委任由海峽殖民地的總督來統一管理,而Robert Fullerton(1773~1831)就是當時第一任海峽殖民地總督,任期為1826~1830年。為了紀念第一任總督,當郵政總局這棟大樓完工時,遂將大樓命名為Fullerton。Fullerton被翻譯成不同版本的中文,在新加坡稱為「富麗敦」。

87

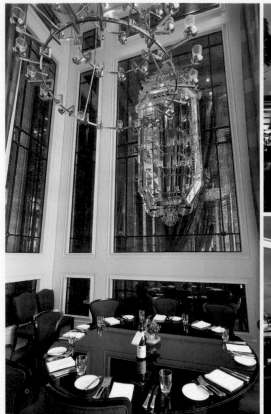

MAP ▶ P.66A3 **富麗敦海灣酒店**
The Fullerton Bay Hotel

🚇乘地鐵東西線或南北線在「Raffles Place」站下車，走出口B，從左前方進入Change Alley搭手扶梯上2樓，沿商店通道走，穿過空橋OUE Link，下階梯後，往左側走可達。🏠80 Collyer Quay Singapore ☎6333-8388 ℗www.fullertonbayhotel.com

酒店大門設於昔日的紅燈碼頭，1900年代曾經是海外移民登陸的據點，如今順應古蹟再生的風潮，Fullerton Bay由亞洲知名設計師Andre Fu親自操刀，以「低調奢華」為設計概念，讓極度挑高的天花板搭配水晶吊燈、幾何裝飾圖案等元素，從大廳一路蔓延到餐廳，為時髦現代的空間注入老靈魂，百年前的英國殖民風華彷彿又回到眼前。

迎向濱海灣的絕佳位置，讓設計師靈感湧現，把酒店外觀變成一個玻璃珠寶盒，線條分明，遠遠望去更像一艘水晶船，停駐在港灣邊。無所不在的玻璃牆讓視野變得寬廣，行走坐臥於飯店中，隨時都有海天雲影相伴，當然還包括100間典雅客房。每間客房都擁有整片落地窗的獨家海景，其中，位於最高樓層的6間頂級套房分別以馬來、華人、印度、娘惹、殖民等文化為主題，運用古董、藝術品及相關圖案作為裝飾，反映出新加坡多元混合的人口。

MAP ▶ P.66C1 **新加坡康萊德酒店**
Conrad Centennial Singapore

🚇乘地鐵濱海市區線或環線於「Promenade」站下車，走出口B，步行約5分鐘可達。🏠2 Temasek Boulevard ☎6334-8888 ℗www.hilton.com

康萊德酒店共有484間客房、25間套房，客房面積在新加坡眾酒店中最為寬敞，貼心的服務使人賓至如歸。酒店內餐廳數目不多，卻十分有名，其中，金牡丹(Golden Peony)是廣東餐廳的翹楚，而位於大廳的Oscar's，則是可以輕鬆享用新加坡或西方美食的地方。酒店距離新達城等購物中心很近，步行即可抵達。

泛太平洋酒店
Pan Pacific Singapore

MAP ▶ P.66C1

🚇乘地鐵濱海市區線或環線在「Promenade」或「Esplanade」站下車，走出口A，皆可達酒店。📍7 Raffles Boulevard ☎6336-8111 🌐www.panpacific.com

坐落於濱海灣附近，距離地鐵站僅5分鐘路程，無論前往新達城、會議展覽中心、鄰近購物商場或知名景點等，均四通八達，適合觀光或商務旅客入住。同時，飯店擁有8家餐廳與酒吧，備受好評，得造訪，而舉凡游泳池、網球場、健身房、美容沙龍等休閒設施，一應俱全。

麗嘉登美年酒店
MAP ▶ P.66C2
The Ritz-Carlton, Millenia Singapore

🚇乘地鐵濱海市區線或環線於「Promenade」站下車，走出口A，步行約5~8分鐘可達。📍7 Raffles Avenue ☎6337-8888 🌐www.ritzcarlton.com

這家酒店提供截然不同的視覺饗宴，公共區域經常展示現代雕刻及畫作，無論在飯店任何角落，都能自在地欣賞這些藝術品，說它是個「活的藝廊」，一點也不誇張。麗嘉登美年最自豪的便是它的客房，每間都可以看到美麗的海景與天際線，而浴室裡的浴缸就在落地窗旁邊，入浴時有海灣美景相伴，相信每個人的洗澡時間都要拉長不少。

新加坡電報酒店
MAP ▶ P.63D4
Hotel Telegraph Singapore

🚇乘地鐵濱海市區線在「Downtown」站下車，走出口A，步行約5分鐘可達。📍35 Robinson Road ☎6701-6800 🌐thehoteltelegraph.com

Telegraph酒店由一棟1927年興建完工的新古典主義建築修復而成，最初曾是電報公司，而後陸續轉為新加坡電信管理局等政府機構，Telegraph進駐之後，已加入「Small Luxury Hotels of the World™ (SLH)」成員。酒店緊鄰老巴剎，步行即可前往地鐵站，和牛車水及濱海灣相去不遠，不論是商務或休閒度假都很合適。

酒店設計融合了新加坡現代時尚與法式優雅風情，在134間客房中設有智慧型控制器，並以在地元素裝飾，別緻且趣味。酒店內最叫人流連忘返的角落，莫過於頂樓的金色屋頂泳池，入夜後呈現金色的泳池水面，與四周的大樓燈光相互輝映，襯托出迷人的城市夜景。

市政區
市政區
Civic District

文●墨刻編輯部　攝影●墨刻攝影組

從歷史的意義來看，市政區絕對是最重要的文化區域，最經典的百年教堂與政府建築都聚集在此。新加坡雖然建國歷史不長，卻十分重視古蹟建物的保存，即使物換星移，本區的建築依然流露濃厚的英國殖民風情，悠悠訴說著新加坡的過往風華。

市政區也是當地的藝術文化匯集地，從雕塑廣場、行動劇場到博物館、美術館等，展覽豐富，表演活動精彩，是藝術愛好者必訪的朝聖景點。各種主題博物館的設立相當密集，幾乎每三、四條街就有一間，雖然比不上羅浮宮、大都會那樣名震天下，但絕不代表新加坡的博物館沒有看頭，尤其以東南亞藝術而言，這裡的收藏可謂獨步全球。

INFO

如何前往——機場至市政區

◎地鐵
從樟宜機場站(Changi Airport, CG2)搭乘東西線(East West Line)，在政府大廈站(City Hall，EW13/NS25)下車，可步行前往區內各景點和飯店。

⊙週一至週六05:31~23:18，週日05:59~23:18。

⑤依乘坐距離遠近而不同，約2.04元。

◎公車
從樟宜機場(Changi Airport)搭乘36號公車進入市中心，可選擇在Capitol Building、SMU、The Esplanade、萊佛士酒店等站下車。

⊙平日約06:00~23:58，週六約06:00~00:04。平均10分鐘一班。

⑤依搭乘距離遠近而不同，票價約2.13~2.26元。

ⓦwww.go-aheadsingapore.com

◎機場巴士
從樟宜機場(Changi Airport)可搭乘機場巴士進入市中心，行駛路線涵蓋新加坡大多數飯店，可在市政區的住宿飯店下車。詳細資訊見P.33。

⑤成人10元、兒童7元

市政區交通

◎地鐵
市政區內有6座主要地鐵站，可視景點的位置決定要搭乘哪條地鐵線、在哪一站下車，比較方便。

政府大廈站(City Hall, EW13/NS25)： 位於市政區核心地帶，東西線與南北線在此交錯，由此站下車可步行前往區內所有景點，是遊客最折衷的選擇。

🅰P.92C3

百勝站(Bras Basah, CC2)： 位於市政區北邊，是距離新加坡美術館、新加坡國家博物館、土生華人博物館和新加坡管理大學最近的地鐵站，適合想要專注參觀博物館的遊客。

🅰P.92B1

明古連站(Bencoolen, DT21)： 位於市政區北邊，由此站可前往新加坡國家博物館、美術館、School of the Arts和南洋藝術學院。

🅰P.92B1

濱海中心站(Esplanade, CC3)： 位於市政區東邊，前往萊佛士酒店、Mint玩具博物館，距離較近。

🅰P.92D3

福康寧站(Fort Canning, DT20)： 位於市政區西邊，由此站可快速進入福康寧公園。

🅰P.92A3

克拉碼頭站(Clarke Quay, NE5)： 位於市政區西南邊緣，前往舊禧街警察局及福康寧公園，距離較近。

🅰P.92A4

◎步行
市政區範圍不大，步行可輕鬆抵達所有景點。

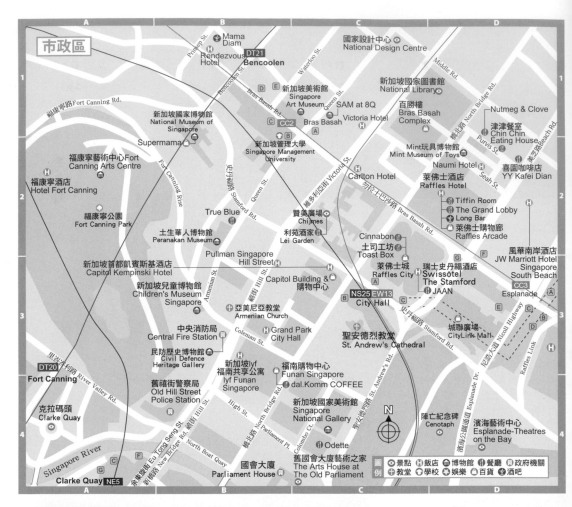

市政區

A **B** **C** **D**

Mama Diam
Rendezvous Hotel
DT21 Bencoolen
國家設計中心 National Design Centre
Middle Rd.
Prinsep St.
Waterloo St.
1

Fort Canning Rd. 福康寧路
新加坡美術館 Singapore Art Museum
Queen St.
新加坡國家圖書館 National Library
North Bridge Rd. 北橋路
Bras Basah Rd. 勿拉士巴沙路
Bencoolen St.
Bras Basah Rd.
E
百勝樓 Bras Basah Complex
Nutmeg & Clove
津津餐室 Chin Chin Eating House

新加坡國家博物館 National Museum of Singapore
CC2 Bras Basah
SAM at 8Q
Victoria Hotel
Purvis St.
Seah St.
喜園咖啡店 YY Kafei Dian
Mint玩具博物館 Mint Museum of Toys

Supermama
新加坡管理大學 Singapore Management University
Carlton Hotel
Naumi Hotel
萊佛士酒店 Raffles Hotel

福康寧藝術中心Fort Canning Arts Centre
Fort Canning Rise
Stamford Rd. 史丹福路
Victoria St. 維多利亞街
2
Tiffin Room
The Grand Lobby
Long Bar
萊佛士購物廊 Raffles Arcade

福康寧酒店 Hotel Fort Canning
True Blue
贊美廣場 Chijmes
利苑酒家 Lei Garden
Cinnabon
土司工坊 Toast Box
風華南岸酒店 JW Marriott Hotel Singapore South Beach

福康寧公園 Fort Canning Park
土生華人博物館 Peranakan Museum
Pullman Singapore Hill Street
萊佛士城 Raffles City
瑞士史丹福酒店 Swissotel The Stamford
CC3
Esplanade

新加坡首都凱賓斯基酒店 Capitol Kempinski Hotel
Capitol Building & 購物中心
NS25 EW13 City Hall
JAAN
3

新加坡兒童博物館 Children's Museum Singapore
Armenian St.
亞美尼亞教堂 Armenian Church
Coleman St.
Grand Park City Hall
聖安德烈教堂 St. Andrew's Cathedral
Stamford Rd. 史丹福路
城聯廣場、CityLink Mall
Nicoll Highway 尼詩大道
Raffles Link
Esplanade Dr. 濱海公園通道

中央消防局 Central Fire Station
Hill St.
民防歷史博物館 Civil Defence Heritage Gallery
新加坡lyf 福南共享公寓 lyf Funan Singapore
福南購物中心 Funan Singapore
dal.Komm COFFEE

DT20 Fort Canning
River Valley Rd. 里峇峇利路
舊禧街警察局 Old Hill Street Police Station
High St.
新加坡國家美術館 Singapore National Gallery
St. Andrew's Rd.
陣亡紀念碑 Cenotaph
N
濱海藝術中心 Esplanade-Theatres on the Bay
4

克拉碼頭 Clarke Quay
Eu Tong Seng St. 余東璇街
New Bridge Rd. 新橋路
North Boat Quay
North Bridge Rd. 北橋路
Colombo Ct.
St. Andrew's Rd.

Singapore River
C
F
G
Clarke Quay NE5
國會大廈 Parliament House
舊國會大廈藝術之家 The Arts House at The Old Parliament
Odette

圖例 景點 飯店 博物館 餐廳 政府機關
教堂 學校 娛樂 百貨 酒吧

A **B** **C** **D**

92

特別提醒

1. 如果對博物館有興趣，建議把造訪之日安排在週五，因為部分博物館在週五有延長開放時間，甚或推出票價優惠，可以從容的慢慢參觀。

2. 每間博物館都有專人導覽解說，這些導覽行程多數是免費的，而且有中文場次，不妨上網查詢預約或到相關櫃檯報名登記。

3. 光是看新加坡國家美術館(Singapore National Gallery)和新加坡美術館(Singapore Art Museum)的中文名稱容易令人混淆，前者廣泛收藏了新加坡與東南亞藝術史上的重量級作品，而後者以展出當代藝術為主。此外，還有個新加坡國家博物館(National Museum of Singapore)，展出新加坡今昔的歷史與文化。由於博物館們的中文名字實在相近，出發前最好以各博物館的英文名字為辨別基準，免得買票進去了才發現和自己想得不一樣。

市政區散步路線
Walking Route in Civic District

市政區有為數眾多的古蹟及博物館，建議早點出發，依個人喜好選擇兩間進入參觀，時間會較充裕。晚上則建議前往河畔一帶，感受新加坡夜生活。

散步於鬧中取靜的①**福康寧公園(Fort Canning Park)**展開新穎的一天，接著前往②**新加坡國家博物館(National Museum of Singapore)**，這是當地歷史最悠久的博物館，可看見從古至今的新加坡人生活面貌，還有本土設計品牌Supermama的店鋪，提供不同於傳統紀念品的嶄新選擇；若對藝術及設計有興趣，可以到③**新加坡美術館(Singapore Art Museum)**，欣賞東南亞地區的當代藝術作品。步行至Seah St.，熱愛懷舊卡通的人別錯過④**Mint玩具博物館(Mint Museum of Toys)**，透過各年代卡通明星的展示與互動，重溫童年時光。想品嚐海南雞飯或傳統咖椰土司，隔鄰的Purvis St.有不少餐室可選擇。接著行經⑤**萊佛士酒店(Raffles Hotel)**，即使沒有入住，至Long Bar喝一杯新加坡司令，或在周邊拱廊中穿梭，也能感受這棟老建築的百年風情。

⑥**聖安德烈教堂(St. Andrew's Cathedral)**建於1862年，屬於早期英國哥德式建築風格，純白聖潔而莊嚴。往下走，來到⑦**新加坡國家美術館(Singapore National Gallery)**，美術館由市政廳與舊最高法院兩棟老建築構成，不僅外觀風格華麗，古蹟本身更見證了新加坡歷史。沿著High St.右轉Hill St.，往北走

會看到純白色的⑧**亞美尼亞教堂(Armenian Church)**和⑧**土生華人博物館(Peranakan Museum)**，可以選擇是否入內看展；若沒打算參觀，可往新加坡河方向走，布滿彩色百葉窗的⑨**舊禧街警察局(Old Hill Street Police Station)**相當吸睛，是熱門拍照地點。

再沿河畔前行，觀賞河岸風光，最後在越夜越精彩的⑩**克拉碼頭(Clarke Quay)**盡情開懷，感受新加坡多彩的夜生活。

距離：約3.8公里
所需時間：約2~3小時

© Darren Soh/Singapore National Gallery

MAP P.92C4

新加坡國家美術館

MOOK Choice

Singapore National Gallery

古蹟再生為國家級藝術館

🚇乘地鐵東西線或南北線在「City Hall」站下車，走出口B，步行約5~8分鐘可達。 🏠1 St Andrew's Road ☎6271-7000 ⏰10:00~19:00，售票至閉館前30分鐘。 💲常設展：成人20元、7~12歲及60歲以上15元，以上包含免費導覽；特展：成人25元、7~12歲及60歲以上20元；聯票每人30元。 🌐www.nationalartgallery.sg 🎫週六和週日推出美術館建築的免費中文導覽，其他時間以英文導覽為主。詳細時間請至官網查詢。

美術館由相鄰的兩棟歷史古蹟改建而成，中央有著高聳圓頂的是舊高等法院，建於1939年；一旁較低矮的古典主義建築，是落成於1929年的舊政府大廈。2015年底揭幕的國家美術館，耗資5億新幣將兩棟建築利用空橋和玻璃天篷連接合一，成為新加坡最大的視覺藝術機構，不但蒐羅了新加坡當代重要作品，更擁有全球最完整的東南亞藝術收藏。此外，館內還進駐多家特色餐廳、酒吧與藝術商店，適合遊逛一整天。

認識國家級歷史古蹟

擁有成排灰白色希臘圓柱的舊政府大廈(City Hall)，見證了新加坡許多歷史性時刻，包括日軍對英國投降、新加坡宣布獨立等，都在這裡舉行。隔鄰的舊高等法院(Supreme Court)則是新加坡殖民時代晚期的重要建築，大型科林斯圓柱風格華麗，高聳的青銅圓頂代表古典主義精神，大門上方還能看到正義女神拿著天秤評斷人間是非的浮雕，館內如今仍保留著昔日法院的走道與一間法庭。

《國語課》 National Language Class, 蔡名智 Chua Mia Tee

蔡名智是新加坡國寶級老畫家，擅長社會寫實畫風，有人批評他的畫缺少藝術想像，但這種畫風卻抓住不少時代記憶。像是繪於1959年的《國語課》，一群華人學生在課堂上學習，黑板寫著「Siapa Nama Kamu?」，在馬來文中是「請問大名」的意思。1959年是新加坡脫離英國殖民的一年，這幅畫隱含了當時人們對國家的想像與自治的希望。（陳列於DBS新加坡展廳）

《自畫像》 Self-Portrait, 張荔英 Georgette Chen

張荔英是新加坡深受歡迎的畫家，以靜物畫聞名。她是國民黨元老張靜江之女，曾在巴黎、紐約等地學畫，二戰結束後移居新加坡，任教於南洋美術學院，對本地的美術發展有極大貢獻。這幅自畫像是鎮館寶之一，面部的膚色與陰影以柔和筆觸表現，對照五官俐落的線條，呈現出超然而充滿自尊的臉龐。（陳列於DBS新加坡展廳）

《佔領時期的市場》 Marketplace during the Occupation, Fernando Cueto Amorsolo

Amorsolo是菲律賓藝術史上最具影響力的畫家，其繪畫題材大部分來自菲律賓的田園景色，以及他平日觀察到的周遭人物。這幅描繪的是日本佔領期間的鄉間市集，足以看出他高超的素描技巧，以及對光線的精準掌握。（UOB東南亞展廳）

MAP P.92B4

舊禧街警察局
Old Hill Street Police Station

色彩繽紛的新古典主義建築

乘地鐵東西線或南北線在「City Hall」站下車，走出口B，往左走橋北路，右轉High St.，再左轉Hill St.可達，全程步行10~15分鐘；或乘地鐵東北線在「Clarke Quay」站下車，走出口F，往左走余東旋路，通過Coleman Bridge後可達，步行3~5分鐘。⬆140 Hill Street #01-01A ☏6837-9655 ⬇08:30~12:30，14:00~17:30。休週六、週日 免費 www.mci.gov.sg

凡行經舊警察局的遊客，總不自覺被眼前色彩鮮豔的眾多百葉窗所吸引，進而好奇地猜想：這些眼花撩亂的百葉窗究竟有幾扇？答案是927扇。這棟6層樓建築建於1934年，以當時英國流行的新古典主義為設計風格，落成後作為警察局使用，是當時最大的政府機構。後來一度改名為新聞及藝術部大廈(MICA Building)，於2012年恢復舊稱，目前進駐機構有新加坡通訊及新聞部(MCIA)，以及文化、社區及青年部(MCCY)。建築一樓有些許藝廊，中庭則有裝置藝術，可以參觀欣賞。

聖安德烈教堂
St. Andrew's Cathedral

純白聖潔的哥德式建築

🚇乘地鐵東西線或南北線在「City Hall」站下車,走出口B,沿橋北路步行約3分鐘可達。 🏠11 St Andrew's Road ☎6337-6104 ⏰週二至週五09:00~17:00,週六11:30~18:30,週日07:30~17:30。 💤週一 🌐www.cathedral.org.sg

聖安德烈教堂建於1862年,由麥佛森上校(Colonel Ronald Macpherson)設計,屬於早期英國哥德式建築風格。最大特色在於潔白無暇的教堂外觀,當初是將貝殼、石灰、蛋白、糖混合後,再加入椰子殼和水,做成混泥鋪砌,因此教堂外牆特別平滑有光澤,顯得莊嚴聖潔。教堂裡的彩繪玻璃窗以及草地上豎立的紀念碑,都是當年為了表彰麥佛森上校所設置,值得遊客觀賞。

民防歷史博物廊
Civil Defence Heritage Gallery

展示消防救難發展史

🚇乘地鐵東西線或南北線在「City Hall」站下車,走出口B,往左走橋北路,右轉走Coleman St.,再左轉Hill St.可達,全程步行6~8分鐘。 🏠62 Hill Street ☎6332-2996 ⏰週二至週日10:00~17:00,必須事先上網預約參觀。 💤週一 💲免費 🌐www.scdf.gov.sg

數十年來,新加坡民防部隊(SCDF)一直守護著新加坡數百萬人口的生命財產安全,無論是火災事故還是坍塌意外,總能看到民防英雄們的救災身影。民防歷史博物廊就位於新加坡消防署的大樓裡,展示了消防部隊的各種裝備與救難技巧,從殖民時期的消防水車到最新科技的救災設施,有系統地介紹了民防部隊一路走來的發展歷程,讓民眾了解到消防人員的工作內容,以及防範災患的重要。

贊美廣場

MOOK Choice

Chijmes

洋溢古老修道院風情的用餐地

🚇乘地鐵東西線或南北線在「City Hall」站下車,走出口A,往上沿著史丹福路,橫越十字路口至橋北路後,右轉走橋北路可從側邊進入廣場,全程步行約3~5分鐘。 🏠30 Victoria Street ☎6265-3600 ⏰各家餐廳時間不一,請上網查詢。 🌐www.chijmes.com.sg

贊美廣場最初是建造於1854年的耶穌聖嬰修道院,屬於新古典主義風格。後來收容許多孤兒,成為一所小型學校。如今這裡仍保有一處「希望之門(Gate of Hope)」,紀念昔日經常有嬰兒被遺棄在此的過往。廣場內粉白色的哥德式教堂

Chijmes Hall建於1904年,裝設有3萬片美麗的手工彩繪玻璃,過去修女們在此禱告,時至今日已成為舉行婚禮的熱門場所。

1980年代學校關閉後,經過整修,贊美廣場在1996年重新開幕,成為藝廊、精品店、異國餐廳和酒吧的聚集地,尤其地下樓的庭院深具特色,洋溢歐洲古老修道院的風味,讓這裡不僅深受遊客喜愛,當地人也喜歡前來。

MAP P.92A1A2A3

福康寧公園
Fort Canning Park
位於鬧區中的世外桃源

🚇 乘地鐵濱海市區線在「Fort Canning」站下車，從出口B往左走約250公尺可進入公園西側；或乘地鐵東北線在「Clarke Quay」站下車，從出口E往左沿著余東旋路，越過新加坡河左轉里峇峇利路，走階梯可達；或乘地鐵環線在「Bras Basah」站下車，走出口C至新加坡國家博物館門外，往左走小徑可進入公園。 ☎6332-1200 💲免費 🌐www.nparks.gov.sg

位於市中心的福康寧公園廣達18公頃，是新加坡人鬧中取靜的桃花源。早在14世紀，這裡是馬來淡馬錫王朝(Temasek)的王室居所，一度被當地馬來人視為禁山，現今園內還留有當年馬來王族的聖墓及考古挖掘地點。19九世紀英國殖民者在此地建造堡壘，成為英軍的遠東指揮總部，

並開闢了新加坡第一座植物園，也就是今日的香料園。能先後被馬來統治者和英軍看中，此地的風景與地理視野之佳可想而知，當年萊佛士爵士還因為這裡景致優美，特別在此興建別墅呢！

MAP P.92B3

亞美尼亞教堂
Armenian Church
當地最古老的基督教堂

🚇 乘地鐵東西線或南北線在「City Hall」站下車，走出口B，往左走橋北路，右轉Coleman St.走到Hill St.路口可達，步行約8~10分鐘。 🏠60 Hill Street 🕙10:00~18:00 🌐www.armeniansinasia.org

亞美尼亞教堂建於1835年，是新加坡最古老的基督教堂，用以紀念創立亞美尼亞教會的St Gregory the Illuminator。教堂由愛爾蘭建築師George D. Coleman設計，被譽為其最傑出的作品。建築圓弧造型結構和四面突出的門廊，展現了和平聖潔的建築精神，內部的天花板穹頂則是傳統亞美尼亞教堂的建築元素。

特別的是，艾妮絲·卓錦小姐(Miss Agnes Joaquim)的墓碑就安置於教堂旁的墓園，她於1893年在新加坡植物園工作時，發現了一朵奇特的混種花，也是日後成為新加坡國花的卓錦萬黛蘭(Vanda Miss Joaquim)，這個新花種便以她的名字來命名。

MAP P.92C4

舊國會大廈藝術之家
The Arts House at The Old Parliament
新加坡現存最具歷史的政府建築

🚇 乘地鐵東西線或南北線在「City Hall」站下車，走出口B，往左走橋北路，途經福南購物廣場後，左轉Parliament Pl.直走可達，全程步行8~10分鐘。 🏠1 Old Parliament Ln. ☎6332-6900 🕙10:00~21:00 🌐www.theartshouse.sg

舊國會大廈建於1827年，是新加坡現存最古老的政府建築。由愛爾蘭建築師George D. Coleman設計，原本是蘇格蘭商人John Argyle Maxwell的豪宅，建築落成後隨即租給政府使

用。在殖民政府時代曾作為法庭、郵局及議會等政府機構所在地，直到1965年才成為國會

大廈，新加坡獨立後的首次國會會議便在此舉行。國會大廈旁有一座可愛的銅製大象雕塑，是暹羅國王於1871年到訪時，贈送給新加坡的禮物。1999年新國會大廈落成後，舊國會大廈便以「藝術之家」為名，成為新加坡舉辦藝術展覽與各類型表演的場地，有興趣的朋友不妨至官網查詢各項活動時間及相關資訊。

新加坡國家博物館

National Museum of Singapore

認識獅城歷史與生活文化

🚇乘地鐵環線在「Bras Basah」站下車，走出口C，步行3~5分鐘可達；或乘地鐵南北線、東北線或環線在「Dhoby Ghaut」站下車，走出口A，步行5~8分鐘可達。🏠93 Stamford Road ☎6332-3659 ⏰10:00~19:00（最後入場時間18:30）💲常設展：成人10元、60歲以上7元，特展：成人18元、60歲以上14元。6歲以下皆免費。由於館內部分整修中，門票會依此做調整，請以官網為準。🌐www.nationalmuseum.sg ✿週五13:30、週六及週日11:30、13:30、14:30有免費中文導覽，另有其他主題導覽，可洽櫃台或上網查詢。

　　這是本地歷史最悠久的博物館，建築主體完工於1887年，展示空間主要規劃為新加坡歷史館與新加坡生活館，前者將新加坡從古到今的歷史向遊客娓娓道來，從古代的獅子城、英國殖民時代、日佔昭南時期，到戰後的現代新加坡，是認識這個國家最快的捷徑。後者則從社會現象與日常生活的人事物切入，呈現新加坡人在各個時期的生活面貌。

新加坡石 Singapore Stone

　　早年英軍修建新加坡河口碉堡時，發現一塊巨大的砂岩石板，上面刻有神祕的古代文字，至今尚無人能解讀，專家推測其年代可能是13世紀。1843年殖民政府為拓寬河道，下令炸毀這塊石板，雖然有識之士積極搶救，卻只救回這一小塊，後來捐給博物館成為鎮館之寶。巧合的是，馬來族也流傳一則古老神話：有位名叫Badang的青年在精靈幫助下獲得神力，他在和印度勇士比武時，將一塊巨石扔到了新加坡河口，因此當石板出土時，不少當地人認為這便是傳説的印證。

土生華人博物館

Peranakan Museum

探索土生華人起源和娘惹美食工藝

🚇乘地鐵環線在「Bras Basah」站下車，走出口B，循著通往新加坡管理大學（SMU）的地下通道走，出到地面後，橫越Stamford Rd.，銜接Armenian St.可達，步行約5分鐘；或乘地鐵東西線或南北線在「City Hall」站下車，走出口B，過馬路至Capitol Building前方，沿Stamford Rd.走，左轉Armenian St.可達，步行約8分鐘。🏠39 Armenian Street ☎6332-7591 ⏰10:00~19:00（週五延至21:00）💲成人12元、60歲以上8元、6歲以下免費。🌐www.nhb.gov.sg/peranakanmuseum ✿每天有免費的英語導覽解説，中文導覽為週五至週日，詳細時間請至服務櫃台或官網查詢。

　　博物館的建築前身是一棟建於1910年的華人學校（道南學校），歷經整修在2023年重新開放，擁有全新的常設展廳，分布於3個樓層中，從土生華人的起源、婚禮習俗、宗教信仰，到公共生活與飲食文化，都有豐富精彩的收藏，尤其是娘惹精緻的珠繡製品、傳統服飾與風格獨特的傢俱器皿用品，值得細細品賞。許多展示也結合了多媒體效果，讓人彷彿走進了土生華人的生活當中。

　　展覽的型態十分生活化，比如其中一間廳堂的布置，透露出原來的主人改信天主教後，將家中雕龍畫鳳的神桌櫃改裝成禱告壇，以聖家庭的畫像取代福祿壽三仙與神主牌位，也算得上中體西用。

MAP ▶ P.92C1

新加坡美術館

Singapore Art Museum (SAM)

典藏東南亞當代藝術作品

🚇乘地鐵環線在「Bras Basah」站下車，走出口A，步行3分鐘可達SAM。從Tanjong Pagar Rd.搭乘公車80、145號，在「Opp Former Railway Stn」站下車步行可達Distripark。 🏠SAM：71 Bras Basah Road。Tanjong Pagar Distripark：39 Keppel Road #01-02。 ☎6332-3222 ⏰10:00~19:00 💲Tanjong Pagar Distripark：成人10元，60歲以上5元，6歲以下免費。 🌐www.singaporeartmuseum.sg

新加坡美術館的前身是聖約瑟書院，創建於1855年，為全島第一所天主教男子學校；1996年

開幕後，展出內容以新加坡和東南亞的當代藝術作品為主，其完善的軟硬體設施讓該館成為東南亞首座符合國際標準規格的美術館。目前關閉整修中，預計2026年重新開放。SAM試圖重新定義美術館的理念，將展覽據點慢慢擴及他處，包括2008年曾在Queen Street另造一座空間，名為SAM at 8Q，提供多媒體互動式藝術展示活動，以及2022年在丹戎巴葛港口區設立的Distripark，持續推出精彩的藝術創作展。

MAP ▶ P.92B3

新加坡兒童博物館

Children's Museum Singapore

從遊戲探索中揮灑想像力

🚇乘地鐵東西線或南北線在「City Hall」站下車，走出口B，往左走橋北路，右轉Coleman St.直走可達，步行約8分鐘可達。 🏠23-B Coleman Street ☎6337-3888 ⏰10:00~19:00，開放場次為09:00、11:00、14:00、16:00。 💲成人16.35元、兒童10.9元。請提前上網預約場次與購票。1名兒童必須由1位成人陪同入場（皆須買門票）。 🌐www.nhb.gov.sg/childrensmuseum

新加坡首座專為兒童設計的博物館，坐落於擁有百年歷史的雙層殖民時期建築中，原為英華學校的一部分，1995年起，曾是新加坡集郵博物館，由於舉辦了一系列主題豐富的家庭展覽而在親子間深獲好評，當地政府決定將之定位成「專為12歲以下兒童開放的博物館」，在2022年底重新開放。孩子們可以透過館內身臨其境的氛圍、互動式遊戲、激勵人心的主題和多樣化展覽，盡情的遊玩、學習、探索與發展生活技能，讓想像力飛馳。

MAP ▶ P.92D2

Mint玩具博物館

Mint Museum of Toys

各年代卡通明星齊聚一堂

🚇乘地鐵東西線或南北線在「City Hall」站下車，走出口A往左遇見橋北路，沿著橋北路往北，經過萊佛士酒店外圍長廊，右轉Seah St.可達。 🏠26 Seah Street ☎8339-8966 ⏰參觀：週二至週日09:30~18:30，每小時一個場次。Night at the Museum：週一至週六19:30~22:30。 💲成人30元，7~12歲和60歲以上20元，6歲以下免費。Night at the Museum：成人20元。請至官網預約時段和購票。 🌐www.emint.com ♻每週三10:30、15:30推出免費導覽，購買門票時可直接預約。

你知道在米老鼠之前還有哪些卡通明星嗎？大力水手卜派又是如何誕生的呢？這些答案在Mint玩具博物館裡都能找得到。Mint是「玩具的想像和懷舊時光」的英文縮寫，館場面積雖然不大，卻擁有來自世界各地、總數超過5萬件的玩具展品，5層樓的建築分為外太空、人物、兒時佳選和收藏品4個展區，各種年代卡通明星

的相關產品一應俱全，可在此重溫童年舊夢，了解這些耳熟能詳動漫人物的來龍去脈，而在1樓商店中，更能買到許多經典的懷舊玩具精品。

MAP ▶ P.92D2 | **Tiffin Room**

🚇乘地鐵東西線或南北線在「City Hall」站下車，走出口C，往右沿萊佛士城、瑞士史丹福酒店外圍走，左轉美芝路，約6~8分鐘可達萊佛士酒店大門。 🏠1 Beach Road, Grand Lobby, Raffles Hotel 📞6412-1244 ⏰午餐12:00~13:30，晚餐18:30~21:00。 🌐www.raffles.com/singapore

從1892年至今，Tiffin Room始終是萊佛士酒店的經典代表餐廳，其木質地板和室內裝潢經過良好的保存和修復，如今依然洋溢著1900年代初期的殖民懷舊氛圍。目前在午餐和晚餐時段推出傳統的北印度佳餚，供應皇室正宗的特色菜品，由廚師提供桌旁服務，搭配新鮮研磨的香料，可感受互動式的用餐體驗。

MAP ▶ P.92D2 | **The Grand Lobby**

🚇乘地鐵東西線或南北線在「City Hall」站下車，往右沿萊佛士城、瑞士史丹福酒店外圍走，左轉美芝路，約6~8分鐘可達萊佛士酒店大門。 🏠1 Beach Road, Grand Lobby, Raffles Hotel 📞6412-1816 ⏰早餐：週一至週五7:00~10:30，下午茶：每天12:00~18:00。 🌐www.raffles.com/singapore

下午茶發源於19世紀的英國上流社會，在殖民時期傳入新加坡，雖然許多酒店都有推出這項午茶饗宴，但想要體驗英式傳統時尚的Afternoon Tea，千萬不能錯過第一把交椅的萊佛士酒店。坐在百年歷史環繞的Grand Lobby，享用賞心悅目的三明治、英式鬆餅（Scone）、小西點等，整齊排放在三層銀製的托盤上，啜飲縈繞清香的紅茶、綠茶或花茶，沉浸在黃金年代的午後時光。

MAP ▶ P.92D2 | **Long Bar**

🚇乘地鐵東西線或南北線在「City Hall」站下車，走出口A往左遇見橋北路，沿著橋北路往北，來到十字路口，橫越Bras Basah Rd.可看見萊佛士酒店長廊上的Long Bar招牌。 🏠328 North Bridge Road #02-01, Raffles Arcade 📞6412-1816 ⏰12:00~22:30 💲新加坡司令一杯39元，價格偶有調漲，請事先上網確認。 🌐www.raffles.com/singapore

1915年由華裔酒保Ngiam Tong Boon所發明的新加坡司令（Singapore Sling），不但是Long Bar的招牌，更是萊佛士酒店的一頁傳奇。新加坡司令是由琴酒、櫻桃白蘭地、橘香酒、本尼迪克特甜酒、石榴汁等調配而成，再加上鳳梨汁和萊姆果汁，以及切片鳳梨和櫻桃做裝飾，喝起來甜甜的就像果汁，當時原本是為了女性所設計的口味，如今廣受大眾喜愛。品飲新加坡司令時可以搭配著桌上的花生吃，吃完後可別規矩的將花生殼放在桌上，記得遵照Long Bar的傳統，將殼直接丟到地上吧！

MAP ▶ P.92B2 True Blue Cuisine

🚇乘地鐵環線在「Bras Basah」站下車，走出口B，循著通往新加坡管理大學（SMU）的地下通道走，出到地面後，橫越Stamford Rd.，銜接Armenian St.可達；或乘地鐵東西線或南北線在「City Hall」站下車，走出口B，往右走至Stamford Rd.十字路口，往左過馬路沿Stamford Rd.走，再左轉Armenian St.可達。 🏠47/49 Armenian Street ☎6440-0449 🕐週一至週六11:30~14:30、17:30~21:30。 🈺週日 🌐www.truebluecuisine.com

殖民時期的傢俱、古董器皿、百年家族老相片、身著傳統服飾的服務人員，裡裡外外洋溢著古色古香的土生華人風情。這家由第六代的峇峇傳人Benjamin Seck開設的餐廳獲獎無數，提供經典道地的娘惹料理，菜單上幾乎道道都是主打。招牌菜當屬黑果雞(Ayam Buah Keluak)，由於黑果有毒，須先花上40天時間處理，最後取出果肉與香料混和，再放入殼內與雞肉一起烹者，肉質軟嫩並帶著豐富香氣。此外，燉鴨(Itek Sio)、娘惹雜菜(Chap Chye)也是不錯的選擇。

MAP ▶ P.92C2 利苑酒家Lei Garden

🚇乘地鐵東西線或南北線在「City Hall」站下車，走出口A，往左沿著史丹福路，橫越十字路口，右轉走橋北路可從側邊進入贊美廣場。 🏠30 Victoria Street #01-24, ChiJmes ☎6339-3822 🕐11:30~15:00、18:00~22:00。 🌐www.leigarden.hk

因為老闆陳樹杰個人喜愛享用美食，1973年，他決定在香港開設第一家餐廳，沒想到廣受好評，遂快速拓展市場，並將觸角延伸到新加坡。利苑選用最好的材料，講究火候的精確，少油少鹽，提倡健康概念，曾獲得香港旅遊局至高榮譽獎肯定。知名的招牌菜包括：龍騰四海、生拆蟹黃翅、即燒片皮鴨和千葉豆腐等，值得品嚐。

MAP ▶ P.92C2 JAAN

🚇乘地鐵東西線或南北線在「City Hall」站下車，走出口A，往右沿StamfordRd.走，可進入瑞士史丹福酒店，搭電梯可達。 🏠2 Stamford Road Level 70, Swissôtel The Stamford ☎9199-9008 🕐午餐：週三至週六11:45~14:30，晚餐：週二至週六18:30~22:30。 🈺週一、週日 🌐www.swissotel.com/hotels/singapore-stamford

位於瑞士史丹福酒店70樓的JAAN，設有溫馨的35人座位，由來自英國的行政主廚Kirk Westaway提供現代英式美食，他細心研究餐餚與大自然間的和諧之道，利用新鮮食材間的交互作用，引出更鮮美的天然味道，其菜單也依照時令每季更換，務求顧客擁有極致的用餐體驗，不僅獲頒新加坡的米其林二顆星殊榮，也入選為「全亞洲50家最好的餐廳」之一。

MAP ▶ P.92C4 Odette

🚇乘地鐵東西線或南北線在「City Hall」站下車，走出口B，往左走橋北路，左轉Coleman St.，右轉St. Andrew's Rd.可達，步行8~10分鐘。 🏠1 St. Andrew's Road #01-04 ☎6385-0498 🕐午餐12:00起，最後入座13:30；晚餐18:30起，最後入座20:15。 🈺週日、週一及國定假期 🌐www.odetterestaurant.com

Odette是法國主廚Julien Royer的祖母，她曾教導Julien如何用簡單的食材烹調出不簡單的菜餚，這深深影響著Julien的料理哲學，讓他日後發展出獨樹一幟的「Essential Cuisine」菜系。他的料理遊走於傳統與新潮之間，不但看起來宛如美術館中的畫作，嘗起來也是顛覆性的美味，選在新加坡國家美術館舊高等法院翼開業不久，立刻拿下米其林二顆星。

MAP ▶ P.92D1 **Nutmeg & Clove**

🚇乘地鐵東西線或南北線在「City Hall」站下車，走出口A往往至橋北路上，往右沿著橋北路向北走，右轉Purvis St.可達。 🏠8 Purvis Street ☎9389-9301 ⏰週一至週四17:00~午夜，週五和週六16:00~午夜。 ❌週日 💲各式雞尾酒25元起 🌐www.nutmegclove.com

　連續多年獲選為「亞洲50大最佳酒吧」，其店名Nutmeg & Clove取自新加坡在英國殖民期間，曾經種滿荳蔻和丁香的過往。受到歷史啟發，店裡的雞尾酒加入了許多亞洲香料和本土素材，口味特殊卻很和諧，例如「Nutmeg & Clove」是以伏特加為基酒，加入荳蔻、丁香、荔枝，並附上一塊山楂餅；而向娘惹糕致敬的「For the Love of Kueh」，將白蘭地與椰子、班蘭葉、米漿、石栗等混搭而成。喜歡品嚐本土創意調酒的人，不妨來試試。

MAP ▶ P.92B3 **dal.komm COFFEE**

🚇乘地鐵東西線或南北線在「City Hall」站下車，走出口B，往往走橋北路，左轉Coleman St.，右轉St. Andrew's Rd.可達，步行8~10分鐘。 🏠107 North Bridge Road #03-17, Funan Mall ⏰10:00~22:00 💲咖啡5元起，吐司三明治9元起，鬆餅11元起。 🌐www.dalkomm.com.sg

　來自韓國的時尚咖啡連鎖店，因為韓劇《太陽的後裔》、《妖精》和《陽光先生》都曾到店內取景拍攝而聲名大噪，除了在韓國擁有高人氣外，也將觸角伸往星馬一帶。dal.komm COFFEE採用獨家選購的阿拉比卡咖啡豆，混合製成口感絲滑的咖啡。走進位於福南購物中心的分店，耳畔傳來流行的韓劇歌曲，除了Latte、Cappuccino等基本款，還有各種花式混搭的咖啡冷熱飲品，例如：Coffee Cube、Sweet Potato Latte等，全天供應餐點，包括多種口味的吐司三明治、披薩和鬆餅等。

MAP ▶ P.92C2 **Cinnabon**

🚇乘地鐵東西線或南北線在「City Hall」站下車，走出口A進入萊佛士城可達。 🏠252 North Bridge Road #B1-60, Raffles City ☎9779-2233 ⏰11:00~20:00 💲依口味而不同，迷你肉桂捲4.2~4.8元起，大肉桂捲6.8~7.6元起。 🌐www.facebook.com/cinnabon.sg

　1985年創立於西雅圖的Cinnabon，以新鮮芳香的手工肉桂捲聞名。位於萊佛士城地下一樓的這家分店。除了經典肉桂原味，也有添加焦糖花生、黑巧克力的選擇。肉桂捲尺寸分為Mini和Big兩種，可以單點，也可以買盒裝組（4個），喜歡嘗鮮者，不妨搭配一杯焦糖肉桂冰飲，外帶或內用皆宜。

MAP ▶ P.92B1 **媽媽店Mama Diam**

🚇乘地鐵環線在「Bras Basah」站下車，走出口D，沿Bras Basah Rd.走，右轉Prinsep St.可達；或乘地鐵濱海市區線在「Bencoolen」站下車，走B出口，沿Bras Basah Rd.走，右轉Prinsep St.可達。 🏠38 Prinsep Street ☎8533-0792 ⏰週日至週四16:00~10:30，週五和週六16:00~午夜12:00。Happy Hour每天16:00~18:00。 💲小吃單點14元起，雞尾酒20元起。 🌐www.mamadiamsg.com

　熱鬧的街道旁，出現一方小小庭院，掛滿了懷舊零食和玩具、滿櫃子舊雜誌和報紙，彷彿來到1980年代的老雜貨店。而眼前的桌椅擺放卻又像個大排檔食堂，這葫蘆裡究竟是賣什麼藥？拉開雜誌櫃之後，才發現裡頭藏著一間地下餐廳酒吧。以復古為包裝元素，從擺設到菜單都充滿本地人的回憶殺。餐飲靈感均結合在地小吃文化，例如乾香草肉骨茶、軟殼蟹炸包、叻沙豬腸粉等；特調雞尾酒則推薦Chai Tarik Brew，以舊式煉乳罐裝盛，噱頭十足。

Where to Buy in Civic District
買在市政區

MAP ▶ P.92C2　萊佛士城Raffles City

乘地鐵東西線或南北線在「City Hall」站下車，走出口A可直達。 ⌂252 North Bridge Road ☏6318-0238 ⊙10:00~22:00 ⓤwww.rafflescity.com

萊佛士城購物商場位於地鐵站出入口，占盡了地利之便，包括地下室在內總共5個樓層，舉凡流行服飾、時尚精品、彩妝美容、生活家飾、美食街、餐廳及咖啡屋等，都是一時之選。許多本土知名品牌也紛紛進駐，包括Awfully Chocolate、The Cookie Museum、PS. Cafe、TWG Tea、Mr. Coconut以及手工皮革文具店Bynd Artisan等。此外，萊佛士城也銜接了瑞士史丹福(Swissôtel The Stamford)和費爾蒙(Fairmont Singapore)兩家五星級酒店和會議中心，機能相當齊全。

MAP ▶ P.92B1　Supermama

乘地鐵環線在「Bras Basah」站下車，走出口C，步行3~5分鐘進入新加坡國家博物館1樓可達。 ⌂93 Stamford Road Level 1 ☏9615-7473 ⊙10:00~19:00 ⓤwww.supermama.sg

新加坡本土設計品牌Supermama成立於2010年，擅於將新加坡生活元素融入設計中，包括魚尾獅、濱海灣花園擎天樹、組屋、店屋、海南雞飯、榴槤等，與日本有田燒瓷器品牌Kihara合作，並生產打造。其中的「Singapore Icons」系列，以瓷盤、瓷杯、磁鐵等用品，融入組屋、魚尾獅、濱海灣花園等圖案設計，於2013年獲得新加坡總統設計獎（President Design Award）肯定。目前在新加坡設有多家店面。

此外，還有將知名地標圖案融入骨瓷醬碟的「SG Mementos」系列、向本地食材致敬的「Pasar Botanica」系列，製成桌巾、圍巾、餐具等。店內也引進藝文設計類書籍、家居商品和各種紀念品，可以邊逛邊玩味設計。

MAP ▶ P.92D3 **城聯廣場CityLink Mall**

🚇乘地鐵東西線或南北線在「City Hall」站下車，走出口C，循指標可直接進入城聯廣場。🏠1 Raffles Link ☎6339-9913 ⏰10:00~22:00 🌐www.citylink.com.sg

城聯廣場可謂名符其實，它是一座隱藏在地下的購物街，透過長而寬敞的通道，將市政區和濱海灣附近的地鐵站、萊佛士城、新達城、濱海藝術中心及濱海廣場等景點，全面串聯起來，讓人們免去日曬雨淋，還可以邊走邊吹冷氣，逛街或喝咖啡。

MAP ▶ P.92D2 **萊佛士購物廊Raffles Arcade**

🚇乘地鐵東西線或南北線在「City Hall」站下車，走出口A往左遇見橋北路，沿著橋北路往北，來到十字路口，橫越Bras Basah Rd.，走進萊佛士酒店長廊可達。🏠328 North Bridge Road ☎6337-1886 ⏰10:00~20:00 🌐www.rafflesarcade.com.sg

在萊佛士酒店的白色拱廊裡，聚集了10多間知名品牌專賣店，像是Rolex、Elliott & Carmen、MB&F、Leica等，在百年建築的氛圍加持下，讓逛街購物成為風雅的享受。除了藝廊、Raffles Spa、寢具家飾和餐廳之外，特別推薦其中一間萊佛士精品店（Raffles Boutique），可以買到萊佛士酒店獨家品牌的禮物，包括書籤、毛巾、手提袋、筆記本、馬克杯等生活用品，以及酒店自行研發的各式茶葉、咖椰醬、巧克力禮盒與Door Man布偶娃娃，還有最受歡迎的新加坡司令雞尾酒組合（Singapore Sling Cocktail Pack），想挑選深具在地特色的紀念品，一定不能錯過。

MAP ▶ P.92C3 **福南購物中心Funan Singapore**

🚇乘地鐵東西線或南北線在「City Hall」站下車，走出口B，往左走橋北路，步行約5分鐘可達。🏠107 North Bridge Road ☎6631-9931 ⏰10:00~22:00 🌐www.funan.com.sg

福南以Live、Work和Play為主題，打造了全新的綜合廣場，包括一座購物中心、兩座辦公大樓和lyf共享服務公寓。購物中心總共6個樓層、超過200間商店和餐廳，擁有新加坡最頂尖的3C數位商品專賣店。特別的是，商場正中央竟設計了一座攀岩牆（Climb Central），提供玩家挑戰和體驗課程；1樓還規劃一條室內單車道，僅限上午7點至10點開放騎乘。提倡環保的同時，也邀來新加坡第一個綠色集體企業The Green Collective進駐，陳列眾多本土生態品牌的產品，推出自製肥皂、潤唇膏和植物交換活動。

Where to Stay in Civic District
住在市政區

MAP ▶ P.92D2 **萊佛士酒店Raffles Hotel**

乘地鐵東西線或南北線在「City Hall」站下車，走出口C，往右沿萊佛士城、瑞士史丹福酒店外圍走，左轉美芝路，約6~8分鐘可達酒店大門。 ⚐1 Beach Road ☎6337-1886 🌐www.raffles.com/singapore

萊佛士酒店建於1887年，1987年被新加坡政府指定為國家歷史古蹟。從正門望去，純白色的維多利亞式建築聳立眼前，而包著頭巾的印度門僮在大門前送往迎來，形成萊佛士獨有的景觀。進入大廳更感覺到它的優雅氣質，許多傢俱經過修復後再度散發昔日光采，例如大廳的老式立鐘就是飯店興建初期就存在的，歷史十分悠久。

在1920~1930年代，萊佛士酒店是知名作家及藝人經常流連的地方，名作家毛姆(Somerset Mougha)在此完成他的著作《雨》，蔚為佳話，連喜劇泰斗卓別林(Charlie Chaplin)都曾居住在此。直至今日，萊佛士仍是政商名流的最愛，不但多次獲選為新加坡最佳觀光飯店、最有名的旅館地標、亞洲最受歡迎酒店等榮耀，更擁有「東方美人」的封號。

MAP ▶ P.92C3 **瑞士史丹福酒店**
Swissôtel The Stamford

搭地鐵東西線或南北線在「City Hall」站下車，走出口A，往右可抵瑞士史丹福酒店。 ⚐2 Stamford Road ☎6338-8585 🌐www.swissotel.com/hotels/singapore-stamford

位於地鐵站正前方的瑞士史丹福，可直通萊佛士城購物商場和會議中心，距離新達城、濱海藝術中心、新加坡河畔等景點都很近，交通便利。最大的特色就是擁有71層樓的高度，1,200多間客房皆坐擁私人陽台，視野開闊，樓層越高風景越美，同時還能居高享用餐廳美食，體驗夜生活。

新加坡lyf福南共享公寓
lyf Funan Singapore

🚇搭地鐵東西線或南北線在「City Hall」站下車，走出口B，往左走橋北路至福南購物中心，走進購物中心1樓往Hill St.方向走，左側有電梯可搭乘至4樓，步行約6分鐘。 🏠67 Hill Street #04-01 ☎6970-2288 📱https://bit.ly/新加坡lyf福南共享公寓

全東南亞最大的共享公寓，就在lyf Funan Singapore，隸屬於雅詩閣有限公司旗下的酒店品牌。地鐵站近在咫尺，方圓1公里內不是博物館、劇院就是百年教堂，充滿文藝氣息。令人驚喜的是，這座共享公寓竟然藏身於福南購物中心，不僅生活機能相當便利，其充滿社交活力的旅宿風格和空間設計，更為公寓生活開創了新穎的體驗與互動模式。

走進lyf辦理入住手續時，不妨自行透過手機應用程式輕鬆check in，只需要向櫃台打聲招呼，即可享用一杯清茶和在地小吃。這裡沒有傳統的Lobby，開放式大廳宛如聯合辦公空間，帶著電腦坐定，隨時能快速進入工作狀態；也有舒適的沙發和可愛造型椅，撫慰旅途疲憊的身心，坐賞繽紛的藝術裝飾品。

走進5樓的社交廚房，與來自全球各地的旅人以美食會友，前往6樓的社交健身房，鍛鍊核心肌群，盡情揮灑汗水，或參加lyf每月推出的各種活動，認識新朋友，探索當地文化。喜歡獨處或享受兩人世界，這裡有大床房、上下鋪房和附設小廚房的高級大床房可選擇；若是三五好友同遊或商務團隊出差，這裡更是首選，從2房、4房公寓到6房的複合式公寓，絕對能滿足各種不同的需求，除了設施齊全的廚房，還規劃了起居室和用餐區，甚至備有三星Flip智能互動電子白板，宛如第二個舒適的家。

雅詩閣有限公司堅信，無論客人身處於世界的任何地方，都能獲得賓至如歸的體驗。雅詩閣提供一系列住宿選擇，包括服務式公寓及酒店、共用公寓與樂齡公寓。無論是短暫停留還是尋找新的居住地，客人都可以獲得舒適感與熟悉感。歡迎加入雅詩閣推出的全球會員忠誠度計畫「雅星會」，解鎖特別優惠和會員專屬權益，暢享全球旅宿新體驗。

©lyf Funan Singapore

新加坡河畔

新加坡河畔

新加坡河畔
Singapore River

文●墨刻編輯部 攝影●墨刻攝影組

有河為伴的城市總是特別美麗，從新加坡河畔的駁船碼頭、河濱坊到克拉碼頭，串連成一道散步路線，成為情人眼中首選的約會場景。新加坡河長約4.1公里，沿岸橫跨了12座橋樑，記得搭船來趟遊河行程，不僅可以欣賞兩旁的殖民建築，還可以坐看橋身的美麗弧線，最後來到越夜越令人著迷的克拉碼頭，為散步路線劃上完美的句點。

克拉碼頭集合了各國美食料理，近60家餐廳、酒吧和極限遊樂設施，風味主題各異，想吃什麼、玩什麼幾乎都找得到。往往天色才稍微暗下來，就有不少人坐在河邊的座位小酌片刻，準備迎接另一個瘋狂的夜晚。

INFO

如何前往──機場至新加坡河畔

◎地鐵
從樟宜機場站(Changi Airport, CG2)搭乘東西線(East West Line)，在萊佛士坊站(Raffles Place, EW14/NS26)下車，步行可前往新加坡河畔。
- ⏰週一至週六05:31~23:18，週日05:59~23:18。
- 💲依乘坐距離遠近而不同，約2.04~2.07元。

◎公車
從樟宜機場(Changi Airport)搭乘36號公車進入市中心，可在「The Esplanade」站下車，轉搭195號公車在「Clarke Quay」站下車可抵達河畔。
- ⏰平日約06:00~23:58，週六約06:00~00:04。平均10分鐘一班。
- 💲依搭乘距離遠近而不同，票價約2.10~2.26元。

◎機場巴士
從樟宜機場(Changi Airport)可搭乘機場巴士進入市中心，行駛路線涵蓋新加坡大多數飯店，可在新加坡河畔的住宿飯店下車。詳細資訊見P.33。
- 💲成人10元、兒童7元

新加坡河畔交通

◎地鐵
新加坡河畔有4座主要地鐵站，可視景點的位置來決定要搭乘哪條地鐵線、在哪一站下車，比較方便。

萊佛士坊站(Raffles Place, EW14/NS26)：位於新加坡河畔的出海口附近，東西線與南北線在此交錯，是前往魚尾獅公園、駁船碼頭、亞洲文明博物館和加文納橋最近的地鐵站。
- 🔺P.109D3

克拉碼頭站(Clarke Quay, NE5)：位居新加坡河畔的中間點，可直接通往克拉碼頭，或沿河步行10~15分鐘抵達羅伯申碼頭一帶。
- 🔺P.109C2

福康寧站(Fort Canning, DT20)：位於新加坡河北岸，步行5分鐘可抵達克拉碼頭，也可前往阿卡夫橋。
- 🔺P.109B1

合樂站(Havelock, TE16)：位於新加坡河西側，步行5~15分鐘可前往羅伯申碼頭附近的酒店、咖啡館及阿卡夫橋。
- 🔺P.63B3

◎步行
新加坡河畔的餐廳、酒吧和景點分布很集中，如以步行方式可輕鬆抵達區內所有景點。

住宿資訊

◎星級酒店

新加坡河附近的酒店從3星至5星級皆有，選擇多樣。房價依酒店星等、淡旺季而有變動，從新幣250~500元不等。

琶拉帝詩新加坡茂昌閣酒店
Paradox Singapore Merchant Court
🅰P.109B2　🏠20 Merchant Road　☎6337-2288
🌐www.paradoxhotels.com/singapore

新加坡柏偉詩酒店Park Regis Singapore
🅰P.109B2　🏠23 Merchant Road　☎6818-8888
🌐www.parkregissingapore.com

羅伯申碼頭洲際酒店InterContinental Singapore
Robertson Quay
🅰P.109A2
🏠1 Nanson Road　☎6826-5000
🌐www.ihg.com

國敦河畔酒店Grand Copthorne Waterfront Hotel
🅰P.109A2　🏠392 Havelock Road　☎6733-0880
🌐www.millenniumhotels.com

克拉碼頭智選假日酒店
Holiday Inn Express Singapore Clarke Quay
🅰P.63C3　🏠2 Magazine Road　☎6589-8000
🌐www.ihg.com

◎設計精品酒店&膠囊旅館

新加坡河畔的膠囊旅館和背包旅店很多，尤其從駁船碼頭往橋南路延伸的巷弄區域最為密集，通常坐落於店屋或老建築中，空間較小，部分沒有對外窗，每張床從新幣50~90元不等。偏愛有設計感的人，也可選擇小而精緻的精品酒店，房價依淡旺季和房型從新幣150~300元不等。

The Warehouse Hotel
🅰P.109A2　🏠320 Havelock Road, Robertson Quay
☎6828-0000　🌐www.thewarehousehotel.com

Hotel Clover The Arts
🅰P.109C2　🏠58 South Bridge Road
☎6439-7088　🌐thearts.hotelclover.com

KINN Capsule Hotel
🅰P.116D1　🏠39 South Bridge Road
☎8771-4801　🌐staywithkinn.com

Galaxy Pods Capsule Hotel Boat Quay
🅰116D1　🏠12 Circular Road　☎8878-8756
🌐capsulehotelsg.com

RadZon Hostel
🅰P.116D1　🏠26A Circular Road　☎6025-4577
🌐www.radzone.rocks

MAP P.109D3

加文納橋
MOOK Choice

Cavenagh Bridge

攝影師最愛取景的懸索橋

🚇 乘地鐵東西線或南北線在「Raffles Place」站下車，走出口H，步行前往河畔，右轉沿河畔走2~3分鐘可達。

加文納橋位於富麗敦酒店前方，建於1868年，是新加坡唯一的一座懸索橋，並以最後一位東印度公司任命的首長Sir William Orfeur Cavenagh來命名。從加文納橋往富麗敦酒店望去的景觀，是深受攝影師喜愛的取景角度。

同時，不妨往橋邊仔細找找，會發現五個正要往河裡跳水的男孩雕塑，凝結成生動的瞬間，這是本地藝術家張華昌完成於2000年的作品。而在橋墩西南側也有一個可愛的貓家族銅雕，那是新加坡特有的Kucinta貓，是世界上體型最小的貓品種之一，過去經常在河畔出沒。

新加坡遊河之旅
Singapore River Cruise

🎫 售票及登船處位於克拉碼頭 ☎6336-6111 ⏰週一至週四13:00~22:00、週五至週日10:00~22:30。💲 Singapore River Experience：成人28元、3~12歲18元 🔗www.rivercruise.com.sg

搭乘昔日載運貨物的駁船（Bumboat），是飽覽新加坡河畔風光最傳統經典的方式。「Singapore River Experience」遊河行程歷時40分鐘，航行於克拉碼頭、駁船碼頭及濱海灣一帶。這項駁船遊河服務創設於1987年，從最初的風帆動力小船，進化到現在的靜音環保電動款，滿載著新加坡河的故事。如果乘坐夜晚的船次還能看到濱海灣聲光水舞秀。

MAP P.109C2

萊佛士登陸遺址
Raffles' Landing Site

象徵新加坡發展史的雕像

🚇 乘地鐵東西線或南北線在「Raffles Place」站下車，走出口H，往富麗敦酒店方向，越過加文納橋後往左，沿河畔走可達。
🏠 位於駁船北碼頭(North Boat Quay)

為了與荷蘭爭奪海權，英屬東印度公司的萊佛士爵士(Sir Thomas Stamford Bingley Raffles)奉命在馬六甲海峽建立據點，於1819年1月29日由此地登陸，並與柔佛蘇丹簽約，將新加坡建設成自由貿易港口，積極促進都市發展。可以說，新加坡能有今日的繁榮，萊佛士功不可沒。為了紀念，政府在這裡豎立一尊白色的萊佛士雕像，以很酷的姿勢守護著新加坡。

MAP P.109B2

阿卡夫橋
Alkaff Bridge

彷彿出自童話的藝術橋梁

🚇 乘地鐵東北線在「Clarke Quay」站下車,走出口C,沿河畔步行約15分鐘可達;或乘地鐵濱海市區線在「Fort Canning」站下車,走出口A,沿河北岸步行約10分鐘可達。

阿卡夫橋位於羅伯申碼頭(Robertson Quay)附近,橋名是紀念20世紀初期的新加坡首富,來自阿拉伯的阿卡夫家族,其造型靈感源於早期航行於新加坡河上的木頭貨船。2004年時,新加坡政府聘請菲律賓著名藝術家Pacita Abad為彩繪橋身,她用了55種顏色、超過900公升的工業顏料,將橋身漆得光彩動人、活力十足,簡直就像從愛麗絲夢遊仙境裡搬過來的一樣。

MAP P.109D2

維多利亞劇院
及音樂廳
Victoria Theatre & Concert Hall

各項藝術演出的主要場地

🚇 乘地鐵東西線或南北線在「Raffles Place」站下車,走出口H,往富麗敦酒店方向,越過加文納橋後直走,全程步行10分鐘可達。 🏠 9 Empress Place

左側的建築物是維多利亞劇院,始建於1862年,初期是新加坡鎮公所,目前是藝術活動表演場地;右側是開幕於1905年的維多利亞音樂廳,現在是新加坡交響樂團的據點。由於兩棟建築興建時間不同,因此1906年又在中間建了一座鐘樓,將兩棟建築合而為一。劇院前方的萊佛士雕像是1887年為了慶祝維多利亞女王登基50週年而豎立於市政廳廣場,直到1919年才將它遷移到現在的位置。

MAP P.109D2

亞洲文明博物館
Asian Civilisations Museum

探索亞洲民族的文化發展

🚇 乘地鐵東西線或南北線在「Raffles Place」站下車,走出口H至河畔,往右朝富麗敦酒店方向,越過加文納橋之後往左走,全程約8~10分鐘可達。 🏠 1 Empress Place 📞 6332–7798 🕙 10:00~19:00(週五延至21:00) 💲 常設展+特展All-Access:成人25元、學生及60歲以上20元(須出示護照),6歲以下免費。建議事先上網訂票,可省去現場排隊。 🌐 www.acm.org.sg 🎌 每天有2~3場免費英文導覽,週五至週日推出免費中文導覽,場次時間時有變動,請洽櫃台或上網查詢。

館內依照三個樓層分別規劃為航海貿易、古代宗教信仰和藝術、手工藝設計等主題區,以豐富的古物、工藝品、場景、圖片、影像、聲音,介紹亞洲5千年文明的發展變遷、宗教信仰、宇宙觀念、家庭倫理與工藝技巧。另外,館中也不定期推出特展,讓你透過亞洲藝術家的創作,體驗各民族的文化生活。博物館所在的建築物是落成於1867年的皇后坊(Empress Place),這座新古典主義建築最初的設計是作為法庭之用,後來成為政府單位所在地。

MAP ▶ P.109B2C2

克拉碼頭

Clarke Quay

MOOK Choice

河畔大型夜間娛樂區

🚇乘地鐵東北線在「Clarke Quay」站下車，走出口C，沿河畔步道走，右轉通過Read Bridge可達；或乘地鐵濱海市區線在「Fort Canning」站下車，走出口A可達。 🏠3 River Valley Road ☎6631-9931 ◐12:00~午夜 🕸www.clarkequay.com.sg

克拉碼頭由百年店屋和倉庫群組成，在19世紀末曾是繁忙的商業中心，如今規劃成ABCDE五個區域，以裝飾藝術的手法讓建築外觀五彩繽紛，完美結合了傳統與時尚；同時設計了造型如風扇般的大型透明天篷高架於人行道上，這些天篷具有冷風系統，能降低高溫並阻擋烈日風雨，遊客得以輕鬆漫步其中。本土與國際的餐廳酒吧及俱樂部齊聚、競相爭豔，為新加坡夜生活帶來嶄新風貌。

除了Zouk集團旗下的夜店聲勢浩大，沿著碼頭逛逛，可發現不少小型特色餐酒館；比如提供以Shot杯盛裝調酒的「Chupitos」、專賣古巴菜和雞尾酒的「Cuba Libre Café & Bar」、品嚐越南美食並聆聽Live Band的「Little Saigon」。

Zouk

🚇乘地鐵東北線在「Clarke Quay」站下車，走出口C，步行5~8分鐘可達。 🏠3C River Valley Road #01-05 to #02-06 ☎9006-8549 ◐Zouk：週三、週五及週六22:00~03:00。Capital：週四至週六22:00~03:00。Phuture：週三至週六22:00~03:00(週六延至04:00)。Red Tail：週二至週六14:00~23:00(週六延至04:00)。Five Guys：每天11:00~22:00。Here Kitty Kitty週二至週六18:00~午夜12:00(週六延至04:00)。 💲門票價格視每晚DJ陣容的不同而有差異，請提前上網查詢。 🕸www.zoukclub.com ✿Capital男生必須年滿25歲、女生滿23歲才能入場；其他3間則須年滿18歲。

Zouk自1991年開幕至今，堪稱新加坡夜店的常青樹，擁有頂尖的國際知名DJ陣容，不僅多年榮獲新加坡旅遊局評選的「年度最佳夜生活去處」，也被封為全世界最佳俱樂部之一，儘管歷史悠久，魅力始終未曾消減。

近年，Zouk集團的勢力蔓延，幾乎盤據了克拉碼頭C區大半的面積。走進燈光明亮的雕塑隧道，來到俱樂部的主要核心「Zouk」，乾冰瀰漫於廣闊的多層次舞池，隨著電子舞曲搖擺狂歡，深獲年輕人喜愛；「Capital」鎖定專業工作人士，提供Lounge般的舒適氛圍，擁有島式酒吧、VIP座位、專屬DJ控制台等區域，設計摩登又優雅；「Phuture」以Hip Hop、R&B音樂為主，請來本土藝術家在牆面彩繪創作，搭配俏皮風格家具和圓形舞池，洋溢動感活力。餐酒館系列則有「Red Tail」、「Here Kitty Kitty」和「Five Guys」，從日式風格到美式漢堡，選擇豐富。

MAP ▶ P.109C2C3

駁船碼頭

MOOK Choice

Boat Quay

餐廳酒吧進駐昔日貿易碼頭

🚇 搭乘地鐵東西線或南北線在「Raffles Place」站下車，走出口H或G，直行至河畔可達。

每當夜晚降臨，駁船碼頭就由白天的寧靜搖身一變，成為燈光燦爛、人聲紛雜的餐飲娛樂區，河畔的餐廳和酒吧無不使出渾身解數來吸引顧客上門。但鮮少有人想到，僅僅在一個世紀以前，被炎熱豔陽曬得黝黑的苦力和水手們，為了討生活，曾在這裡擔著重物汗如雨下的樣子。打從萊佛士簽下自由貿易合約後，來自鄰近國家的移民大批湧入，使得駁船碼頭成為貿易集散地。到了1860年代，有四分之三的海運作業都在此進行，也開啟了今日新加坡的繁榮。

從UOB大樓前方的「鳥」雕塑，往西延伸至Elgin Bridge的河岸，是餐飲最密集的一條龍。包括全獅城唯一提供Old Speckled Hen（一種英式啤酒）的維多利亞式Pub「Penny Black」，而知名的「Harry's」和「Southbridge」也經常座無虛席；此外還有西班牙、印度、泰國、義大利等料理，以及各種海鮮餐館。

越夜越美麗的聰明提醒

新加坡酒吧賣的酒並不便宜，這是由於罪惡稅的緣故，還好在駁船碼頭和克拉碼頭的多數酒吧都推出Happy Hour，通常是17:00~21:00（各家時段些微不同），提供優惠折扣，可以喝得盡興。若有泡夜店的打算，建議先上夜店網站查看當日活動詳情並注意穿著，如果只穿短褲、拖鞋可能進不了場。提醒你，上夜店記得帶護照，雖然新加坡可以喝酒的年齡和台灣一樣是18歲，但部分夜店可是有限制入場的年齡喔！

Kinara北印度餐廳

🚇 乘地鐵東西線或南北線在「Raffles Place」站下車，走出口H或G，直行至河畔，往左沿步道走約5分鐘可達；或乘地鐵東北線在「Clarke Quay」站下車，走出口E，步行約6分鐘可達。 🏠55 Boat Quay ☎6533-0412 ◷11:30~14:30、17:30~22:30 💲Tandoori烤雞22元起，Kashmiri Pulao12元起。 🌐thekinaragroup.com

Kinara創立於1990年，除了耳熟能詳的Tandoori烤雞、烤羊和烤魚，還有各種口味的咖哩料理、沙拉、蔬菜，不妨搭配印度餐廳必備的Naan和黃薑飯（Biryani），或添加各種乾果的米飯「Kashmiri Pulao」，充滿喀什米爾風味。另外，也推薦外觀和味道都很特殊的甜點，濃濃的奶香是一大特色。

MAP P.109B2

Brewerkz

MOOK Choice

新鮮現釀美味啤酒

🚇乘地鐵東北線在「Clarke Quay」站下車，走出口C，往前沿河畔步道走約5~6分鐘可達。 🏠30 Merchant Road #01-05/06, Riverside Point ☎9011-9408 🕐12:00~24:00 🌐www.brewerkz.com

　　Brewerkz的開張是因為Devin Kimble和Daniel Flores兩位熱愛啤酒的男士，他們不滿足於市售啤酒的口味，於是決定自製美味啤酒。餐廳內部就像一間啤酒工廠，許多管子和爐子環繞在周圍釀造著新鮮啤酒，同時提供美式食物和在地小吃，搭配啤酒喝更過癮。店家自製的招牌啤酒以重口味的Indian Pale Ale和清淡的Golden Ale最受歡迎。若不知該選擇何種啤酒，建議點一組啤酒試喝(Beer Samplers)，就能一次品飲到4種口味。

MAP P.109C2

Slingshot & GX-5

彈向高空的失速極限挑戰

🚇乘地鐵東北線在「Clarke Quay」站下車，走出口E，沿余東旋路通過Coleman Bridge，左轉河畔步道可達。 🏠3E River Valley Road, Clarke Quay ☎6338-1766 🕐16:30~23:30 💲成人45元、18歲以下35元。但GX-5 Extreme Swing限定12歲以下不可乘坐。 🌐www.gmaxgx5.sg

　　走過克拉碼頭的河畔，很難不注意到這兩座奇怪的極限設施。Slingshot是利用類似橡皮筋或彈弓彈射的原理，宛如火山爆發般將座艙彈向70公尺高空，挑戰失速、失重的恐懼感，刺激指數比起高空彈跳絕對有過之而無不及。

　　GX-5 Extreme Swing是將座艙上升至40公尺的高度後，瞬間變成盪鞦韆，在空中來回擺盪，盪幅幾乎可達180度，尤其盪到最高點時，鞦韆座椅還會自己翻轉，建議身體有狀況或剛喝完酒的人最好不要輕易嘗試！

MAP P.109B2

珍寶海鮮樓

MOOK Choice

Jumbo Seafood

在河畔大啖鮮美辣椒螃蟹

🚇搭乘地鐵東北線在「Clarke Quay」站下車，走出口C，往前沿河畔步道走約5分鐘可抵達。 🏠30 Merchant Road # 01-01/02, Riverside Point ☎6532-3435 🕐11:30~22:00 💲麥片活蝦28元起，鹹蛋金沙蝦球28元起。 🌐www.jumboseafood.com.sg

　　打從1987年在東海岸開設第一家海鮮餐廳起，「珍寶」憑著絕佳的手藝結合新鮮食材，在新加坡打響名號，連年獲頒美食獎項，生意興隆讓集團連開了多家分店，擴及台北、上海、曼谷等地。位居河濱坊的「珍寶」分店設於2002年，

水岸景觀優美，用餐時間經常一位難求。在這裡當然要點一份招牌菜「辣椒螃蟹」，不僅蟹肉鮮嫩，醬汁更是香辣可口，光是拿小饅頭沾醬吃，就能整盤吃乾抹盡。此外，「鹹蛋金沙蝦球」、「黑胡椒螃蟹」、「麥片活蝦」等，也是必點海味。

牛車水
Chinatown

文●墨刻編輯部　攝影●墨刻攝影組

新加坡是由許多種族組成的國家，其中華人移民的歷史可追溯至1821年，如今已在新加坡的人口比例中佔大多數。熟悉的面孔、熟悉的語言，使牛車水更加容易親近。你也許自認為對中國文化知之甚詳，但在新加坡的中國城自有不同的發展脈絡，值得細細品味。

由於早年生活環境欠佳，本土乾淨的水源只能由安祥山和Spring Street的水井中取得，當地居民都自該處以牛車運水回家，這就是新加坡的中國城被稱為「牛車水」的由來。放眼望去盡是成排的店屋建築，色彩各異，造型裝飾也大不相同，構成一幅獨特街景。穿梭其中，遊逛於藥材、糕餅、肉乾與古玩藝品等歷史老店中，可感受南中國的懷舊風情。

INFO

如何前往──機場至牛車水
◎地鐵

從樟宜機場站(Changi Airport, CG2)搭乘東西線(East West Line)，在歐南園站(Outram Park, EW16/NE3)下車，可步行進入牛車水。

從樟宜機場站(Changi Airport, CG2)搭乘濱海市區線(Downtown Line)在牛車水站(China Town, NE4/DT19)或直落亞逸站(Telok Ayer, DT18)下車，可步行前往牛車水。

🕐週一至週六05:31~23:18，週日05:59~23:18。
💲依乘坐距離遠近而不同，約2.10~2.13元。

◎公車

從樟宜機場(Changi Airport)搭乘36號公車進入市區，可在史丹福路(Stamford Road)的「Capitol Bldg」站下車，往右走，左轉禧街(Hill Street)到「Grand Park City Hall」站轉搭2或12號公車，在「New Bridge Ctr」站下車，即進入牛車水。

🕐平日約06:00~23:58，週六約06:00~00:04。平均10分鐘一班。
💲依搭乘距離遠近而不同，票價約2.16~3.22元。
🌐www.go-aheadsingapore.com

◎機場巴士

從樟宜機場(Changi Airport)可搭乘機場巴士進入市中心，行駛路線涵蓋新加坡大多數飯店，可在市政區的住宿飯店下車。詳細資訊見P.33。
💲成人10元、兒童7元

牛車水交通
◎地鐵

牛車水地區有5座主要地鐵站，可視景點的位置來決定要搭乘哪條地鐵線、在哪一站下車，比較方便。

牛車水站(Chinatown, NE4/DT19)： 位於牛車水的北邊，由此站下車可直接進入老街區、唐城坊或芳林苑。
📍P.116B2C2

歐南園站(Outram Park, EW16/NE3)： 位於牛車水的西南邊緣，方便前往恭錫路、珍珠山公園、中峇魯市場及周邊。
📍P.116A3

丹戎巴葛站(Tanjong Pagar, EW15)： 位於牛車水最南端，打算前往丹戎巴葛路附近餐館或歐南園亞華肉骨茶的人，建議由此站下車。
📍P.116C4

直落亞逸站(Telok Ayer, DT18)： 位於牛車水東邊，距

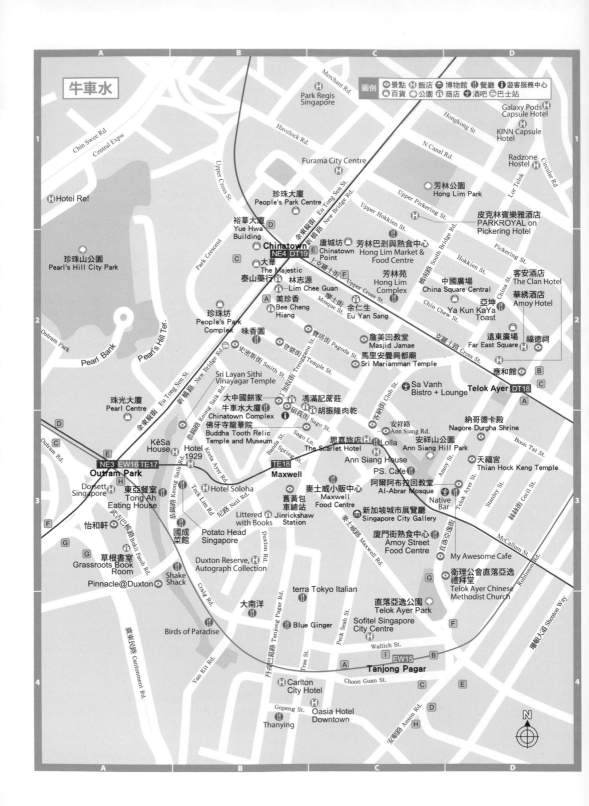

牛車水

Merchant Rd.
Park Regis
Singapore

Galaxy Pods
Capsule Hotel

KINN Capsule
Hotel

Havelock Rd.

Hongkong St.

N Canal Rd.

Radzone
Hostel

Chin Swee Rd.

Central Expw

Furama City Centre

Upper Pickering St.

芳林公園
Hong Lim Park

Lor Telok

Circular Rd.

Hotel Re!

Upper Cross St.

Eu Tong Sen St.

New Bridge Rd.

Upper Hokkien St.

Pickering St.

皮克林賓樂雅酒店
PARKROYAL on
Pickering Hotel

裕華大廈
Yue Hwa
Building

珍珠大廈
People's Park Centre

South Bridge Rd.

Hokkien St.

China St.

客安酒店
The Clan Hotel

Chinatown
NE4 DT19

唐城坊
Chinatown
Point

芳林巴剎與熟食中心
Hong Lim Market &
Food Centre

華綉酒店
Amoy Hotel

大華
The Majestic

芳林苑
Hong Lim
Complex

中國廣場
China Square Central

Pearl's Hill City Park

泰山藥行
林志源
Lim Chee Guan

美珍香
Bee Cheng
Hiang

余仁生
Eu Yan Sang

亞坤
Ya Kun KaYa
Toast

珍珠山公園
Pearl's Hill City Park

Park Crescent

Mosque St.

Chin Chew St.

South Bridge Rd.

遠東廣場
Far East Square

福德祠

Outram Park

Pearl's Hill Ter.

珍珠坊
People's Park
Complex

味香園

Pagoda St.

詹美回教堂
Masjid Jamae

馬里安曼興都廟
Sri Mariamman Temple

應和館

Pearl Bank

史密斯街 Smith St.

寶塔街

Temple St.

Cross St.

Sa Vanh
Bistro + Lounge

Telok Ayer DT18

Sri Layan Sithi
Vinayagar Temple

Trengganu St.

大中國餅家
牛車水大廈
Chinatown Complex

馮滿記蓆莊
胡振隆肉乾

珠光大廈
Pearl Centre

Eu Tong Sen St.

New Bridge Rd.

Keong Saik Rd.

Sago St.

安祥路
Ann Siang Rd.

納哥德卡殿
Nagore Durgha Shrine

Boon Tat St.

佛牙寺龍華院
Buddha Tooth Relic
Temple and Museum

Banda St.

Sago Ln.

思嘉旅店
The Scarlet Hotel

Lolla

安祥山公園
Ann Siang Hill Park

天福宮
Thian Hock Keng Temple

NE3 EW16 TE17

KêSa
House

Hotel
1929

Sago St.

Ann Siang House

Club St.

PS. Cafe

Outram Park

Outram Rd.

Maxwell
TE18

阿爾阿布拉回教堂
Al-Abrar Mosque

Native
Bar

Stanley St.

Dorsett
Singapore

Kreta Ayer Rd.

Teck Lim Rd.

Neil Rd.

麥士威小販中心
Maxwell
Food Centre

新加坡城市展覽廳
Singapore City Gallery

My Awesome Cafe

McCallum St.

東亞餐室
Tong Ah
Eating House

舊黃包
車總站
Jinrickshaw
Station

廈門街熟食中心
Amoy Street
Food Centre

Cecil St.

怡和軒

Littered
with Books

Bukit Pasoh Rd.

Duxton Hill

國成
菜館
Potato Head
Singapore

衛理公會直落亞逸
禮拜堂
Telok Ayer Chinese
Methodist Church

草根書室
Grassroots Book
Room

Shake
Shack

Duxton Reserve,
Autograph Collection

terra Tokyo Italian

直落亞逸公園
Telok Ayer Park

Robinson Rd.

Pinnacle@Duxton

Craig Rd.

大南洋

Tanjong Pagar Rd.

Blue Ginger

Peck Seah St.

Sofitel Singapore
City Centre

Birds of Paradise

Yan Kit Rd.

Tras St.

Wallich St.

EW15
Tanjong Pagar

Anson Rd.

Shenton Way

Cantonment Rd.

Carlton
City Hotel

Choon Guan St.

Gopeng St.

Thanying

Oasia Hotel
Downtown

N

離遠東廣場、直落亞逸街一帶最近。

🅿 P.116D2

麥士威站(Maxwell, TE18)： 位於知名的麥士威小販中心旁，可直達老街區，也方便前往新加坡城市展覽廳、丹戎巴葛一帶。

🅿 P.116B3

合樂站(Havelock, TE16)： 這座地鐵站並不在牛車水區域內，但由此站下車可快速抵達中峇魯市場。

🅿 P.130B1

◎**公車**

從牛車水的「New Bridge Ctr」站，或位於歐南園地鐵站出口7的「Outram Pk Stn Exit 7」公車站，搭乘33、63、851、970號公車，至「Blk 55」站下車可前往中峇魯保留區。

◎**步行**

牛車水的範圍不大，可以步行方式抵達所有景點。

旅遊諮詢

◎**牛車水旅客詢問中心**

🅿 P.116B3

🏠 2 Banda Street

☎ 6534-8942

🕙 10:00~19:00

🌐 chinatown.sg

提供各式旅遊資訊，包括代訂住宿、代售各大景點和活動票券等，並設有免費Wifi。

牛車水散步路線
Walking Route in Chinatown

這條路線串連起牛車水的老街、老鋪與歷史景點，逛完後，還可以前進附近的中峇魯社區，看看近年發展為文青潮區的古早鄰里區域。

走出牛車水地鐵站，直接進入①**寶塔街(Pagoda Street)**，商鋪主要為餐館、藝品店、古董店和少數唐裝旗袍店，適合一邊選購紀念品，一邊欣賞街道兩側的店屋建築和壁畫。寶塔街走到底，來到橋南路(South Bridge Road)，可分別在左右兩側參觀②**詹美回教堂(Masjid Jamae)**及新加坡最古老的印度廟宇③**馬里安曼興都廟(Sri Mariamman Temple)**；對壁畫有興趣的人，不妨橫越橋南路至對面的穆罕默德阿里巷(Mohamed Ali Lane)，這裡有整牆的主題創作讓人眼睛為之一亮。

接著走回馬里安曼興都廟，右轉④**登婆街(Temple Street)**，沿路來到人氣店家「味香園甜品」，坐下來吃一碗雪花冰。再折回走往⑤**丁加奴街(Trengganu Street)**，這條街貫串牛車水夜市的4條街，街上餐館及攤位林立。丁加奴街走到底右轉，可進入⑥**牛車水大廈(Chinatown Complex)**，這裡是標準華人市場樣貌，2樓有美食指南推薦的小吃攤。大廈外的⑦**碩莪街(Sago Street)**上有幾間老字號商鋪，如胡振隆、馮滿記及大中國餅家都受遊客喜愛。而附近的⑧**佛牙寺龍華院(Buddha Tooth Relic Temple and Museum)**融合佛教曼陀羅與唐代建築風格，可在院中瞻仰舍利子。

肚子餓了，位於三叉路口的⑨**麥士威熟食中心(Maxwell Food Centre)**是尋找美食的好所在，每到午餐時間，「天天海南雞飯」等知名攤位經常大排長龍。如果想上餐館打牙祭，不妨沿著丹戎巴葛路走約5分鐘，到⑩**Blue Ginger**品嚐道地娘惹料理。

逛完牛車水，從麥士威站搭乘地鐵湯申-東海岸線，在合樂站下車，步行前往中峇魯(Tiong Bahru)社區，這裡的建築是新加坡第一代公共組屋；街邊的⑪**中峇魯市場(Tiong Bahru Market)**是許多在地人喜愛的小販中心；如果想感受新潮、文藝氣氛，散步來到⑫**永錫街(Yong Siak Street)**，街上有販售本土設計藝品的⑬**Cat Socrates**與可愛的杯子蛋糕店Plain Vanilla Bakery，另外還有眾多店家、餐廳及咖啡館，可以在此度過閒適的午後。

距離： 約4公里

所需時間： 約2~3小時

MAP P.116C2

馬里安曼興都廟

MOOK Choice

Sri Mariamman Temple

當地最古老的印度廟宇

🚇乘地鐵東北線或濱海市區線在「Chinatown」站下車，走出口A沿寶塔街直走到底，右轉橋南路可達。 🏠244 South Bridge Road

　　馬里安曼興都廟建於1827年，是新加坡最古老的印度寺廟，塔樓上立有許多色彩豔麗的立體神像，是標準的南印度達羅毗茶式廟宇。廟裡供奉的是能治癒傳染病的馬里安曼女神，入廟前記得脫鞋，才能入內欣賞精緻的壁畫和神像。印度教徒為了對瑪赫哈拉達(Mahabharata)女神表示崇敬，每年11月在此廟舉行蹈火節儀式，虔誠的信徒會先在額頭灑聖水，赤腳走過4公尺長的炙熱火炭後，再以羊奶泡腳，最後從頭到腳灑下粉末，表示全身都受到庇祐。

MAP P.116C2

詹美回教堂

Masjid Jamae

南印度與新古典主義完美融合

🚇乘地鐵東北線或濱海市區線在「Chinatown」站下車，走出口A沿寶塔街走到底，左轉橋南路可達。 🏠218 South Bridge Road

　　喬治·柯曼(George Coleman)是新加坡史上赫赫有名的建築師，市政廳、舊國會大廈、亞美尼亞教堂都出自他的手筆，但你絕對想不到，這座回教堂的大廳、禱告廳和神殿居然也是他的作品。詹美回教堂始建於1826年，在1830至1835年的改建中，找來喬治·柯曼操刀，讓回教堂正面仍保留南印度風格，內部神殿卻以新古典主義風格呈現，東西方的建築藝術在此完美搭配。每年齋戒月的第10天，穆斯林為了紀念先知亞伯拉罕的事蹟而在這裡舉行屠宰羔羊的儀式，場面十分熱鬧。

媽姐與紅頭巾

　　早年華人移民來到新加坡，生活多半不易，來自廣東三水地區的婦女有很多在工地從事苦力維生，為了遮擋炎熱的天氣，她們多半戴著紅色頭巾，藉以吸汗散熱，因此被稱為「紅頭巾」。

　　此外，還有些婦女以幫傭為業，到有錢人家打雜或當奶媽，她們任勞任怨，誓言終生不嫁，昔日被稱為「媽姐」。

MAP P.116C2

寶塔街
Pagoda Street

販售古董藝品的中國風街道

🚇 乘地鐵東北線或濱海市區線在「Chinatown」站下車,走出口A可達。

　　走出地鐵站,迎面而來的就是筆直的寶塔街,混合了南洋味的中國風情與典雅的店屋建築,讓人賞心悅目。寶塔街以餐館、藝品店、古董店和唐裝旗袍店為主,來這裡尋寶的外國人摩肩接踵,努力為自己的行頭添加中國味。街道兩側的店屋建築很集中,色彩亮眼,在逛街購物之餘,別忘了抬頭瞧瞧「新加坡式」的傳統建築之美。

MAP P.116B2C2

丁加奴街
Trengganu Street

構成牛車水夜市的中堅份子

🚇 乘地鐵東北線或濱海市區線在「Chinatown」站下車,走出口A進入寶塔街,即可右轉丁加奴街。

　　丁加奴街垂直貫穿寶塔街、登婆街、史密斯街與碩莪街4條街道,是構成牛車水夜市老街區的中堅分子,又被稱為「牛車水橫街」。在早期困苦的年代,這裡曾是紅燈區,而與寶塔街交界處則是鴉片煙館,如今改頭換面,成了一家家紀念品商店與餐館。整體而言,丁加奴的街景和寶塔街相似,五花八門的中國風藝品和東方服飾、琳瑯滿目的玉石印章、以中文書寫西方人名字的紀念品等,都讓歐美遊客趨之若鶩。

MAP P.116B2C2

登婆街
Temple Street

注重保健風氣的街道

🚇 乘地鐵東北線或濱海市區線在「Chinatown」站下車,走出口A,右轉丁加奴街可抵達登婆街交叉口。

　　登婆街是牛車水夜市中的車行路,和周圍的步行街比起來較為寬敞。登婆街在19世紀時,賣淫、暴力和吸食鴉片的問題很嚴重,一位陳樹楠醫生在這裡開了診所,提供醫療服務,時至今日,注重保健的風氣也留存了下來,因此登婆街上每走幾步路就可看見藥材行、乾貨鋪

與健康食品店,有點類似台灣的迪化街,同時也能買到珍珠膏、虎標萬金油、驅風油等藥膏,充滿南洋古早味。

MAP P.116B2C2

碩莪街
Sago Street

知名老字號商鋪林立

🚇 乘地鐵東北線或濱海市區線在「Chinatown」站下車,走出口A進入寶塔街,右轉丁加奴街直走到底,右轉可達。

　　碩莪街過去曾經是製作Sago(西米,製作西米露的材料)的工廠大本營,因而得名。靠近佛牙寺這一側,是專賣紀念品的攤販;而街道

另一側則有手工藝禮品店、茶屋、咖啡館、食堂,以及觀光客必逛的老字號店鋪,舉凡胡振隆、馮滿記、大中國等,是採買本土特產和伴手禮的不錯選擇。

牛車水大廈

Chinatown Complex

MOOK Choice

典型華人菜市場與小吃攤

🚇乘地鐵東北線或濱海市區線在「Chinatown」站下車，走出口A，沿寶塔街右轉丁加奴街，直走到底右轉可達。🏠Blk 335 Smith Street

牛車水大廈裡什麼都有賣，往地下室走，熱鬧的人聲、叫賣聲、打招呼聲，沸沸揚揚，有的攤位連烏龜、蛇肉、青蛙肉都有在賣，標準的華人市場樣貌。

想吃好吃的請往2樓走，宛如迷宮的小販中心裡，美食多到眼花撩亂，其中不乏米其林必比登推介的攤檔，比如「聯合本記煲飯」，現點現做，以傳統炭爐細細煲烤，米飯分明，配料豐富；而「五十年代」的咖椰吐司和Kopi，一點也不輸亞坤和土司工坊。

老字號「天天粥品」用料豐富，其豬肉粥除了豬肉，還添加豬肝、豬腸等配料，魚粥裡的魚肉用量更是不惜血本；「115糖水」的美味秘訣在於選料和石磨，老闆每天凌晨3點就得早起，花5小時才能完成這些點心。喜歡南洋冰品的人，不妨試試「雪花飛昌記」的Ice Jelly Cocktail或Chendol，沁涼爽口。

了凡香港油雞飯麵Hawker CHAN

🏠335 Smith Street, #02-126 ⏰10:30~15:30 🛌週日 💲油雞飯3.5元起 🌐www.liaofanhawkerchan.com

這是全球首家獲得米其林一顆星的熟食小販，頂著連續多年獲獎肯定的光環，其大排長龍的程度比天天海南雞飯還要誇張！炙烤得恰到好處的油雞肉質滑順，淋上特調醬汁後更添香氣；當地人也大力推薦叉燒與排骨，難以抉擇的話可以選擇雙拼。此外，了凡在史密斯街也開了新餐館，售價較貴些，但用餐環境更為舒適。

新加坡獨特的店屋建築

牛車水隨處可見的店屋(Shophouse)，通常是將1樓作為商店，人們則住在2樓以上。建築融合了中國、馬來和歐式特色：細緻的木頭雕飾和Pintupagar（推開後會自動合上的半腰門，門上有縫隙可通風又有隱密性）是典型的馬來風格；古典門窗和裝飾藝術的展現，是受到英國殖民時期影響；至於中國式的特徵則表現在圖案與符號上，例如代表福氣的蝙蝠就是常見的圖形裝飾。整體而言，店屋在簡單的線條中帶有華麗風格，因此有「中國巴洛克之美」的說法。

MAP P.116D2

遠東廣場
Far East Square

融合五行元素的購物商場

🚇乘地鐵濱海市區線在「Telok Ayer」站下車，走出口C，步行3~5分鐘可達。🏠19 China Street ☎6532-9922 🌐www.fareastsquare.com.sg

　　遠東廣場以金、木、水、火、土五座大門，融合中國風水概念設計而成，多處仍保留著原本的店屋建築特色。1999年，廣場經整修後成為一處購物商場，玻璃頂蓬自然採光，中央街道明亮寬敞，可說是傳統與現代的融合，有許多可愛的餐廳、咖啡店，逛起來十分愜意。廣場內除了店鋪、餐廳和公司商辦外，也保有歷史遺產，例如萃英書院、應和館、福德祠等，同時透過古蹟再利用，進駐了Amoy和Clan兩間精品酒店。

應和館

🏠98 Telok Ayer Street ⏰08:00~16:00 🚫週六和週日

　　應和館建立於1822年，是新加坡最古老的會館，由來自廣東嘉應地區的劉德潤創辦，主要是為廣東客家移民介紹職業並聯絡感情。會館最初以寺廟的形式出現，奉祀關聖帝君，今日在會館內仍然可以看到關帝君的牌位。1905年，會館創辦了應新學校，校址就設在會館內，雖然學校已於1969年停辦，當年的校鐘至今依然保存在會館的前廳中。1999年，應和館被列為新加坡的古蹟建築之一，天井和走廊是其主要建築特色，現在仍經常舉辦活動，促進客家人情感交流。

福德祠

🏠76 Telok Ayer Street ⏰10:00~22:00 💲免費

　　這是新加坡第一間中國寺廟，建於1824年，由客家和廣東移民合力建造，感謝土地公的保佑，讓他們能安全抵達新加坡。祠堂並扮演著幫助新移民安頓、解決紛爭的功能，如今已改為小型博物館，陳列著早期移民的生活用品，甚至有獎狀、漫畫書、小模型等有趣的東西，讓遊客更深入了解當時的生活樣貌。除了瀏覽內部展出，福德祠的建築細部也很精彩，包括威嚴的門神、牆上的山水畫，都很值得花點時間瞧個仔細。

唐城坊
Chinatown Point
生活機能用品俱全的購物中心

🚇乘地鐵東北線或濱海市區線在「Chinatown」站下車，走出口E可直達。🏠133 New Bridge Road ☎6702-0114 ⏰10:00~22:00 🌐www.chinatownpoint.com.sg

唐城坊是牛車水地區最大型的購物商場，除了物美價廉的服裝、飾品、手錶與居家生活用品外，運動、保健養生和旅行社的商家也不少。特別是許多知名的餐館、咖啡屋和流行雜貨鋪都選在這裡開設分店，包括松發肉骨茶、味香園、土司工坊、Janggut Laksa、超市Fair Price、Turtle等。同時商場裡的旅行社也販售當地各景點的門票和優惠聯票，遊客不妨善加利用。

史密斯街
Smith Street
昔日的戲院街變身為美食街

🚇乘地鐵東北線或濱海市區線在「Chinatown」站下車，走出口A，沿寶塔街右轉丁加奴街，直走可達街口。

在史密斯街和丁加奴街交叉口，會看到一座紅白相間的店屋，這裡曾是演出粵劇的戲院「梨春園」。粵劇在19世紀是新加坡華人社群最重要的娛樂活動，梨春園自然成了牛車水最熱鬧的場所，當時的華人因此稱史密斯街為「戲院街」，將登婆街稱為「戲院後街」。目前梨春園已改裝為精品酒店，可體驗入住老戲院的生活。史密斯街兩側多半是各類餐館，在靠近橋南路、泰山藥行旁的牆面上，有一幅柯南壁畫，成為打卡拍照的熱門地。

客納街與安祥路 〔MOOK Choice〕
Club Street & Ann Siang Road
牛車水的特色夜生活街區

🚇乘地鐵東北線或濱海市區線在「Chinatown」站下車，走出口A，沿寶塔街走到底，右轉橋南路，再左轉安祥路可達客納街，全程步行8~10分鐘。

客納街(Club Street)的名字即來自英文的「俱樂部」，由於在19世紀末，一位土生華人富豪在此成立了威基利俱樂部，從此這裡便以「俱樂部街」聞名。雖然當年的俱樂部如今已不對外開放，但客納街依舊延續其社交的傳統，整排繽紛亮麗的店屋裡開著一間間時尚餐廳、酒吧、藝廊與咖啡館。安祥路與客納街垂直相連，清新雅緻的環境和隔鄰的牛車水鬧區形成強烈對比，安祥路往上走到盡頭還有一座綠意盎然的安祥山公園，為旅人提供了靜呼吸的角落。

MAP P.116C1

芳林巴剎和熟食中心
Hong Lim Market & Food Centre
臥虎藏龍的市井古早美味

🚇 乘地鐵東北線或濱海市區線在「Chinatown」站下車，走出口E，沿新橋路走，右轉Upper Pickering St可達。 🏠 531A Upper Cross Street, Hong Lim Complex ⏱ 各家攤位營業時間和公休日不同

雖然觀光人氣不如麥士威熟食中心、牛車水大廈來得高，但1978年建立的芳林巴剎和熟食中心可是牛車水最古早的小販中心之一。位於芳林苑的組屋裡，100多個攤位分布於1、2樓，以當地人為主要客層，每到中午就出現排隊長龍，雖有自然採光，但人潮湧進時較為悶熱。其中藏著不少榮獲米其林必比登推介的在地美食。

馳名結霜橋三輪車叻沙
⏱ 10:30~15:00 休 週四和週日 💲 7元起

從打工仔轉業開起小吃攤，沒有任何的家業傳承，老闆Daniel Soo全憑自學鑽研，創製出海南式叻沙，與加東知名的叻沙口感截然不同。減少椰漿的用量是最大特色，老闆專注於湯底的鮮度，採用干貝、蝦米、蠔和蝦殼熬煮2小時以上，讓湯頭香濃卻不油膩，再加上豐盛的配料，包括整隻琵琶蝦、雞肉絲、魚餅和豆芽等，同時老闆會詢問客人要不要加血蚶，敢吃的話就嘗試吧！此外，這裡的米暹（Mee Slam）以果汁提味，在別處吃不到。

歐南園炒粿條
⏱ 06:00~15:00 休 週日 💲 4.5元起

永遠排著長龍的歐南園炒粿條，1950年代創立於丹戎巴葛金華戲院附近的咖啡店，曾搬至歐南園的組尾，最後落腳在芳林，目前已從第二代交棒給第三代經營。好吃的秘訣在於火候的掌握，以及每盤粿條會加進一顆半的雞蛋，讓口感更濕潤。最大關鍵是添加了豬油渣下去炒，血蚶、臘腸、魚餅、豆芽等配料也給得很充足，獲得必比登推薦。

亞王咖哩雞米粉麵
⏱ 09:00~21:00 💲 6元起

貼滿媒體報導文章，還登上必比登推薦榜單的亞王咖哩雞米粉麵，在這裡開設兩間攤檔，比鄰而居。湯頭濃郁偏辣，加上嫩雞胸肉、馬鈴薯、魚板，以及吸飽咖哩湯汁的油豆腐，讓食客愛不釋口。點餐時可選擇粗米粉、黃麵、幼米粉，或者任選兩種雙拼，也是別出心裁的吃法。

福海茶室
⏱ 06:30~15:30 休 週六和週日 💲 咖啡1元起

這間老茶室供應傳統的Kopi和Teh，現場可以看到老師傅親手沖泡咖啡、親手烘烤吐司的畫面，充滿在地市井風味。另外還販售自製的薏米水、甘蔗汁、酸柑汁，每日新鮮限量。

咖啡快座
⏱ 07:30~14:30 休 週六和週日 💲 咖啡1.6元起，咖椰吐司3元起。

1935年來自海南島的蘇爺爺以手推車販售咖啡，1942年設立了咖啡店，1999年進駐廈門街熟食中心，取名為「咖啡快座」。目前由第三代的三兄妹接手，繼續傳承咖啡攤文化，並注入年輕活力。除了傳統的Kopi和咖椰吐司，更推出許多吐司新口味，包括口碑最好的黑芝麻，以及肉桂、花生、奶油、班蘭等。Kopi和Teh也融合多款創意飲品，舉凡杏仁、榛果、薄荷、薑汁等，琳琅滿目；人氣王則是巧克力摩卡拿鐵，使用海鹽焦糖、黃山山核桃、萊姆酒和愛爾蘭奶油等調製而成。

直落亞逸街

MOOK Choice

Telok Ayer Street

造訪露天宗教博物館

🚇 乘地鐵濱海市區線在「Telok Ayer」站下車，走出口A可直達；或乘地鐵東西線在「Tanjong Pagar」站下車，走出口G，步行3~5分鐘可抵達。

　　直落亞逸在馬來文中是「水灣」的意思，這也說明了新加坡過去的地理樣貌。由於這裡曾是一條濱海道路，來自四面八方的文化都在此地泊船上岸，造就出新加坡最不可思議的奇觀。短短一條街道上，華人三教合一的天福宮、南印度伊斯蘭的納哥德卡殿和阿爾阿布拉回教堂比鄰而居，而不遠之處也有幾座印度廟與西洋基督教堂，形成露天的宗教博物館群。各種信仰的人們在此和諧共處，這在許多基本教義派的人聽來，相當匪夷所思。

阿爾阿布拉回教堂AI-Abrar Mosque

🏠 192 Telok Ayer Street

　　這是新加坡最古老的清真寺，由來自南印度的穆斯林於1827年所建。立廟伊始，阿爾阿布拉只是一間小茅屋，因此又被稱為「茅屋回教堂」（Kuchu Palli），而其另一個名字是「丘利亞回教堂」，因為其信徒大都是南印度的丘利亞人(Chulia)。寺廟主體在1986年改建後，成為一棟兩層樓的建築，但整體風格依舊樸實無華。

納哥德卡殿Nagore Durgha Shrine

🏠 140 Telok Ayer Street

　　納哥德卡殿建於1828至1830年，是來自南印度的穆斯林為了紀念造訪新加坡的印度聖人Nagore Durgha而興建，當時的直落亞逸還是擠滿了萬國風帆的海港。神殿最有意思的地方在其建築外牆，整體而言雖屬於南印度伊斯蘭色彩，但正立面卻運用了西方古典主義風格的拱門與柱飾；上半部猶如一座宮殿的縮小版，有迷你的拱門和窗眼。納哥德卡殿於1974年被評選為新加坡國家古蹟。

天福宮Thian Hock Keng

🏠 158 Telok Ayer Street　🕐 07:30~17:30　🌐 www.thianhockkeng.com.sg

　　直落亞逸昔日曾是一處海港，中國移民多半聚居在此，靠岸的船隻眾多，媽祖信仰也就在此生根發展。天福宮最初只是海邊的一座神壇，1840年代，福建會館將之重新修建，成為新加坡規模最宏大的華人廟宇，當時船舶在啟航前都會來此祈求「海不揚波」。寺廟建築為正統的閩南式廟宇，全宮為木架斗拱結構，不著一根鐵釘；大部分建材是由福建渡海而來，就連主祀的媽祖神像也來自福建。特別的是，天福宮的地磚是從荷蘭運來，門前的鐵欄杆則來自蘇格蘭，融合了歐式建材，饒富趣味，如今已列為新加坡重要歷史古蹟。

MAP P.116C3

廈門街熟食中心

MOOK Choice

Amoy Street Food Centre

上班族和街坊鄰里的美食天堂

🚇乘地鐵濱海市區線在「Telok Ayer」站下車，走出口A，沿Telok Ayer St.走可達；或乘地鐵東西線在「Taniong Pagar」站下車，走出口G，沿Telok Ayer St.走可達。 🏠7 Maxwell Road ⏰各家攤位營業時間和公休日不同

這座熟食中心建立於1983年，不畏威熟食中心和老巴剎的左右夾擊，依然走出屬於自己的一片天，街坊鄰里和金融商業區的上班族經常前來覓食。從傳統古早小吃到現代創意風味，選擇相當多樣，也是攤檔獲選米其林必比登推介最多的熟食中心。如果不想長時間排隊，建議避開尖峰時段前來。

超好麵

⏰11:00~20:00 🛑週日 💲10.8元起

同在烹飪學校學習廚藝的邱松銘和譚晏樺，將現代歐洲烹調技巧與亞洲美食結合，創造出獨一無二的「新加坡風味拉麵」。自2013年開業，2016年便榮登米其林必比登推薦榜，主角的基底正是彈牙的雞蛋麵，製作成乾的拉麵型態，搭配叉燒肉、五香、馬鈴薯炸蝦和一顆溫泉蛋，撒上蔥花，再附上一碗雲吞蝦湯，精彩呈現了本土的食材特色。這碗拉麵的價位在熟食中心裡偏貴，仍阻擋不了食客聞風而來。

桐記牛肉粿條

⏰週二至週五11:00~19:30，週六至週一09:00~14:30。 💲6元起

這家超過60年的老字號，只賣一款美食，就是海南牛肉粿條，分為乾的和湯的兩種選項。小碗的配料只放牛肉片，大碗的則多了牛肚、牛腱肉和牛肉丸；湯底採用牛肉骨熬煮24小時而成，喝起來濃郁芳香，河粉咬起來米有彈性，牛肉片薄薄的很鮮嫩。如果點乾的，湯底會呈現深褐色的果凍羹醬，將羹汁拌著牛肉片入口，或沾點自製辣醬，濃稠卻不油膩。

亞成海南咖啡

⏰05:30~15:00 🛑週四和週五 💲咖椰吐司2.4元起，咖啡1.3元起。

這家咖啡店是新加坡少數還在使用炭爐烘烤吐司和烹煮咖啡茶水的攤位，自1964年起，王祿生的父母在老巴剎賣咖啡以來，始終堅持著工匠的心和靈魂，以老派的方式做出正宗的海南古早味。儘管1998年搬遷到廈門街熟食中心，也傳承了第三代，死忠的老顧客依然天天追著炭香味來報到。咖椰醬和咖啡豆都是手工自製和研磨，除了咖椰吐司，炭烤的法式吐司更是少見，不加任何調料，只有麵包、雞蛋和木炭煙香。

The Original Vadai

⏰08:30~15:45 🛑週六和週日 💲1.2元起 🌐theoriginalvadai.sg

1980年代末，印度女士Jumana Rani將傳統的Vadai（一種印度版油炸甜甜圈）進行微調，創製出外表金黃酥脆、內部蓬鬆輕盈的Prawn Vadai，並在芽籠士乃的開齋節市集中擺攤販售，沒想到深受當地人歡迎。歷經20年的擺攤生涯，終於在2020年開設總店並陸續拓展分店。除了結合蝦蛤，還推出小魚乾、辣椒、洋蔥、起士、扁豆、蔬菜等口味，堪稱新加坡的原創小吃，在印度或馬來西亞可是找不到呢！

佛牙寺龍華院

MOOK Choice

Buddha Tooth Relic Temple and Museum

宛如佛教文物館的寺院

🎯乘地鐵東北線或濱海市區線在「Chinatown」站下車，走出口A，沿寶塔街走到底，右轉橋南路直走可達大門；或乘地鐵湯申－東海岸線在「Maxwell」站下車，走出口1可直達。 🏠288 South Bridge Road ☎6220-0220 ⏰寺院07:00~17:00，佛像博物館09:00~17:00。 🌐www.buddhatoothrelictemple.org.sg ❗入廟時勿著短褲、短裙、露肩上衣及戴帽子。

1980年，緬甸高僧務舍葛帕喇在修復蒲甘山佛塔時，發現了藏在佛塔中的佛牙，後來務舍葛帕喇與新加坡的法照大和尚相識，兩人一見如故，成為談論佛法的摯友。2002年務舍葛帕喇圓寂前，將他發現的佛牙交付給法照，並囑咐他建寺供奉，這便是佛牙寺龍華院的緣起。

龍華院於2007年開幕，採佛教曼陀羅與唐朝建築混和風格，雄偉莊嚴，已成為牛車水華人信徒的心靈寄託。人們在寺院第四層的靈光寶殿中，可瞻仰供奉在純金舍利塔中的佛牙，佛塔上覆有金蓋，下鋪金磚，華光萬丈，猶如西方極樂世界。在第三層中設有一間佛教文物館，展出超過300件佛教藝術收藏品，尤其寺院以弘揚佛法的角度出發，使得這些展示品格外具有意義。

在牛車水尋找壁畫·回憶舊時光

走在牛車水老街保留區，穿梭於巷弄間，也許轉個彎、抬起頭，就會有意外驚喜闖入眼簾。那些散落於街角牆面的壁畫，細膩地描繪出本土藝術家葉耀宗（Yip Yew Chong）的兒時情景，用色鮮明溫暖，畫面細節繁複，充滿異想天開的童趣，每一幅都訴說著昔日的生活故事，更成為遊客拍照打卡的熱門地。老街區裡最經典的壁畫大約有8幅，你找到了幾幅呢？就從牛車水地鐵站出發，來一趟發現之旅吧!

登婆街

在味香園甜品店對面，可發現闔家「慶中秋」的情景。過了丁加奴街交叉路口往前走，左右兩側小徑裡分別是「牛車水菜市場」與「木屐和缸瓦鋪」。往橋南路方向走，右側會出現「粵劇團做大戲」。

史密斯街

在泰山藥行旁會看見逗趣的「名偵探柯南在牛車水」，小巷裡藏著「我家牛車水」，往新橋路方向走，可欣賞「寫信佬·妙手揮春」。

莫罕默阿里巷

整面牆都是壁畫「牛車水商販」，描繪新加坡建國獨立初期，街頭攤販的各種奇特景象。

MAP P.116B3B4

丹戎巴葛

Tanjong Pagar

原為鄰近海灣的歷史街區

🚇乘地鐵東西線在「Tanjong Pagar」站下車，步行約5分鐘可達。

　　丹戎巴葛位於牛車水南端，這裡從前鄰近海灣，是貨物輸送的要道，因此整條丹戎巴葛路的兩側店屋林立，形成特殊的景觀。幸運的是，這些店屋在二次大戰中並沒有遭到破壞，近年重新粉刷後，恢復了往日的優雅面貌，成為酒吧、藝廊、婚紗店進駐的據點，著名的娘惹餐廳Blue Ginger就位於丹戎巴葛路上。鄰近的Tras Street、Craig Road和Duxton Road也有眾多特色餐館和咖啡屋，適合閒逛尋味。

MAP P.116C3

新加坡城市展覽廳

Singapore City Gallery

進入新加坡發展時光隧道

🚇乘地鐵湯申－東海岸線在「Maxwell」站下車，走出口2，步行3分鐘可達；乘地鐵東西線在「Tanjong Pagar」站下車，走出口A，沿Peck Seah St.往北走，接Maxwell Rd.，右轉Kadayanallur St.可達。 🏠45 Maxwell Road., The URA Centre 📞6221-6666 🕐09:00~17:00 🈺週日及國定假日 💲免費 🌐www.ura.gov.sg

　　新加坡城市建設的突飛猛進是眾人有目共睹的，其賦予古蹟新生命的修繕工程更是不遺餘力，而這些成就的幕後推手就是新加坡城市發展局。這間設於城市發展局中的展覽廳設有10個主題區，展示新加坡人的生活、城市發展史、城市規劃設計、歷史建築保留、市中心建設等主題，在各種充滿互動性的陳列中，最引人矚目的便是一座面積達100平方公尺的新加坡市中心建築模型，鉅細靡遺地呈現整座城市面貌。

麥士威熟食中心

MOOK Choice

Maxwell Food Centre

在地人推薦的美食好所在

🚇乘地鐵湯中-東海岸線在「Maxwell」站下車，步行1分鐘可達；或乘地鐵東西線在「Tanjong Pagar」站下車，走出口A，沿Peck Seah St.往北走，接Maxwell Rd.可達；或乘地鐵東北線或濱海市區線在「Chinatown」站下車，走出口A，直走寶塔街右轉橋南路可達。 🏠位於尼路(Neil Road)、橋南路(South Bridge Road)與麥士威路(Maxwell Road)交接處 ⏰各家攤位營業時間和公休日不同

　　位於三叉路口的麥士威小販中心，具有60多年歷史，以華人小吃為主，設有100多個熟食攤位，是當地人尋找美食的好所在，每到午餐時間，許多知名的老字號攤位經常大排長龍，如果時間充裕，不妨跟著排隊吧！除了以下特別推薦

的攤檔，小販中心裡的「老娘惹」、「老伴豆花」、「合記五香貫腸」、「羅惹‧薄餅‧鮮蛤」、「75中國街花生湯」也是人氣美味。

金華魚片米粉

⏰11:15~19:30 🚫週四 💲5元起

　　金華魚片米粉是麥士威的熱門店家之一，每到用餐時段通常要排上20分鐘才能吃到，是連在地人都讚不絕口的好滋味。餐點共有魚片、魚肉、魚頭的湯和米粉可以選擇。其中，魚片和魚肉的差別在於魚肉有事先炸過，吃起來較有口感，魚片則是新鮮的水煮魚肉，若在點餐時患上選擇困難症，可請店家煮一碗綜合的「魚片魚肉米粉」來品嚐。另外，許多人點餐時還會要求「加奶」，店家便會在湯頭中加入淡奶，除了原本的魚鮮味、薑味之外，又多了一股奶味，濃郁可口。

天天海南雞飯

☎9691-4852 ⏰10:00~19:30 🚫週一

　　天天海南雞飯肉質滑嫩，米飯香噴噴，獨家醬料酸酸辣辣，相當夠味，每到中午勢必大排長龍，一份雞飯5元起。（詳見P.52）

認識小販中心

在新加坡，若想吃遍著名美食，又不想讓荷包大失血，最好的選擇莫過於小販中心。小販中心又名熟食中心，不但種類齊全而且價格公道，同時新加坡政府還會定期檢查，訂定衛生分級A、B、C，讓你吃得更安心。

大型的小販中心攤位往往超過百家，為了該吃哪一家好，常使人傷透腦筋，如果時間充裕的話，不妨跟著大家一起排隊，通常隊伍的長度和口碑成正比。或者可以找「自助服務」的攤檔，這些店家往往因為生意太好，才會無暇替客人服務。

點餐時，有些店家會詢問客人要「吃的」還是「包的」（打包）」，意思是要內用或是外帶，當地人也常簡化成「吃」、「包」。若要外帶的話，部分店家會酌收0.2元左右的餐具費用。用餐時，有時會有服務人員主動來座位詢問「要不要喝水」，其中「水」為飲料的意思，可以點罐裝飲料或咖啡、紅茶、薏米水、馬蹄水等，當然也可以選擇不點。

提醒你，前往小販中心時最好攜帶一包面紙，除了衛生需求外，面紙也是新加坡人拿來「Chope」的用具；Chope在新加坡式英語中有「佔位子」的意思，所以，當你看到桌面或座位上放了一包面紙或私人物品時，就表示這個位子已經有人捷足先登了！

真真粥品

⏰ 05:30~14:30　休 週二、週四　$ 4元起

循著排隊人潮來到真真粥品，若問當地人推薦吃些什麼，他們會推薦你點碗粥並搭配一盤魚生。粥品主要分為魚粥和雞粥，可依個人口味選擇是否加蛋，這裡的粥底滾得綿密，已見不完整米粒，上頭撒上大量的蔥花和油蔥酥，鮮味、鹹味、香氣都十足。而魚生就是生魚片，與辣椒、薑絲、蔥絲、醬料拌著吃，再擠入些桔汁，口味酸甜。

中國街興興

⏰ 07:00~13:00　休 週日　$ 木薯糕或蕃薯旦一個0.7元起

愛吃甜品的人歡迎來中國街興興，純手工製作的木薯糕(Tapioca Cake)和蕃薯旦(Ondeh-Ondeh)超有南洋風味，通常下午就賣完，想嘗鮮請趁早。木薯糕的原料是木薯，分為椰子和炒過的椰子兩種口味，這種點心不黏牙，口感很實在。而製作蕃薯旦的外皮原料有香蘭葉、椰子和蕃薯，香味獨特，裡頭包著甜甜的椰糖，一咬下去就會流出來，絕對可滿足你的嗜甜味覺。

洪家福州蠔餅

⏰ 09:00~20:00　休 週日　$ 蠔餅2.5元起

洪家福州蠔餅賣的是道地福州小吃，老闆在長長的勺子上舖上一層米漿後，加入芹菜、豬肉、蝦仁、牡蠣等餡料，再加上一層米漿，放入熱油中炸熟就完成了，份量相當實在，咬起來口感酥脆。

中峇魯
Tiong Bahru
恬靜住宅區變身文藝潮流街區

🚇乘地鐵湯中–東海岸線在「Havelock」站下車，走出口1或2，沿Zion Rd.走，右轉Seng Poh Rd.可達；或乘地鐵東西線在「Outram Park」站下車，走出7，找到公車站牌「Outram Pk Stn Exit 7」，由此搭乘33、63、851、970號公車，至「Blk 55」站下車即達。

早年的中峇魯原是一片墓地，「中」與福建話「塚」諧音，而「峇魯(bahru)」是馬來話，是「新」的意思，所以中峇魯的原意是「一片新墓

地」。英國殖民時期，政府在這裡蓋了一棟棟公共住宅，其特徵是流線造型的建築外觀與螺旋樓梯，純白樓房搭配紅磚屋頂，門框與窗檻採用鐵柱雕花，造就了獅城第一代「組屋」，歷經二次世界大戰，依然完好保存，被新加坡政府列為古蹟遺產。

這個具有歷史深度的老社區寧靜悠閒，自2010年起，首間咖啡店與獨立書店進駐後，已陸續開設了許多時尚性格的餐廳、咖啡館和藝品店，獨特的氛圍與發展軌跡讓這裡成為在地文青喜愛的聚集地，英國《Vogue》雜誌更封中峇魯為「全球15大最酷鄰里」。

MAP P.130B2

中峇魯市場
Tiong Bahru Market
在地人最愛的市場與小販中心

🚇乘地鐵湯申－東海岸線在「Havelock」站下車，走出口1或2，沿Zion Rd.走，右轉Seng Poh Rd.可達。🏠30 Seng Poh Road

中峇魯市場位於成保路(Seng Poh Road)和林烈街(Lim Liak Street)之間，2006年重建之後，將生鮮攤商集中在1樓，2樓規劃為小販中心，露天中庭帶來良好的採光與流通的空氣，頂樓還設置了花園與停車場，顛覆了小販中心給人髒亂昏暗的刻版印象。這裡的小吃種類多樣，除了以下介紹的攤檔，「中峇魯海南咖哩飯」、「中峇魯飽點」和必比登推介的「中峇魯海南起骨雞飯」、「鴻興炒蘇東蝦麵」、「許兄弟豬什湯」等，也不容錯過。

中峇魯炒粿條

🕐11:00~22:00 🚫週二至週四 💲4元起

中峇魯炒粿條開業於1968年，第一代的鄭老闆在此翻炒鍋鏟已半世紀，不僅受到在地人歡迎，也有許多報章雜誌報導，如今年邁的鄭老闆已將攤位交給女兒及女婿經營。這裡的炒粿條香氣夠，配料也足，粿條和麵條中會加入蛤蜊、魚片、雞肉、豆芽菜和蛋等配料。

甜甜園甜品屋

🕐11:00~21:00 🚫週三 💲清湯2元起

甜甜園提供超過70種甜品，最受歡迎的是由印尼傳至東南亞的珍多冰(Chendol)、採用桂圓肉、白果、蓮子等食材煮成的新加坡傳統甜品清湯(Cheng Tng)，以及在星馬深受喜愛的紅豆冰(Ice Kachang)。喜歡嘗鮮的人不妨試試美祿恐龍紅豆冰(Milo Dinosaur Ice Kachang)，以美祿粉取代原本淋在紅豆冰上的糖漿和椰奶，相當特別。

德盛豆花水

🕐04:30~12:00 🚫週一 💲豆花水1.2元起

德盛豆花水已有逾50年的歷史，不時可見人龍在排隊。店內販售自製的傳統豆花、豆漿和仙草，豆花軟嫩，口感香滑，經常早早就賣完，想吃可得早點來。德盛的豆漿也很香濃，甜度適中，其中以豆漿加仙草最受歡迎。

楗柏水粿

🕐05:30~20:30 💲5個3.5元、10個7元 🌐www.jianboshuikueh.com

1958年創立的「楗柏」老店，店面雖小，聞香前來的饕客可是將隊伍排得頗長。這種風味獨特的水粿是以米為主要材料，先將米磨成粉漿，再倒入一個個半圓形鋁製模子，放進蒸籠蒸熟，香Q有彈性的水粿就出爐了。大快朵頤之前記得淋上楗柏特製油蔥醬料，口感一級棒。無論外帶或內用，一律以油紙打包，充滿古早味。目前楗柏在新加坡已開設眾多分店。

中峇魯潮州粿

🕐07:30~14:00 🚫週一

包著糯米飯的是飯粿，包著黑豆的是黑豆粿，包沙葛的是筍粿，包韭菜的是白色的韭菜粿，現做現賣，許多人都是每種買一些帶回家吃，如果要現場吃的話，老闆會幫你把粿在平底鍋上煎一下，沾上特製醬料，吃起來味道更香。

豆乾薄

🕐09:30~15:00 🚫週一 💲豆乾薄一份4.5元起

創立於1965年的豆乾薄（Tow Kwar Pop），是本地幾乎快要失傳的一種攤販小吃。將豆腐皮放到炭爐上烘烤至金黃酥脆，再填進豆芽和切碎的黃瓜等蔬菜，就是炎夏裡的清爽餐點，記得沾著甜辣蝦醬入口，更具南洋風味。這裡也販賣蘿蔬套餐，包含豆乾薄、鳳梨、黃瓜、豆薯和蘿蔔片等。

MAP ▶ P.116B4　**Blue Ginger**

🚇 乘地鐵東西線在「Tanjong Pagar」站下車,走出口A,往右沿Peck Seah Rd.走,左轉Wallich St.,橫越Tras St.,走Orchid Hotel旁的小路至可達。　🏠97 Tanjong Pagar Road　☎6222-3928　🕐午餐:12:00~15:00,晚餐:18:30~22:30。　💲主菜單點約20~40元,前菜單點約6元起。　🌐www.theblueginger.com

　　融合馬來和華人口味的娘惹料理,口味偏辣,喜歡使用椰漿、檸檬草、蝦醬、老薑等各種香料。位於丹戎巴葛歷史保留區的Blue Ginger,是非常傳統經典的娘惹餐館,餐廳規模不大,整間裝潢採用木頭材質,簡單雅致又不失溫馨,由於口味道地,吸引不少國內外媒體報導,在當地深具知名度。推薦菜色有「酸辣蝦(Ikan/Udang Masak Assam Gulai)」、「參峇茄子(Sambal Terong Goreng)」與「黑果雞(Ayam Buah Keluak)」,飯後再來一碗甜點如椰糖漿刨冰(Gula Melaka)或珍多冰(Chendol),喜歡榴槤的人還可以選擇「榴槤珍多」,堪稱人間美味。

MAP ▶ P.116C3　**PS. Café**

🚇 乘地鐵東北線或濱海市區線在「Chinatown」站下車,走出口A,沿寶塔街走到底,右轉橋南路,左轉Ann Siang Hill接Ann Siang Rd.到盡頭,左轉階梯而上可達;或乘地鐵湯申-東海岸線在「Maxwell」站下車,走出口2,接Erskine Rd.,左轉Kadayanallur St.,右轉Ann Siang Rd.可達。　🏠45 Ann Siang Road #02-02　☎6708-9288　🕐午餐:11:30~16:00,晚餐:17:00~22:00。　🌐www.pscafe.com　❗不接待兒童

　　PS. Cafe開業於1999年,由當地品牌Projectshop開設,發展至今在新加坡共有10多間店,每間分店各有風格,如登普西山店的大片落地窗讓陽光及戶外綠意得以延伸至室內,環境隱密。

　　安祥山分店坐落於酒吧、餐廳林立的安祥路盡頭,餐廳外是寧靜的安祥山公園,室內裝潢以黑、白色系貫串,氣氛輕鬆自在。店內平日供應午、晚餐及下午茶,一樓也設有酒吧,而於週末推出的Brunch更具人氣。推薦招牌菜——松露薯條(Truffle Shoestring Fries),炸得酥脆不油膩,香氣四溢,入口後還留下餘香,另外如凱薩沙拉、店家自製蛋糕也備受歡迎。

MAP ▶ P.130A3 | Plain Vanilla Bakery

🚇乘地鐵湯申–東海岸線在「Havelock」站下車，走出口1或2，沿Zion Rd.走，右轉Seng Poh Rd.，左轉Eng Hoon St.，右轉第一條小巷直走到底，左轉永錫路(Yong Siak Rd.)可達。 🏠1D Yong Siak Street ☎8363-7614 ⏰07:30~19:00 🌐www.plainvanilla.com.sg

Plain Vanilla Bakery於2011年在荷蘭村開設首間店鋪，2013年開了這間位於永錫街的旗艦店。店鋪空間白淨明亮，櫃檯裡擺放著一款款小巧可愛的杯子蛋糕，另一邊則是不同種類的蛋糕、派和塔，看了令人垂涎。室外空間裝飾許多花草植物，僅擺放幾張大桌子、雜誌櫃及吊椅，保留了相當寬敞的空間給顧客。店外成排的腳踏車也提供租借，門口走廊上懸掛的鞦韆是拍照的好場景。

MAP ▶ P.116C3 | Lolla

🚇乘地鐵東北線或濱海市區線在「Chinatown」站下車，走出口A，沿寶塔街走到底，右轉橋南路，左轉Ann Siang Hill接Ann Siang Rd.可達；或乘地鐵湯申–東海岸線在「Maxwell」站下車，走出口2，沿橋南路，右轉Ann Siang Hill可達。 🏠22 Ann Siang Road ☎6423-1228 ⏰午餐：12:00~14:30，晚餐：18:00~23:00。 🈺週日🌐www.lolla.com.sg

Lolla的外牆裝飾著藍色磁磚，相當雅致，店內空間呈現極簡工業風，1樓的吧台區僅有14個座位，可以近距離看見廚師烹調的過程，地下室則擺放一張大桌子，可坐22人，只是要不介意與陌生人同桌吃飯，才能盡興享用這兒的餐點與酒。Lolla主要供應地中海料理，主打適合「分享」的小份餐點(Small Plates)，讓顧客可以與友人合點多道料理一起分享。招牌菜是海膽布丁(Sea Urchin Pudding)，由墨魚汁製成的布丁與海膽形成特別的口感，創新且極具「鮮」味。此外，店家也供應精選的香檳、葡萄酒，曾在2013年獲得美國紐約美食指南Zagat推薦。

MAP ▶ P.130A2 | Creamier

🚇乘地鐵湯申–東海岸線在「Havelock」站下車，走出口1或2，沿Zion Rd.走，右轉Seng Poh Rd.，左轉Eng Hoon St.，右轉第一條小巷直走到底，右轉永錫路(Yong Siak Rd.)可達。 🏠78 Yong Siak Street #01-18 ☎8817-9986 ⏰週一至週四15:30~22:00，週五13:00~22:00，週六和週日12:00~22:00。 💲冰淇淋1球4.3元起，冰淇淋鬆餅10.9元起，咖啡7元起。 🌐creamier.com.sg

因為熱愛冰淇淋，渴望與人分享品嚐的幸福時光，2011年，Creamier選在大巴窯開設首家冰淇淋咖啡館。沒有花俏的噱頭，採用優質原料和配方、辛勤的工作以及對手工的完美追求，就是Creamier冰淇淋的魔力來源，分店均坐落於古老社區，好比中峇魯這棟馬蹄形組屋中的一方小小空間，每天供應由廚房現做的限量手工冰淇淋，包括草莓、黑森林、抹茶、巧克力薄荷、酵母麵包布丁等10多種口味變換；茶和咖啡也是手工現沖現泡，搭配熱鬆餅加1~2球冰淇淋，身心彷彿被療癒了！

Savanh Bistro + Lounge

🚇乘地鐵東北線或濱海市區線在「Chinatown」站下車，走出口A，沿寶塔街走到底，橫越橋南路，接Mohamed Ali Ln.，右轉Club St.可達。或乘地鐵湯申－東海岸線在「Maxwell」站下車，走出口2，沿橋南路，右轉Ann Siang Hill再左轉Club St.可達。 🏠47 Club Street 📞6325-8529 🕐15:00~午夜12:00 🚫週日 💲米春捲14元起，雞尾酒20元起。 🌐indochine-group.com

走進Savanh，洋溢中南半島風格的裝潢讓人感受到輕鬆氣氛，民族風味濃厚的藝術品、舒適的地毯和沙發，加上慵懶的爵士樂，讓這裡深受時髦男女歡迎，外國客人也為數不少。Savanh屬於IndoChine集團，由寮國華僑創辦，將客納街的兩棟舊店屋改裝，1樓設為酒吧，2樓規劃為餐廳，專賣中南半島料理，其浪漫氛圍吸引無數雅痞族前來。

味香園

🚇乘地鐵東北線或濱海市區線在「Chinatown」站下車，走出口A，往右轉走至新橋路上，往左沿新橋路再左轉登婆街可達。 🏠63-67 Temple Street 📞6221-1156 🕐12:00~21:30 🚫週一 🌐www.meiheongyuendessert.com.sg

來到味香園，色彩繽紛的甜點冰品讓人心情充滿陽光，綿綿的雪花冰種類繁多，推薦「珍多雪花冰(Chendol)」與「紅毛榴槤雪花冰(Soursop Snow Ice)」，風味絕美、沁涼無比。除了冰品，味香園還是大名鼎鼎的正萬里望（農夫牌）食品的製造商，正萬里望花生是新加坡人日常生活中不可或缺的零食，地位就好比台灣的乖乖。1940年代，創始人李哲卿在馬來西亞開始種植花生，事業有成後，將經營重心遷往新加坡，隨後更外銷至歐美國家，成為國際級廠牌。因此，在店裡也能買到正萬里望花生。

Thanying

🚇乘地鐵東西線在「Tanjong Pagar」站下車，走出口A，往左走Peck Seah Rd.，右轉Gopeng St.，再左轉Tanjong Pagar Rd.可達。 🏠165 Tanjong Pagar Road Level 2, Amara Hotel 📞6222-4688 🕐午餐：11:00~15:00，晚餐：18:30~23:00。 💲每人約30~50元 🌐www.thanyingrestaurants.com

Thanying是「皇家仕女」的意思，皇家尊貴氣氛和服務是強調重點，地毯、壁畫都以紅色做為主色調，花卉是另一主題，牆上壁畫、大花瓶、桌上康乃馨，都是高雅的花卉，交織出皇室尊貴感。Thanying自1988年即在新加坡提供泰國皇室料理，食物小而精緻，因為傳統皇室要優雅地用餐，所以廚師要做出適合小口享用的食物。雖然泰國人口味偏辣，但在Thanying，每道菜你都可以選擇不辣、小辣或大辣，這就是Thanying的待客之道。

terra Tokyo Italian

🚇乘地鐵東西線在「Tanjong Pagar」站下車，走出口A，往右沿Peck Seah Rd.走，左轉Wallich St.，橫越Tras St.，往右沿Tras St.可達。 🏠54 Tras St. 📞9751-2145 🕐週一至週五12:00~14:30、18:30~22:30，週六18:30~22:30(不供應午餐)。 🚫週日 🌐www.terraseita.com

terra是由日本主廚開設的義大利餐廳，這裡沒有菜單，完全由主廚決定餐點內容。來自日本的新鮮食材融入了和風文化，加上主廚的新潮創意，做出充滿驚喜的義大利菜，讓terra甫開幕就連年拿下米其林的一顆星。這裡沒有單點，午間和晚上皆推出主廚創意套餐，每人價格約128元至308元不等。

牛車水老街區

NE4
Chinatown

詠春園酒樓
唐城坊
上克羅士街 Upper Cross St.
余仁生
Beary Best! Hostel
芳林苑
Galaxy Pods
Kenko Wellness Spa

Bliss Hotel
美珍香
Hotel 1900
川味人家
快樂老家
幸運飯店
華安藥行
白新春茶莊
大同餅家
東北小廚
OverTime Pub
The Southbridge Hotel
天成金鋪

裕華大廈

大華

The Bohemian
摩士街 Mosque St.
Taj印度料理
北京同仁堂

東方美食
泰山藥行
林志源
香味肉乾

Gift Master Souvenirs
SG Gifts
Wink Hostel
Hotel Mono
密斯湘菜館
詹美回教堂

南橋路 South Bridge Rd.
川羊記

Mohamed Ali Ln.
Heritage Collection on Chinatown
Sa Vanh
Bistro + Lounge

四川飯店
老成都
寶塔街 Pagoda St.
牛車水原貌館
The Tintin Shop

八道館魚蝦蟹
Peranakan Tiles Gallery
馬里安曼興都廟
Sri Mariamman Temple

幸運牛車水
美珍香
Orchard
吉祥苑
八道館魚蝦蟹
Eurobest Tailor
Sawasdec Thai
廣安堂蔘茸燕柱
金裕源

珍珠坊
芳土司
老四川豆花庄
The Inn
登婆街 Temple St.
Pure Pandan

實成珠寶金行
味香園
黃耀南藥行
一心素食
Hotel 1888
一級棒水果
滿族全羊鋪
梨春園
泰山藥行
德信藥行
Low Tide
安祥路 Ann Siang Hill

香味肉乾
安昌珠寶
蜂標燕窩
中峇魯起骨海南雞飯
良辰美點
史密斯街 Smith St.
南洋老咖啡
東興餅店
MAXI Coffee Bar

了凡香港油雞飯
Jyu Capsule Hotel
大中國餅家
日日茶
八寶素食館

胡姬花筷子店
馮滿記席莊
胡振隆肉乾
碩莪街 Sago St.
往思嘉旅店

長城砂煲田雞粥
牛車水大廈
牛車水旅客諮詢中心
佛牙寺龍華院
Erskine Rd.

碩莪巷 Sago Ln.

新橋路 New Bridge Rd.
余東旋街 Eu Tong Sen St.
丁加奴街 Trengganu St.
客納街 Club St.

圖例 ● 景點 ⚑ 博物館 ⬤ 商店 ⬤ 百貨 ⬤ 巴士站 ● 咖啡店 ● 餐廳 ✦ 酒吧 ● 點心 H 飯店 ● 遊客服務中心 ● 壁畫

MAP ▶ P.130B2 **Tiong Bahru Bakery**

🚇乘地鐵湯申-東海岸線在「Havelock」站下車，走出口1或2，沿Zion Rd.走，右轉Seng Poh Rd.，再左轉Eng Hoon St.可達。 ⌂56 Eng Hoon Street #01-70 ☎6220-3430 ⏱07:30~20:00 🌐www.tiongbahrubakery.com

透過咖啡和麵包在街坊鄰里中說故事、交朋友，是Tiong Bahru Bakery的初衷，自2012年在此開幕就深深擄獲當地人的心。店內簡約明亮，販售著法國知名烘焙師的手作麵包與西點，可頌（croissant）是必點招牌，咬起來酥鬆且層次分明，入口後黃油甜香四溢卻不油膩。經典之作則是Kouign Amann，一種源自布列塔尼的圓形酥餅，此外還有各種三明治，佐以Latte、Cappuccino或Long Black等咖啡，溫暖悠閒的氛圍讓它成了在地國民品牌，分店已迅速擴展全島。

MAP ▶ P.116D3 **Native Bar**

🚇乘地鐵濱海市區線在「Telok Ayer」站下車,走出口A,沿Telok Ayer St.走,右轉Boon Tat St.,左轉Amoy St.可達;或乘地鐵東西線在「Taniong Pagar」站下車,走出口G,沿Telok Ayer St.走,左轉沿著Amoy St.可達。🏠52A Amoy Street Level 2 ☎8869-6520 ⏰18:00~午夜 ⏳週日 💲雞尾酒26元起 🌐www.tribenative.com

到本土風格的雞尾酒吧喝一杯新加坡文化,已形成一種夜生活風潮,特別是連續登上「亞洲50大最佳酒吧」年度榜單的Native。踩著木階梯來到2樓,狹長的吧台和溫馨典雅的擺設,營造了說故事的場景;透過調酒師的巧思,從在地的歷史文化汲取靈感,採用新加坡的食材和酒精,創造出一系列主打亞洲風情的雞尾酒,訴說著一杯杯精彩故事。

比如向娘惹美食致敬的「Peranakan」,以波羅蜜萊姆酒為基底,加入叻沙葉、石栗、椰糖、羊奶調配而成,深具南洋口感;也有以椰子殼盛裝的「Free of Life」,添加了椰奶椰汁,滋味偏甜。喜歡探索的人,還可試試其他創意飲品或特調燒酒。

MAP ▶ P.116B3 **Shake Shack**

🚇乘地鐵湯申-東海岸線在「Maxwell」站下車,走出口3,沿Neil Rd.走3分鐘可達;乘地鐵東西線在「Outram Park」站下車,走出口4,往右沿Teo Hong Rd.走,接Bukit Pason Rd.直走到底,左轉Neil Rd.可達。🏠89 Neil Road #01-01 ⏰週日至週四11:00~22:00,週五和週六11:00~22:30。💲漢堡9.9元起,Pandan Shake 8.6元起。🌐www.shakeshack.com.sg

從紐約曼哈頓的熱狗餐車起家,沒想到賣漢堡賣到開連鎖店,還從美國一路擴及世界各地,2019年在新加坡的星耀樟宜設立了首家店面,美式漢堡熱潮就此席捲全島。這間牛車水的分店坐落在尼路的一棟百年建築中,曾是製作虎標萬金油的工廠;走進寬敞明亮的空間,先到櫃檯點餐,基本款「ShackBurger」是夾了番茄、生菜和特製醬料的起士牛肉漢堡,有單層和雙層可選擇,麵包香軟、肉排濃郁多汁,讓漢堡控愛不釋口。喜歡嘗鮮的人,別錯過新加坡限定的「Pandan Shake」,喝得到班蘭葉的香氣。

Where to Buy in Chinatown
買在牛車水

MAP ▶ P.135A2 林志源

🚇乘地鐵東北線或濱海市區線在「Chinatown」站下車，走出口A，左轉沿新橋路步行2~3分鐘可達。 🏠203 New Bridge Road ☎6933-7230 🕘09:00~22:00 🌐www.limcheeguan.com.sg

　林志源肉乾創立於1938年，店內的產品都是新鮮製作，買回家後可保存約3星期，除了遊客喜歡，也深受當地人青睞，據說每逢農曆過年前的早上，店家還沒開店，門前就已大排長龍。豬肉絲有軟、脆兩種，軟的適合放粥，脆的適合當零嘴；肉乾的選擇更多，有牛肉乾、辣豬肉乾、雞肉乾、招牌肉乾、金錢肉乾、蝦肉乾、鴕鳥肉乾等，可以試吃看看是否合乎口味，再決定購買與否。除了新橋路的總店，也在烏節路ION Orchard和星耀樟宜設有分店。

MAP ▶ P.135A1A2 美珍香

🚇乘地鐵東北線或濱海市區線在「Chinatown」站下車，走出口A，步行2~3分鐘可達。 🏠189 New Bridge Road ☎6223-7059 🕘09:00~22:00 🌐www.beechenghiang.com.sg

　和林志源、胡振隆一樣，美珍香也是新加坡知名的肉乾和肉鬆品牌，自1933年創業至今，不僅在新加坡開有數十家店，在台灣、香港、馬來西亞、印尼、菲律賓等地都設有分店。店鋪裡各種口味的現烤肉乾香氣四溢，可以用秤重的方式購買，也可以買已經包裝好的。

MAP ▶ P.135C3D3 Pure Pandan

🚇乘地鐵東北線或濱海市區線在「Chinatown」站下車，走出口A，進入寶塔街直走到底，右轉橋南路可達。 🏠264 South Bridge Road ☎6588-5788 🕘09:00~19:00 💲班蘭蛋糕一片2.2元起，瑞士捲8.8元起。 🌐purepandan.com

　因為從小愛吃班蘭蛋糕，Mark毅然辭去工作，跑去烘焙學校上課，於2012年圓了開店夢想，販售多種口味的戚風蛋糕，包括綠茶、巧克力、榴槤、柳橙、香蕉等。鎮店招牌當屬班蘭蛋糕（Classic Pure Pandan），將新鮮班蘭葉打成汁，加入天然食材攪拌、烘焙而成，不含人工色素，蓬鬆芳香，但口感比較清淡，適合不喜歡太甜膩的愛好者。

MAP ▶ P.135C4 胡振隆肉乾之家

🚇乘地鐵東北線或濱海市區線在「Chinatown」站下車，走出口A進入寶塔街，右轉丁加奴街直走到底，右轉碩莪街可達。 🏠14 Sago Street ☎6324-5825 🕘週一至週五10:00~17:00，週六和週日10:00~18:00。 🌐www.huzhenlong.com.sg

　對中國人來說，豬肉乾並不稀奇，但是龍蝦肉乾、鴕鳥肉乾、蝦肉乾，不知你嚐過沒？製作香麻油起家的胡振隆肉乾是傳承了三代的家族企業，創新的口味贏得不少口碑。此外，胡振隆的肉乾都是親手炙烤，在自家的工廠裡真空包裝，讓人不禁一口接一口地吃，喜歡肉乾的人絕對不能錯過。

MAP ▶ P.135C4 馮滿記蓆莊

🚇乘地鐵東北線或濱海市區線在「Chinatown」站下車，走出口A進入寶塔街，右轉丁加奴街直走到底，右轉碩莪街可達。 🏠16 Sago Street ☎6223-0940 🕐10:30~17:00

1908年註冊商標的馮滿記蓆莊，將來自印尼馬辰的藤蓆材料經過整理、加工後，做成質感優良的各種蓆製品，幸運的話，還可看到師傅坐在店裡現場製作。然而，馮滿記更受觀光客歡迎的，是放在櫃子裡的藥膏與藥油，雖然不是國際企業，但愛用者的訂單卻如雪花般從世界各國寄來，馮滿記理所當然也提供寄送服務。熱門產品有專治跌打的紅花油、對風濕關節頗有療效的千里追風油、傷風感冒一試就靈的萬應驅風油、處理蚊蟲咬傷的荳蔻膏、治療富貴手和香港腳的回春膏等。

MAP ▶ P.135B1 余仁生Eu Yan Sang

🚇乘地鐵東北線或濱海市區線在「Chinatown」站下車，走出口A，左轉沿新橋路走，再右轉Upper Cross St可達。 🏠26 Upper Cross Street ☎6223-6333 🕐週一至週六10:00~19:00 ㊡週日 🌐www.euyansang.com.sg

從1879年發展至今，余仁生已是一家國際知名品牌。當年余廣從廣東來到馬來西亞的霹靂州尋求發展，因為看到許多工人為了解緩筋肉的痛苦而沉迷於鴉片，他決定自中國引進漢方藥材，「以中藥取代毒品」，讓勞工從根本上強身健骨，這也是「仁生」兩字所要傳達的意涵。這項事業傳到他的兒子、有「錫礦大王」之稱的余東旋手上，更加發揚光大，他於1910年將藥鋪重心移至新加坡，至今已於中國、港澳及東南亞開設多間零售店。余仁生的中藥大多是調配好的成藥，製成膠囊或滋補液出售，店面有別於傳統藥行，非常現代化，在新加坡各大購物商場和樟宜機場也設有專櫃。

MAP ▶ P.135B1 白新春茶莊

🚇乘地鐵東北線或濱海市區線在「Chinatown」站下車，走出口A，左轉沿新橋路走，再右轉Mosque St.可達。 🏠36 Mosque St. ☎6323-3238 🕐08:30~18:30 ㊡週日 🌐peksinchoon.com

茶行在華人聚居的牛車水中是一項絕不可少的行業，相對地，同行的競爭壓力也不小，創立於1925年的白新春茶莊為了在市場中殺出重圍，不斷研發出新的茶種與口味，例如以招牌的「著名不知香」與「安溪佛手神」，就很受追求新奇的茶友們歡迎。當然，如果你還是喜歡傳統的茶種，這裡也能符合你的需求。

MAP ▶ P.135A2C3 泰山藥行

🚇乘地鐵東北線或濱海市區線在「Chinatown」站下車，走出口A，左轉沿新橋路步行2~3分鐘可達。 🏠201 New Bridge Road ☎6223-1326 🕐09:30~20:00 🌐www.thyeshan.com.sg

位於林志源肉乾店旁，泰山藥行創立於1955年，目前在新加坡共有4間店鋪。店內最受歡迎的商品有可降火氣的自製方涼茶，以及一系列南洋藥油、藥膏，也有販售店家調配的肉骨茶藥材包，可買回家自行烹煮。另外，店內也有中醫門診及配藥服務，提供完整的中醫護理服務。

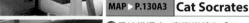

MAP ▶ P.130A3 **Cat Socrates**

🚇乘地鐵湯申-東海岸線在「Havelock」站下車，走出口1或2，沿Zion Rd.走，右轉Seng Poh Rd.，往右繞接Moh Guan Terrace，左轉Yong Siak St.可達。 🏠78 Yong Siak Street #01-14 📞6333-0870 ⏰週一10:00~18:00，週二至週四10:00~19:00，週五週六10:00~20:00，週日09:00~18:00。 🌐catsocrates.wixsite.com/catsocrates

　　Cat Socrates創立於2008年，是一家獨立經營的精品雜貨鋪，展售來自世界各地和新加坡本土的設計師產品，舉凡家居裝飾、廚具、織物、文具、盆栽、自製果醬、復古紀念品等，琳瑯滿目；還可發現工藝、插圖、生活裝飾等主題圖書和雜誌，以及當地出版社的書籍。尤其充滿在地色彩圖案的杯墊、抱枕、紙膠帶、馬克杯、手提袋、竹製環保廚具等，最受遊客喜愛。店貓Mayo每天熱情的送往迎來，有時趴在收銀台，有時窩在貓樹吊床上午睡，是中峇魯分店的守護者。Cat Socrates的另一家分店開在加東的如切路。

MAP ▶ P.135C4 **大中國餅家**

🚇乘地鐵東北線或濱海市區線在「Chinatown」站下車，走出口A進入寶塔街，右轉丁加奴街直走到底，右轉碩莪街可達。 🏠38 Sago Street 📞6226-3588 ⏰週一09:30~18:30，週二至週日09:30~20:00 🌐www.taichongkok.com

　　大中國餅家開業於1935年，目前由第三代接手經營。長久以來，新加坡人早已習慣在佳節前夕來此採購糕餅，其廣式年糕與各式口味的月餅都是記憶中的團圓味道，經常剛推出就被搶購一空；而平日最受歡迎的則是豆沙包、綠豆酥餅、龍鳳餅、核桃酥等，純手工製作，不添加防腐劑。位於碩莪街的總店裝潢採用紅、藍、綠色系相間，燈籠高掛，充滿中國傳統風味。

MAP ▶ P.135D3 **東興餅店Tong Heng**

🚇乘地鐵東北線或濱海市區線在「Chinatown」站下車，從出口A的寶塔街走到底，右轉橋南路可抵達，全程步行5~7分鐘。 🏠285 South Bridge Road 📞6223-3649 ⏰09:00~18:00 🌐www.tongheng.com.sg

　　東興自1910年開店至今已有百年歷史，小小的店面專賣傳統廣式糕餅，舉凡咖哩酥、老婆餅、龍鳳餅、雞蛋塔及喜餅等，種類豐富，飄滿一屋子餅香。其中最知名的就是雞蛋塔，餅皮酥脆、內餡柔軟，除了原味，還推出椰絲等其他口味，均深受歡迎。許多糕餅表皮還會印著「金玉滿堂」字樣，甚至刻有龍鳳圖案，充滿濃厚的中國風情，是當地華人成長過程中的熟悉好味。

MAP ▶ P.116C1
皮克林賓樂雅酒店
PARKROYAL on Pickering

🚇 乘地鐵東北線或濱海市區線在「Chinatown」站下車，走出口E，沿新橋路走，右轉Upper Pickering St可達。 🏠 3 Upper Pickering Street 📞 6809-8888 🌐 www.parkroyalhotels.com

　　酒店由新加坡著名建築團隊WOHA所設計，曾獲得2013年新加坡總統設計獎。尚未踏進酒店，就被如同梯田般的流線型建築造景吸引，而內部挑高的大廳、石材、植被及水流元素，在市中心營造出濃濃的度假氛圍。

　　位於5樓的無邊際泳池搭配宛如鳥籠造型的休憩區，極具設計感，其空中花園種植了各種熱帶植物，並採用從屋頂收集的雨水灌溉植物，以太陽能提供部分照明電力，打造出環保的綠色花園。花園的概念也延伸至客房，不僅房間外牆種滿綠色植被，367間客房也以環保、自然為設計理念，裝潢以木質、石材為主，彷彿住在小木屋裡。

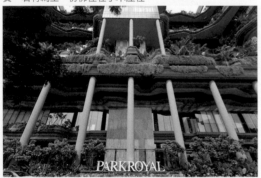

MAP ▶ P.130C2 **D'Hotel Singapore**

🚇 乘地鐵湯申–東海岸線在「Havelock」站下車，走出口1，沿Zion Rd.往南走，經中峇魯鳥廊，走Tiong Bahru Rd.可達。 🏠 231 Outram Road 📞 6595-1388 🌐 www.discoverasr.com

　　D'Hotel隸屬於Ascott集團旗下的酒店品牌，獨特的圓弧外觀洋溢著英國殖民晚期的裝飾藝術(Art Deco)風格。酒店內充滿大自然的元素和藝術設計感，特別邀來6位藝術家以花禽鳥獸為創作主題，將油畫或攝影圖片完美融入41間客房中，宛如住進一座美術館，隨處可見游魚、花草、森林、蝴蝶，讓心情開朗。頂樓的餐廳酒吧視野開闊，可俯瞰中峇魯歷史保留區的景觀。

MAP ▶ P.116C3 **思嘉旅店The Scarlet Hotel**

🚇 乘地鐵東北線或濱海市區線在「Chinatown」站下車，走出口A，沿寶塔街右轉橋南路，再左轉Erskine Rd可達。 🏠 33 Erskine Road 📞 6511-3333 🌐 www.thescarlethotel.com

　　由1924年完工的樓房與15間店屋改裝而成，外觀與格局均保留老建築的典雅復古，內部採用現代奢華風，狂野與節制相互拉扯，營造獨樹一格的空間感。「Scarlet」意為深紅，同時也象徵《飄》的女主角郝思嘉(Scarlet O'hara)，房間運用深紅、鐵灰、黑、紫等色彩，優雅中帶有如火般的熱情。84間客房的家具和壁紙皆從世界各地訂製而來，洗面乳和洗髮精則是飯店原創的天然保養品，呵護備至的服務與高品味，成為許多名人雅士指定入住的精品飯店。

MAP ▶P.116B3 **Hotel 1929**

🚇乘地鐵東北線或濱海市區線在「Chinatown」站下車，走出口A，沿著新橋路左轉恭錫路可達，步行約6分鐘；或乘地鐵東西線在「Outram Park」站下車，走出口4，沿新橋路右轉Kreta Ayer Rd.，再右轉恭錫路可達，步行約5分鐘。 🏠50 Keong Saik Road ☎6226-8929 🌐www.1929hotel.com

為何取名為1929？答案很簡單，正因這棟樓房建於1929年，從建築頂層還可以清楚看見當年遺留至今的「1929」門號，與飯店新掛上的招牌相互輝映。名字雖然懷舊，飯店本身卻極為時尚，以各種造型的椅子為亮點，擺設在飯店各角落，營造新舊的混搭之美。32間客房的空間源自店屋原有的格局，部分單人房面積狹小，可體驗昔日移民住在店屋格房的生活。

MAP ▶P.130B2 **Link Hotel**

🚇乘地鐵湯申-東海岸線在「Havelock」站下車，走出口1，沿Zion Rd.往南走，經中峇魯鳥廊，走Tiong Bahru Rd.可達。 🏠50 Tiong Bahru Road ☎6622-8585 🌐www.linkhotel.com.sg

由1930年代的國宅（新加坡人稱為「組屋」）改建而成，屬於裝飾藝術(Art Deco)建築風格，裝修時保留了原有樑柱結構，僅在裝潢上花心思做變化，288間客房置身其中，分別以馬來、華人、印度與現代為設計主題，呈現出多元民族的繽紛特色，而今晚，你渴望哪一種房內風景呢？

老房子變身各式旅店

牛車水擁有成群的店屋建築，至今仍完整保存，走進老房子彷彿就能穿越時光隧道，感受19世紀生活樣貌。除了進駐餐廳、商店和咖啡館，更有不少特色旅宿藏身其中。比如位於史密斯街與丁加奴街交叉口的梨春園，百年前曾是專門演出粵劇的戲院，如今改為Hotel Calmo，可體驗入住老戲院的感覺。在橋南路、登婆街、摩士街和Upper Cross St，也有許多背包客棧和膠囊旅館，可至各大旅遊訂房網站預訂。

Hotel Calmo

🏠25 Trengganu Street 🌐hotelcalmo.co

MAP ▶P.116D2 **華繡酒店Amoy Hotel**

🚇乘地鐵濱海市區線在「Telok Ayer」站下車，走出口C，步行3分鐘可達。 🏠76 Telok Ayer Street ☎6580-2888 🌐www.stayfareast.com

華人移民在抵達新加坡後，紛紛修建寺廟以感激神明庇佑，坐落於遠東廣場之中的華繡酒店，便以這段移民發展的歷史為設計主題。不僅酒店大廳與福德祠博物館相連結，酒店內的裝潢擺設也結合了中式懷舊風格與現代時尚，包括大廳的百家姓牆和石板裝飾，以及客房內的中式板凳、陶瓷臉盆，彷彿穿梭於時光迴廊中。

MAP ▶ P.116D2　客安酒店The Clan Hotel

🚇乘濱海市區地鐵線在「Telok Ayer」站下車，走出口C，步行2~3分鐘可達。　🏠10 Cross Street　📞6228-6388　Ⓜ
www.theclanhotel.com.sg

循著客安酒店所在的克羅士街，時光倒回19世紀，來自中國的移民紛紛到此尋找工作新機遇，人在異鄉特別需要群聚取暖，相互呼應，宛如社區的各式宗親會館於焉誕生，形成獨有的本土文化。隨著現代商務繁榮，摩天高樓四起，昔日景象雖已不再，故事依然在客安酒店流傳，當你走進這棟閃耀黃黑金屬光芒的時尚建築，品飲一杯迎賓茶的芬芳，你就正式成為客安家族的「自己人」了！延續會館的承諾，像當年照顧親人般，提供房客隨時待命的優質服務。

以華人會館為底蘊，讓懷舊與創新在此相遇，從大廳一路往上綿延至324間客房，放眼所及皆流露東方藝術的設計巧思，黑色大理石櫃台襯著挑高的木格屏風與落地窗，搭配大地色系沙發

和雕塑作品，從check in那刻起，就徹底淪陷於低調奢華的氛圍裡。每間客房坐擁牛車水或中央商務區的俯瞰窗景，托盤上靜靜躺著茶具和方巾包裹的茶飲禮盒，以及特製的當地風味餅乾。

最牽動人心的莫過於其中78間Master系列的尊貴客房與頂級尊貴客房，入住期間不僅贈送手工皂、自選5種客製化茶點，包括客安獨家釀造的啤酒Orient Brew，同時還配備管家服務，宛如私人助理般擔任你的造型顧問和觀光導覽，免費燙熨衣服、擦亮皮鞋，提供夜床服務等，無微不至的貼心照料都藏在細節裡。

往頂樓去，除了健身房，更有被網友封為Instagram拍照最美的游泳池，30層樓高的視野充滿療癒特效，橙紅磚瓦老店屋和參天大樓高低錯落，此番雲端美景別無他處尋，僅在客安獨享。獨享的還有位於4樓的QĪN餐廳（發音近似「親」），隸屬同樂集團，可品嚐西式元素與亞洲風味交織的佳餚，佐以整排落地窗的絕美市容，走木梯拾階而上，來到酒吧，眾多葡萄酒和特色雞尾酒任君選擇。

142

烏節路

烏節路
Orchard Road

文●墨刻編輯部 攝影●墨刻攝影組

來到烏節路，什麼都不用多說，只要穿上最適合走路的鞋子，皮夾裡記得帶2、3張信用卡就對了。新加坡的烏節路宛如紐約的第五大道或巴黎的香榭大道，是世界精品的集散地，大型百貨公司一間緊連一間，綿延2.2公里，一點縫隙也沒有，光是一座購物商場逛起來就足以花上好幾個小時，絕對是血拼迷的天堂。

在烏節路逛街稱得上是高級享受，乾淨整齊的綠意街道，裝點著每年都會更換的燈飾，購物的同時還可欣賞街景。至於最佳的血拼季節，自然非6~7月的「新加坡熱賣會(Great Singapore Sale)」莫屬，此時烏節路的百貨公司會有眾多特賣活動，趁打折時來撿便宜當然最划算！

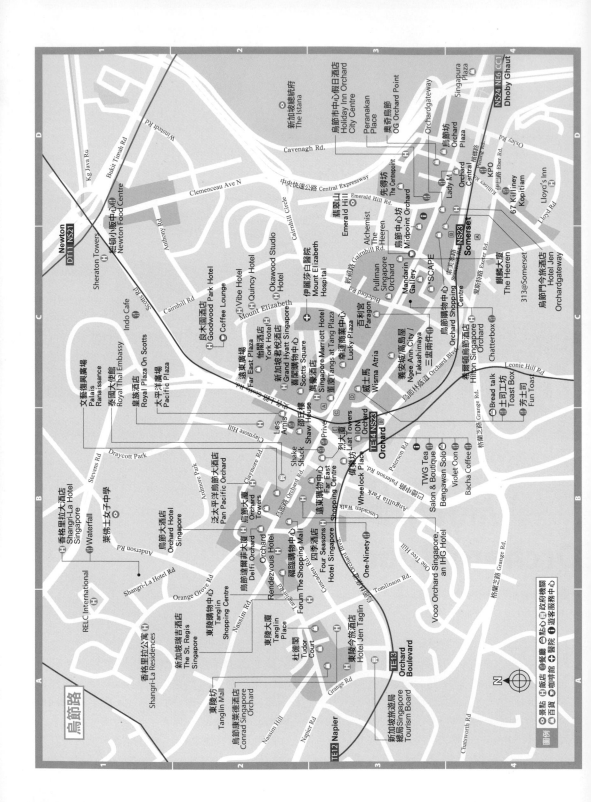

烏節路

新加坡總統府 The Istana

烏節中心/假日酒店 Holiday Inn Orchard City Centre

娘惹坊 Peranakan Place

奧奇烏節 OG Orchard Point

新加坡購興廣場 Singapura Plaza

NS24 NE6 CC1
多美歌 Dhoby Ghaut

Cavenagh Rd.

烏節坊 Orchard Plaza

Winsted Rd

Kg Java Rd

Bukit Timah Rd

Clemenceau Ave N

中央快速公路 Central Expressway

先得坊 The Centrepoint

烏節中央 Orchard Central

KPO

怡豐城 伊利尼路 Eber Rd.

Newton
DT11 NS21

Sheraton Towers

牛頓小販中心 Newton Food Centre

Emerald Hill

翡翠山 Emerald Hill Rd.

Lady M

67 Killiney Kopitiam

Lloyd's Inn

Lloyd Rd

Oxley Rd

烏節中心坊 Midpoint Orchard

烏節中心坊 Alchemist The

NS23
Somerset

烏節門今旅酒店 Hotel Jen Orchardgateway

麒麟大廈 The Heeren

313@Somerset

Anthony Rd

Cairnhill Circle

Cairnhill Rd

Scotts Rd

Indo Cafe

良木園酒店 Goodwood Park Hotel

Coffee Lounge

Vibe Hotel

Quincy Hotel

Okawood Studio

Mount Elizabeth 良木酒店 York Hotel

怡閣酒店 Okawood Studio Hotel

伊麗莎白醫院 Mount Elizabeth Hospital

Cairnhill Rd.

裕廊坊 The Heeren

Pullman Singapore Orchard

烏節中心坊 Midpoint Orchard

Mandarin Gallery

*SCAPE

烏節購物中心 Orchard Shopping Centre

Exeter Rd.

文華麗興廣場 Palais Renaissance

英國大使館 Royal Thai Embassy

皇族酒店 Royal Plaza On Scotts

太平洋廣場 Pacific Plaza

遠東廣場 Far East Plaza

新加坡君悅酒店 Grand Hyatt Singapore

喜閣購物中心 Grand Hyatt Singapore

萬豪酒店 Singapore Marriott Hotel

Scotts Square

Mount Elizabeth

伊麗莎白醫院 Mount Elizabeth Hospital

董廈商業中心 Tangs Tang Plaza

幸運商業中心 Lucky Plaza

百利宮 Paragon

威士馬 Wisma Atria

義安城/高島屋 Ngee Ann City / Takashimaya

三盅兩件

烏節購物中心 Orchard Shopping Centre

Chatterbox

Bidefort Rd

Bread talk

Leonie Hill Rd

希爾頓烏節酒店 Hilton Singapore

吐司工坊 Toast Box

芳士司 Fun Toast

Ardmore Park

Stevens Rd

Draycott Park

Claymore Rd

Les Amis

邵氏樓 Shaw House

Shake Shack

Prive

烈士Liat Towers

Claymore Rd.

ION Orchard

TE14 NS23
Orchard

Grange Rd.

Grange Rd.

TWG Tea

Salon & Boutique

Bengawan Solo

Violet Oon

Bacha Coffee

香格里拉大酒店 Shangri-La Hotel Singapore

Waterfall

萊佛士女子中學

泛太平洋烏節大酒店 Pan Pacific Orchard

烏節酒店 Orchard Hotel

烏節大廈 Orchard Towers

Anderson Rd

Orange Grove Rd

RELC International

香格里拉公寓 Shangri-La Residences

Shangri-La Hotel Rd

烏節達爾菲大廈 Delfi Orchard

Orchard Towers

Orchard Rd

Orchard Rd.

福臨購物中心 Forum The Shopping Mall

四季酒店 Four Seasons Hotel Singapore

遠東購物中心 Far East Shopping Centre

Wheelock Place

One-Ninety

Paterson Rd

Cuscaden Walk

Angullia Park

Paterson Rd.

新加坡瑞吉酒店 The St. Regis Singapore

Tanglin Rd

Nassim Hill

東陵購物中心 Tanglin Shopping Centre

東陵大廈 Tanglin Place

Rendezvous Hotel

Cuscaden Rd.

One Tree Hill

Tomlinson Rd.

Voco Orchard Singapore, an IHG Hotel

格蘭芝路 Grange Rd.

TE12 Napier

Napier Rd.

Nassim Hill

杜德閣 Tudor Court

烏節康萊德酒店 Conrad Singapore Orchard

東陵今旅酒店 Hotel Jen Tanglin

Grange Rd

TE13
Orchard Boulevard

新加坡旅遊局 總局 Singapore Tourism Board

Chatsworth Rd

Chatsworth Rd

格蘭芝路 Grange Rd.

圖例 ●景點 ●飯店 ⑪餐廳 ◎點心 ⊞政府機關
　　　●百貨 ◐咖啡館 ✚醫院 ●遊客服務中心

N

144

INFO

如何前往——機場至烏節路

◎地鐵

從樟宜機場站(Changi Airport, CG2)搭乘東西線(East West Line)，在政府大廈站(City Hall，EW13/NS25)下車，轉搭南北線(North South Line)至索美塞站(Somerset, NS23)或烏節站(Orchard, NS22)下車，可步行前往區內各景點和飯店。

🚇週一至週六05:31~23:18，週日05:59~23:18。

💲依乘坐距離遠近而不同，約2.07~2.10元。

◎公車

從樟宜機場(Changi Airport)搭乘36號公車進入市中心，可選擇在Somerset Stn、Orchard Stn Exit 13、Opp Four Seasons Hotel等站下車。

🚌平日約06:00~23:58，週六約06:00~00:04。平均10分鐘一班。

💲依搭乘距離遠近而不同，票價約2.18~2.22元。

🌐www.go-aheadsingapore.com

◎機場巴士

從樟宜機場(Changi Airport)可搭乘機場巴士進入市中心，行駛路線涵蓋新加坡大多數飯店，可在市政區的住宿飯店下車。詳細資訊見P.33。

💲成人10元、兒童7元

烏節路交通

◎地鐵

烏節路有5座主要地鐵站，可視景點的位置決定要搭乘哪條地鐵線、在哪一站下車，比較方便。

多美歌站(Dhoby Ghaut, NS24/NE6/CC1)：位居市政區與烏節路交界處，距離獅城大廈最近。

🔺P.144D4

索美塞站(Somerset, NS23)：位於烏節路中間點，四通八達，可前往百利宮、翡翠山或Orchard Central等景點。

🔺P.144C4

烏節站(Orchard, NS22)：位於烏節路的精華區域，有地下通道可直接前往ION Orchard、董廈、邵氏樓等大型購物中心。

🔺P.144B3

烏節林蔭道站(Orchard Boulevard, TE13)：位於烏節路最西陲，方便前往新加坡旅遊局總局和部分五星級酒店。

🔺P.144A3

紐頓站(Newton, NS21)：位於烏節路最北端，可前往紐頓小販中心。

🔺P.144C1

◎步行

烏節路範圍不大，如不搭乘地鐵而選擇全程步行，仍可抵達所有景點。

旅遊諮詢

◎Orchardgateway旅客詢問中心

🔺P.144D3

📍216 Orchard Road（Orchardgateway@Emerald旁）

🕐10:00~19:00

提供各式旅遊資訊，包括代訂住宿、代售各大景點和活動票券等，並提供免費Wifi。2樓設有展覽廳，遊客可透過時光隧道般的陳列與互動式設計，聆賞新加坡的歷史故事與美食文化。

◎ION Orchard旅客詢問中心

🔺P.144B3

📍ION Orchard一樓服務台

🕐10:30~22:00

MAP ▶ P.144D3

先得坊
The Centrepoint
全方位平價商場

🚇乘地鐵南北線在「Somerset」站下車，走出口B，步行5~7分鐘可達。 ⋒176 Orchard Road ☎6737-9000 ⊗10:00~22:00 ⓦwww.thecentrepoint.com.sg

先得坊於1983年在烏節路開幕，是一座全方位平價商場。商場中擁有三大餐飲區域，包括Gastro+、Food Hall 和 Food Street，引進許多知名餐館，比如松發肉骨茶、Astons Steak & Salad、Gyu-Kaku Japanese BBQ、dal.komm COFFEE等，橫跨6層樓，吸引家庭、三五好友前來歡樂聚餐。此外還進駐了法國的迪卡農、澳洲的電子產品店Harvey Norman，以及親子遊樂場、健身中心和美容美髮沙龍。

MAP ▶ P.144D3

翡翠山

MOOK Choice

Emerald Hill Conservation Area
鬧區中寧靜美好的店屋風景

🚇乘地鐵南北線在「Somerset」站下車，走出口B，步行至Peranakan Place後，由此進入Emerald Hill Rd.。 ⋒入口位於烏節路的Peranakan Place

位於先得坊旁的Peranakan Place聚集了酒吧與露天咖啡座，彷彿一道通往祕密花園的入口，外面是新潮時尚的烏節路，穿過咖啡座往斜坡走去，卻是寧靜自得的翡翠山土生華人區。

所謂的土生華人(Peranakan)，指的是早期華人和馬來人通婚後的後裔，他們的文化混合了中國和馬來傳統，在建築上也可見到兩種風格的融合。這些典雅繽紛的樓房，有的大門深鎖，有的是私人住宅，僅少部分被餐廳、咖啡店、酒吧佔據，許多遊客喜歡坐在這兒喝杯咖啡、歇歇腿，還能欣賞這些美麗樓房。

MAP ▶ P.144C3

麒麟大廈
The Heeren
老牌百貨變身玻璃珠寶盒

🚇乘地鐵南北線在「Somerset」站下車，走出口B，步行約5~6分鐘可達。 ⋒260 Orchard Road ☎6738-4388 ⊗10:00~22:00 ⓦwww.heeren.com.sg

外觀宛如玻璃珠寶盒的麒麟大廈高達20層樓，僅6層為購物商場，其他則是公司行號與辦公室，由於採光自然，購物氛圍也顯得活潑愉悅。新加坡老牌百貨公司Robinsons創立於1858年，選擇在此開設旗艦店，獨家的美容化妝品牌是百貨的主打之一。知名3C電子品牌COURTS NOJIMA佔據1樓，吸引不少人潮。

MAP ▶ P.144D4

Orchard Central

宛如前衛藝廊的購物商城

🚇乘地鐵南北線在「Somerset」站下車，走出口B，步行約3分鐘可達。 🏠181 Orchard Road 📞6238-1051 ⏱11:00~22:00 🌐www.fareastmalls.com.sg

Orchard Central的外觀線條分明，擁有獨特的玻璃帷幕牆，每到夜晚燈火通明，宛如超大型展示櫥窗，讓品牌能見度大增。商城的購物動線具有實驗性的設計，52座電扶梯將顧客帶往任何想去的區域，不用瞎繞半天。Uniqlo全球旗艦店、西班牙時尚品牌Desigual、日本Tokyu Hands、武術連鎖店Evolve MMA，以及來自紐約的Lady M，齊聚在此；地下樓則是24小時營業的超市DON DON DONKI，提供平價美妝藥品、生活雜貨和電子產品。走進商城，還能欣賞國際知名藝術家的裝置藝術創作，比如商場內身形挑高拉長達4層樓的「Tall Girl」最吸睛，走上頂樓，可欣賞「The Stair, The Clouds and The Sky」作品，空中花園愜意散步。

MAP ▶ P.144C3

百利宮

Paragon

兩大百貨同時進駐

🚇乘地鐵南北線在「Orchard」站下車，走出口1，沿烏節路步行5分鐘可達。 🏠290 Orchard Road 📞6738-5535 ⏱10:00~22:00 🌐www.paragon.com.sg

與義安城隔著烏節路相望的百利宮，進駐店鋪約有200多家，想要找Burberry、Coach、Gucci、Givenchy、Prada這類國際級設計品牌，絕對不是什麼難事。此外，在百利宮裡還有2家佔地廣達數層樓的百貨公司：Metro與Marks & Spencer；5樓則針對兒童規劃了遊樂設施與休閒空間，適合親子同遊，尤其玩具反斗城的規模在新加坡也是首屈一指。

MAP ▶ P.144C3

313 @ Somerset

平價個性品牌應有盡有

🚇乘地鐵南北線在「Somerset」站下車，走出口B可直接進入購物中心。 🏠313 Orchard Road 📞6496-9313 ⏱10:00~22:00（週五和週六營業至23:00） 🌐www.313somerset.com.sg

購物商場建於地鐵站上方，長方體的建築外觀裹上時髦的銀灰色調，深具現代設計感，賣場裡販售國際平價服飾品牌，包括ZARA、Mango、Cotton On、iORA等，以及人氣超旺的文具精品店Smiggle和Typo，絕佳的交通優勢讓313 @

Somerset的人潮洶湧不斷。這裡的美食相對平民化，從基本的咖啡店、輕食屋、餐廳到大食代美食廣場等，應有盡有，強烈展現在地生活文化。

Mandarin Gallery

國際與本地設計師品牌齊聚

🚇乘地鐵南北線在「Somerset」站下車，走出口B，步行約4~6分鐘可達。　🏠333A Orchard Road　📞6831-6363　🕐11:00~22:00　🌐www.mandaringallery.com.sg

　　Mandarin Gallery以玻璃帷幕作為建築門牆，形塑出晶瑩剔透的設計之美，將場內近100家專賣店的高質感襯托得淋漓盡致。百貨樓高4層，走逛在1、2樓之間，將發現眾多國際級品牌，舉凡Boss、Max Mara、奢華運動時尚Michael Kors、頂級行李箱Rimowa，以及時尚潮牌Victoria's Secret也在1樓開設旗艦店，除了款式繁多的內衣褲、睡衣和休閒服，還有屢獲殊榮的高級香水與身體護理產品。3、4樓以休閒運動、生活用品、美髮美妝及餐廳為主，展現跳脫傳統的購物文化。

義安城/高島屋

MOOK Choice

Ngee Ann City / Takashimaya

名牌齊聚商品種類繁多

🚇乘地鐵南北線在「Orchard」站下車，從出口3經過威士馬的地下樓，走地下通道直達。　🏠391 Orchard Road　📞6738-1111、6733-0337　🕐10:00~21:30　🌐www.ngeeanncity.com.sg

　　義安城由130多間精品店、超過30家餐廳和高島屋百貨公司共同組成，規模巨大，宛如一座城中城。在這裡可以找到Louis Vuitton、Chanel、Dior、Cartier等世界級名牌，讓你隨時走在流行尖端。4樓設有全亞洲最大書店紀伊國屋(Kinokuniya)，佔地面積達3萬平方公尺，以英文書籍為主，也可以看到台灣出版的中文書籍。義安城前方的市民廣場面積很大，經常舉辦各項活動，從美食品嚐會到戶外籃球賽都有，每逢假日特別熱鬧。

新加坡也有黑店？

　　大致說來，新加坡擁有良好的購物環境，在這裡買東西基本上相當安全，但還是有少數黑店存在。風評較差的就屬小印度森林廣場、牛車水珍珠大廈與烏節路的幸運商業廣場(Lucky Plaza)中的少數店家，尤其是販售3C產品的店面。他們專以外國人為坑殺對象，讓人平白花費不必要的金錢，或是買到次級品。因此若對產品及其行情不是太有研究的人，最好避開到這些地方購買。

MAP ▶ P.144C3

威士馬廣場

Wisma Atria

時髦女性的購物天堂

乘地鐵南北線在「Orchard」站下車，走出口3可進入威士馬的地下樓。 ⌂435 Orchard Road ☎6235-2103 ⏰10:00~22:00 ⓌWww.wismaonline.com

　威士馬擁有獨到的時尚眼光，時常開先鋒引進許多國外品牌，比如Tory Burch、Typo、Cotton On等，都曾在新加坡掀起話題。遊逛1樓至3樓，除了Forever New、Seed Heritage、Lacoste和Porter International等國際名牌，Coach、Rolex、Mauboussin、Emperor Watch & Jewellery及TAG Heuer更在此設立了旗艦店，形成威士馬氣派的門面。新奇有個性的流行潮牌則聚集在地下樓，比如Charles & Keith、Pazzion、THEFACESHOP和Lovisa等，而Typo、Smiggle兩大生活禮品店充滿繽紛趣味，適合尋寶。

MAP ▶ P.144B3

ION Orchard

MOOK Choice

位置優越的摩登購物中心

乘地鐵南北線在「Orchard」站下車，走出口4，循指標可直接進入ION Orchard。 ⌂2 Orchard Turn ☎6238-8228 ⏰購物中心每天10:00~22:00，ION Sky觀景台週二至週四16:00~20:00、週五至週六14:00~21:00。 ⓌWww.ionorchard.com

　ION Orchard位在Orchard地鐵站上方，設有地下通道與董廈、邵氏樓相連，甫開幕就對烏節商圈的購物版圖產生衝擊。優越的地段、廣達8層樓的超大購物空間和新穎的造型設計，吸引將近400家國際名牌進駐，包括LV、Prada、Dior、Loewe、Tiffany & Co.等，還一次坐擁TWG Tea、Bacha Coffee、Violet Oon和Lady M四家人氣餐廳，可謂星光閃耀。

　位於4樓的Art Gallery則話題不斷，定期展出以多媒體、時尚美學為主題的藝術創作；購物中心正上方設有一棟公寓住宅，高達56樓，登上頂樓就是ION Sky觀景台，從這裡可環視城市風貌。

MAP ▶ P.144C3

董廈

MOOK Choice

Tangs at Tang Plaza

烏節路的元老級百貨公司

🚇 乘地鐵南北線在「Orchard」站下車，走出口1直達。 🏠310 Orchard Road ☎6737-5500 ⏰週一至週六10:30~21:30，週日11:00~21:00。 ⓤtangs.com

　　董廈以紅簷綠瓦的中國式建築，在成排摩登商場中脫穎而出，它不但是烏節路上第一棟購物中心，更是深受新加坡居民喜愛的百貨公司，自1958年開幕以來，人潮從不間斷。其創始人C.K. Tang於1923年從中國前往新加坡販售布料，進而開店，當初在烏節路設立購物商場時並不被看好，如今證明他的眼光獨到，富有遠見。董廈除了擁有國際名牌，對本土設計師的支持也不遺餘力，家居生活用品及旅遊休閒配備更是齊全。

MAP ▶ P.144B2

邵氏樓

Shaw House

知名電影城在此坐鎮

🚇 乘地鐵南北線在「Orchard」站下車，走出口1，循邵氏樓的指標走地下通道可達。 🏠350 Orchard Road ☎6235-2077 ⏰10:00~21:00 ⓤwww.shaw.sg

　　位處車水馬龍的十字路口，邵氏樓隔著馬路與董廈、ION Orchard相對，交通非常便利。這裡以日系的伊勢丹百貨(Isetan)為主，不僅日系及各國品牌齊全，櫥窗裝飾也很有現代感，美食餐廳和超市選擇多樣。最受注目的是位居5、6樓的邵氏旗艦電影院Lido，共有8個放映廳，設備新穎，類似台北信義區的威秀影城。

MAP ▶ P.144C3D3

Orchardgateway

橫跨烏節路上空的獨特地標

🚇 乘地鐵南北線在「Somerset」站下車，走地下通道可達。 🏠277 Orchard Road ☎6513-4633 ⏰10:30~22:30 ⓤwww.orchardgateway.sg

　　Orchardgateway是烏節商圈的獨特地標，將隔著烏節路對望的兩棟弧形高樓，以一條玻璃圓管天橋連接起來，極具視覺效果。由於位居313@Somerset和Orchard Central兩大購物商場之間，透過地下通道串連，提供了無縫接軌的逛街環境。除了本土流行店鋪聚集，這裡還藏著一座圖書館，而從3樓通過60公尺長的玻璃

天橋至對街，則進入居家用品、家具擺飾的品牌世界。

MAP ▶ P.144C1

紐頓小販中心

MOOK Choice

Newton Food Centre

遊客最愛的露天用餐區

🚇 乘地鐵南北線在「Newton」站下車，走出口B，往 Clemenceau Ave North方向走，通過天橋可達。　🕐 下午至凌晨（各店不同）　📍 500 Clemenceau Avenue North

　紐頓小販中心位於地鐵站附近，交通方便，露天座位的設計可避免空氣不流通的悶熱，加上又是電影《瘋狂亞洲富豪》的拍攝場景，因此深受外國旅客歡迎，適合吃晚餐或宵夜。攤位數量眾多，主要以海鮮料理和沙嗲燒烤為主，也有魚圓粿條、蝦麵、鴨麵、魚粥、蠔煎等選擇，有種走進台灣夜市的熟悉感。

海鮮攤

🕐 約18:00~04:00　💲 烤方魚約15元起、老虎蝦約20元起、麥片蝦約24元起

　整座小販中心有超過半數的攤檔販售海鮮，除了高價位的辣椒螃蟹、胡椒螃蟹外，也有中價位的海鮮，烤方魚、老虎蝦及麥片蝦等。各攤都有服務員招呼顧客及帶位，店家會在招牌上標明各料理的價位，記得在點餐和結帳時留意計價單位並詢問清楚，以免和店家發生糾紛。其中「元記海鮮」、「TKR沙嗲」人氣超旺，編號27的「聯合海灘燒烤」則榮獲米其林必比登推介，不妨參考。

合記炒蠔煎

🕐 18:00~午夜12:00　🛌 週一、週日　💲 炒蠔煎小8元、中10元、大12元

　新加坡的蠔煎與台灣的蚵仔煎有異曲同工之妙，蠔煎據說源自潮州汕頭小吃，不同於台灣使用太白粉，合記使用的是蕃薯粉，用了大量的蚵仔和雞蛋。老闆一次煎的份量很多，淋上醬油時，突然升起熊熊烈火，讓人睜大了眼睛。

貴興鴨麵

🕐 09:00~21:00　🛌 週三和週日　💲 滷鴨麵4元起

　貴興的菜單內容十分廣泛，舉凡海南雞飯、炒飯、滷鴨飯、滷鴨麵、雞絲麵、鴨肉粥、粿汁、雲吞麵和叉燒等，看得人眼花撩亂。但真正獲選米其林必比登推薦的，就是滷鴨麵。店家將整隻鴨子放入滷湯中燉滷好幾個小時，肉質滑嫩多汁，搭配麵、粥或米飯，都是鮮美的選擇。

紐頓天香大蝦麵

🕐 11:00~03:00　💲 大蝦麵15元起

　先喝一口湯，果然香甜，以豬骨作為湯底，將蝦殼炒過後放入增加甜味，湯頭好喝，這碗蝦麵就成功一半了，再加上蝦子的選擇也特別用心，使用特地選過的黑蝦，雖然價格較貴，但比起普通的蝦子味道更棒，所以不惜血本，難怪老闆說，生意好的時候一天可賣出200多碗。此外，這裡還有排骨豬尾蝦麵、豬肝瘦肉麵，不妨試試。

順華魚圓粿條麵

🕐 18:00~21:30　🛌 週三和週日　💲 魚圓湯、魚圓麵、魚餃麵，以上每碗均為5.5元。

　新加坡說的魚圓，就是我們所說的魚丸，沒有包內餡，但是很大顆，QQ的很有彈性。而外表看起來像餛飩的是魚餃，也是自製的，不管是魚圓湯或魚圓麵，都有兩種份量可選擇，由於份量很多，建議點中份即可。

Where to Eat in Orchard Road
吃在烏節路

MAP ▶ P.144D4 **KPO**

🚇乘地鐵南北線在「Somerset」站下車，走出口A，往右走Exeter Rd.，左轉Killiney Rd.可達。 📍1 Killiney Road ☎6733-3648 ⏰週一至週四15:00~01:00，週五15:00~02:00，週六18:00~02:00。 🈵週日 🌐www.imaginings.com.sg

　這棟看起來彷彿森林木屋的建築，其實是本地的一棟郵局，有趣的是，這裡除了替民眾處理郵政事務外，還能幫助人們改善人際關係，因為在郵局小屋裡居然存在著一間餐酒館！不但氣氛一流、環境有特色，餐點也很到位，以美式料理為基調，還提供沙嗲、豬肉粥等椰漿飯等本地食物及創意甜點，在新加坡酒吧裡獨具一格。

MAP ▶ P.144D3 **Peranakan Place**

🚇乘地鐵南北線在「Somerset」站下車，走出口B至烏節路上，橫越斑馬線至對面，往右沿烏節路可達。 📍180 Orchard Road ☎6738-8818、6738-8828 ⏰酒吧17:00~01:00，咖啡館12:00~1:00。 🌐www.peranakanplace.com

　　　　　位於烏節路旅客詢問中心旁的Peranakan Place，由幾間老店屋改裝組成，規劃了三間餐館酒吧及咖啡館。Acid Bar每晚有樂團現場演唱，充滿活力，並設有Acid Alfresco主題咖啡館，運用丹麥設計風格營造清新氛圍；Alley Bar則以懷舊的擺設營造夜晚的淺酌的氣氛。在烏節路逛街逛累了，適合在此喝杯咖啡、啤酒，或跟著樂團、DJ一起搖擺到夜深。

MAP ▶ P.144C3 **Bread talk**

🚇乘地鐵南北線在「Somerset」站下車，走出口B至烏節路上，橫越斑馬線至對面，往右沿烏節路可達。 📍176 Orchard Road #B1-K6/K7, The Centrepoint ☎6341-9594 ⏰10:00~20:00 🌐www.breadtalk.com.sg

　成立於2000年的Breadtalk是新加坡自創麵包品牌，研發小組不時依照時事或創意，使用當地食材做出獨特的新式麵包。在這裡可以看到開放式廚房烘焙麵包的現場，店面設計充滿時尚感。霸王、小魚辣椒、鬆鬆、鄉巴佬等，光聽這些麵包名字就讓人覺得有趣。分店眾多，除了先得坊，在ION Orchard、313@somerset、Chinatown Point、Raffles City等購物中心都能找到。

MAP ▶ P.144C3 **三盅兩件Soup Restaurant**

🚇乘地鐵南北線在「Orchard」站下車，走出口1，沿烏節路步行約5分鐘可達百利宮。 📍Paragon, 290 Orchard Road #B1-07 ☎6333-6228 ⏰11:30~22:00 🌐www.souprestaurant.com.sg

　餐廳老闆來自廣東三水，因而推出招牌料理「三水薑茸雞」，充滿濃濃懷舊味。昔日，從廣東三水移民至新加坡的婦女大多從事苦力工作，薪水相當微薄，必須存上兩個月工資才能買到一隻雞，在過年期間烹煮，將雞肉蒸熟後切片沾薑，以生菜包起食用。如今，「三水薑茸雞」透過餐廳重新包裝，讓人得以品嘗當年移民的艱苦生活。為

了保有原汁原味，餐廳的料理大多用蒸的；湯品使用溫和藥材；甜品則有「南北杏雪耳燉雪梨」、「紅棗白果燉雪耳」等，均可溫補滋潤。除了百利宮這間分店，在樟宜機場第一航廈、怡豐城、新達城等處也有分店。

MAP ▶ P.144C2 **Coffee Lounge**

🚇乘地鐵南北線在「Orchard」站下車，走出口1，經董廈沿Scotts Rd.往北，步行約10分鐘可達良木園酒店。 🏠22 Scotts Road ☎6730-1746 ⏰早餐06:00~10:30，午餐12:00~14:30，下午茶14:30~18:00，晚餐18:00~22:30。 💲台灣粥午餐便當每人25元起 🌐www.goodwoodparkhotel.com

　一踏入Coffee Lounge，立即被輕鬆優雅的氣氛吸引住，挑高的天花板、古老的歐式家具、兩旁的熱帶植物、圓拱型的長廊，都讓人回想起殖民時期的美好感覺。這裡以台灣粥和當地美食聞名，尤其自1984年以來，台灣粥已成為餐廳招牌菜，不僅午餐推出便當組合，還有台灣粥的A La Carte Buffet，配菜豐盛且價格實惠。此外，新加坡本土菜餚如海南雞飯、肉骨茶等，不妨試試。

MAP ▶ P.144B3 **One-Ninety**

🚇乘地鐵南北線在「Orchard」站下車，走出口11，沿Orchard Blvd走約6~8分鐘可達四季酒店 🏠190 Orchard Boulevard ☎6831-7653 ⏰早餐06:30~10.30，午餐12:00~14:30，晚餐18:00~22:30。 💲午餐Buffet58元起（依不同配套而定），晚餐Buffet98元起。 🌐www.fourseasons.com/singapore

　One-Ninety餐廳的代表符號是個圓圈，代表地球、宇宙的無限，也代表四季飯店在料理上的勇於創新，融合了歐式和亞洲的食材與概念。在這裡用餐，可以選擇用精緻的餐具裝著自助餐台裡的佳餚，搭配一道主菜和甜點，或可選擇主廚推薦菜單，透過年輕廚師的巧思創意，端上來的每一道料理都令人驚奇。

MAP ▶ P.144B1 **The Waterfall**

🚇路線同香格里拉酒店，建議搭計程車前往較為省力。 🏠22 Orange Grove Road, Shangri-La Hotel ☎6213-4398 ⏰午餐12:00~14:30，晚餐18:00~22:00。 💲海鮮義大利麵單點34元起 🌐www.shangri-la.com/cn/singapore/shangrila

　坐落在香格里拉大酒店花園翼一樓，The Waterfall面向綠意盎然的花園，內部裝潢充滿殖民風格，以木質、褐色系為主調，氛圍輕鬆自在。餐廳供應正統的義大利南部料理，以手工製作的義大利麵、海鮮料理和主廚Marco De Vincentis的家傳料理為主打。招牌料理包括經典的Linguine Allo Scoglio（海鮮義大利麵），以及麵條酥脆、與肉醬搭出多層口感的Lasagna（千層麵），喜歡甜點的人，推薦點一份Sharing Platter，可以和朋友一起品嘗包括提拉米蘇等4種甜點。另外，也有專為兒童設計的菜單，相當貼心，適合親子聚餐同樂。

MAP ▶ P.144B2 **Bengawan Solo Cake Shop**

🚇乘地鐵南北線在「Orchard」站下車，走出口4，循指標可直接進入ION Orchard。 🏠2 Orchard Turn #B4-38, ION Orchard ☎6238-2090 🕙10:00~21:30 ⓤwww.bengawansolo.com.sg

Bengawan Solo是娘惹糕點專賣店，顏色鮮豔的各色糕點整齊地擺放在櫃裡，各種口味都不同，其中最具人氣的非班蘭蛋糕莫屬，不少遊客著迷於其香氣與綿密鬆軟的口感，經常一次賞上好幾盒。除了位於ION Orchard的店面，在全島各購物商場亦設有分店，例如義安城、Raffles City、Bugis Junction等，而在樟宜機場各航廈也設置了專櫃，方便旅客攜帶返國。由於娘惹糕不能存放太久，如果想買來送禮，建議在離開新加坡前到機場再購買。

MAP ▶ P.144B3 **Violet Oon Singapore**

🚇乘地鐵南北線在「Orchard」站下車，走出口4，循指標可直接進入ION Orchard。 🏠2 Orchard Turn #03-22/28-29, ION Orchard ☎9834-9935 🕙12:00~22:00 💲Dry Laksa 29元起，前菜單點16元起，娘惹午茶雙人組59元起。ⓤvioletoon.com

專攻娘惹料理的名廚兼美食鑑賞家Violet Oon，頂著高人氣的得獎光環，2018年底選在ION購物中心開設第4家餐廳，推出傳統娘惹菜與在地小吃，以及早期來自海南移民廚師所烹製的精選英國佳餚。坐進典雅復古的用餐環境裡，可以盡情享用仁當牛肉、黑果雞、參峇茄子和海南豬排等經典菜色。

喜歡米麵類的饕客絕對要來一道名廚創意菜「乾叻沙」（Dry Laksa），以Violet Oon特調的叻沙醬烹煮，再加上蝦、豆乾薄、豆芽，入口不會太辣，米粉Q彈，相當開胃。此外，娘惹風味下午茶也是主打，而餐廳旁附設的精品店以花磚裝飾，充滿娘惹色彩。在星耀樟宜另有分店，登機前，不妨把握時間品嚐一番。

MAP ▶ P.144B2 **Les Amis**

🚇乘地鐵南北線在「Orchard」站下車，走出口1，經邵氏樓，走Scotts Rd.，進入Shaw Centre可達。 🏠1 Scotts Rd, #01-16 Shaw Centre ☎6733-2225 🕙午餐12:00起，最後入座為13:15；晚餐19:00起，最後入座為20:15。 ⓤwww.lesamis.com.sg ❶請勿穿著短褲及拖鞋

Les Amis是烏節路上著名的法國餐館，也是新加坡少數的米其林三星餐廳。主廚Sebastien Lepinoy來自法國，精通各式傳統法菜，經常有別出心裁的巧思，尤其注意食材的品質，像是這裡使用的手工Le Ponclet牛油，就是他費盡千辛萬苦尋來，還不得不附上自己與餐廳的履歷，才讓生產者同意供貨。另外，這裡擁有3千支頂級法國葡萄酒，酒單傲視群雄。

MAP ▶ P.144D3 **Lady M**

🚇乘地鐵南北線在「Somerset」站下車，走出口B，步行約3分鐘可進入Orchard Central。 🏠181 Orchard Road #01-27 & #02-7, Orchard Central ☎6509-3672 ⏰週日至週四11:30~22:00，週五和週六11:30~22:30。 💲法式千層蛋糕一份14元起 🌐www.ladym.com.sg

　　來自紐約、堪稱名媛貴婦等級的蛋糕精品店Lady M，在新加坡開設了多家分店，位於Orchard Central的裝潢風格不走奢華路線，整排落地玻璃窗的天台造型，陽光輕灑，可俯視烏節路；而開在ION的Champagne Bar採取開放式的座位，與購物環境融為一體。招牌甜點「法式千層蛋糕（Mille Crêpes）」以近30張輕薄如紙的法式薄餅層層堆疊，每一層夾抹淡淡的奶油醬，最上層的焦糖透出金黃色澤，相當誘人。除了經典原味，還有香檳、綠茶、鳳梨、海鹽焦糖等可選擇，搭配咖啡、伯爵冰茶或香檳組合，心情瞬間明亮起來！

MAP ▶ P.144C3 **Alchemist @ The Heeren**

🚇乘地鐵南北線在「Somerset」站下車，走出口B，穿過313@Somerset，往左沿烏節路走到Grange Rd.交叉口，橫越十字路口至對面的烏節路邊可達。 🏠26 Orchard Road #01-ORA The Heeren ⏰09:00~21:00 💲Espresso 4元起，Black 5元起 🌐alchemist.com.sg

　　2016年從中央商業區的一間小咖啡店起步，裝潢雖簡單樸素，卻懷著無比熱情為周邊社區提供優質咖啡。每週烘烤的咖啡豆，化為一杯杯香醇的Espresso傳遞到客人手中，初心始終沒變。位於麒麟大廈旁的這家分店，長條型的空間裡除了咖啡吧檯，其餘皆擺放著木椅，讓客人在烏節鬧區中能歇坐片刻，品飲好滋味，也提供簡單輕食以及販售自家生產的咖啡產品。

MAP ▶ P.144B3 **TWG Tea Salon & Boutique**

🚇乘地鐵南北線在「Orchard」站下車，走出口4，循指標可直接進入ION Orchard。 🏠2 Orchard Turn #02-20/21, ION Orchard ☎6735-1837 ⏰10:00~21:30 💲下午茶套餐25元起，早餐套餐33元起，茶冰淇淋2球14元起。 🌐www.twgtea.com

　　新加坡頂級茶葉品牌TWG Tea創立於2008年，標誌上的1837年是為了紀念新加坡開啟茶葉和香料貿易的歷史，發展至今已在世界多國設立分店。這間位於ION Orchard的茶屋，店內裝潢充滿古典風味，從擺飾到服務人員的制服都非常講究，讓人以為走進了歐洲百年茶館。店鋪最大的特色是滿牆排列的精美茶罐，而TWG Tea收藏有800多種茶葉，只要點一份下午茶組合，就可從mcnu中任選茶款，搭配手工自製西點、三明治或Scone等，享受美麗的午後，手作的茶冰淇淋則獨家限量，可別錯過了。TWG Tea在濱海灣金沙購物商城裡也設有花園風格茶館，氣氛淡雅閒適。

Where to Stay in Orchard Road
住在烏節路

MAP ▶ P.144B1
香格里拉大酒店
Shangri-La Hotel

🚇乘地鐵南北線在「Orchard」站下車，走出口A至邵氏樓，沿Orchard Rd走，右轉Orange Grove Rd可達酒店，全程步行約18~20分鐘。建議搭計程車前往較為省力。 📍22 Orange Grove Road ☎6737-3644 🌐www.shangrl-la.com/cn/singapore/shangrila

不過幾分鐘路程，就從繁華喧囂的烏節商圈來到寧靜獨立的世外桃源，蓊鬱的熱帶林木包圍富麗的飯店建築，建築群中還有花園、魚池，讓人得以放鬆的展開都會中的假期。香格里拉酒店開幕於1971年，坐擁3棟建築，分別為塔樓翼(Tower Wing)、花園翼(Garden Wing)與峽谷翼(Valley Wing)：花園翼的設計理念為「自然」，不僅在裝潢擺設及寢具都融入自然花卉意象，更適合「家庭旅遊度假」，每間客房空間寬敞且設有陽台，浴室更設有雙人洗臉台、浴缸及淋浴間。

峽谷翼主打奢華環境和頂級服務，這裡有獨立的入口及大廳，入住即可享有迎賓禮和飲品小點；挑高的大廳、水晶吊燈，加上陳列的藝術品，營造出富麗堂皇的東方情調。塔樓翼則走簡約低調奢華路線，是商務人士或情侶的世外桃源。酒店內還有游泳池、健身中心、網球場、水療中心以及各式餐廳。另外Doorman的制服也別具特色，設計概念源自於小說中香格里拉的藏族戰士，這套制服自成立以來不曾改過樣式。

MAP ▶ P.144C2 ### 良木園酒店Goodwood Park Hotel

🚇乘地鐵南北線在「Orchard」站下車，走出口1，往Scotts Rd步行約10分鐘可達。 📍22 Scotts Road ☎6737-7411 🌐www.goodwoodparkhotel.com

良木園建立於1900年，是新加坡具有歷史指標的旅館，前身是德軍俱樂部Teutonia Club，擁有濃厚的蘇格蘭設計風格，至今依然保存完好。良木園更是新加坡首座擁有游泳池的酒店，熱帶植物環繞著泳池，為新加坡炎熱的四季帶來一絲涼意，讓旅客達到完全放鬆的休閒感受。同時，良木園的服務人員多半長期任職，例如有個房客就在此服務長達40年，這種做法深受外國旅客歡迎，由於每次入住都會看到熟悉的服務人員，因此更有家的感覺。

新加坡瑞吉酒店
The St. Regis Singapore

MAP ▶ P.144A2

🚇乘地鐵湯申−東海岸線在「Orchard Boulevard」站下車，走出口1，經新加坡旅遊局總局，走Cuscaden Rd.，左轉Tomlinson Rd，右轉Tanglin Rd，約6分鐘可達。 📍29 Tanglin Road ☎6506-6888 🌐www.stregissingapore.com

　創下多項紀錄的瑞吉酒店，擁有兩座大型天幕的宴會廳及美國以外首間Remède 水療中心，同時設有一整列特別訂造的Bentley車隊，作為接送賓客往返機場之用。299間客房均提供管家服務，讓人備受尊寵。奇特的是，水療中心採用最上乘的古代浴療法，首創珍貴玉石能量熱療、紅外線雲石發熱床、冰泉、芬蘭雪松木桑拿浴等療程，讓所有房客都沉醉在香檳、手製花香軟心巧克力與特製花茶的滋味之中。此外，酒店的法國餐廳與酒吧更是時尚至極的美食天堂，不妨試試。

MAP ▶ P.144B3 ## 四季酒店Four Seasons

🚇乘地鐵南北線在「Orchard」站下車，走出口11，沿Orchard Blvd走約6~8分鐘可達酒店；或乘地鐵湯申−東海岸線在「Orchard Boulevard」站下車，走出口2，沿Orchard Blvd.走約7~10分鐘可達。 📍190 Orchard Boulevard ☎6734-1110 🌐www.fourseasons.com/singapore

　新加坡四季以亞洲風格突顯飯店特色，大廳處處可見中國古董、畫作、玩偶，隨時帶給旅客驚喜。進入房內，精心設計的信紙、信封套、盥洗用具也都印有飯店獨特的設計圖樣，以東南亞地圖為底圖，突顯新加坡移民歷史，帶有華麗的殖民風，成為旅客最愛的收藏。飯店裡的中式餐廳「江南春」以古裝、屏風、窗櫺等元素裝潢，坐在這裡享用創新的廣式佳餚與點心，能感受中西飲食文化的交流。

© Hotel Jen Orchardgateway

MAP ▶ P.144C4D4 ## 烏節門今旅酒店
Hotel Jen Orchardgateway

🚇乘地鐵南北線在「Somerset」站下車，走出門C，步行至Orchardgateway Lobby A，循指標搭乘電梯至10樓可達酒店。 📍277 Orchard Road ☎6708-8888 🌐www.shangri-la.com/en/hotels/jen

　今旅是香格里拉酒店集團旗下的品牌，尤其位於烏節門的地理位置不僅靠近地鐵站，更緊鄰Orchard Central和烏節購物商圈。四星級的客房裝潢時尚，設備齊全，所有客房均提供電子閱覽報章雜誌的服務。最吸引人的還是頂樓泳池，可以遠眺濱海灣金沙等城市風光，一旁還有酒吧供應調酒，另外設有水療中心及24小時健身中心，可以隨心所欲的安排休閒時光。

荷蘭村
Holland Village

文●墨刻編輯部　攝影●墨刻攝影組

荷蘭村

在新加坡，有許多所謂的民俗文化區域，若真要說起來，荷蘭村也稱得上是一處時尚鄰里區。除了聚集設計師、藝術家和手藝工匠，還住著許多外派到新加坡的歐美人士，由於遠離市區、環境清幽，因此特別受到旅居者的青睞。

以Holland Village地鐵站為中心，左右兩側的社區風情截然不同。往出口A的方向，進入集美花園（Chip Bee Gardens），弧形的巷道佇立著歐式餐館、本土品牌烘焙坊和手工皮革精品店，恬靜中飄散著文藝氣息。往B或C出口的方向去，可發現平價餐館與荷蘭村巴剎及熟食中心，不少新加坡有名的連鎖餐飲店都是從這一帶發跡。當暮色降臨，Lorong Mambong街邊的餐館和酒吧紛紛亮起燭光，各類音樂在夜空下迴響，散發出一股奇異魅力，吸引遊人前來探奇。

INFO

如何前往──機場至荷蘭村
◎地鐵
　　從樟宜機場站(Changi Airport, CG2)搭乘東西線(East West Line)，在巴耶利峇站(Paya Lebar, EW8/CC9)下車，轉搭環線（Circle Line）在荷蘭村站(Holland Village, CC21)下車可達荷蘭村。
◆週一至週六05:31~23:18，週日05:59~23:18。

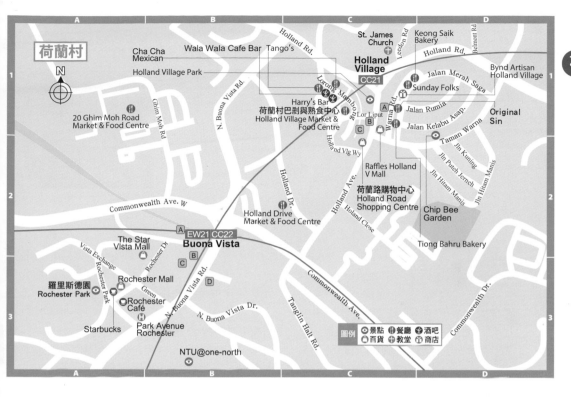

荷蘭村

N

Cha Cha Mexican
Wala Wala Cafe Bar　Tango's
Holland Rd.
St. James Church
Keong Saik Bakery
Holland Rd.
Holland Village
CC21
Byrd Artisan Holland Village
Holland Village Park
Jalan Merah Saga
Sunday Folks
20 Ghim Moh Road Market & Food Centre
Ghim Moh Rd
N. Buona Vista Rd.
Lorong Mambong
Harry's Bar
荷蘭村巴剎與熟食中心
Holland Village Market & Food Centre
Lor Liput
Jalan Rumia
Jalan Kelabu Asap
Original Sin
Taman Warna
Holland Vlg Wy
Jln Kuning
Raffles Holland V Mall
Jln Putch Jerneh
Jln Hitam Manis
Commonwealth Ave. W
荷蘭路購物中心
Holland Road Shopping Centre
Chip Bee Garden
Holland Dr.
Holland Ave.
Holland Drive Market & Food Centre
Holland Close
Tiong Bahru Bakery
The Star Vista Mall
EW21 CC22
Buona Vista
Rochester Dr
Commonwealth Ave.
Vista Exchange
Rochester Park
Rochester Mall
Green
N. Buona Vista Rd.
羅里斯德園
Rochester Park
Rochester Café
N. Buona Vista Dr.
Tanglin Halt Rd.
Commonwealth Dr.
Starbucks
Park Avenue Rochester
NTU@one-north

圖例：景點　餐廳　酒吧　百貨　教堂　商店

💲依乘坐距離遠近而不同，約2.20元。

◎**公車**

　從樟宜機場(Changi Airport)搭乘36號公車進入市中心，可選擇在Somerset Stn、Orchard Stn Exit 13、Opp Four Seasons Hotel等站下車，轉搭106號公車可抵達荷蘭村。

🔽平日約06:00~23:58，週六約06:00~00:04。平均10分鐘一班。

💲依搭乘距離遠近而不同，票價約2.20~3.5元。

荷蘭村交通

◎**地鐵**

荷蘭村站(Holland Village, CC21)：這是荷蘭村地區唯一的地鐵站，由此站下車可快速前往附近的餐廳及購物中心。

波那維斯達站(Buona Vista, EW21/CC22)：不在荷蘭村的範圍內，如果想去羅里斯德園，在此站下車，步行約10分鐘可以抵達。

📍荷蘭村站P.159C1、波那維斯達站P.159B2

◎**步行**

　荷蘭村範圍不大，可步行抵達區內所有景點。

順遊羅里斯德園的黑白屋

📍P.159A3B3　🚇乘地鐵東西線在「Buona Vista」站下車，走出口C，沿North Buona Vista Rd.南行，至Rochester Park右轉可達。

　被當地人稱為「黑白屋」的羅里斯德園（Rochester Park），原是建於1920年代的英國軍官官邸，坐落於綠意林蔭中，充滿歐洲殖民風情。自2005年起，這些老建築經過整修後，已有多家餐廳先後在此開設，比如星巴克、Rochester Cafe等。鄰近也開設了大型購物中心和飯店，形成獨具魅力的休閒去處。

MAP P.159C2

荷蘭路購物中心
Holland Road Shopping Centre

新奇雜貨手工藝品尋寶天地

🚇乘地鐵環線在「Holland Village」站下車，走出口C，沿Holland Ave.走可達。🏠211/213 Holland Avenue ☎6468-5334 🕙10:00~21:00

在荷蘭路購物中心裡，從古玩、雜貨、手工藝、二手書、陶瓷器到各種小型服飾店等，應有盡有，古典與現代共存，宛如在地生活的小型縮影。喜歡充滿異國風情的雜貨小物或家居用品，建議到「Lim's」尋寶，也許會有意想不到的收穫。此外，這裡還設有超級市場、畫廊、傢俱店等，適合慢慢遊逛。

MAP P.159C1

Wala Wala Café Bar

MOOK Choice

在星空下聊天喝啤酒的社區酒吧

🚇乘地鐵環線在「Holland Village」站下車，走出口B，步行3~5分鐘可達。🏠31 Lorong Mambong ☎6462-4288 🕙16:00~01:00(週六延至02:00) 🌐www.walawala.sg

以Live Band聞名的Wala Wala，開設於1993年，是荷蘭村裡歷史悠久的老牌酒吧。1樓設為用餐區與露天咖啡座，可以一邊觀賞電視播放的球類賽事，一邊品嚐薄皮披薩、義大利麵、沙拉、雞翅、辣番茄奶油醬牛肉丸，或乾脆來一份啤酒套餐，讓心情隨著店裡播放的音樂搖擺飛揚；位於2樓的樂團現場表演，是Wala Wala歷久彌新的賣點，但因敵不過新冠疫情的影響，已停止演出。

MAP P.159C1

Original Sin

供應素食的地中海料理

🚇乘地鐵環線在「Holland Village」站下車，走出口A，沿Holland Ave.走，左轉Taman Warna，再左轉Jalan Merah Saga可達。🏠43 Jalan Merah Saga #01-62, Chip Bee Gardens ☎6475-5605 🕙11:30~14:00、18:00~22:30 🌐www.originalsin.com.sg

Original Sin是提供素食的地中海料理餐廳，1997年開業至今，其烹調方式涵蓋北非、希臘、土耳其與南歐的特色，強調天然健康的飲食概念，採用新鮮蔬果食材，佐以美酒、香草及香料，調理成一道道清淡養生的餐點，從前菜、沙拉、主菜、披薩到義大利麵、甜品等，一應俱全。充滿熱情與活力的主廚還針對不同素食者的需求，提供了加不加蛋的服務，相當貼心。

MAP P.159C1

Harry's Bar

橫掃夜生活區的魅力酒吧

🚇乘地鐵環線在「Holland Village」站下車，走出口B，右轉Lor Liput，再右轉Lor Mambong可達。🏠22 Lorong Mambong ☎8268-8143 🕙週一至週五15:00~午夜12:00，週六和週日11:30~01:00。🌐www.harrys.com.sg

Harry's是新加坡知名的餐飲集團，在各大夜生活區裡都能發現它的存在，現場音樂演奏

加上運動賽事的長期播放贊助，構成了Harry's的強大魅力，成為當地人與外國遊客必訪之地。位於荷蘭村的分店，菜單以西式美食為主，薄皮披薩的口味選擇多樣，搭配琳瑯滿目的美酒，無論人數多寡都很適合享用。

MAP ▶ P.159C1

Bynd Artisan

MOOK Choice

堅持工匠精神打造皮革精品

🚇乘地鐵環線在「Holland Village」站下車，走出口A，沿Holland Ave.走，左轉Taman Warna，再左轉Jalan Merah Saga可達。 🏠44 Jalan Merah Saga #01-54, Chip Bee Gardens ☎6475-1680 ◷10:00~20:00 🌐www.byndartisan.com

走進荷蘭村的旗艦店，陳列架上擺滿筆記本的皮製封面和配件小物，提供自行搭配組裝個人專屬的筆記本，無論送禮或自用都別具意義。本土品牌Bynd Artisan創立於2014年，幕後推手Winnie和James夫妻檔，繼承了祖父在1940年代開設的書籍裝訂廠，堅持以工匠精神打造個性化的紙製品和皮革用具，並定期舉辦工作坊。店內也展售提袋、皮包、帽子、名片夾等皮製商品，現場還有資深工匠能在商品上以鉛字排版技巧，為客人印上名字。

MAP ▶ P.159C1

Sunday Folks

充滿愛的手作冰淇淋甜點店

🚇乘地鐵環線在「Holland Village」站下車，走出口A，沿Holland Ave.走，左轉Taman Warna，再左轉Jalan Merah Saga可達。 🏠44 Jalan Merah Saga #01-52, Chip Bee Gardens ☎6479-9166 ◷週一至週五14:00~22:00，週六和週日12:00~22:00。 💲Été冰淇淋小蛋糕13元起，冰淇淋鬆餅12元起。 🌐sundayfolks.com

店家懷抱著愛與熱情，每天新鮮手作限量甜品，無論是馬達加斯加的稀有可可，或英國製鹽師手工萃取的海鹽，所有食材都點燃了店家無限的創意。在這裡冰淇淋是主角，隨季節變換提供4種口味任選，包括焦糖奶油、伯爵薰衣草和黑巧克力等，可以搭配比利時鬆餅或甜筒，再加購餅乾、草莓、榛果等各式配料，就是繽紛療癒的甜點。此外也推薦Été冰淇淋小蛋糕，清甜果香宛如徜徉在夏日花園，祝福客人每天都能坐擁一小段美麗的星期天。

MAP ▶ P.159C1

恭食烘焙坊

Keong Saik Bakery

致敬舊時代的創意糕點鋪

🚇乘地鐵環線在「Holland Village」站下車，走出口A，沿Holland Ave.走，左轉Taman Warna，再左轉Jalan Merah Saga可達。 🏠44 Jalan Merah Saga #01-42, Chip Bee Gardens ☎9145-8891 ◷週一至週五08:30~19:00，週六和週日08:00~18:00。 💲Sor Hei 5.5元起，丹麥酥4.8元起，咖啡3.8元起。 🌐www.keongsaikbakery.com

從傳統文化中擷取靈感，創造出充滿本土風味的麵包糕點，是恭食烘焙坊始終不變的堅持。2017年選在牛車水的恭錫路（Keong Saik

Road）開業，就以早期華人移民的時代為背景，向聚集在此的媽姐們致敬，因而推出甜酥麵包「Sor Hei」，粵語是「梳起」的意思，外形宛如媽姐們宣示終身不嫁時所梳起的優雅髮髻，外層酥脆，內餡鬆軟，成為鎮店主打招牌。

後來店鋪搬遷至此，純白的老房子裡舖上復古地磚，除了Sor Hei，還有各式口味的蛋糕、瑞士捲、可頌、丹麥酥、焦糖奶油酥捲與手作麵包等，搭配茶或咖啡，享受片刻的懷舊氛圍。

登普西山
Dempsey Hill

文●墨刻編輯部 攝影●墨刻攝影組

●登普西山

登普西山原為英軍駐紮營地，地處烏節商圈西側的小山丘上，獨特的百年殖民木造營房，以挑高的建築與深褐色的屋簷隱匿在綠意山林中，多了幾分偷得浮生半日閒的愜意。由於四周環繞著高級住宅區，因而進駐了眾多餐廳、酒吧、咖啡屋、藝廊、古董家具店等，以高格調的裝潢和服務，吸引人潮前來享受悠閒的午後或浪漫夜晚。鄰近的植物園占地廣達52公頃，是新加坡首座世界文化遺產，無論漫步熱帶森林園區、觀賞蘭花或享用特色餐點，都能為繁忙的都會生活找到深呼吸的桃花源。

INFO

如何前往──機場至登普西山・植物園
◎地鐵
1. 從樟宜機場站(Changi Airport, CG2)搭乘東西線(East West Line)，在歐南園站(Outram Park, EW16/Ne3/TE17)下車，轉搭湯申–東海岸線(Thomson–East Coast Line)至納比雅站(Napier, TE12)下車，可步行進入登普西山東側；也可走往Tanglin Gate進入植物園。
2. 從樟宜機場站(Changi Airport, CG2)搭乘東西線

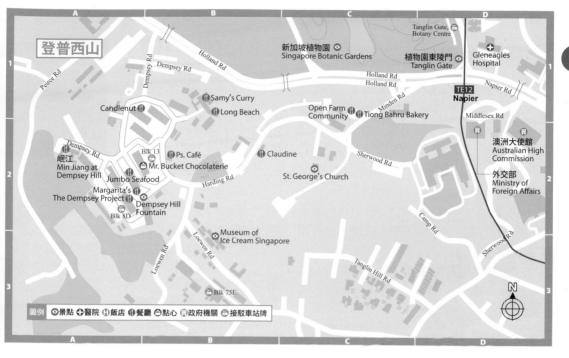

新加坡植物園
Singapore Botanic Gardens

植物園東陵門
Tanglin Gate

Tanglin Gate,
Botany Centre

Gleneagles
Hospital

TE12
Napier

澳洲大使館
Australian High
Commission

外交部
Ministry of
Foreign Affairs

登普西山

Samy's Curry
Long Beach

Candlenut

Open Farm
Community
Tiong Bahru Bakery

岷江
Min Jiang at
Dempsey Hill

Blk 13
Ps. Café
Mr. Bucket Chocolaterie
Claudine

Jumbo Seafood

Margarita's
The Dempsey Project
Dempsey Hill
Fountain
Blk 8D

St. George's Church

Museum of
Ice Cream Singapore

Blk 75E

圖例　◎景點　✚醫院　🏨飯店　🍴餐廳　🍲點心　🏛政府機關　🚏接駁車站牌

(East West Line)，在政府大廈站(City Hall, EW13/NS25)下車，轉搭南北線(North South Line)至烏節站(Orchard, NS22)下車，再轉乘Shuttle Bus可抵達登普西山。

3. 從樟宜機場站(Changi Airport, CG2)搭乘地鐵東西線(East West Line)到武吉士站(Bugis, EW12/DT14)，轉搭濱海市區線(Downtown Line)至植物園站(Botanic ardens, CC19/DT9)下車，從Bukit Timah Gate進入植物園。

🔽週一至週六05:31~23:18，週日05:59~23:18。

💲依乘坐距離遠近而不同，約2.10~2.16元。

◎**公車**

　　從樟宜機場(Changi Airport)搭乘36號公車進入市中心，可選擇在Opp Four Seasons Hotel站下車，走至偉樂坊(Wheelock Place)，轉乘Shuttle Bus前往登普西山。。

🔽平日約06:00~23:58，週六約06:00~00:04。平均10分鐘一班。

💲依搭乘距離遠近而不同，票價約2.18~2.22元。

🔟www.go-aheadsingapore.com

登普西山‧植物園交通

◎**地鐵**

植物園站(Botanic Gardens, CC19/DT9)：位於植物園最北端，由此站下車可從Bukit Timah Gate入園。

納比雅站(Napier, TE12)：位於植物園東南端，由此站下車，步行可從Tanglin Gate入園。

🚃植物園站P.167B1、納比雅站P.163D1

◎**接駁巴士**

　　前往登普西山可搭乘接駁巴士（Shuttle Bus），接駁巴士沿途站牌分別為：偉樂坊（Wheelock Place）旁邊的戶外停車場、植物園Tanglin Gate, Botany Centre與Nassim Gate, Visitor Centre、荷蘭村地鐵站C出口的荷蘭路購物中心旁、Dempsey Hill Blk 8D和Blk 13等處，每30~60分鐘一班(視上午、下午和晚上時段而不同)。

🚃偉樂坊P.144B3、植物園Tanglin GateP.163D1

🔽08:45~20:30，時刻表時有變動，請上網確認。

🔟www.dempseyhill.com

◎**步行**

　　登普西山的範圍不算小，其中有許多上坡路段，喜歡步行的人可慢慢走往各餐廳或商店。

Where to Explore in Dempsey Hill
賞遊登普西山

MAP P.163B1

Samy's Curry

老字號經典印度美味

🚌搭乘接駁巴士（Shuttle Bus）在Dempsey Hill Blk 13站牌下車，步行約5分鐘可達。 🏠25 Dempsey Road ☎6472-2080 ⏰午餐：11:00~15:00，晚餐：18:00~22:00。 😴週二 🌐www.samyscurry.com

這是新加坡奧運首金得主史庫林的愛店，開業於1963年，來自南印度的家族，目前已傳承至第五代。在此可享用最道地的印度美食，招牌的咖哩魚頭幾乎桌桌必點，豐盈的香氣引人

食慾，濃郁湯汁中還有茄子、秋葵等蔬菜，辣勁十足。此外也推薦咖哩雞Masala Chicken，雞肉燉煮得軟嫩入味，香辣中帶著微微甜味，讓人回味無窮。

MAP P.163A2

Margarita's

原汁原味墨西哥家常菜

🚌搭乘接駁巴士（Shuttle Bus）在Dempsey Hill Blk 13站牌下車，步行可達。 🏠11 Dempsey Road #01-19 ☎6471-3228 ⏰11:30~22:30 🌐www.margaritasrestaurante.com

Margarita's由當地華人Andy Yap開設，喜愛墨西哥的他，特別引進墨西哥道地家常菜，店內所有傢俱擺飾更是不遠千里從墨西哥運來，只為重現原汁原味的墨西哥風情。來到這裡，千萬不可錯過碎肉番茄檸檬泥拌Quesillo白乳酪、包裹在酥脆餅皮內的雞肉沙拉，以及鮮蝦Picadidas。混著salsa、青椒與番茄，啜飲一杯龍舌蘭酒特調檸檬的Blue Margarita's，勁辣滋味瞬間通暢全身！Margarita's就像是第一口青椒那股嗆辣，在嚐過的人心底留下難以抹滅的震撼，完全來自墨西哥的火熱美食體驗。

MAP P.163A2B2

Mr. Bucket Chocolaterie

淪陷在手工巧克力的甜蜜魅惑

🚌搭乘接駁巴士（Shuttle Bus）在Dempsey Hill Blk 13站牌下車，步行可達。 🏠13 Dempsey Road #01-03/04 ⏰週三至週日11:00~19:00，週四至週六11:00~22:00，。 💲Bon Bon盒(任選6個)25元起，ST Bean-to-Bar Journey18元起，工廠導覽之旅15元起。 🌐mrbucket.com.sg ❗工廠導覽之旅共1小時，週二至週五每天4個場次，週六和週日每天2個場次，可上網查詢並預約時段。

走進Mr. Bucket，將顛覆你對巧克力工廠的傳統定義與想像。在開放式空間中，展售櫃和餐廳最讓人迷戀駐足，點一份「ST Bean-to-Bar Journey」就能享有4種口味的巧克力甜品與可可飲料；零售區則陳列了各式各樣的巧克力產品，包括手工夾心巧克力Bon Bon，現場展示多達15種外殼薄脆、內餡入口即化的款式，提供一盒任選6或12球，是絕佳伴手禮。同時現場也推出DIY體驗，可發揮創意親手做出自己的巧克力片。想知道Mr. Bucket是如何將可可轉化成屢獲殊榮的巧克力美味，推薦參加工廠導覽之旅，還能免費品嚐最暢銷的巧克力。

MAP P.163C1

Open Farm Community

MOOK Choice

從農場到餐桌的蔬食奇幻旅程

🚇乘地鐵湯申-東海岸線在「Napier」站下車，走出口2，往左走Holland Rd.，遇叉路往左走Minden Rd.，步行約8分鐘可達。 🏠130E Minden Road ☎6471-0306 ⏰午餐：週一至週五12:00~15:00，晚餐：每天18:00~23:00，Brunch：週六和週日11:00~16:00。 💲午餐套餐42元起，單點14~38元不等。 🌐www.openfarmcommunity.com

從農場到餐桌究竟有多遠？坐在Open Farm Community用餐，將會發現所有的美味食材竟來自距離餐桌幾步之遙的菜園。這裡是新加坡首家結合城市農場的概念餐廳，以自家後院的香草和植物元素入菜，透過各式天然香料調味，端出賞心悅目的健康佳餚，並於2021年獲得MICHELIN Plate的榮譽肯定。推薦時令蔬菜拼盤或烤花椰菜拼盤，喜歡肉類料理的也有烤雞腿、烤魚和牛肉可選擇。除了享受美食，這裡也推出導覽之旅，在農場專家帶領下參觀蔬菜果園，與食物重新建立連結。

MAP P.163B3

冰淇淋博物館
Museum of Ice Cream

MOOK Choice

冰淇淋吃到飽粉紅少女心大噴發

🚌搭乘接駁巴士（Shuttle Bus）在Loewen Gardens(Blk 75E)站牌下車，步行可達。或乘地鐵湯申-東海岸線在「Napier」站下車，走出口2，往左走Holland Rd.，遇叉路往左走Minden Rd.，右轉走Harding Rd.，左轉Loewen Rd.可達，全程步行約18~20分鐘。 🏠100 Loewen Road Dempsey Hill ⏰週四至週日10:00~21:00，週一和週三10:00~18:00。 🚫週二 💲週一至週五每人37元，週六和週日每人43元。12歲以下需有成人陪伴才能入場。可事先上網預訂門票和造訪時段。 🌐www.museumoficecream.com/singapore

到哪裡可以找回你內在的小孩？走一趟登普西山的冰淇淋博物館，人生將會是彩色的。從美國紐約掀起熱潮，在新加坡開設了亞洲首家分館，希望透過冰淇淋喚醒兒時回憶。全館設計了10多個主題空間，放眼所及都是粉紅色，包括磁鐵字母牆、跳跳氣墊床、造型氣球、拱型走廊、掛滿香蕉的叢林隧道，以及鋪滿上萬個巧克力條的糖果池等，讓人童心大發，一路拍照打卡，欲罷不能。最值回票價的是，沿途會陸續遇上5個冰淇淋攤位，口味選擇多樣，可以免費無限吃到飽，適合親子、三五好友或網美網紅一起來同樂。

MAP ▶ P.167

新加坡植物園

MOOK Choice

Singapore Botanic Gardens

新加坡首座世界文化遺產

🚇 1.乘地鐵環線或濱海市區線在「Botanic Gardens」站下車，走出口A可由Bukit Timah Gate入園，這裡距離草藥園較近。2.乘地鐵湯申－東海岸線在「Napier」站下車，走出口1，可從Tanglin Gate入園，這裡距離國家胡姬花園較近。或乘地鐵南北線到「Orchard」站，再轉搭地鐵湯申－東海岸線在「Napier」站下車。 🏠1 Cluny Road ☎6471-7138 🕐植物園05:00~12:00。每週六推出免費的植物園英語導覽之旅，請上網查詢確切時間。 💲植物園免費 🔗www.nparks.gov.sg/sbg

　　雖然新加坡早在獨立之初就加入了聯合國，但一直等到2015年7月4日才擁有第一座世界遺產。植物園的歷史可追溯到1822年，對植物學頗有造詣的萊佛士在福康寧設了一座植物試驗園，到了1859年，主導的農業園藝協會在東陵獲得一塊土地，植物園於焉正式成立，占地82公頃，散落著天然原始森林和熱帶花園，是最具綠意的散步去處。

　　除了提供市民休閒外，植物園還肩負更實用的任務，也就是收集、培育各種植物，改良出對農業有助益的品種。最有名的例子是橡膠，1877年以前馬來半島是沒有橡膠樹的，這種原產於南美的樹種，經英國皇家植物園傳到了新加坡，就是在這裡繁殖成功，如今馬來西亞已成為世界重要的橡膠輸出大國。

　　當然，大多數遊客來這裡不是為了看橡膠樹，今日新加坡植物園以全球最大的蘭花收藏著稱，而新加坡的國花正是卓錦萬代蘭，因此許多人與其說是去新加坡植物園，不如更確切地說，是為了國家胡姬花園而來。

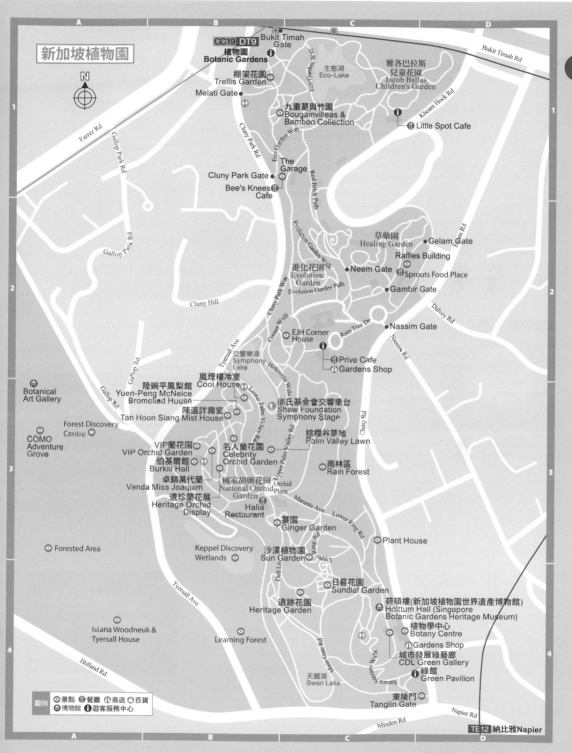

新加坡植物園

CC19 DT9
植物園
Botanic Gardens

A
Bukit Timah Gate

Bukit Timah Rd

棚架花園
Trellis Garden
Melati Gate

生態湖
Eco-Lake

雅各巴拉斯
兒童花園
Jacob Ballas
Children's Garden

Kheam Hock Rd

九重葛與竹園
Bougainvilleas &
Bamboo Collection

Little Spot Cafe

The
Garage

Cluny Park Gate

Bee's Knees
Cafe

草藥園
Healing Garden

Gelam Gate

Raffles Building

進化花園
Evolution
Garden

Neem Gate

Sprouts Food Place

Evolution Garden Path

Gambir Gate

Dalvey Rd

Cluny Hill

Nassim Gate

EJH Corner
House

Prive Cafe

Gardens Shop

交響樂湖
Symphony
Lake

嵐煙樓冷室
Cool House

邵氏基金會交響樂台
Shaw Foundation
Symphony Stage

Botanical
Art Gallery

陸婉平鳳梨館
Yuen-Peng McNeice
Bromeliad House

陳溫詳霧室
Tan Hoon Siang Mist House

棕櫚谷草地
Palm Valley Lawn

Forest Discovery
Centre

COMO
Adventure
Grove

VIP蘭花園
VIP Orchid Garden

伯基爾館
Burkill Hall

卓錦萬代蘭
Vanda Miss Joaquim

遺珍蘭花展
Heritage Orchid
Display

名人蘭花園
Celebrity
Orchid Garden

國家胡姬花園
National Orchid
Garden

Halia
Restaurant

雨林區
Rain Forest

Orchid
Plaza

薑園
Ginger Garden

Maranta Ave

Lower Ring Rd

Plant House

Forested Area

Keppel Discovery
Wetlands

沙漠植物園
Sun Garden

日晷花園
Sundial Garden

荷頓樓(新加坡植物園世界遺產博物館)
Holttum Hall (Singapore
Botanic Gardens Heritage Museum)

植物學中心
Botany Centre

Istana Woodneuk &
Tyersall House

Learning Forest

遺跡花園
Heritage Garden

Gardens Shop

城市發展綠藝廊
CDL Green Gallery

綠館
Green Pavilion

天鵝湖
Swan Lake

東陵門
Tanglin Gate

Holland Rd

Minden Rd

Napier Rd

TE12 納比雅Napier

圖例 景點 餐廳 商店 百貨
博物館 遊客服務中心

市區⋯⋯登 普西山 Dempsey Hill

167

1. 國家胡姬花園National Orchid Garden

🚶P.167B3 🏠距離東陵門(Tanglin Gate)約800公尺，距離武吉知馬門(Bukit Timah Gate)約1.4公里。 🕐08:30~19:00 (最後入園時間18:00) 💲成人15元，60歲以上3元，12歲以下免費。

胡姬就是蘭花，其實就是英文Orchid，不過是用福建話來發音。新加坡培育混種蘭花的歷史非常悠久，打從安妮絲卓錦小姐以卓錦萬代蘭揚名立萬起，新加坡人就相當熱中此道。1928年，植物園開啟了蘭花培植計劃，至今已有超過1千種純種蘭花與2千多種混種蘭花，種類之多高居全球之冠。這些混種蘭花堪稱是園藝學家的藝術品，由於聲名遠播，於是成了新加坡的親善大使，作用有如中國的貓熊。在VIP蘭花園裡，收藏著自計劃以來所繁殖出的最卓越品種，並冠以重要貴賓的名字，如柴契爾夫人、明仁天皇、黛安娜王妃、潘基文夫婦等，以榮耀這些人的貢獻。至於其他來訪名人則有另一處「名人蘭花園」收藏，包括周迅、孫燕姿、裴勇浚等都蘭上有名。

園內還開闢了嵐煙樓冷室(Cool House)，模擬熱帶地區高海拔的雲霧林環境，包括亞、非、中南美洲的原生蘭菌種，也有不少造型古怪的特有種及豬籠草等食肉植物。伯基爾館則位於胡姬園的制高點，1969年之前曾是植物園園長的住所，視野極佳，可居高飽覽園區風光。

2. 草藥園Healing Garden

🚶P.167C2 🕐05:00~19:30 休週二 💲免費

草藥園佔地2.5公頃，種植400多種東南亞地區的藥用植物。這裡植物的分區是依照對身體各部位的療效來規劃，譬如呼吸系統、消化系統、生殖系統等。園內平和寧靜，給人放鬆和療癒的感覺，似乎連靈魂都獲得了沉澱。

3. 進化花園Evolution Garden

🚶P.167C2

這座1.5公頃的小花園，展示了地球自盤古以來的植物演化進程，以樹蕨和蘇鐵為主，進入這片原始叢林，彷彿回到了侏儸紀時代。

關於卓錦萬代蘭Vanda Miss Joaquim的兩三事

◎卓錦萬代蘭是由虎克萬代蘭與棒葉萬代蘭混交出的品種，四季開花，花序最多可達12朵。

◎其命名來自亞美尼亞裔園藝家安妮絲卓錦小姐(Agnes Joaquim)，但至今仍無法確定她是無意發現還是有意培育出新品種。1899年安妮絲卓錦以卓錦萬代蘭拿下當年花卉競賽冠軍，可惜三個月後就因癌症病逝。

◎卓錦萬代蘭最早出現在文獻上，是1893年新加坡植物園園長的描述。

◎1981年4月15日，卓錦萬代蘭在40多種花卉中脫穎而出，被選為新加坡的國花。理由是其充滿生氣的顏色、端莊而含蓄的氣質，與堅韌不拔的特性，都與新加坡精神相似。

◎近期研究發現，卓錦萬代蘭的父、母株，其實都屬於鳳蝶蘭屬，因此學界已將其學名改為「卓錦鳳蝶蘭」(Papilionanthe Miss Joaquim)，不過一般人完全沒有理會這項更正。

4. E J H Corner House

 P.167C2 8908-1705 週三至週日晚餐 18:30~24:00 週一、週二 www.roia.sg

　　這棟殖民時期的老房子建於1910年，當時是副園長E J H Corner（1929~1945）的居所，他是研究熱帶植物的專家。如今老房子改為高級法式餐廳，行政主廚帶著個人豐富的背景故事為靈感，以經典法菜的烹調手法為基礎，結合當季有機食材，並從園內採集藥草和花卉入菜，讓植物園不只是踏青之處，更躋身美食聖地。

© Singapore Botanic Gardens

5. 薑園Ginger Garden

 P.167B3C3

　　你可能沒料到「薑」這種植物居然可以擁有自己專屬的花園，更沒想過原來薑科植物竟有超過250個品種。形形色色的薑有的擁有驚人的大葉子，有的開著美麗的薑花，十分賞心悦目，讓人對薑從此改觀。園裡瀑布背後的亞馬遜睡蓮池，有種世外桃源般的恬靜，是深受遊客喜愛的角落。

7. 世界遺產博物館
SBG Heritage Museum

 P.167C4 09:00~18:00 每月最後1個週一 免費

　　新加坡植物園何以成為世界文化遺產，就讓這間博物館來告訴你。博物館位於1921年建成的荷頓樓(Holttum Hall)內，從前是園長辦公室與實驗室。如今利用歷史照片、文物、標本、植物繪畫、珍罕書籍和互動式展示，娓娓訴說一路走來的發展過程。若你聽到 個老遇的聲音，那是首任園長Henry N. Ridley在100歲生日時的口述錄音檔。

© RISIS

6. Halia

 P.167B3 8444-1148 午餐：12:00~15:00，晚餐：18:00~20:30 www.thehalia.com

　　Halia即馬來文「薑」的意思，餐廳雖非全部都是薑料理，但許多道菜的確都有薑的影子。而如何善用薑的特性也是一大學問，因為薑味道強烈，要能使它不致搶了主菜風采才行。高大的棕櫚樹將餐廳圍繞，隱身在林木間，感覺十分清涼；木頭搭出的戶外平台，到了晚上只有稀微燈光、燭光和月光，映照著用餐的人影，更有情調。特別推薦新加坡風辣椒螃蟹義大利麵和薑花參苳雞等特色料理。

8. RISIS Gardens Shop@ Tanglin Gate

 P.167C2C4 6475-1155 08:30~14:30、15:30~19:00 www.risis.com

　　新加坡飾品名牌RISIS在園內設有3間店，分別位於國家胡姬花園、東陵門遊客中心和那森門遊客中心。展售商品以胡姬花首飾最為璀璨奪目，一共精選50多種花朵，先裹上銅衣保存胡姬原有構造，接著包上一層鎳，再鍍上24K金，就完成朵朵獨一無二的飾品，最後再設計加工為項鍊、戒指、耳環、別針等，創意與技術令人讚嘆。此外，RISIS在樟宜機場及各大購物中心也設有專賣店。

小印度

小印度
Little India

文●墨刻編輯部　攝影●墨刻攝影組

在小印度，眼光總會不自覺地被各種顏色吸引，婦女們穿著的鮮豔沙麗，眉心或點著一抹朱砂，拜神的花卉攤位掛起鮮豔的花環，有時也會成為婦女頭上的一點豔紅。小印度的各種顏色、聲音、香味，充斥你的每個感官，眼、耳、口、鼻、舌，沒有一處不豐富了起來，愛上小印度，竟是如此理所當然的事。

小印度是新加坡重要的歷史保留區之一，滿街沙麗隨風飄揚，彩色花環高高懸掛，興都廟宇梵音裊繞，印度香料氣味四溢。這裡的人們百年來一直固守自己的文化傳統，可說是新加坡民族色彩最濃厚的區域，稍微一恍神，還會誤以為自己來到了真正的印度呢！

小印度歷史區

A **B** **C** **D**

Hampshire Rd

HDB Farrer Park Fields

Muthu's Curry

福靈堂

Alis Nest
安古利亞回教堂
Angullia mosque

慕達發中心
Mustafa Centre

Race Course Rd
Race Course Lane
Kinta Rd
Syed Alwi Rd
Desker Rd
Serangoon Rd
Verdun Rd

Land Transport Aurthority

阿波羅蕉葉餐廳
The Banana Leaf Apolo

Delhi

大眾餐室
Thye Chong

Rowell Rd
Baboo Lane
Hindoo Rd

The Assembly Place, A Co-Living Hotel

瑞春

陸路交通藝廊
Singapore Mobility Gallery

Hilton Garden Inn

Norris Rd

心點心
Sum Dim Sum

New World Centre

NE7 DT12
Little India

陳東齡故居
House of Tan Teng Niah

維拉瑪卡里亞曼興都廟
Sri Veeramakaliamman Temple

Veerasamy Rd

Hindoo Rd

昇松超市
Sheng Siong Supermarket

Tekka Lane
Chander St
Buffalo Rd
Bellios Rd

Cuff Rd

甘榜加卜衛理公會
Kampong Kapor Methodist Church

Veerasamy Rd

Bukit Timah Rd

竹腳中心
Tekka Centre

Komala's Restaurant

Lagnaa

Komala Vilas

Mackenzie Rd

Ananda Bhavan

Upper Weld Rd

DT22
Jalan Besar

Campbell Lane
Clive St
Dunlop St

印度傳統文化館
India Heritage Centre

Dickson Rd

真光堂
The Church of True Light

HDB River Peaks

Wanderlust Hotel

Tekka Place

小印度拱廊
Little India Arcade

Madras St
Perak Rd

The Great Madras by Hotel Calmo

新文華美食中心

HDB River Peaks

Village Hotel Albert court

The Daulat by Hotel Calmo

阿都卡末回教堂
Masjid Abdul Gafoor

Weld Rd
Rochor Canal Rd

DT13
Rochor

Sungei Rd
Mayo Rd

圖例 ●景點 Ⓗ飯店 Ⓡ餐廳 🏛博物館
🏬百貨 😋點心 🏛政府機關

INFO

如何前往 ——機場至小印度

◎地鐵

從樟宜機場站(Changi Airport, CG2)搭乘東西線(East West Line)，在武吉士站(Bugis, EW12/DT14)下車，轉搭濱海市區線(Downtown Line)至小印度站(Little India, NE7/DT12)下車，可前往小印度各景點。

🕐 週一至週六05:31~23:18，週日05:59~23:18。
💲依乘坐距離遠近而不同，約2.04元。

◎公車

從樟宜機場(Changi Airport)搭乘36號公車進入市中心，在史丹福路(Stamford Road)的Capitol Bldg站下車，轉搭131號公車，在Tekka Ctr站下車，步行可抵達。

🕐平日約06:00~23:58，週六約06:00~00:04。平均10分鐘一班。

💲依搭乘距離遠近而不同，票價約3.22元。
🌐www.go-aheadsingapore.com

◎機場巴士

從樟宜機場(Changi Airport)可搭乘機場巴士進入市中心，行駛路線涵蓋新加坡大多數飯店，可在市政區的住宿飯店下車。詳細資訊見P.33。
💲成人10元、兒童7元

小印度交通

◎地鐵

小印度區內有4座主要地鐵站，可視景點的位置決定要搭乘哪條地鐵線、在哪一站下車，比較方便。

小印度站(Little India, NE7/DT12)：位於小印度的主要幹道上，由此站下車可步行抵達實龍崗路、甘貝爾巷及小印度拱廊等景點。
🔺P.171A2

花拉公園站(Farrer Park, NE8)：位於小印度東北方，方便前往斯里尼維沙柏魯瑪興都廟及慕達發中心等。
🔺P.178A2

梧槽站（Rochor）：位於小印度南端，方便前往阿都卡夫回教堂或小印度拱廊。
🚇P.171B3

惹蘭勿剎站（Jalan Besar）：位於小印度東南邊，可快速前往惹蘭勿剎歷史區。
🚇P.171C3D3

◎步行
　　小印度的範圍不大，以步行方式可抵達多數景點。

入境隨俗聰明玩

1.寺廟：進入印度廟參觀，切勿穿得太暴露，選擇保守一點的衣物比較穩妥。入廟前記得脫鞋，把鞋子放在寺廟入口，在新加坡不會被偷的。大部份寺廟允許遊客拍照，但如果你的鏡頭對著神職人員、朝拜者或進行中的儀式，一定要先取得同意，才是尊重的表現。

2.用餐：印度人習慣用手吃飯，而且只用右手。但對遊客來說有點強人所難，所以餐廳都會提供餐具。不過，用餐前把手徹底洗乾淨才是禮貌(這已經不只是衛生問題了)。還有一種情形比較少見：如果有印度人請你吃飯的話，吃到盤底朝天表示你還餓，盤中留一點飯菜才代表吃飽的意思。

小印度散步路線
Walking Route in Little India

　　這條路線從新加坡人常吃的早餐——肉骨茶開始，再沿著街道參觀廟宇，感受不同文化在眼前交匯。首先來到知名的①**黃亞細肉骨茶餐室(Ng Ah Sio Pork Ribs Soup Eating House)**，黃家祖傳的的肉骨湯頭教人讚不絕口，即使店面幾經搬遷，仍有大批忠實顧客一路相挺。沿著Rangoon Rd往回走，左轉Race Course Rd來到②**釋迦牟尼菩提迦耶寺(Sakya Muni Buddha Gaya Temple)**，大廳堂供奉著一尊彩色佛像，佛像上環繞著佛燈，信徒可以自由捐獻、點亮佛燈。接著走往實龍崗路，拜訪③**維達帕提雅卡拉曼興都廟(Sri Vadapathira Kaliamman Temple)**與④**斯里尼維沙柏魯瑪興都廟(Sri Srinivasa Perumal Temple)**，而相距約5分鐘腳程的⑤**安古利亞回教堂(Angullia Mosque)**是傳統遜尼派(Sunni)的印度

小印度散步地圖

① 黃亞細肉骨茶餐室
維達帕提雅卡拉曼興都廟 ③
釋迦牟尼菩提迦耶寺 ②
④
斯里尼維沙柏魯瑪興都廟
⑤ 安古利亞回教堂
⑥ 維拉瑪卡里亞曼興都廟
⑦ 實龍崗路
竹腳中心 ⑬
⑧ Ananda Bhavan
甘貝爾巷 ⑨
⑩ 印度傳統文化館
小印度拱廊 ⑪
⑫ 阿都卡夫回教堂
N

穆斯林信仰中心，米黃色的建築外觀在大街上顯得很低調。人潮洶湧的⑥**維拉瑪卡里亞曼興都廟(Sri Veeramakaliamman Temple)**則屬於南印度式建築，由於所有印度廟每天中午12:00至16:00都會關閉，因此信徒多半在早晨或黃昏時前來。

　　⑦**實龍崗路(Serangoon Road)**是小印度最熱鬧的大街，沙麗店與金飾店為數眾多，想吃印度素食可走進⑧**Anada Bhavan**，點一份印度煎餅配拉茶。接著轉進⑨**甘貝爾巷(Campbell Lane)**，這裡有許多手工藝品、日用雜貨店，巷內的⑩**印度傳統文化館(Indian Heritage Centre)**的玻璃外牆宛如寶石一般，極具現代感的設計在這一區顯得特別突出，館內展示印度族移民新加坡以來的發展歷史。另一邊是⑪**小印度拱廊(Little India Arcade)**，各種印度風格的服飾雜貨用品，這裡都有賣，想體驗印度彩繪者，拱廊內也有店家可以為遊客繪製。

　　沿著Dunlop St前往⑫**阿都卡夫回教堂(Abdul Gaffoor Mosque)**，走進阿拉伯造型的拱門後，彷彿置身於天方夜譚的神話場景中。最後走回地鐵站附近的⑬**竹腳中心(Tekka Market)**，可以品嘗印度黃薑飯，同時這裡的華人小吃也很受歡迎。
距離：約2公里
所需時間：約1.5~2小時

Where to Explore in Little India
賞遊小印度

MAP P.171B3

印度傳統文化館
Indian Heritage Centre
在寶石般建築中追溯印度族裔歷史

MOOK Choice

🚇 乘地鐵東北線或濱海市區線在「Little India」站下車，走出口E，沿Buffalo Rd.直走，橫越實龍崗路至甘貝爾巷可達。
🏠 5 Campbell Lane ☎ 6291-1601 🕙 10:00~18:00 休週一 💲 成人8元，學生及60歲以上5元，6歲以下免費入場。🌐 indianheritage.gov.sg

　印度傳統文化館於2015年開幕，對面即是小印度拱廊，這棟樓高4層的現代建築在這一帶特別醒目，白天受到陽光照射，就像是小印度區閃耀的寶石；夜間經過燈光點綴，透明玻璃牆內的印度風彩繪顯得更加搶眼，呈現印度族群豐富多彩的生活型態。

　這裡是新加坡首間展示南亞文化的主題館，館內規劃有5個永久展區，分別展出南亞族群與東南亞的發展歷史，涵蓋宗教、移民、政治、社會

等主題，以及印度族裔對現代新加坡的貢獻。館內共展出443件文物，包括佛像、布匹、服飾、木雕、首飾、老照片及手寫史料等，部分為國家館藏，其中約有46%的文物是由海內外民眾捐贈或出借的，當中包括印度商人之家族捐贈的金項鍊，項鍊上的圖案反映出印度的英法殖民歷史。

MAP P.171B3

甘貝爾巷
Campbell Lane
適合採買雜貨的人氣市集

MOOK Choice

🚇 乘地鐵東北線或濱海市區線在「Little India」站下車，走出口E，沿Buffalo Rd直走可抵達巷口，步行約3~5分鐘。

　甘貝爾巷位於小印度拱廊旁，雖然只是一條小

巷子，卻是人氣旺盛的小型市場，各色旗幟、燈罩在空中飛揚，印度人在這裡採買生活用品，觀光客在裡面穿梭，尋找有趣的小玩意兒、猛按快門。同時更不能錯過印度花環花飾店，花對印度人來說是繁榮興盛的象徵，你可以看到印度人如何用紅玫瑰、黃色金盞花和白色的茉莉編織花圈，紅、黃、白分別代表愛、和平與純潔，也是花環花飾最常使用的3種顏色。

MAP ▶ P.171B3

小印度拱廊

MOOK Choice

Little India Arcade

逛街採買當一天印度人

🚇 乘地鐵東北線或濱海市區線在「Little India」站下車，從出口C直走，左轉實龍崗路，在馬路右側可抵達拱廊入口。 🏠 48 Serangoon Road 🌐 littleindiaarcade.com.sg

　小印度拱廊裡聚集了各式各樣的店家，吃喝、採買、美容美妝，一應俱全，適合發揮血拼天性，好好買個痛快。隨處可見的印度貼Pottu、印度手環、印度提袋，都是來到小印度的必買物，裝扮自己可增添婀娜風情；手工製作的桌墊、燈罩，顏色鮮豔，賞心悅目，更是營造家中異國情調的好幫手。在這裡購物的最大原則就是不要太衝動，價格雖不算便宜，但還是有殺價空間，如果想省點荷包，不妨稍微克制一下或者跟店家議個價，也許能夠撿到便宜。

小印度拱廊1F平面圖

圖例 🍴餐廳 🏪商店 🍰點心 🎤娛樂 7-11 🏛博物館

Moghul Sweet Shop

🏠編號：#01-16　☎9230-9400　🕐09:30~21:30
網址：www.moghulsweets.com

玻璃櫥櫃裡擺放著色彩鮮艷的印度點心和糖果，吸引著來往民眾的目光，Moghul Sweet Shop主要販售北印度的鹹、甜點，這間著名的老店頗受歡迎，尤其在印度屠妖節時生意更興隆。推薦Gulab Jamun這種點心，那是表面裹上一層楓糖的玫瑰色起士球，風味十分特殊；而Pattisa Soan Papdi這款方形點心，表面鋪了一層酥脆的果仁，口感酥鬆香脆，味道略甜。如果不是嗜吃甜食者，也可以請店員推薦較不甜的點心或鹹食，像是Samosas（印度咖哩角）也是不錯的選擇。

美麗的印度彩繪 —— Henna

走在小印度的街頭上，經常可以看到許多人手上畫著美麗又複雜的圖案花紋，這是一種稱為Henna的印度香料彩繪。Henna在印度的歷史由來已久，甚至在中東及北非地區也頗為流行，它是利用一種獨特的植物顏料在人體描繪出花紋，當顏料中的單寧酸分子滲透進皮膚組織內，就出現美麗的圖案。由於Henna在新加坡已成為時髦玩意兒，因此圖案樣式愈來愈創新，依個人體質不同，這些圖案約可維持數天至兩星期不等，接著就會自動消褪。在小印度拱廊裡可找到彩繪的店家，目前的彩繪費用約15元起。

Jayaram's Creation

🏠編號：#01-23　🕐09:00~21:00（週日至18:00）

大量批發的印度手環，價格便宜，樣式和顏色都很多樣，送禮自用都是很好的禮物，不過由於選擇太多，真要仔細挑選自己喜歡的，恐怕得要花上一段時間。這裡的手環可以讓你試戴之後，再決定要不要買，也難怪經常看到外國女生聚集在此挖寶，而且由於價格不算貴，常常忍不住愈買愈多。

Celebration of Arts

🏠編號：#01-71/72　🕐11:00~19:30

這家藝品店的商品種類非常豐富，各種來自印度南北各地的桌墊、木雕、珠珠盒子等，顏色都很鮮豔，看起來賞心悅目，令人不自覺地拿起一些商品來瞧一瞧，像是掛在牆上的置物袋，店家強調這些都是手工製作的，有印度風味濃厚的，也有顏色對比很強烈的，價格大約在18到25元左右。

Citimax Stationery Trading

🏠編號：#01-60　☎6293-3525　🕐09:00~21:05

這家店賣的商品很特別，讓人忍不住想多看幾眼，那就是印度卡片和各式文具出版物。印度卡片的顏色明亮鮮豔，圖案經常出現美麗的印度女郎，或可愛的大象等動物，對這種濃烈印度風格情有獨鍾的人，不妨來這裡尋寶逛逛。

Selvi's Beauty Salon

🏠編號：#01-17　🕐09:30~20:45

店鋪大門朝向寶龍崗路，是一家美容美髮沙龍。這裡提供印度彩繪，窄窄的走廊經常坐滿正在畫彩繪的遊客，圖案選擇眾多，價格依精細度和複雜度而不同，大約10~15元起。

實龍崗路

Serangoon Road

金飾及沙麗店林立的熱鬧大道

🚇乘地鐵東北線或濱海市區線在「Little India」站下車，走出口C或E，步行約3分鐘可達。

　　這是小印度最熱鬧的一條大道，聚集許多沙麗店、金飾店及小吃店，遊走街頭，可捕捉到最具印度風情的婀娜身影，色彩豔麗的沙麗布總是招攬許多客人上門選購。每走幾步路就會看到一家金飾店，印度人對黃金的喜愛由此可見一斑，傳統上金匠是受人敬重的職業，必須具備精湛的手藝才能打造出精緻金飾。印度男性習慣佩帶鑲有9顆寶石的方形戒指，代表9大行星，印度女性習慣戴上順時針圖案的耳環，象徵好運。

阿都卡夫回教堂

Abdul Gaffoor Mosque

彷彿置身天方夜譚的神話宮殿

🚇乘濱海市區線在「Rochor」站下車，走出口B可達；或乘地鐵東北線在「Little India」站下車，走出口E，沿Buffalo Rd，左轉實龍岡路，再右轉Dunlop St可達。 ⌂ 41 Dunlop Street ☎6295-4209 ⏰平日13:00~21:00，週六09:00~13:00。 ❌週日

　　1907年，在Shaik Abdul Gaffor規劃下，將原本木製結構的回教堂改裝為磚造建築，展現出南印度、阿拉伯與歐洲的混血風格。Shaik Abdul Gaffoor是一位積極有幹勁的南印度回教徒，當時在新加坡的律師事務所擔任文書主管，為了紀念這位催生者，回教堂就命名為Abdul Gaffoor。

　　奶黃色的建築外觀相當醒目，整齊排列的科林斯(Corinthian)圓柱十分壯觀，屋頂尖塔上還可看見月亮與星星的圖案，走進阿拉伯造型的拱門，抬頭望向中央圓頂，繽紛的彩繪玻璃閃閃發亮，彷彿置身於天方夜譚的神話場景中。

小印度尋寶──選購沙麗

　　要將一條印度沙麗Sarees按照傳統模式穿繞上身，約需5.5米的尺碼。當你走進任何一家沙麗布店挑選時，基本的尺碼單位多半已先設定為5.5米，最重要的還是看個人對布料材質的喜好與需求。沙麗店都集中在小印度的實龍崗路上，種類與進口來源眾多，尤以印度和日本為大宗，例如來自日本的Satin，5.5米約新幣40元起，最便宜的材質Chiffon約10元起，適合一般時節穿著。

　　價值不斐的純絲沙麗一條可高達300元，只有在婚禮或寺廟慶典上才看得到，如果穿不起昂貴純絲，人工絲也是另一種選擇，約55元可買到一條。此外，還有Kashmir、Cotton、Banaras等材質，走一趟小印度絕對滿載而歸。

MAP ▶ P.171A2

陸路交通藝廊
SG Mobility Gallery
以互動和趣味方式了解交通系統

🚇 乘地鐵東北線或濱海市區線在「Little India」站下車，走出口E，沿跑馬路左轉Hampshire Rd可達，全程步行約5分鐘。 🏠 1 Hampshire Road, Blk 1 Level 1 ☎ 6225-5582 🕑 週一至週五09:30~17:00，參觀採預約制，請提前3天上網預約。 💲 免費 🌐 www.lta.gov.sg

　SG Mobility Gallery是充滿互動與趣味的學習場所，展示了新加坡百多年來的陸上交通發展。展館內有7大展區：「遊天下」向參觀者介紹世界各地的交通系統，並說明新加坡的交通建設如何取經自其他國家；「憶往昔」回顧了殖民時期的交通工具與街道景觀；「覓足跡」探討新加坡獨立之後的交通發展之路；「看今朝」展示了新加坡今日的交通規劃；而在「展未來」中，表達了對未來20年的高科技期許。最有趣的是「迎挑戰」，這是一間多媒體劇場，遊客可以藉著座位旁的按鈕，從中參與規劃交通的樂趣。

MAP ▶ P.171B2

維拉瑪卡里亞曼興都廟

MOOK Choice

Sri Veeramakaliamman Temple
供奉主宰力量的千手女神

🚇 乘地鐵東北線或濱海市區線在「Little India」站下車，走出口E，沿Buffalo Rd直走，左轉實龍崗路可達。 🏠 141 Serangoon Road ☎ 6295-4538 🕑 05:30~12:00、17:00~21:00 🌐 www.srivkt.org

　興都廟的建築分為兩種，北印度教是尖塔式，南印度教以塔門及廟柱為主，在新加坡幾乎是南印度教的天下，廟宇風格以方形、方塔居多。

　這座廟宇落成於1855年，門樓即是南印度式建築，高聳的塔樓上裝飾許多立體的彩色神像、聖牛及戰士，廟裡供奉著擁有力量和勇氣、能夠主掌生死的千手女神迦梨(Kali)。由於興都廟每天中午12:00至16:00都會關閉，信徒通常集中在黃昏時前來，尤其週二及週五是信徒朝拜最擁擠的日子。若欲參觀，記得進出廟宇時都要搖響大門上的鈴且必須脫鞋，另須注意衣著不可過度暴露。

斯里尼維沙柏魯瑪興都廟

MOOK
Choice

Sri Srinivasa Perumal Temple

來自南印度工匠的建築手筆

🚇乘地鐵東北線在「Farrer Park」站下車，走出口G，沿實龍崗路往北走約5分鐘可達。 🏠397 Serangoon Road ▽ 05:30~12:00、17:30~21:00 休週六 🌐www.sspt.org.sg

　　在興都廟中所看到的神像雕塑，都和印度教的神話有關。許多神像有三頭六臂、手持蓮花、刀戟、光環等法器，並常以獅、龜等動物為坐騎，或可見到化身為怪獸的神祇。不論是否懂得教義，光欣賞這些雕像及壁畫也頗具藝術價值。

　　這座斯里尼維沙柏魯瑪興都廟建於1855年，木製的美麗大門則是於1966年新建；內廳雖然不大，但氣氛相當莊嚴肅穆，供奉的是守護神毗濕奴(Vishnu)；天花板上有多幅色澤鮮豔的神像圖案，保存相當完好，值得一看。

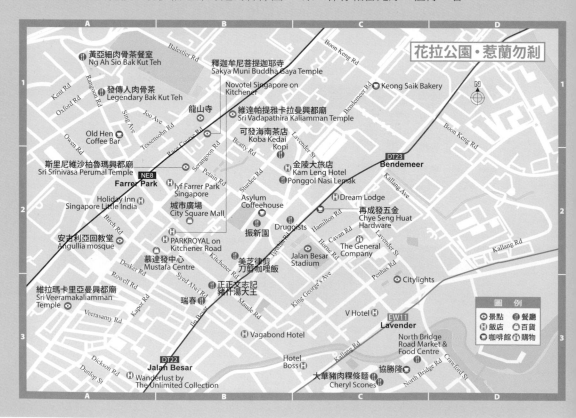

MAP ▶ P.178B1

釋迦牟尼菩提迦耶寺
Sakya Muni Buddha Gaya Temple
千燈環繞佛祖的泰國廟

🚇乘地鐵東北線在「Farrer Park」站下車，走出口B，往右沿著跑馬路往北走可達。 🏠366 Race Course Road ☎6294-0714 ⏰08:00~16:30

釋迦牟尼菩提迦耶寺又稱為「千光寺」或「千燈寺」，是一座泰國式佛寺，1927年由泰國僧侶Rev. Vuthisasara所建。雖然名叫寺廟，但其實只有一座寬闊的大廳堂，供奉著一尊高15公尺、重達305噸的彩色佛像。佛像上環繞著許多佛燈，信徒可以自由捐獻、點亮佛燈；佛像底下的壁畫則敘述了佛祖的生平事蹟。佛像背面可通往供奉臥佛的小門，但臥佛只能參拜，不可拍照。

MAP ▶ P.178B1

維達帕提雅卡拉曼興都廟
Sri Vadapathira Kaliamman Temple
鮮豔醒目的大型立面神像

🚇乘地鐵東北線在「Farrer Park」站下車，走出口G，沿實龍崗路往北，步行8~10分鐘可達。 🏠555 Serangoon Road ⏰06:00~12:00、17:00~21:00 🌐srivadapathirakali.org

維達帕提雅卡拉曼雖非歷史悠久或重量級的廟宇，但其香火鼎盛，並不遜於斯里尼維沙柏魯瑪興都廟。廟宇正立面的塔樓色澤飽滿鮮豔，姿態生動的神像比起其他興都廟外的都要來得大。大門上方的神像是濕婆(Shiva)之妻雪山女神帕爾瓦蒂(Parvati)，兩側邊門上方的是她的兩個兒子——司職智慧與才華的象頭神格涅沙(Ganesha)，與主掌勇氣與堅強的戰神穆盧干(Murigan)。

MAP ▶ P.178B2B3C2

惹蘭勿剎
Jalan Besar

MOOK Choice

老工業區變身潮流新街區

🚇乘濱海市區線在「Jalan Besar」站下車，走出口B可達；或乘地鐵東北線在「Farrer Park」站下車，走出口H，步行約10分鐘可達。

惹蘭勿剎(Jalan Besar)原本是五金行、材料行集中的老工業區，近年來，越來越多咖啡店、餐廳和酒吧進駐這裡的老房子，大部分店家都保留了原有的老房子外觀及舊招牌，悄悄的在老店舖中布置出一方嶄新迷人的空間，有的融合工業風情，有些則混搭出創意格局。店家主要集中在Jalan Besar、Tyrwhitt Road、Hamilton Road和King George's Avenue一帶，引領風潮的知名餐館和咖啡屋有「再成發五金」、「Asylum Coffeehouse」、「Druggist」、「Two Bakers」和幾家背包客棧，讓惹蘭勿剎成了風格獨具的休閒娛樂區。

竹腳中心

Tekka Centre

印度和華人小吃齊聚熟食中心

乘地鐵東北線或濱海市區線在「Little India」站下車，走出口C，步行3分鐘可達。665 Buffalo Road 06:00~23:00 休週一

竹腳中心的1樓設有熟食攤檔，販售各種小吃，後面是販賣各種蔬果魚肉的傳統市場，2樓大部分是印度服飾店鋪。在熟食中心裡，你可以和印度人一起排隊，品嚐知名的印度黃薑飯，也有許多攤位販賣一袋袋的印度酸奶，即是不加糖的優格，雖然味道很酸，卻有益健康。

MOOK Choice

竹腳熟食中心裡販賣印度料理的攤販居多，但華人小吃也不少，像是「榮記熟食」和「炎成傳統潮州粿」就擁有相當高的人氣。榮記賣的是水粿，使用泰國進口糯米粉製作，原本是自行將老米磨成粉，但因手續繁複，只得簡化，但仍堅持用好的材料來製作；看似油膩的水粿，因為是用蒸的，吃起來頗清爽，搭配的菜脯也特地用植物油炒過，很有健康概念。而炎記販售多種粿品，人氣最高的是黑炒粿，黑炒粿就是蘿蔔糕，加入甜甜辣辣的獨門醬汁以大火快炒，有種令人懷念的兒時味道。由於只賣到下午，想品嚐記得早點前往。

安古利亞回教堂

Angullia Mosque

簡樸素雅的印度風清真寺

乘地鐵東北線在「Farrer Park」站下車，走出口F，步行約5分鐘可達。265 Serangoon Road 05:00~07:00、11:00~21:00 www.angulliamosque.com.sg

安古利亞回教堂完工於1898年，是專為傳統遜尼派(Sunni)的印度穆斯林所興建的信仰中心，可容納400個人，米黃色的建築外觀簡樸素雅，其尖塔的設計仿自印度式風格，雖位在熱鬧的實龍崗路上，卻顯得有點低調。回教堂的命名是為了紀念來自北印度的貿易商人Mohammed Salleh

Eussoof Angullia，直到今日，這座回教堂依然為安古利亞家族所擁有。提醒遊客在進門參觀前，記得要先脫鞋。

Where to Eat in Little India
吃在小印度

MAP ▶ P.171B2 **Ananda Bhavan**

🚇乘地鐵東北線在「Little India」站下車，從出口C直走，橫越十字路口，往左沿實龍崗路走可達。 ⬆58 Serangoon Road ⏰07:00~22:00 ☎6396-5464 🌐www.anandabhavan.com

Anada Bhavan是新加坡最古老的印度素食餐廳，打從1924年起就在此處為小印度的居民們提供印度素食餐點。來到這裡，不妨點一份thosai或appom印度煎餅，煎得鬆鬆脆脆的大餅配上各種印度風味的沾醬或豆泥，大口咬下，滋味無窮，再喝一口印度拉茶，風味更是道地。除了位於實龍崗路的本店，Anada Bhavan還有多間分店，在樟宜機場第二航廈也設有店面。

MAP ▶ P.171B2 **Komala's Restaurant**

🚇乘地鐵東北線或濱海市區線在「Little India」站下車，走出口E，沿Buffalo Rd走，左轉實龍岡路，再右轉Upper Dickson Rd可達。 ⬆5 & 7 Upper Dickson Road ☎6293-4464 ⏰08:00~22:00 🌐www.komalasrestaurants.com

想吃印度餐又怕看不懂菜單，擔心無從點起嗎？若是印度餐廳也能像麥當勞一樣，在點餐處有大大的圖片，並且已經配好套餐，只要告訴店員想吃的是幾號餐就行，那該有多好？Komala's正是這樣的店，無論點餐方式、經營模式或用餐氣氛，都與麥當勞、漢堡王等速食餐廳殊無二致，只不過餐點內容從漢堡、可樂換成了印度薄餅與拉茶，同時並不會因為與傳統模式不同就失去了道地風味。Komala's以小印度為起始，已在新加坡開了多家分店，生意甚至拓展至印度、加拿大等地。

MAP ▶ P.171B2 **阿波羅蕉葉餐廳**
The Banana Leaf Apolo

🚇乘地鐵東北線或濱海市區線在「Little India」站下車，走出口E，沿跑馬路步行約3分鐘可達。 ⬆54 Race Course Road ☎6293-8682 ⏰10:30~22:30 🌐www.thebananaleafapolo.com

走進The Banana Leaf Apolo用餐，服務人員會先在桌面鋪上一片芭蕉葉，葉面盛上白飯或黃薑飯，只要點想吃的幾樣主菜即可。咖哩魚頭是必吃的一道菜，不僅魚肉鮮嫩，咖哩湯汁的香辣更是無人能敵，若是用餐人數為2~4人，建議點小份量即可。最道地的吃法是用手抓，不過要記得只能用右手，左手對印度人來說是不衛生的，然而敢嘗試用手的遊客還是不多，所以就放心地使用刀叉吧！吃飽後把芭蕉葉往上折起，表示享用完畢，這樣服務生就不會再幫忙添飯。The Banana Leaf Apolo除了跑馬路這間餐館，在小印度拱廊也另有分店。

再成發五金
Chye Seng Huat Hardware

🚇乘地鐵東西線在「Lavender」站下車，走出口B，沿Horne Rd.走，右轉Tyrwhitt Rd可達，步行約8~10分鐘；或乘濱海市區線在「Jalan Besar」站下車，走出口B，走Jalan Besar，右轉Kitchener Rd.，再左轉Tyrwhitt Rd可達，步行13~15分鐘。🏠150 Tyrwhitt Road ☎6299-4321 ⏰08:30~22:00 🌐www.cshhcoffee.com

　　牆上斗大的招牌寫著「再成發五金」，正門的鐵窗花、拉門，都讓人感受到建築的舊氛圍，推開建築物側門的鐵門，會發現裡頭別有洞天，一間現代咖啡館坐落其中，內外用餐區都坐滿品嘗咖啡、餐點的客人，假日想找個位子還得花點時間。

　　這間名為「再成發五金」的咖啡店，其實是新加坡咖啡品牌Papa Palheta的旗艦店，店家沿用了原先五金行的店名，室內裝潢也使用了五金元素，店中央是一個大型的環形吧檯，可以看見店員沖泡咖啡的過程，而牆邊醒目的鐵架上則販售咖啡相關用具。再成發非常受到咖啡迷及文青歡迎，來到這裡，除了點上一杯招牌咖啡，店員還推薦紅龜粿，在五金行喝咖啡配紅龜粿，夠特別吧！

Coba Kedai Kopi

🚇乘地鐵東北線在「Farrer Park」站下車，走出口G，沿實龍崗路走，右轉Beattu Rd.，在與Sturdee Rd.交叉口左轉可達，步行約8~10分鐘。🏠20 Beatty Road ☎6970-4961 ⏰07:45~18:00 🈲週二 💲Nasi Lemak雞翅套餐4.8元起，Kopi一杯1.3元起。🌐coba.cobacoba.sg

　　從車水馬龍的街道轉進Beatty這條小路，周遭的氛圍閒靜而緩慢下來，不遠處就看見Coba紅白綠相間的竹簾招牌，為斑駁的老房子襯托出些許古早味。這間清真茶室餐館，供應道地的印尼和馬來菜，包括Nasi Ambeng拼盤組合，可以自選配菜的Nasi Padang和椰漿飯Nasi Lemak，再點一杯海南式Kopi O，坐在懷舊風格的空間裡，有種時光倒流的奇異感。

Druggist

🚇乘地鐵東西線在「Lavender」站下車，走出口B，沿Horne Rd.走，左轉Tyrwhitt Rd可達，步行約8~10分鐘；或乘濱海市區線在「Jalan Besar」站下車，走出口B，走Jalan Besar，右轉Kitchener Rd.，再左轉Tyrwhitt Rd可達，步行10~13分鐘。🏠119 Tyrwhitt Road ☎6341-5967 ⏰週一至週四16:00~午夜12:00，週五至週日15:00~午夜12:00。每天19:00之前是Happy Hour。

精釀啤酒10~30元不等 🌐www.druggists.sg

　　酒吧開在中藥公會裡？同時還順理成章取名為「藥劑師」，有種莫名的狂想趣味，讓人會心一笑。自2015年開幕以來，這裡已成為許多人的第二個家，因為氣氛非常easy，即使穿著短褲和涼鞋也能隨時走進來喝一杯（當然也歡迎穿著商務套裝）！內行的都知道23款精釀啤酒是鎮店紅牌，搭配漢堡、炸雞、Tacos、松露薯條等美食，就是讓人開懷無憂的最佳解藥。此外還提供雞尾酒、葡萄酒、亞洲烈酒和蜂蜜酒等選擇，等你來對號入座。

MAP ▶ P.171B2 | **Lagnaa...barefoot dining**

🚇乘地鐵東北線或濱海市區線在「Little India」站下車，走出口E，沿Buffalo Rd走，左轉實龍岡路，再右轉Upper Dickson Rd可達。 🏠6 Upper Dickson Rd 📞6296-1215 🕐11:30~22:30 💻www.lagnaa.com

　　餐廳1樓為桌椅區，2樓則設置席地而坐的矮圓桌，供客人感受傳統用餐方式。主廚從傳統中變化出新口味，將雞、魚、羊等主食，以參峇、咖哩、Koorma(使用青椒、香料、腰果與香草)、奶油(使用番茄與腰果醬)等方式烹調，就連薄餅Naan也有10種口味可選。咖哩辣度分為10級，一般人建議選微辣的2級或小辣的3級。

MAP ▶ P.178B2 | **Asylum Coffee House**

🚇乘地鐵東北線在「Farrer Park」站下車，走出口H，沿Kitchener Rd走，左轉Jalan Besar，步行約10分鐘可達；或乘濱海市區線在「Jalan Besar」站下車，走出口B，沿Jalan Besar步行10分鐘可達。 🏠311 Jalan Besar 📞8921-9875 🕐08:00~16:30 💲黑咖啡5.5元起，冰咖啡7元起，手沖咖啡8.5元起。 💻www.asylumcoffeehouse.com

　　路過這棟藍色店屋時，很難不多看它幾眼，除了鑲滿繽紛花磚的外觀，更多的好奇來自於它的名字Asylum，一間精神病患的庇護所？推門而入，純白牆面襯著木質椅和天花板，陽光從落地窗斜斜灑落，清新明亮的氛圍，聚焦於吧檯正在沖泡飲品的咖啡師，恍然明白，讓人上癮的，其實是這裡端出來的精品級咖啡。

　　Asylum自家擁有專業的烘焙機，台灣製造，配有感測器、探頭和加熱零件，採用紅外線而非傳統的傳導與對流，能夠穩定沖泡出新鮮、高品質的咖啡，吸引許多人固定前來品嘗每週限量推出的特色咖啡豆。

MAP ▶ P.178B2 | **Ponggol Nasi Lemak**

🚇乘地鐵東北線在「Farrer Park」站下車，走出口G，沿實龍崗路走，右轉Beattu Rd.，在與Sturdee Rd.交叉口左轉可達，步行約10分鐘；或乘濱海市區線在「Jalan Besar」站下車，走出口B，沿Jalan Besar步行15分鐘可達。 🏠371 Jalan Besar #01-01 📞6293-0020 🕐11:30~22:00 🈺週四 💲Nasi Lemak套餐：雞翅5.6元起、炸魚6.2元起。 💻www.ponggolnasilemak.com.sg

　　這是當地人經常光顧的餐館，專賣椰漿飯（Nasi Lemak）。從1979年起，由創辦人Ang Chye Choon和Koh Ah Tan製作的傳統椰漿飯，以香蕉葉包裹，打響了名聲，自此開始供應給全新加坡的經銷商和小販店面，久而久之變成一個老品牌，也開設了自家餐館，位於Jalan Besar路旁的這家則是旗艦店。店裡的椰漿飯推出4種主題套餐，主角分別是炸魚、1隻炸雞翅、2隻炸雞翅和蔬菜，再佐以黃瓜、小魚花生、荷包蛋或其他配菜。配菜還可以單點，另外也推出海鮮餃、炸蝦、咖哩雞皮等私房小菜。

MAP ▶ P.178B2 **City Square Mall**

🚇乘地鐵東北線在「Farrer Park」站下車，走出口I，可直通購物商場。🏠180 Kitchener Road 📞6595-6595 🕙10:00~22:00 🌐www.citysquaremall.com.sg

坐落於新世界公園的舊址上，屬於社區型購物商場，City Square以環保木材興建而成，屋頂採用太陽能天窗，讓自然光在白天得以灑落商場，據估計每年可省下將7萬千瓦電力。商場內設有上百間店面，種類涵蓋服飾精品、健康休閒、電子用品、文具禮物、餐廳、美食街等，最受歡迎的莫過於全球首座懸浮式遊樂場AIRZONE，將彈性遊戲網層層懸掛於2樓至6樓的中庭，舉凡球池、溜滑梯、盪鞦韆等，都讓親子開懷暢玩。

MAP ▶ P.178A2 **慕達發中心Mustafa Centre**

🚇乘地鐵東北線在「Farrer Park」站下車，走出口F，步行約10分鐘可達。🏠145 Syed Alwi Road 📞6295-5855 🕙24小時 🌐www.mustafa.com.sg

許多歐美觀光客來到新加坡，第一站不是到烏節路購物，而是來慕達發中心大血拼。這座位於小印度區的購物商場究竟有何魅力？只要來過的人都知道，這裡的商品種類超級多，就像家樂福、大潤發一樣，從日常用品、點心零嘴、衣服、香水、新加坡紀念品到珠寶首飾、電器、名牌商品應有盡有，加上貨真價實，雖然不能殺價，但同樣一件商品，價格可能就比其他地方便宜很多，再加上這裡24小時不打烊，難怪購物人潮總是將這裡擠得水洩不通。

MAP ▶ P.62B1 **The General Company**

🚇乘地鐵東北線在「Farrer Park」站下車，走出口H，步行約15分鐘可達；或乘地鐵西線在「Lavender」站下車，走出口B，沿Horne Rd走，右轉King George's Ave可達，步行約8~10分鐘。🏠115 King George's Ave 🕙11:00~19:00 📞6293-0461 🌐thegeneralco.sg

The General Company創立於2012年，由新一代的本土工匠和設計師所組成，為眼光獨到的客戶和品牌提供奢華的工藝服務；同時也開設各種手作工作坊，包括皮革工藝、網版印刷、蠟燭香氛和陶瓷等，致力於結合傳統技術與現代設計。如果你想精心創製獨一無二的禮品，可以向工作室進行個人預約，現場將由經驗豐富的工匠親自指導並協助完成客製化的成品。有興趣的人請透過官網預約。

MAP ▶ P.171B3

悅樂雅柏酒店
Village Hotel Albert Court

🚇乘地鐵東北線在「Little India」站下車,走出口A,步行約5分鐘可達;或乘濱海市區線在「Rochor」站下車,走出口A可達。 ⌂180 Albert Street ☎6339-3939 ⓤwww.villagehotels.asia

悅樂雅柏酒店坐落於華人聚集地,酒店的前身為戰前店屋,可以從建築外觀看到印度文化與土生華人風格的融合。酒店共有210間客房,內部裝潢以溫馨褐色系為主調,搭配原木地板及雅致的家具,房間空間在小印度附近算是寬敞的,每間房皆有無線網路。酒店設施包括健身房、水療按摩池,再加上鄰近地鐵站與市區,不論是商務旅客或休閒旅客都很適合。

MAP ▶ P.171C3 **Wanderlust Hotel**

🚇乘濱海市區線在「Rochor」站下車,走出口B進入Perak Rd,右轉Dickson Rd可達;或在「Jalan Besar」站下車,走出口B可達。 ⌂2 Dickson Road ☎6396-3322 ⓤwww.discoverasr.com

Wanderlust的本體建築由1920年代的老學校所改建,砌上豔麗花瓷磚,為純白外牆裝點出東方風情。Wanderlust隸屬於Ascott集團旗下的The Unlimited Collection by Oakwood酒店品牌,四個樓層特色各異,1樓為兼具接待櫃台、酒吧和交誼廳功能的開放場所,並設有一間知名餐廳Kotuwa,提供傳統的斯里蘭卡美食。全館29間客房以簡約素雅為設計風格,採用純白色系的床被和牆面,從迷你的單人房到附設小廚房和起居室的閣樓房等,彷彿秘密基地般,讓入住的房客感受到家一般的溫馨舒適。

甘榜格南與武吉士
Kampong Glam& Bugis

文●墨刻編輯部
攝影●墨刻攝影組

Kampong在馬來文中是「鄉村」的意思，而Glam是一種樹木的名稱，其樹汁可提煉成藥油，由於早年此地種滿了Glam，「甘榜格南(Kampong Glam)」的區域命名也因此而誕生。在英國殖民之前，這裡就是馬來蘇丹的宮殿所在，至今依然保有皇宮、別墅以及新加坡最大的蘇丹回教堂，到了英國殖民時期，阿拉伯商人大量在此聚居，濃濃的伊斯蘭風情百年不變，從地鐵站下車只要幾分鐘腳程，就能踏上神祕的中東國度。

以武吉士地鐵站為中心所形成的商圈，和甘榜格南相距不遠，從購物中心、百年廟宇、熱鬧夜市到熟食中心等，充滿在地市民的打拼活力，也是逛街尋寶的好去處。

甘榜格南·武吉士

Upper Weld Rd
DT22 Jalan Besar
往Lavender地鐵站
Crawford St.

Masjid Malabar
Hotel Boss
Opp Blk 461
(編號01211)
North Bridge Road
Market & Food Centre
協勝隆

Tekka Place
Dunlop St.
Weld Rd
Rochor River
ABC Hostel
Hotel Clover 769
North Bridge Road
大華豬肉粿條麵

DT13
Rochor
阿都卡夫
回教堂
Sim Lim
Tower
Sungei Rd
Rochor Canal Rd
Stamford
Pri Sch
(編號01121)
貓咪博物館
The Cat
Museum
Cheryl Scones

森林商業中心
Sim Lim Square
Queen Street
Bus Terminal
Warong Nasi
Pariaman
Stamford
Primary
School
Hajah
Maimunah
Jln Kubor
North Bridge Rd.
南華昌(亞秋)
魚頭爐
布業中心
Textile Centre
Blk 8
(編號01329)
馬來傳統文化館
Malay Heritage Centre

雅柏商業中心
Albert Complex
梧槽中心
Rochor Centre
Our Lady of
Lourdes St.
Jln Pisang
Jln Kledek
The Sultan
Golden Mile
Food Centre

福祿壽商業大廈
Fu Lu Shou Complex
Singapore
Zam Zam
Restaurant
黃金廣場
Golden Landmark
Little
Shophouse
蘇佛士回教堂
Sultan Mosque
Rumah
Makan
Minang
Aliwal St.
Jln Sultan
金皇商業大廈
Sultan Plaza
哈賈法蒂瑪回教堂
Hajjah Fatimah Mosque

ibis Hotel
觀音堂
Village Hotel
Bugis
Gedung
Kuning
Ya Kun Kaya
Toast
City
Gate
裕佳西餅店
Rich and Good
Cake Shop

武吉士街
Bugis
Street
萊佛士醫院
Raffles
Hospital
North Bridge Rd.
Bali Ln.
Haji Ln.
Arab St.
Baghdad St.
Bussorah St.
Beach Rd.
美芝路
Dream Chaser Boutique
Capsule Hotel
Nicoll
Highway
CC5

EW12 DT14
Bugis
雅柏市場
與熟食中心
Albert Ctr. Market
& Food Centre
Bugis+
Ophir Rd.
The POD Boutique
Capsule Hotel
Nicoll Highway
Republic Ave.

Bugis Junction
白沙浮商業城
Bugis Junction
亞坤Ya Kun Kaya Toast
土司工坊Toast Box
濱海賓樂雅酒店
Parkroyal Hotel
on Beach Road

Albert Mall
Trishaw Park
Andaz
Singapore by
Hyatt
Pan Pacific
Serviced Suites

克里斯南興都廟
Sri Krishnan Temple
洲際酒店
Inter-Continental Hotel
Beach Rd

新加坡國家設計中心
National Design Centre
阿秋甜品

圖例：景點 飯店 餐廳 巴士站 百貨 商店 醫院 甜點

INFO

如何前往——機場至甘榜格南與武吉士

◎地鐵
　從樟宜機場站(Changi Airport, CG2)搭乘東西線(East West Line)，在武吉士站(Bugis,EW12/DT14)下車，可步行前往區內各景點。
▽週一至週六05:31~23:18，週日05:59~23:18。
$⑤$依乘坐距離遠近而不同，約2元。

◎機場巴士
　從樟宜機場(Changi Airport)可搭乘機場巴士進入市中心，行駛路線涵蓋新加坡大多數飯店，可在市政區的住宿飯店下車。詳細資訊見P.33。
$⑤$成人10元、兒童7元

甘榜格南與武吉士交通
◎地鐵

武吉士站(Bugis, EW12/DT14)：這是本區內最主要的地鐵站，下車後，可快速前往鄰近的購物中心與各大廟宇，或步行約10分鐘可進入甘榜格南歷史區域。

勞明達站(Lavender, EW11)：位於甘榜格南歷史區的東北端，由此站下車可步行前往Crawford Lane附近的知名餐館。

🚇武吉士站P.187B2B3、勞明達站P.178C3

◎步行

甘榜格南和武吉士商圈的範圍不大，可以步行方式抵達所有景點。

旅遊小叮嚀

在甘榜格南的蘇丹回教堂一帶，大多數的餐廳與商店於週日及假日都不營業，而週五中午因回教堂有伊斯蘭宗教活動，由穆斯林開設的店面也會暫時歇業，記得避開這些日子前往。

甘榜格南與武吉士散步地圖

蘇丹回教堂① ③ 黃色豪宅
馬來傳統文化館②
哈芝巷⑩
觀音堂⑪ ⑬ ⑥ Jamal Kazura Aromatics
⑫ 武吉士街
克里斯南興都廟 ⑨ ⑧ ⑦ ④ 裕佳西餅店
亞拉街 Yip Yew Chong 壁畫 巴梭拉街 ⑤ Bhai Sarbat Singapore

甘榜格南與武吉士散步路線

既然來到伊斯蘭歷史區，就從新加坡最大、最古老的伊斯蘭寺院①**蘇丹回教堂(Sultan Mosque)**展開徒步之旅；這座建築莊嚴華麗，遊客可以免費入內參觀，但衣著須配合參觀規定。接著來到②**馬來傳統文化館(Malay Heritage Centre)**，這裡原是馬來蘇丹居住的宮殿，如今規劃成展示馬來文化的博物館，文化館正門外有一棟醒目的別墅，當地人稱為③「**黃色豪宅**」，曾是馬來皇族的產業，如今成為一家餐廳。

步行至鄰近的甘達哈街，街上的④**裕佳西餅店**是知名的瑞士卷糕點店，最特別的是榴槤及咖椰口味，許多人一買就是好幾條。如果覺得渴了，右轉巴格達街就能找到⑤**Bhai Sarbat Singapore**喝杯拉茶。在巴格達街與巴梭拉街交叉口，可發現阿拉伯香水店⑥**Jamal Kazura Aromatics**，為自己量身調配一款無酒精香水。

右轉走進⑦**巴梭拉街(Bussorah Street)**，可以觀賞

中東風格藝品店、餐館或穆斯林書店；在蘇丹回教堂前方左轉，會發現整面牆的⑧**壁畫**，來自藝術家葉耀宗的街頭創作；接著進入⑨**亞拉街(Arab Street)**又是不同風情，街上店舖集中，主要商品有波斯地毯、絲巾、蠟染布等；再來走進獨立小店林立、巷弄中充滿鮮豔塗鴉的⑩**哈芝巷(Haji Lane)**，這裡的店舖大約從中午開始營業，而晚上人們坐在餐廳的露天座位區抽起水煙，使這裡成為煙霧瀰漫的夜生活區。

逛完甘榜格南街區之後，沿著維多利亞街走回武吉士商圈，位在Waterloo St.的⑪**觀音堂**是當地重要的華人信仰中心，終年香火鼎盛，緊鄰著的⑫**克里斯南興都廟(Sri Krishnan Temple)**有130年以上的歷史，有趣的是，廟前擺放著一只香爐，展現出宗教文化融合的一面。最後回到地鐵站出口對面的⑬**武吉士街(Bugis Street)**，這裡的商品種類很多，如果不想買東西，也可以吃些便宜的熱帶水果。

距離：約3公里
所需時間：約1.5~2小時

Where to Explore in Kampong Glam & Bugis
賞遊甘榜格南與武吉士

MAP P.187C2

蘇丹回教堂

MOOK Choice

Sultan Mosque

新加坡穆斯林的精神象徵

🚇乘地鐵東西線或濱海市區線在「Bugis」站下車，走B出口，沿維多利亞街走，右轉亞拉街，左轉Muscat St.可達，步行約10分鐘。 🏠3 Muscat Street ☎6293-4405 ⏰10:00~12:00、14:00~16:00 🚫週五 🌐www.sultanmosque.sg

　蘇丹回教堂建於1824年，是新加坡最大、最古老的伊斯蘭寺院，金色的圓頂建築莊嚴華麗，很容易吸引遊客目光。1928年，因為舊的清真寺已不敷使用，在建築師Denis Santry的主導下進行重建，當時不但富人們積極響應捐款，窮人也紛紛盡一己之力，把家裡僅有的玻璃瓶都貢獻出來，如果你的眼力夠好的話，就會發現金色圓頂下方的深色部分，竟是由玻璃瓶底鑲嵌而成。

　這裡每天都有五次禮拜，以週五中午的禮拜最為盛大。穆斯林在入內參拜前，必須先在庭院將全身洗淨，男人與女人在不同樓層參拜。遊客可免費進入在允許的範圍內參觀，入內前一定要脫鞋。如果穿著短裙短褲，要先租借長袍圍上後才能進入。

MAP P.187C2

馬來傳統文化館

Malay Heritage Centre

在昔日蘇丹宮殿認識馬來文化

🚇乘地鐵東西線或濱海市區線在「Bugis」站下車，走B出口，沿維多利亞街走，右轉亞拉街，左轉Muscat St.，經蘇丹回教堂直走可達，步行約10~15分鐘。 🏠85 Sultan Gate ☎6391-0450 ⏰週二至週日10:00~18:00 🚫週一 💲博物館成人6元，60歲以上長者及學生4元，6歲以下免費。目前閉館整修中，預計2025年底重新開放。 🌐www.malayheritage.org.sg

　這座規模氣派的別墅庭園原本是馬來蘇丹居住的宮殿，1819年，萊佛士利用馬來皇族的內鬥，擁立了胡申蘇丹，與他簽下租借條約，而胡申蘇丹也獲得名義上統治者的地位。這座宮殿便是由胡申的兒子阿里蘇丹於1840年所建。

　園中的兩層樓建築規劃成展示馬來文化的博物館，從馬來人如何來到新加坡、早期馬來人的生活到近代馬來人的文化成就，都有完整介紹。在園區外有一棟醒目的黃色別墅，當地人稱為「黃色豪宅」，曾經為馬來皇族所有，但是滄海桑田，如今已成為餐廳，提供清真的印尼料理。

哈芝巷

Haji Lane

日夜皆有驚喜的潮流街道

🚇乘地鐵東西線或濱海市區線在「Bugis」站下車，走出口B，沿維多利亞街往北走，右轉亞拉街，再右轉橋北路，左轉哈芝巷可達，步行約10分鐘。

接近中午時分，哈芝巷的許多商家紛紛開店營業，到了傍晚，整條巷子就熱鬧了起來。穿梭在窄窄的巷道中，除了被鮮豔的塗鴉吸引，當然也要逛逛琳瑯滿目的小店鋪，從服飾精品、雜貨禮品、玩具店到黑膠唱片行等各類商家齊聚，適合慢慢遊逛尋寶。而咖啡館、甜點店、酒吧和餐廳也為數不少，每當夜幕低垂，部分餐館有提供抽水煙服務，形成獨特的夜生活特區。

Fickle Store

🏠42 Haji Lane 📞6291-0733 🕐11:00~19:00 💲價格依樣式和裝飾物而有不同，現有基本款一雙20元起，客製化一雙約25~80元。🌐ficklestore.com

沒想到一雙人字拖也能穿出流行時尚？為了滿足現代人的個性化需求和各種奇想，這間小店提供客製化的服務，從尺寸、顏色、鞋底、鞋帶到裝飾的精品緞帶等，客人都能細細挑選搭配，打造出獨一無二的專屬人字拖，沒有年齡性別的限制。店內也展售現成的各種拖鞋和人字拖，可以現場自行選擇緞帶或飾品，組合出喜歡的款式。

巴梭拉街

Bussorah Street

中東餐館藝品店聚集的棕櫚紅磚道

🚇乘地鐵東西線或濱海市區線在「Bugis」站下車，走出口B，沿維多利亞街往北走，右轉亞拉街，左轉Muscat St.可抵達街口，步行約10~15分鐘。

巴梭拉街位於蘇丹回教堂正前方，兩旁盡是高大的棕櫚樹與色彩繽紛的老店屋，店屋裡展售著新奇有趣的手工藝品與馬來服飾，包括著名的阿拉伯香水店Royal Fragrances和Jamal Kazura Aromatics。最繽紛亮眼的卻是滿街的中東餐館，提供土耳其和黎巴嫩料理；佇立在巴格達街交叉口的Kampong Glam Cafe，販賣清真的傳統馬來菜和各式飲品，經常座無虛席。

Wardah Books

🏠58 Bussorah Street 📞6297-1232 🕐週日至週四10:00~19:00，週五和週六10:00~21:00。🌐wardahbooks.com

這是一家專門販售伊斯蘭教英文書籍的書店，2002年在甘榜格南開業，店內的圖書庫存擁有4000多種，涵蓋藝術、哲學、可蘭經研究、地區歷史、小説和兒童讀物等類別。因為深信閱讀的秘密禮物就是時間，書店積極地進行社區閱讀推廣活動，並定期舉辦讀書會與作者見面會。

MAP P.187A3

武吉士街

Bugis Street

攤販聚集的新加坡式夜市

乘地鐵東西線或濱海市區線在「Bugis」站下車,走出口C,步行3~5分鐘可達。

70年代,這裡是各國船員最喜歡流連的地方,入夜後街上盡是吧女及燈紅酒綠的酒吧,後來遭新加坡政府整頓關閉,現在則成了服飾、配件、鞋子、美容產品和食物等攤位聚集的熱鬧街市。白天人潮不多,一到晚上總會湧進許多觀光客及當地人,台灣遊客熟悉的夜市叫賣聲在這裡也時常聽到。這兒的小吃攤都叫做「Food Court」或「Food Junction」,各國美食小吃都有,可以買一杯甘蔗汁喝,或試試各種熱帶水果。

MAP P.187C1

貓咪博物館

The Cat Museum

到療癒系博物館親近貓咪

乘地鐵東西線或濱海市區線在「Bugis」站下車,走出口B,沿維多利亞街往北,右轉亞拉街再左轉橋北路可達。 781A North Bridge Road, Level 2　8218-2133　週二至週日11:00、19:00,由於入場人數有限制,必須事先上網預約參觀時段。每人1小時20元　www.thecatmuseumsg.org

博物館由經營演講訓練公司的Jessica創立,她過去便經常救援流浪貓回公司,為了讓更多人有機會與貓咪相處,2015年在Purvis St創立此館,現已搬遷至橋北路。這間非營利的博物館位於2樓,展示世界各地有關貓的歷史,還有攝影展及蒐藏品,在這裡可以和貓咪互動,同時設有小貓收容所,提供愛貓人士領養。

MAP P.187C2

亞拉街(阿拉伯街)

Arab Street

商店最集中的伊斯蘭風街道

乘地鐵東西線或濱海市區線在「Bugis」站下車,走出口B,沿維多利亞街往北走,右轉亞拉街可達,步行約8~10分鐘。

以蘇丹回教堂為中心,附近的街道都洋溢著濃厚的伊斯蘭風味,而商店最集中的區域非亞拉街莫屬。亞拉街上的主要商品有來自中東的正宗波斯地毯、完全取材天然的阿拉伯香精,以及絲巾、Kebaya服裝、蠟染布、抱枕、床罩套等,大多強調手工製作,價格中等,就算不喜歡買東西,隨便逛逛也很愜意。

MAP P.187A2

觀音堂

MOOK Choice

香火鼎盛的華人信仰中心

🚇 乘地鐵東西線或濱海市區線在「Bugis」站下車，走出口C，過斑馬線，穿過武吉士街入口直走，接Albert St.，左轉滑鐵盧街(Waterloo Street)可達，步行約10分鐘。 🏠178 Waterloo Street ⏰07:00~18:30

　　建於1884年的觀音堂香火鼎盛，主要供奉觀世音菩薩，觀音兩側是達摩祖師與藥師華佗，後方還有一尊巨大的釋迦牟尼佛像。由於觀音堂是新加坡華人的信仰中心之一，地位猶如台北的龍山寺與行天宮，因此每天從早到晚香客不斷，廟前的鮮花供品叫賣不絕。為了容納更多香客，觀音堂曾於1895和1982年重建，而平時就已香火繚繞的觀音堂，到了新年除夕更是萬頭鑽動，熱鬧非凡。

MAP P.187A3

克里斯南興都廟

Sri Krishnan Temple

見證宗教文化的和諧融合

🚇 乘地鐵東西線或濱海市區線在「Bugis」站下車，走出口C，過斑馬線，穿過武吉士街入口直走，接Albert St.，左轉滑鐵盧街(Waterloo Street)可達，步行約10分鐘。 🏠152 Waterloo Street ⏰06:30~12:30、17:30~21:00

　　與觀音堂相距不到5公尺處，便是雕滿鮮豔神像的克里斯南興都廟，兩種不同的宗教信仰在同一條街上並立，這是只有在新加坡才看得到的奇景。這座廟宇擁有超過130年歷史，是鄰近印度教徒的信仰中心。有趣的是，印度教徒既不點香也不拿香，但這座興都廟前卻擺設了一只香爐供桌，前去燃香、插香的除了華人，印度人竟也不少，不同宗教文化的和諧融合在此真實上演。

在甘榜格南尋找壁畫·回憶舊時光

　　從亞拉街(Arab Street)轉往蘇丹回教堂的街角，將被眼前巨幅的壁畫所震撼。這是本土藝術家葉耀宗（Yip Yew Chong）的創作，用色明亮溫暖，畫面細節繁複且充滿童趣，訴說著昔日生活故事，也成為拍照打卡的熱門地。

◎亞拉街92號：這幅描繪了甘榜格南的歷史文化，將蘇丹回教堂、皇宮、朝聖者、小攤販和市井生活等景象，濃縮於牆面上。在拉茶人的圖案旁還真的開設一家「Tarik」咖啡店，販售咖啡、拉茶和輕食，讓壁畫和真實場景完美融合。

◎亞拉街58號後巷：紀念這裡曾存在許多藤籃店鋪的過往時光，透過三隻貓、懸掛藤籃和漁夫等元素，呈現趣味畫面。

◎Sultan Gate29號：壁畫主題「Coffee Story」，描繪南洋咖啡和咖椰烤麵包的製作過程。

Where to Eat in Kampong Glam & Bugis
吃在甘榜格南與武吉士

MAP ▶ P.187C2　Warong Nasi Pariaman

🚇乘地鐵東西線或濱海市區線在「Bugis」站下車，走出口B，沿維多利亞街往北，右轉亞拉街再左轉橋北路可達，步行約10分鐘。🏠738 North Bridge Road 📞6292-5898 ⏰07:00~13:00 🈺週三 💻pariaman.pickngosg.com

　　每天到了中午，Warong Nasi Pariaman就會擠滿用餐的人們，多半都是當地人。Nasi在馬來語中是「飯」的意思，因此店名中若是出現Nasi這個字，表示這是一家馬來餐廳。而Pariaman是印尼西蘇門答臘的一個小鎮，這家餐廳標榜的就是來自該地的家鄉菜，無論雞肉或魚肉料理，都是用料豐富的重口味，尤其是濃厚的椰漿味道，南洋風味十足。

MAP ▶ P.196C3　Bhai Sarbat Teh Tarik

🚇乘地鐵東西線或濱海市區線在「Bugis」站下車，走出口B，沿維多利亞街往北，右轉亞拉街，左轉巴格達街可達，步行約15分鐘。🏠21 Bussorah Street 📞8263-4142 ⏰06:30~13:00 💲拉茶約1.8元起

　　1977年開設的拉茶店，起初連店名都沒有，卻擄獲了當地計程車司機的心，無形中為小店載來許多顧客，排隊人潮經常滿到走廊之外。隨著名聲越來越大，再加上老闆將店面傳承給年輕的一代，終於有了店名Bhai Sarbat。所謂拉茶一如其名，就是用鐵罐與杯子將茶在空中反覆拉扯，把空氣拉進茶水中，使煉乳與茶完全融合，口感因而更加滑順。如果想喝進階版，建議點一杯薑茶(Teh Halia)，據說是全新加坡最好喝的喔！

MAP ▶ P.187B2　Hajah Maimunah Restaurant

🚇乘地鐵東西線或濱海市區線在「Bugis」站下車，走出口B，沿維多利亞街往北，右轉Jalan Pisang可達，步行約10分鐘。🏠11 Jalan Pisang 📞6297-4294 ⏰07:30~18:30 🈺週日

　　這間自助餐廳的餐台上，有超過40種傳統家鄉風味的印尼、馬來美食。不可錯過的是放在餐台最前頭的烤雞，外皮烤得焦香，肉質多汁柔嫩，咀嚼時溢滿口腔的香氣讓人回味無窮。此外，香辣過癮的椰漿螺肉Lemak Siput、炸豆腐雞蛋Tahu Telur、各色烤魚、牛尾湯等也是店家招牌。最後還有千層糕、椰絲球等傳統糕點可供選擇。

MAP ▶P196D3 **Alaturka**

🚇乘地鐵東西線或濱海市區線在「Bugis」站下車，走出口B，沿維多利亞街往北，右轉亞拉街，左轉巴格達街，再右轉巴梭拉街可達，步行約12~15分鐘。 🏠16 Bussorah Street 🕾6294-0304 ⏰11:30~22:30 🌐www.alaturka.com.sg

　　Alaturka是一家專賣土耳其與地中海料理的餐廳，聲名遠播到連馬來西亞的電視台都曾專程前來採訪。說起土耳其料理，烤肉串Kebabs是必點招牌菜；而將肉泥捲成香腸狀的烤肉餅Kofte，也相當受歡迎，尤其是口味偏鹹的Kofte配上清淡的蔬菜沙拉和米飯，滋味搭配得天衣無縫。最後再來一杯蘋果茶、土耳其紅茶或咖啡，將新加坡的炎熱空氣瞬間冷卻。

MAP ▶P.196B4 **% Arabica**

🚇乘地鐵東西線或濱海市區線在「Bugis」站下車，走出口B，沿維多利亞街往北，右轉亞拉街直走可達。 🏠56 Arab Street 🕾9680-5288 ⏰週日至週四08:00~18:00，週五08:00~15:00，週六12:00~20:00。 💲Espresso 4.8元起，Latte 7.4元起。 🌐arabica.coffee

　　「我真的每天都需要一杯美味的咖啡」這就是% Arabica咖啡館誕生的原因。從京都的旗艦店紅遍全世界，海外分店一家家展開，位於Arab Street老房子裡的裝潢走簡約純白路線，店內空間不大，騎樓裡擺放幾張桌椅頗有幾分文藝風格。吧台裡有全球最頂尖的濃縮咖啡機坐鎮，主打招牌包括Espresso、Latte、Americano和Macchiato，適合午後悠閒享用。

MAP ▶P187B2 **Singapore Zam Zam Restaurant**

🚇乘地鐵東西線或濱海市區線在「Bugis」站下車，走出口B，沿維多利亞街往北，右轉亞拉街再左轉橋北路可達，步行約10分鐘。 🏠697 North Bridge Road 🕾6298-6320 ⏰07:00~23:00 🌐www.zamzamsingapore.com

　　Zam Zam創立於1908年，擅長傳統的印度伊斯蘭食物，例如印度薄餅(Roti Prata)、印度煎餅(Murtabak)等，有多種餡料可以選擇添加，包括雞蛋、洋蔥、羊肉、雞肉、鹿肉或沙丁魚、羊肉咖哩、雞肉咖哩、蔬菜咖哩等，豬肉當然除外，牆上有食物照片可供對照參考，點餐不成問題。只要站在餐廳前方的走廊上就能看到餅皮的製作過程，只見師傅雙手甩動餅皮，熟練地在平底鍋上煎出一個個金黃的餅，讓人口水直流。

MAP ▶ P187B3　阿秋甜品

🚇乘地鐵東西線或濱海市區線在「Bugis」站下車，從出口D，沿橋北路左轉Liang Seah St.可達。　📍1 Liang Seah Street #01-10/11, Liang Seahn Place　☎6339-8198　🕐週一至週四12:30~午夜12:00，週五12:30~01:00，週六13:30~01:00，週日13:30~午夜12:00。　🌐www.ahchewdesserts.com

　　這是新加坡人氣最高的港式甜點店，裝潢與建築散發濃濃的傳統中國風，就連餐具也使用古色古香的瓷器。必點的楊枝甘露嚐來香甜滑順，濃郁的芒果香氣中有清爽微酸的柚肉中和甜味，加上QQ的西米露增添豐富口感。此外，鮮奶燉蛋、杏仁冰糖雪耳木瓜、香芋西米露等，也風味極佳。

MAP ▶ P187D1　大華豬肉粿條麵

🚇乘地鐵東西線在「Lavender」站下車，走出口A，沿Kallang Rd.，左轉循著梧槽河畔走，右轉通過Wave Bridge，往右進入國宅群可達，步行約10分鐘；或在「Bugis」站下車，走出口E或F，沿橋北路直走，左轉Crawford Ln可達，步行約15分鐘。　📍Blk 466 Crawford Lane, #01-12　🕐09:30~21:00　🚫週一　🌐www.taihwa.com.sg

　　跟牛車水的了凡一樣，營業超過70年的大華是全球首度獲得米其林一星肯定的小販。這裡以美味的肉脞麵聞名，麵條除了麵仔(黃色細麵)外，還有麵薄(黃色扁麵)、板麵等豐富種類，在各自燙熟的麵條淋上特調醬汁，再擺上肉丸、絞肉與肉絲、雲吞、豬肝、魚乾與豬油渣，光看就讓人食指大動。麵條入口的同時便衝出濃郁的烏醋香，隨之而來的是醬油的鹹味與微微的辣椒醬香氣，獨特的口味讓人一吃上癮。

MAP ▶ P.196C4　椰子俱樂部The Coconut Club

🚇乘地鐵東西線或濱海市區線在「Bugis」站下車，走出口E或F，沿橋北路往北，右轉亞拉街，左轉Beach Rd.可達，步行約10~12分鐘。　📍269 Beach Road　☎8725-3315　🕐週二至週五11:00~15:00、18:00~22:30，週六和週日11:00~22:30。　🚫週一　💲經典椰漿飯15元起　🌐www.thecoconutclub.sg

　　這是The Lo & Behold集團旗下的餐飲品牌，坐落於兩層樓的店屋中，裝潢擺設充滿南洋風情。從餐廳名稱到菜單內容，都脫離不了椰子元素，必點招牌椰漿飯（Nasi Lemak）採用有機雞腿或雞胸以rempah香料醬醃製12小時再下鍋油炸，皮脆肉嫩，而茉莉香米加入椰奶蒸煮，吃得到淡淡椰香，再搭配花生、黃瓜片、小魚乾與荷包蛋，就是獲得米其林必比登推薦的美味。此外也販售經典炸魚椰漿飯、Gado Gado印尼式沙拉等私房前菜、珍多冰等，菜色豐富，但價位比小販中心和一般餐室來得貴，不妨依個人預算做選擇。

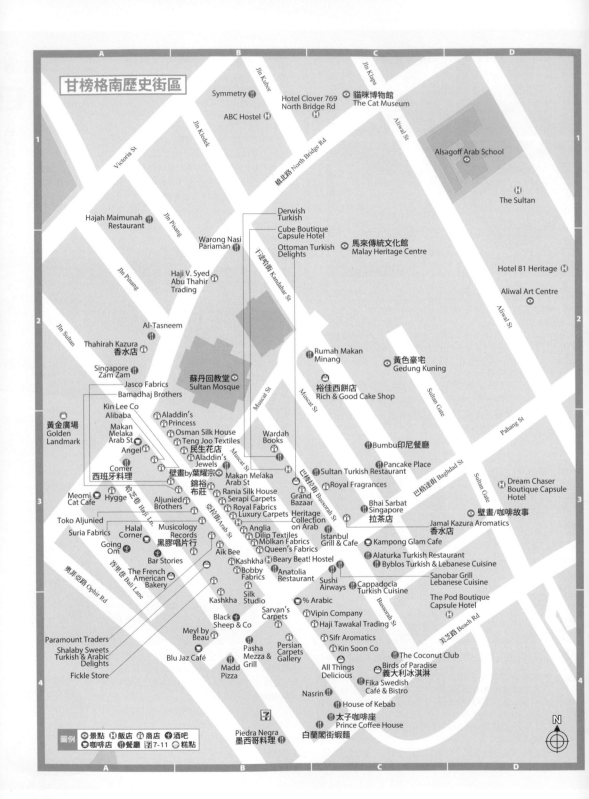

甘榜格南歷史街區

Symmetry

Hotel Clover 769
North Bridge Rd

貓咪博物館
The Cat Museum

ABC Hostel

Jln Kubor

Jln Klapa

Aliwal St

Alsagoff Arab School

Victoria St

Jln Kledek

北橋路 North Bridge Rd

The Sultan

Jln Pisang

Derwish
Turkish

Cube Boutique
Capsule Hotel

Hajah Maimunah
Restaurant

Warong Nasi
Pariaman

Ottoman Turkish
Delights

馬來傳統文化館
Malay Heritage Centre

Hotel 81 Heritage

Jln Pinang

Haji V. Syed
Abu Thahir
Trading

甘達峇街 Kandahar St

Aliwal Art Centre

Jln Sultan

Al-Tasneem

Thahirah Kazura
香水店

Rumah Makan
Minang

黃色豪宅
Gedung Kuning

Aliwal St

Singapore
Zam Zam

Jasco Fabrics

Bamadhaj Brothers

蘇丹回教堂
Sultan Mosque

Muscat St

Muscat St

裕佳西餅店
Rich & Good Cake Shop

Sultan Gate

黃金廣場
Golden
Landmark

Kin Lee Co
Alibaba

Makan
Melaka
Arab St

Angel

Aladdin's
Princess

Osman Silk House

Teng Joo Textiles

民生花店

Wardah
Books

Bumbu印尼餐廳

Pahang St

Comer
西班牙料理

壁畫by葉耀宗

Aladdin's
Jewels

Makan Melaka
Arab St

Pancake Place

Sultan Turkish Restaurant

巴格達街 Baghdad St

Meomi
Cat Cafe

Hygge

哈芝巷 Haji Ln.

錦裕
布莊

Aljunied
Brothers

Rania Silk House

Serapi Carpets

Royal Fabrics

Luxury Carpets

Grand
Bazaar

Royal Fragrances

Bhai Sarbat
Singapore
拉茶店

壁畫/咖啡故事

Sultan Gate

Toko Aljunied

Suria Fabrics

Halal
Corner

Musicology
Records
黑膠唱片行

亞拉街Arab St

Anglia

Heritage
Collection
on Arab

Jamal Kazura Aromatics
香水店

Going
Om

Aik Bee

Dilip Textiles

Molkan Fabrics

Queen's Fabrics

Istanbul
Grill & Cafe

Kampong Glam Cafe

Bar Stories

峇里巷 Bali Lane

The French
American
Bakery

Kashkha

Bobby
Fabrics

Beary Beat! Hostel

Anatolia
Restaurant

Alaturka Turkish Restaurant

Byblos Turkish & Lebanese Cuisine

Sushi
Airways

Cappadocia
Turkish Cuisine

Sanobar Grill
Lebanese Cuisine

奧菲亞路 Ophir Rd

Kashkha

Silk
Studio

% Arabic

The Pod Boutique
Capsule Hotel

Bussorah St

美芝路 Beach Rd

Paramount Traders

Shalaby Sweets
Turkish & Arabic
Delights

Fickle Store

Meyl by
Beau

Black
Sheep & Co

Blu Jaz Café

Madd
Pizza

Pasha
Mezza &
Grill

Sarvan's
Carpets

Persian
Carpets
Gallery

Vipin Company

Haji Tawakal Trading

Sifr Aromatics

Kin Soon Co

All Things
Delicious

The Coconut Club

Birds of Paradise
義大利冰淇淋

Fika Swedish
Café & Bistro

Nasrin

House of Kebab

太子咖啡座
Prince Coffee House

Piedra Negra
墨西哥料理

白蘭閣街蝦麵

N

圖例 ◉景點 Ⓗ飯店 ⓣ商店 ⓦ酒吧 ⓒ咖啡店 ⓡ餐廳 7-11 ⓖ糕點

196

MAP ▶ P196C4

Birds of Paradise Gelato Boutique

🚇 乘地鐵東西線或濱海市區線在「Bugis」站下車，走出口E或F，沿橋北路往北，右轉亞拉街，左轉Beach Rd.可達，步行約10~12分鐘。📍263 Beach Road 📞9820-5763 🕐12:00~22:00 💲1球杯裝5.5元、甜筒餅裝6.8元。🔗 birdsofparadise.sg

　　創立於2016年的Birds of Paradise，以大自然的植物為靈感，創造出風味獨特的義大利冰淇淋。為了向東南亞地區致敬，店家更從烹飪食材中尋找合適的成分，大致歸類為香料、花卉、水果、香草、可可和堅果6大主題，費心費時將這些主題輕輕注入冰淇淋中，讓味道和香氣完美平衡，口感又極為清爽。店內提供20多種口味，包括芒果、香蘭、榛果、黑巧克力、草莓羅勒、海鹽綠茶、荔枝迷迭香等。在牛車水、加東、荷蘭村等地也設有分店。

MAP ▶ P187D1

Cheryl Scones

🚇 乘地鐵東西線在「Lavender」站下車，走出口A，沿Kallang Rd.，左轉循著梧槽河畔走，右轉通過Wave Bridge，往右進入國宅群可達，步行約10分鐘；或在「Bugis」站下車，走出口E或F，沿橋北路直走，左轉Crawford Ln可達，步行約15分鐘。📍Blk 466 Crawford Ln #01-04 📞9061-2596 🕐週三至週六11:00~19:00，週日11:00~16:30。🚫週一和週二 💲Scone價格依口味而不同，單點約3元起，2 Scones+1 Soup套餐11元起。🔗 cherylscones.com

　　Dan Ong和Cherylin在商業攝影工作片場相遇相戀，進而結為連理。話說Dan在品嚐了Cherylin手工製作的Scone後，從此愛不釋口，並發現其背後擁有強大的市場潛力，於是合資開設了Cheryl Scones。店內推出超過36種口味的Scone，包括原味、杏薑、起司、叻沙、迷迭香、酪梨班蘭、葡萄乾燕麥等，每天新鮮限量手作，不含蛋、奶、蔥和酒精，可以佐茶、熱湯、三明治、冰淇淋或各種飲品一起享用。推薦2 Scones+1 Soup套餐，由主廚Alvin烹製的蔬食湯品與有機藜麥飯，養生又美味。

MAP ▶ P187D1

協勝隆
Heap Seng Leong

🚇 乘地鐵東西線在「Lavender」站下車，走出口A，沿Kallang Rd.，左轉循著梧槽河畔走，右轉通過Wave Bridge，往左朝橋北路小販中心方向走可達，步行約10分鐘；或在「Bugis」站下車，走出口E或F，沿橋北路直走，經過Crawford Ln，在下一條小路左轉可達，步行約15~20分鐘。📍10 North Bridge Road #01-5109 📞6292-2668 🕐05:00~15:00 💲咖椰吐司1.4元起，Kopi每杯1.1元起，半生熟雞蛋1.4元起。

　　走進協勝隆，時光彷彿就定格在1970年代，甚至更早之前。放眼所及宛如泛黃的電影，舊式投幣電話、裝在塑膠罐裡的糖果餅乾、斑駁的大理石圓桌，還有老闆消瘦的背影，正站在古早炭爐旁煽火翻烤著一片片吐司，沖泡咖啡的鐵壺裡依然採用絲襪來過濾。菜單薄薄一張貼在凌亂的櫃台邊，販售咖椰烤吐司、花生奶油吐司、蒸麵包和半生熟雞蛋等幾款傳統樣式，Kopi和Teh倒是很齊全，以炭火烘焙的黑咖啡放進一塊牛油，做出絲滑細膩的Kopi Gu You（Gu You就是福建話的「牛油」），這款飲品在新加坡恐怕快要失傳了!

MAP ▶ P196B3 **Serapi Carpets**

🚇 乘地鐵東西線或濱海市區線在「Bugis」站下車，走出口B，沿維多利亞街往北，右轉亞拉街可達。🏠86 Arab Street ☎6292-3488 ⏰10:00~21:00

如果想讓居家布置看起來更富麗堂皇，那麼來到亞拉街千萬別錯過機會，訂購一幅正宗的波斯地毯回家吧！亞拉街上販賣的地毯大多數是從伊朗等中東國家進口，純手工編織的地毯，看起來充滿視覺意象，摸起來也是質地細緻，觸感不凡。亞拉街上的地毯店有許多是家族關係，譬如Persian Carpets Gallery、Johen、Sarvan's、Haji Tawakal和Serapi，就是由兄弟分別開設。其中以Serapi規模最大。如果買不起大型手工地毯，這裡也有小型的機織桌毯販售，價位較為便宜。

MAP ▶ P196C2 **裕佳西餅店**
Rich and Good Cake Shop

🚇 乘地鐵東西線或濱海市區線在「Bugis」站下車，走出口B，沿維多利亞街往北，右轉亞拉街，左轉Muscat St.，再右轉甘達哈街可達。🏠24 Kandahar Street ☎6908-4089 ⏰週一10:30~17:00，週二至週六09:00~17:00。🈲週日及假日 🌐www.richngood.com

裕佳西餅店開業於1997年，淡藍色的牆壁及招牌十分醒目，雖然店面距離市區較遠，慕名而來的顧客依舊絡繹不絕。店內可容納顧客的空間不大，除了收銀空間之外，大部分的空間都用來製作、包裝和冷藏店裡的招牌糕點——瑞士卷。店裡的瑞士卷有10餘種口味可選擇，最特別的當屬榴槤及咖椰口味，蛋糕鬆軟綿密，內餡濕潤，不僅用料實在、口感紮實，吃起來亦不過甜。另外，這裡的瑞士卷屬細長型，每條都有近30公分長。在星耀樟宜設有分店，方便遊客採買帶回國。

MAP ▶ P196B3 **Royal Fabrics**

🚇 乘地鐵東西線或濱海市區線在「Bugis」站下車，走出口B，沿維多利亞街往北，右轉亞拉街可達。🏠84 Arab Street ☎6396-3820 ⏰10:00~18:00 🈲週日 🌐www.royalfabrics.com.sg

在亞拉街上，數量最多的是布料行和絲綢莊，能夠在眾多競爭對手中，佇立60多年的Royal Fabrics想必有其過人之處。Royal Fabrics的店名氣派非凡，走的是高價位路線，不但布料式樣繁多，還有漂亮的禮服陳列，穿在身上宛如天方夜譚裡的公主。Royal Fabrics曾在2006年榮獲《Tatlar》雜誌評選為最佳布料公司。

MAP ▶ P187B2 **小店屋 Little Shophouse**

🚇 乘地鐵東西線或濱海市區線在「Bugis」站下車，走出口B，沿維多利亞街往北，步行約5分鐘可達。🏠390 Victoria Street #03-49 ☎6295-2328 ⏰11:00~15:00 🈲週日

「小店屋」賣的是土生華人收藏品，店鋪裡擺設著娘惹珠鞋、傳統服裝、珠玉項鍊、彩瓷器皿等，琳瑯滿目，尤其一雙雙圖案豐富的娘惹珠鞋，宛如博物館裡的陳列品。這些珠鞋都是店主孫亞興先生用手工一顆顆串珠而成，有機會也能在現場觀看他製作這些精美的鞋面。由於製造珠鞋需要耗費相當的時間與心力，因此這裡的珠鞋也是價格不菲。原本位於巴梭拉街的「小店屋」，已搬遷至Golden Landmark購物中心3樓，店面空間更加寬敞，同時也對外開設珠鞋製作課程。

MAP ▶ P196C3　阿拉伯香水店

🚇乘地鐵東西線或濱海市區線在「Bugis」站下車，走出口B，沿維多利亞街往北，右轉亞拉街，左轉橋北路可達Kazura；若亞拉街直走，左轉巴格達街可達Jamal Kazura。

Thahirah Kazura Pte. Ltd.

📍705 North Bridge Road　☎9005-9971　⏰週一至週四10:00~20:00，週五至週日10:00~22:00。　休週二　🌐www.kazura.org

Jamal Kazura Aromatics

📍21 Bussorah Street　☎6293-3320　⏰09:30~19:30

　　阿拉伯香水是在甘榜格南逛街時的亮點，由於伊斯蘭教義嚴禁信徒觸碰酒類，因此阿拉伯的香水完全不含酒精，純粹取材自天然花草與精油調製而成，很多香味與名牌香水幾乎沒有差別，卻只要1/3的價錢，值得採購。

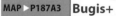

　　鄰近的香水店眾多，位於橋北路的「Thahirah Kazura」創立於1933年，是當地香水界的老字號；位於巴梭拉街的「Jamal Kazura Aromatics」也有80多年歷史，除了有調香師現場為顧客調配個人香水，展示架上的香水瓶更是迷人，每瓶約15~200元新幣不等，適合收藏或送禮。

MAP ▶ P187A3　**Bugis+**

🚇乘地鐵東西線或濱海市區線在「Bugis」站下車，走出口C，沿維多利亞街，右轉通過天橋可直達。　📍201 Victoria Street　☎6631-9931　⏰10:00~22:00　🌐www.bugisplus.com.sg

　　許多人第一眼看到Bugis+便對它留下深刻印象，因為佈滿水晶網絡(Crystal Mesh)凸面造型的外牆，讓這座商場看起來就像是一顆大鑽石。而商場也將目標顧客鎖定在20到30歲之間的年輕族群，因此無論在空間設計或店家選擇上，都讓人覺得相當新潮有活力，進駐店家也青春洋溢，舉凡電子遊樂場、各種禮品玩具店，以及超過30家餐廳，是休閒娛樂好去處。

Bershka

MAP ▶ P187A3　白沙浮商業城Bugis Junction

🚇乘地鐵東西線或濱海市區線在「Bugis」站下車，走出口C可達。　📍200 Victoria Street　☎6557-6557　⏰10:00~22:00　🌐www.bugisjunction-mall.com.sg

　　白沙浮商業城是新加坡首座擁有透明玻璃天幕的購物商場，佔地15萬2千平方公尺，走在廣場裡的中央街道，陽光從玻璃帷幕灑落，四周冷氣空調環繞，街道兩旁是咖啡屋和服飾店，逛起街來舒適愜意。

　　往樓上走，商品特色和裝潢偏向年輕化，以當地流行潮牌為主，尺碼相當適合東方女性。另外像Cotton On、Levi's、Cath Kidston這類休閒品牌也不虞匱乏。肚子餓了，地下樓還有美食街可祭五臟廟。商場內設有一座空橋，可直接通往隔街相望的另一座購物中心Bugis+，再加上武吉士街，三者共同組成Bugis Town，讓休閒生活充滿文化和時尚活力。

加東與東海岸
Katong & East Coast

文●墨刻編輯部
攝影●墨刻攝影組

1920年代，由於港務貿易興盛，土生華人多半經商致富，紛紛將平房改建為樓層洋房，而早期靠海的加東佔了地利之便，逐漸成為土生華人聚集的大本營，其獨特的建築與飲食文化強烈影響了加東地區，包括將芽籠士乃和加東垂直串連的如切路。

從加東往南走，穿過馬林百列（Marine Parade）社區可抵達東海岸公園，這裡擁有綿延沙灘和15公里長的濱海林蔭大道，是新加坡居民熱愛的休閒去處，也是情侶約會的好地方。地鐵湯申–東海岸線在馬林百列設有車站，通車後，無論前往加東或東海岸公園，對觀光客來說更加便利。

INFO

如何前往——機場至加東
◎地鐵
從樟宜機場站(Changi Airport, CG2)搭乘東西線(East West Line)，在友諾士站(Eunos, EW7)或巴耶利峇站(Paya Lebar, EW8/CC9)下車，再步行或轉搭計程車前往加東地區。
🕒週一至週六05:31~23:18，週日05:59~23:18。
💲依乘坐距離遠近而不同，約1.79元。
◎公車
從樟宜機場(Changi Airport)搭乘36號公車在Parkway Parade站下車，可前往加東或東海岸。
🕒平日約06:00~23:58，週六約06:00~00:04。平均10分鐘一班。
💲依搭乘距離遠近而不同，票價約1.92~2.10元。
◎機場巴士
從樟宜機場(Changi Airport)可搭乘機場巴士進入市中心，行駛路線涵蓋新加坡大多數飯店，可在加東的住宿飯店下車。詳細資訊見P.33。
💲成人10元、兒童7元

加東交通
◎地鐵
馬林百列站(Marine Parade, TE26)： 由此站下車可步行前往加東和東海岸。
巴耶利峇站(Paya Lebar, EW8/CC9)： 此站距離加東較遠，沿如切路步行20~30分鐘可達東海岸路。
🚇馬林百列站P.201B3、巴耶利峇站P.207A1
◎公車——從市中心至加東
12、32號公車： 從加冷路(Kallang Rd.)的「Lavender Stn Exit B」站，或禧街(Hill St.)的「Armenian Ch」站搭乘，在東海岸路的「Opp

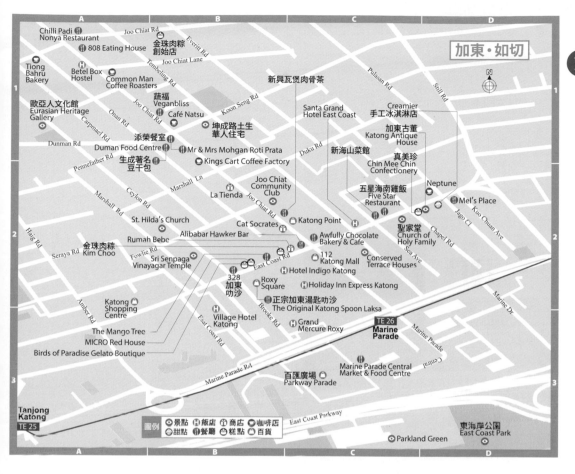

加東・如切

A

- Chilli Padi Nonya Restaurant
- 808 Eating House
- 金珠肉粽創始店
- Tiong Bahru Bakery
- Betel Box Hostel
- Common Man Coffee Roasters
- 蔬福 Veganbliss
- Café Natsu
- 歐亞人文化館 Eurasian Heritage Gallery
- 添榮餐室
- Duman Food Centre
- 生成著名豆干包
- Mr & Mrs Mohgan Roti Prata
- Kings Cart Coffee Factory
- 坤成路土生華人住宅
- La Tienda
- St. Hilda's Church
- Cat Socrates
- Joo Chiat Community Club
- Rumah Bebe
- Alibabar Hawker Bar
- 金珠肉粽 Kim Choo
- Sri Senpaga Vinayagar Temple
- 328 加東叻沙
- Roxy Square
- 正宗加東湯匙叻沙 The Original Katong Spoon Laksa
- Katong Shopping Centre
- The Mango Tree
- MICRO Red House
- Birds of Paradise Gelato Boutique
- Village Hotel Katong
- Grand Mercure Roxy
- Parkway Parade 百匯廣場
- Tanjong Katong TE 25

B / C

- Joo Chiat Rd
- Everitt Rd
- Joo Chiat Lane
- Tembeling Rd
- Koon Seng Rd
- 新興瓦煲肉骨茶
- Santa Grand Hotel East Coast
- Duku Rd
- 新海山菜館
- 五星海南雞飯 Five Star Restaurant
- Katong Point
- Awfully Chocolate Bakery & Cafe
- 112 Katong Mall
- Hotel Indigo Katong
- Holiday Inn Express Katong
- Conserved Terrace Houses
- 聖家堂 Church of Holy Family
- Marine Parade Rd
- Marine Parade TE 26

D

- Palasan Rd
- Still Rd
- Creamier 手工冰淇淋店
- Katong Antique House 加東古董
- 真美珍 Chin Mee Chin Confectionery
- Neptune
- Mel's Place
- Kuo Chuan Ave
- Chapel Rd
- Sea Ave
- Jago Cl
- Marine Dr
- Marine Parade Central
- Marine Parade Central Market & Food Centre
- East Coast Parkway
- Parkland Green
- 東海岸公園 East Coast Park

圖例 ●景點 ⊞飯店 ⊞商店 ⊙咖啡店 ⊙甜點 ⊞餐廳 ⊞糕點 ⊞百貨

「Roxy Square」或「Opp The Holy Family Church」站下車，可步行前往各景點。

14號公車：從烏節路、多美歌地鐵站或萊佛士酒店等站牌搭乘，在東海岸路的「Opp Roxy Square」或「Opp The Holy Family Church」下車，可步行前往各景點。

16號公車：從烏節路、多美歌地鐵站、萊佛士酒店等站牌搭乘，在如切路的「Aft Duku Rd」站下車，步行5分鐘可達加東。

◎步行

加東的範圍不大，可步行抵達多數景點。東海岸公園範圍較廣，可慢慢散步、租借單車或搭乘計程車前往沿岸各景點。

住宿資訊

加東地區的4、5星級酒店不多，僅Hotel Indigo和Village Hotel幾家；反而是Venue、NuVe這類本土連鎖旅館較多，都開在店屋建築裡，客房空間不算寬敞，雙人房每晚約新幣120元起，適合喜歡貼近在地生活的旅人。

英迪格酒店Hotel Indigo
🚇P.201B2 🏠86 East Coast Road
☎6723-7001
🌐www.ihg.com

悅樂加東酒店Village Hotel Katong
🚇P.201B2 🏠25 Marine Parade Road
☎6344-2200
🌐www.villagehotels.asia

Santa Grand Hotel East Coast
🚇P.201C2 🏠171 East Coast Road
☎6344-6866
🌐www.santagrandhotel.com.sg

MAP ▶ P.201B1

坤成路

Koon Seng Road

色彩繽紛的娘惹洋房一條街

🚇乘地鐵東西線或環線在「Paya Lebar」站下車,沿如切路往南走15~20分鐘可抵達坤成路;或搭12、14、32號公車在「Opp The Holy Family Church」站下車,沿如切路往北走約10分鐘可達。

加東最令人驚豔的土生華人住宅,就位於如切路與Tembeling Road之間的坤成路上。這一帶曾經是土生華人富商的居住地,從牆面裝飾的氣派與華麗,不難想見當年的生活是何等優渥,如外牆上的紅牡丹磁磚圖案象徵著榮華富貴,而動物圖形也代表對美好生活的想望。

與傳統店屋相同的是,這些洋樓也具備了中國、馬來與歐式的混合風格,呈現東西文明既衝突又和諧的平衡美感。每一戶門前都有庭院,結構較為寬敞,雕飾更加細緻,這是與店屋最大的不同。

MAP ▶ P.201B2

金珠肉粽

Kim Choo

以香蘭葉包裹的娘惹粽

🚇乘地鐵湯申–東海岸線在「Marine Parade」站下車,沿如切路往北走,左轉東海岸路約8~10分鐘可達;或從市區搭12、14、32號公車在「Opp The Holy Family Church」站下車,步行5分鐘可達。🏠109/111 East Coast Road ☎6741-2125 🕙10:00~22:00 🌐www.kimchoo.com

創立於1945年的「金珠」是東海岸路上的一頁傳奇,創始人李金珠自幼學習娘惹廚藝,婚後為了改善家庭經濟,便運用幼時手藝擺起肉粽攤子,沒想到這一賣就賣出了名堂。其中,位於東海岸路的店面販售粽子和各式娘惹糕餅,1樓側間展售娘惹服飾精品,並設有新加坡旅客詢問中心,2樓則附設小型的娘惹文化展示館。

娘惹粽與中華粽雖出同源,但用料的做法不同,口味也大相逕庭。娘惹粽內餡的豬肉是先用香料調味,又加上冬瓜粒,在糯米的包覆下,甜、鹹、辣等滋味相摻,吃起來非常癮。而粽子外頭則用香蘭葉包裹,散發一股淡淡清香。

MAP ▶ P.201B2

328加東叻沙

328 Katong Laksa

眾星喜愛的人氣店家

🚇乘地鐵湯申-東海岸線在「Marine Parade」站下車，沿Marine Parade Rd.走，右轉Brooke Rd.約10分鐘可達；或從市區搭12、14、32號公車在「Opp Roxy Sq」站下車，步行2分鐘可達。🏠51 East Coast Road ⏰09:30~21:30 🌐www.328katonglaksa.sg

在加東一帶有許多專賣叻沙的餐室，328加東叻沙是其中的知名店家。曾在2013年由當地舉辦的「小販廚藝大比拚」活動中，與英國星級名廚Gordon Ramsay對決勝出。一進店內，牆上一張張與明星藝人的合照便知道其高人氣。這裡的叻沙湯頭濃郁飽滿，既有海鮮的鮮甜味（添加了大蝦仁和蛤肉），也有椰漿的辛辣香韻。為了方便客人食用，店家會將粉條剪短，可以直接用湯匙吃。除了招牌叻沙，店內也販售烏打(Otak)和港式點心。

MAP ▶ P.201C2

Awfully Chocolate Bakery & Cafe

巧克力愛好者的甜點樂園

🚇乘地鐵湯申-東海岸線在「Marine Parade」站下車，沿如切路往北約6~8分鐘可達；或搭12、14、32號公車在「Opp The Holy Family Church」站下車，步行約3~5分鐘可達。🏠131 East Coast Road ☎6345-2190 ⏰週一至週五11:00~22:00，週六和週日08:00~22:00。🌐www.awfullychocolate.com

Awfully Chocolate是新加坡知名連鎖巧克力蛋糕店，販售的產品不論是蛋糕、冰淇淋或飲料，全都是巧克力口味，雖然價格略高，仍吸引眾多巧克

MAP ▶ P.201C2

112 Katong

在地人常逛的休閒生活百貨

🚇乘地鐵湯申-東海岸線在「Marine Parade」站下車，沿如切路往北走約6~8分鐘可達；或從市區搭12、14、32號公車在「Opp Roxy Sq」站下車，步行約5分鐘可達。🏠112 East Coast Road ☎6306-3272 ⏰10:00~22:00 🚇 www.112katong.com.sg

這座社區型的購物中心以休閒生活為基調，5個樓層中除了必備的服飾精品、美容保養、運動娛樂等專櫃，也有美食廣場和眾多特色餐館，包括PS. Cafe、Privé、Luckin Coffee、芳土司等，4樓幾乎是兒童才藝中心的天下，舉凡音樂、舞蹈、跆拳道等，還設有Climb Central攀岩場，適合不同年齡層前來參與，鍛鍊肌力和體能。

力愛好者。招牌的All Chocolate蛋糕有6吋及8吋可選擇，另外推薦Super Stacked Chocolate Cake，多層次的巧克力與綿密蛋糕交錯，口感豐富；Chocolate Praline Cake內餡層層夾著榛果果仁，外表綴以脆薄餅和黑巧克力屑，滋味濃郁。這家位於加東的Awfully Chocolate是新加坡的旗艦店，不僅有招牌巧克力甜點，也供應融合新加坡特色的西式料理。

MAP　P.201B2

Rumah Bebe

全面貼近娘惹生活文化

🚇乘地鐵湯申-東海岸線在「Marine Parade」站下車，沿如切路往北走，左轉東海岸路約6~8分鐘可達；或搭12、14、32號公車在「Opp The Holy Family Church」站下車，步行約5分鐘可達。🏠113 East Coast Road ☎6247-8781 🕐週四至週日09:30~18:30，必須事先打電話或上網填單預約才能參觀。🈺週一至週三 🌐www.rumahbebe.com

想要量身訂製道地的娘惹傳統服裝，歡迎來到Bebe的店。從衣裙、珠鞋、鈕扣別針到手提包等，完全純手工縫製刺繡，圖案花紋相當細膩，價格依材質與作工精緻度而有不同。據說當地年輕女孩會買來跟牛仔褲混搭，創造全新的流行時尚。店主薛好湄苦心鑽研娘惹服飾與珠繡藝術，將這門藝術發揚光大，尤其以精細繁複的珠繡鞋圖案最令人驚豔，宛如藝術創作。她為推廣娘惹文化不遺餘力，除了開班授課、出版專書介紹，2樓更設有小型展示館，也販售傳統娘惹菜及糕點。

MAP　P.201C2D2

加東古董

Katong Antique House

走進娘惹與峇峇的收藏世界

🚇乘地鐵湯申-東海岸線在「Marine Parade」站下車，沿如切路往北走，右轉東海岸路約10分鐘可達；或搭12、14、32號公車在「Opp The Holy Family Church」站下車，步行約2分鐘可達。🏠208 East Coast Road ☎6345-8544 🕐11:00~18:30，平時關閉，有預約才會開門。🈺現場導覽每人15元起，請事先打電話或發送電子郵件預約。@katongantiquehouse@gmail.com

加東古董是一間私人博物館，由已故屋主Peter Wee創設於1979年，他本身是第四代土生華人，屋裡陳列的傢俱裝飾、碗盤器皿、服飾鞋帽、喜慶用品、書畫藝品等，全是他從新加坡與馬來西亞各地蒐羅而來的珍藏，當中也有不少是他祖先遺傳下來的物品，2018年Peter Wee過世後，由Eric Ang和Angeline Kong接手傳承遺志，繼續推廣土生華人豐富的文化。特別提醒你，加東古董採導覽預約制，必須事先預約才能參觀，導覽行程約45分鐘。

MAP　P.201B2

正宗加東湯匙叻沙

The Original Katong Spoon Laksa

堅持只用湯匙吃粗米粉的老字號

🚇乘地鐵湯申-東海岸線在「Marine Parade」站下車，沿Marine Parade Rd.走，右轉Brooke Rd.約8分鐘可達；或從市區搭12、14、32號公車在「Opp Roxy Sq」站下車，越過東海岸路走進Roxy Square可達。🏠50 East Coast Road, Roxy Square #01-64 ☎9889-6576 🕐10:30~15:30 🈺週二和週三 🈺叻沙每碗5.5元起 📘www.facebook.com/janggutlaksa

綽號Janggut的黃老闆於1940年代在加東販售娘惹叻沙，堅持只以湯匙為餐具，並將粗米粉剪短，方便客人快速地舀起來送入口中，從此打響「加東湯匙叻沙」名號。採用新鮮椰漿烹調，將粗米粉浸潤得金黃油亮，搭配份量剛好的辣椒油，再加入蝦片和蚶肉等配料，濃醇香辣。不敢吃辣的人，可以請店家不要添加辣椒醬。此外，另有兩家分店開在Bedok和Queensway。

東海岸公園
East Coast Park
徐徐海風吹過悠閒公園

🚇 乘地鐵湯申–東海岸線在「Marine Parade」站下車，行經Marine Parade Central Market，橫越EPC快速道路，右轉E. Coast Park Service Rd.可達。或從多美歌地鐵站、萊佛士酒店等處搭乘36號公車，在Marina Parade Rd.的「Opp Parkway Parade」站下車，沿Marine Parade Central走，橫越EPC快速道路，右轉E. Coast Park Service Rd.可達，步行約20分鐘。

來到氣氛悠閒的東海岸公園，光是走在林蔭大道上就是幸福的事，從海上吹來的微風輕拂，為炎熱的新加坡趕走不少暑氣。人們在沙灘上嬉戲，在岸邊慢跑、野餐和烤肉，享受悠閒時光。東海岸公園最熱門的活動就是騎單車、玩滑板和直排輪，如果技癢，這裡有店鋪可租借，不妨試試身手。

MAP ▶ P.201C3D3

MAP ▶ P.201B2

The Mango Tree
以芒果與海鮮為特色

🚇 乘地鐵湯申–東海岸線在「Marine Parade」站下車，沿如切路往北走，左轉東海岸路約8~10分鐘可達；或搭12、14、32號公車在「Opp Roxy Sq」站下車，步行約3分鐘可達。🏠91 East Coast Road ☎6440-1285 🕐午餐：每天11:30~14:30，晚餐：週一至週四18:00~22:30，週五18:00~22:30，週六17:30~22:30，週日17:30~22:00。休週二 🌐www.themangotree.com.sg

擁有一間自己的店是陳俊泉的夢想，當他和妻子到印度旅行時，遇見印度沿岸美味的海鮮料理後，便決定以此作為主題開設餐廳。取名為「芒果樹」，是因為最初開在東海岸的餐廳門口真的有一棵芒果樹，2017年輾轉搬遷至現址。陳俊泉發現，印度人將芒果樹視為聖樹，於是他決定更突顯自己的特色，將芒果和海鮮定位為餐廳兩大重點，所以來到The Mango Tree，記得品嚐海鮮咖哩和芒果口味的Naan。

MAP ▶ P.201B2

聖帕加維那雅加廟
Sri Senpaga Vinayagar Temple
加束區最素雅的興都廟寶塔

🚇 乘地鐵湯申–東海岸線在「Marine Parade」站下車，沿Marine Parade Rd.走，右轉Brooke Rd.，橫越東海岸路，接Ceylon Rd.可達；或從市區搭12、14、32號公車在「Opp Roxy Sq」站下車，步行3分鐘可達。🏠19 Ceylon Road 🕐06:30~12:00、18:30~21:00 🌐www.ssvt.org.sg

150多年前，人們在池塘邊發現一尊維那雅加(Lord Vinayagar)的雕像，一名錫蘭淡米爾人便在附近的香蘭樹下蓋了一間小廟，即為聖帕加維那雅加廟的起源。而後陸續翻修升級，歷經二次世界大戰的毀損，再次翻新成今日樣貌。以米黃搭配橘磚色系，建構出21公尺高的寶塔，風格樸實雅致。除了寶塔，院內的牆面和屋簷也有諸如象神等各種印度神祇的雕刻，喜歡建築雕塑的人不妨駐足慢慢欣賞。尤其這裡少了擁擠的觀光人潮，整座廟宇別有一番莊嚴寧靜的氣質。

芽籠士乃
Geylang Serai

文●墨刻編輯部
攝影●墨刻攝影組

芽籠士乃是早期馬來民族聚居的地方，無論店鋪風格、市場型態或美食口味，都還保留著馬來傳統文化，一年一度的回教開齋節就是在此盛大舉行。從開齋節前為期一個月的齋戒起，直到開齋節結束，街邊將豎起牌坊、燈飾，販售傳統美食、各類生活用品與紡織服飾的大型市集，自每天下午開始營業至深夜，人們將市集擠得水洩不通，遊客身處其中，也能感受熱鬧的節慶氣氛。

如果想貼近當地居民的生活面，就得往芽籠路和兩旁密密麻麻的小巷弄裡鑽，賣榴槤的、炸香蕉的，乃至各式小餐館、咖啡店、酒廊、夜總會等，七彩霓虹閃爍，全部混雜在一起，是新加坡最具庶民風味的區域。

INFO

如何前往──機場至芽籠士乃
◎地鐵
　　從樟宜機場站(Changi Airport, CG2)搭乘東西線(East West Line)，在巴耶利峇站(Paya Lebar, EW8/CC9)下車，可步行前往芽籠士乃各景點和飯店。
　週一至週六05:31~23:18，週日05:59~23:18。
　依乘坐距離遠近而不同，約1.79元。
◎公車
　　從樟宜機場(Changi Airport)搭乘24號公車，可Joo Chiat Complex站下車，步行可前往芽籠士乃各景點。
營運　平日約06:00~23:58，週六約06:00~00:04。平均10分鐘一班。

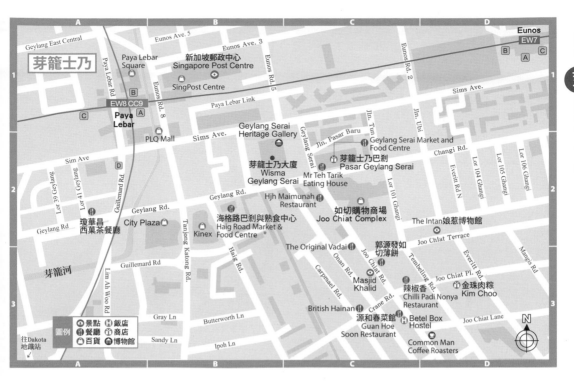

芽籠士乃

Geylang East Central

Paya Lebar Square

新加坡郵政中心
Singapore Post Centre

SingPost Centre

EW8 CC9

Paya Lebar

PLQ Mall

Sim Ave.

瓊華昌
西菓茶餐廳

City Plaza

Kinex

芽籠河

Geylang Rd.

Guillemard Rd.

Geylang Serai
Heritage Gallery

芽籠士乃大廈
Wisma
Geylang Serai

芽籠士乃巴剎
Pasar Geylang Serai

Geylang Serai Market and
Food Centre

Mr Teh Tarik
Eating House

Hjh Maimunah
Restaurant

海格路巴剎與熟食中心
Haig Road Market &
Food Centre

The Original Vadai

如切購物商場
Joo Chiat Complex

郭源發如
切薄餅

The Intan娘惹博物館

Masjid
Khalid

辣椒香
Chilli Padi Nonya
Restaurant

金珠肉粽
Kim Choo

British Hainan

源和春菜館
Guan Hoe
Soon Restaurant

Betel Box
Hostel

Common Man
Coffee Roasters

圖例
景點　飯店
餐廳　商店
百貨　博物館

往Dakota
地鐵站

Eunos
EW7

P.207D1

P.207A1

P.07C3

P.207A3

💲依搭乘距離遠近而不同，票價約1.92~1.96元。

芽籠士乃交通

◎地鐵

　　芽籠士乃地區有4座主要地鐵站，可視景點的位置來決定要搭乘哪條地鐵線、在哪一站下車，比較方便。

友諾士站(Eunos, EW7)：位於芽籠士乃東側，由此站下車可沿著Still Rd.往南步行前往加東。

巴耶利峇站(Paya Lebar, EW8/CC9)：位於芽籠士乃的中間點，距離芽籠士乃巴剎僅5分鐘腳程。若由本站下車，也可沿著如切路慢慢走往加東。

阿裕尼站(Aljunied, EW9)：位於芽籠士乃最西側，想要逛逛本區龍蛇混雜的縱橫巷弄，或選購榴槤、品嚐風味小吃，由此站下車可步行前往。

達科達站(Dakota, CC8)：位於芽籠士乃西南邊緣，鄰近加冷，可直達舊機場路小販中心。

◎公車－從市中心至芽籠士乃

2、51號公車：從克拉碼頭的「Clarke Quay Stn Exit E」站，或禧街(Hill Street)的「Armenian Ch」

站搭乘公車，在「Aft Paya Lebar Quarter」或「Blk 416」站下車，步行可抵達各景點。

7號公車：從多美歌地鐵站或維多利亞街(Victoria St)的「Opp Bugis stn Exit C」站搭乘，在「Aft Paya Lebar Quarter」站下車，步行可抵達各景點。

◎步行

　　芽籠士乃的範圍不小，長長的芽籠路(Geylang Rd)與沈氏大道(Sims Ave)橫向綿延，若要步行遊逛多數景點會很辛苦，建議以「地鐵＋步行」方式遊逛，較為輕鬆。

MAP P.207C2

芽籠士乃巴剎

MOOK Choice

Pasar Geylang Serai

新加坡最大馬來傳統市場

🚇乘地鐵東西線或環線在「Paya Lebar」站下車，走出口E或F，沿Tanjong Katong Rd.走，左轉Geylang Rd可達，步行約10~15分鐘。 🏠位於Geylang Serai與Changi Rd交叉口 ⏰06:00~21:00，各攤營業時間不同。

想知道馬來族群的婆婆媽媽們，平常都上哪兒去採買嗎？芽籠士乃巴剎是新加坡最大的馬來傳統市場，所有馬來人的日常生活用品應有盡有，如沙龍服裝、頭巾、桌墊、床罩等。而鮮豔飽滿的熱帶水果也隨處可見，馬來菜餚常用的食材包括香茅、椰漿、檸檬草等，一樣也不缺。

知名的Traditional Haig Road Putu Piring在1樓擺設攤位，專賣嘟嘟糕(Putu Piring，蒸米糕)，馬來人會拿來當作早餐，表面灑上新鮮椰絲，內餡則有椰糖、花生、巧克力、榴槤等口味可選擇，4個一盒，約3.5元起。此外，2樓設有小販中心，可品嚐炸香蕉、窩打等各式馬來小吃，空氣中飄著濃郁椰漿香料味，適合遊客前來感受馬來人的生活型態。

Mr. Teh Tarik Eating House

🏠Blk 1 Geylang Serai #01-210

從遠東廣場裡的飲料攤位起家，2004年至今，以Teh Tarik、Kopi Tarik、Ice Teh Limau和Ice Bandung等飲品打響名號，並迅速拓展品牌和分店型態，其中一項就是24小時營業的Mr. Teh Tarik Eating House。位於芽籠士乃巴剎1樓，除了招牌飲料攤，魚圓麵、沙嗲、椰漿飯、炒蘿蔔糕、炸雞、薯條等，中式、馬來和印度等美食聚集。

MAP P.207C3

郭源發如切薄餅

祖傳手工技藝加持的家鄉味

🚇乘地鐵東西線或環線在「Paya Lebar」站下車，走出口E或F，往左沿Sims Ave走，右轉Geylang Serai小路，直行Joo Chait Rd可達，步行約15分鐘。 🏠95 Joo Chiat Road ☎9677-3441 ⏰09:00~14:00 🚫週一 💲薄餅一捲4元起 🌐www.joochiatpopiah.com

老顧客們都知道，這裡賣的薄餅份量特別大，餡料特別豐厚紮實，採用天然麵粉與原料製成的新鮮餅皮，不添加防腐劑，咬起來柔軟卻不失彈性，讓人願意排隊等待的原因無他，一切都要歸

功於祖傳的手作技藝。1938年，郭家祖先從福建來到新加坡，同時也帶來家鄉的薄餅小吃，並落腳在如切路這棟二次大戰之前興建的店屋。有了手工食譜和祖傳祕方的加持，家族後代也練就一身功夫，將麵糰拋在空中旋轉，在灼熱的平底鍋上將烤好的麵糰成薄如紙張的餅皮，歷經80多年的洗禮，已然成為一種藝術，更是家族引以為傲的遺產。

MAP ▶ P.207C3

辣椒香

Chilli Padi Nonya Restaurant

眾多香料提味的娘惹家常菜

🚇乘地鐵東西線或環線在「Paya Lebar」站下車,走出口E或F,往左沿Sims Ave走,右轉Geylang Serai小路,直行Joo Chait Rd,左轉Joo Chait Pl.可達,步行約15~20分鐘。🏠11 Joo Chiat Place #01-03 ☎6275-1002 🕐11:30~14:30、17:30~21:30 休週六和週日 🌐www.chillipadi.com.sg

　因為從小住在土生華人家庭隔壁,Jack Lee經常吃到鄰居送來的娘惹菜,長大後,童年的聞香記憶依稀還留在唇齒之間,於是便開了這家Chilli Padi,請來擁有50多年經驗的大廚,賣起娘惹家常菜。Jack Lee表示,娘惹菜的最大特色在於香料的使用,舉凡藍薑、黃薑、香茅、洋蔥、椰漿、咖哩、檸檬葉、亞參果及各式辣椒等,都是提味功臣,再搭配大廚的好手藝,讓Chilli Padi從1997年起,連連榮獲新加坡各類美食評選獎項。此外,Chilli Padi也開設了分店,分別以下午茶、自助式餐點與外帶等型態呈現,詳細地點可上網查詢。

MAP ▶ P.207D3

Common Man Coffee Roasters

打造城裡最佳早午餐和精品咖啡

🚇乘地鐵東西線或環線在「Paya Lebar」站下車,走出口E或F,往左沿Sims Ave走,右轉Geylang Serai小路,直行Joo Chait Rd可達,步行約20分鐘。🏠185 Joo Chiat Road ☎6877-4863 🕐週一07:30~17:00、週二至週四和週日07.30~17:00、18:00~22:00、週五和週六07:30~17:00、18:00~23:00 💲咖啡6元起,早餐18元起,午餐26元起。🌐commonmancoffeeroasters.com

　由一群熱愛精品咖啡的團隊合力打造,2013年在羅伯申碼頭開設首家分店以來,除了將咖啡文化帶入社區,更擁有自己的烘焙工坊、咖啡師學院,提供業界領先的批發與零售體驗。當時的開路先鋒,如今已然成為本土精品咖啡的人氣品牌。走進午後恬靜的如切路,Common Man和這棟古樸典雅的房子彷彿老朋友般,情投意合,無論是最受歡迎的窗邊露天座位,或低調的屋內角落,都能享用新鮮豐盛的早午餐,比如蘑菇酪梨吐司組、自製Granola麥片佐優格水果、養生蔬菜沙拉等,搭配咖啡師親手調製的特色咖啡。

MOOK Choice

舊機場路小販中心
Old Airport Road Food Centre

高人氣排隊美食雲集

🚇乘地鐵環線在「Dakota」站下車，走出口A，往西沿Old Airport Road走，步行約3~5分鐘可達。🏠51 Old Airport Road

舊機場路小販中心位於新加坡市區偏東的加冷(Kallang)，在樟宜國際機場落成後，原先的加冷機場(Kallang Airport)則封閉不再使用，然而位於舊機場路的這座小販中心，每到用餐時間依然人潮洶湧，建議你選擇非用餐時間前往，不然花上一段時間等待是絕對無法避免的。

大巴窯羅惹

🏠攤位編號：#01-108　🕐12:00~19:00　🈺週日

在新加坡十分普遍的羅惹(Rojak)，是馬來小吃的一種，如果你在別處吃過羅惹，卻覺得不美味，就應該試試大巴窯羅惹，保證改變你的觀感。提醒你，這家店是採取發號碼牌的方式來點餐，勢必要花時間等待，要有心理準備。羅惹有炸豆腐、鳳梨、豆芽菜、小黃瓜、蝦片、油條等組成，其他店家通常是在點餐後，把事先切好的原料放入，再加上由蝦醬和醋調製而成的黑色醬汁就完成了。但是「大巴窯」則是在點餐後，才開始切鳳梨、黃瓜、油條、豆腐用傳統炭烤，加上使用純正的檳城蝦醬，口感爽脆，得強力推薦。

南星福建炒蝦麵

🏠攤位編號：#01-32　🕐10:00~17:00　📞6440-5340

生意非常好的店家，中午用餐時間1個小時得炒50盤以上，只見老闆手沒停過，一直翻攪著鍋中的蝦麵，一問之下才知道，已經排隊排到100多號了。成品有些像台灣的炒米粉，不過溼度較夠，味道也香，因為淋上大量湯頭夫炒，這湯頭可是有學問的，使用蝦殼、豬肉、蛤蜊等熬煮出來，味道香甜，難怪炒蝦麵如此受歡迎，也讓這攤小吃獲得必比登推薦。

選記沙爹王

🏠攤位編號：#01-85　🕐17:00~21:00　🈺週一、週二

這是由一對華人老夫婦經營的店攤，擁有50多年歷史，專賣自創的中式沙爹，燒烤火候掌控得恰到好處，讓「選記」的沙爹充滿魅力，除了獨家醬汁與鳳梨切片與眾不同，這裡的沙爹選擇還多了豬肉，由於馬來人不吃豬肉，如果你想試試有別於馬來風味的沙爹，不妨來此品嚐，提醒你，每次點餐最少要10支。

老伴豆花

🏠攤位編號：#01-107　🕐09:30~21:30　老伴豆花是很受歡迎的甜品名店，在新加坡有多間分店，其中位於舊機場路小販中心的這間是本店，在麥士威小販中心也有店面。店內豆花有兩種口味——原味及杏仁。一碗豆花的份量不算小，吃起來口味不會過甜、豆味濃郁，口感很滑順，而且冰冰涼涼的，吃完一碗非常滿足。另外，店裡也賣豆漿和龜苓膏。

老夫子炒粿條

🏠攤位編號：#01-12　🕐11:45~22:00

店名來自於老闆愛看的《老夫子》漫畫，這間店的特色是老闆堅持一份份現煮現炒粿條，即使用餐時間大排長龍也不妥協，若不想排隊請避開午餐尖峰時段前來。老闆將粿條和醬、辣椒炒出甜甜辣辣的滋味，不油不膩，豆芽亦炒得爽脆。

港灣
HarbourFront

文　墨刻編輯部　攝影　墨刻攝影組

與聖淘沙隔海相望的港灣，原本只是新加坡海運吞吐的進出口，但隨著地鐵東北線及環線的開通，加上這裡是通往新加坡娛樂勝地聖淘沙的唯一入口，使得港灣地區迅速發展成為當地日常休閒的另一處指標。在這裡有超大型的百貨商場怡豐城，以及舊軍營改建成的當代藝術園區——吉門營房，還可以前往南部山脊和拉柏多自然海岸徑擁抱熱帶濕地和雨林。

INFO

如何前往－機場到港灣

　　從樟宜機場站(Changi Airport, CG2)搭乘東西線(East West Line)，在歐南園站(Outram Park, EW16/NE3)下車，轉搭東北線(North East Line)至港灣站(HarbourFront, NE1/CC29)下車可抵達港灣各景點。

🕙週一至週六05:31~23:18，週日05:59~23:18。
💲依乘坐距離遠近而不同，約2.18元。

港灣交通
◎地鐵
港灣站(HarbourFront, NE1/CC29)：是港灣區最主要的地鐵站，由此站下車可步行或轉乘公車前往區內各景點。
拉柏多公園站(Labrador Park Station, CC27)：距離拉柏多公園、拉柏多自然海岸徑、吉門營房、園藝園林較近，可步行前往這些景點。
🚇港灣站P.212D3、拉柏多公園站P.212B2
◎公車
　　地鐵港灣站的A出口前方設有站牌，可搭乘公車123號進入聖淘沙。
🚇P.212D3
💲依搭乘距離遠近而不同，票價約1.09~1.30元。
◎空中纜車
　　港灣地區的景點較為分散，如欲造訪花柏山不妨買票搭乘空中纜車，再以步行方式抵達山上各景點。
🕙10:00~19:00
🚇P.212D3
◎步行
　　由港灣地鐵站可直接通往怡豐城。喜歡健行的人，可從港灣地鐵站，走出口D，銜接Marang Trail，沿步道走約20~30可攻上花柏山和亨德申橋。

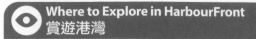

MAP▶ P.212B2B3

MOOK Choice

拉柏多自然海岸徑
Labrador Nature and Coastal Walk
三段步道串聯出不同風景

🚇乘地鐵環線在「Labrador Park」站下車，從出口A右轉可達Berlayer Creek入口。🌐www.nparks.gov.sg

　　拉柏多自然海岸徑總共設有3段步道，以拉柏多公園地鐵站為中心點，往南首先映入眼簾的就是柏萊雅溪徑(Berlayer Creek Mangrove Trail)，步道順著溪流旁的紅樹林沼澤興建，長約960公尺，路況平緩，沿途設有觀景台讓遊客賞鳥、近距離接觸紅樹林生態，步道的終點與另一條武吉慈明海岸步道(Bukit Chermin Boardwalk)相銜接，雖然僅長330公尺，但全程架設於海岸上，一邊是開闊的濱海美景，另一邊可欣賞山坡上的黑白洋房，這些古蹟建築是20世紀初由新加坡海港局特別建造，作為高級官員的住所。

　　從地鐵站往北則是亞歷山大花園徑(Alexandra

Garden Trail)，一路可抵達亞歷山大拱橋。南部山脊和拉柏多公園也因為這3段步道而有了緊密的連結。

MAP P.212B1

吉門營房
Gillman Barracks

舊軍營化身當代藝術區

乘地鐵環線在「Labrador Park」站下車，從出口A，往北沿Alexandra Rd.走，右轉Malan Rd.，左轉Lock Rd.可達，步行約12~15分鐘。 9 Lock Road 週二至週六11:00~19:00，週日11:00~18:00。各藝廊開放時間不同，詳見網站。 週一及國定假日 www.gillmanbarracks.com

吉門營房建立於1936年，佔地約6.4公頃，原為第二次世界大戰時的英軍步兵營地，新加坡政府於2012年將此改造為當代藝術園區。漫步在林木蓊鬱的園區中，可以欣賞別具風格的歷史建築，一棟棟建築中進駐了包括東京、柏林、紐約、中國、香港及新加坡本地共10多間知名藝廊，另外還有海鮮燒烤餐廳及音樂演奏餐廳。其中，由南洋科技大學營運的當代藝術空間(NTU CCA)除了提供藝術家駐場計畫，也舉辦不同主題的展覽，開放民眾免費參觀。另外園區中也不定期舉辦大型藝術活動，如新加坡雙年展便是在此舉行。

MAP P.212D3

MOOK Choice

怡豐城
Vivo City

大型濱海娛樂購物城

乘地鐵東北線或環線在「HarbourFront」站下車，走出口E可進入購物中心。 1 HarbourFront Walk 6377-6860 10:00~22:00 www.vivocity.com.sg

怡豐城是當地最大的濱海娛樂購物中心，14萬平方公尺的總面積多達上百間店家，逛起來令人腳軟，恐怕得拿一張商場地圖才不致於在店海中迷路，但對於喜歡採購的血拼族來說，絕對是好消息。同時，眾多國際品牌首度前進新加坡就指名在此設櫃，例如西班牙的男女流行服飾Pull & Bear、英國的Ted Baker等，而董廈百貨也進駐於此，帶來本土設計師的作品。在餐飲部分，3樓進駐知名美食街「大食代」，內有多家知名老店，裝潢也是濃濃懷舊風；老字號食閣Kopitiam開在地下樓，提供道地的本土小吃。

最特別的是，購物中心還設有一座屋頂公園與兒童遊戲庭園，除了遊樂器材與戲水池外，公園裡還收藏了6位藝術家的雕塑作品，無論在水畔或草叢邊，都可以發現它們可愛的蹤影。

© National Parks Board Singapore

MAP　P.212A1B1C1

南部山脊
The Southern Ridges

漫步高架橋雨林深呼吸

🚇 1.乘地鐵東北線或環線在「HarbourFront」站下車,走出口B循著Cable Car指標走往港灣大廈(HarbourFront Tower),由此乘坐空中纜車到花柏山站下車,走步道約5~10分鐘可陸續抵達花柏山公園及亨德申橋。2.乘地鐵環線在「Labrador Park」站下車,從出口A,往北沿Alexandra Rd.走,約10分鐘可達園藝園林和亞歷山大拱橋。🕸www.nparks.gov.sg

新加坡政府擅長將分散各地的公園藉由步道串連起來,南部山脊就是一個成功的綠化案例。從花柏山公園出發,沿途遊賞直落布蘭雅山公園(Telok Blangah Hill Park)、園藝園林(HortPark),最後抵達肯特崗公園(Kent Ridge Park),全長約10公里,一路陸續通過亨德申橋(Henderson Waves)、森林小徑(Forest Walk)、亞歷山大拱橋(Alexandra Arch)等高架橋樑,全程置身於熱帶雨林中,蟲鳴鳥叫,運氣好的話還能和猴子不期而遇。

漫步途中,還可從亞歷山大拱橋和園藝園林之間岔開另一條路線,沿著Alexandra Garden Trail往南前往拉柏多公園(Labrador Nature Reserve)。

花柏山公園Mount Faber Park
P.212C2

花柏山是通往聖淘沙的纜車站,過去曾經熱鬧一時,但在聖淘沙捷運開通、港灣第二大廈纜車站建成後,這裡的遊客便少了許多,但也因此更加閒適清幽。從花柏山纜車站下車後,走一段斜坡,可登上花柏山頂,山頂平台擁有開闊視野,近可俯瞰港灣景觀,遠可眺望聖淘沙及鄰近諸島,山上佇立一尊白色小魚尾獅塑像,是遊人取景拍照的地點。

園藝園林HortPark
P.212A1B1

HortPark設置了21座小型主題花園,透過不同的視角精心設計與裝飾,吸引遊客和園藝愛好者前來,參加園藝導覽或課程、學習拈花惹草,或者只想純粹沐浴在大自然,暫時拋開都會喧囂。金花園、銀花園、蝴蝶園、水上花園、峇里島花園等各種造景綿延相連,充滿甜美的小清新;走累了,不妨來個草坪野餐,或到餐廳歇息片刻,喝咖啡、淺酌葡萄酒,讓身心靈擁抱滿滿的綠意。

© National Parks Board Singapore

拉柏多公園 Labrador Nature Reserve

🚇 P.212B3　🕐 公園可自由觀賞，但隧道關閉不對外開放。 Ⓤ
www.nparks.gov.sg

拉柏多公園是一處自然保護區，擁有茂密且多樣的林相，為新加坡保存了珍貴的生態環境。公園裡還藏著兩座英軍遺留下來的地下秘密隧道，曾是英軍防衛南海的軍事碉堡，經由隧道通往當年的軍火庫及儲藏室，附近還有一門6英吋口徑的大炮，原本要用來防禦日軍從海上侵襲，但萬萬沒想到，日軍居然是從馬來半島長驅直入，於是這處碉堡與巨炮反而無用武之地。現在隧道內的毀損部分，是當時英軍撤出新加坡前自行炸毀的，目的是為了避免被日軍所利用，當局在修復這一段隧道時也盡量維持原貌，以見證二次大戰在新加坡留下的痕跡。

走進森林橋樑之美

南部山脊由3座美麗的高架橋樑串連，最東邊的亨德申橋將木板道架設於36公尺高的空中，外型宛如海浪般起伏，深具設計美感，是晨昏慢跑與約會散步的天然場所。森林小徑騰空蜿蜒於樹叢中，散發與世隔絕的孤寂感；亞歷山大拱橋則像敞開的葉片，一路迎向花卉小徑。

MAP ▶ P.212D2D3

空中纜車
Singapore Cable Car

俯覽120公尺高的流動風景

🚇 乘地鐵東北線或環線在「HarbourFront」站下車，走出口B循著Cable Car的指標走到港灣大廈(HarbourFront Tower)，由此乘坐空中纜車可前往花柏山或聖淘沙。 ☎ 6361 0088　🕐 纜車08:45~22:00　Ⓢ 花柏山線來回票：成人33元起、兒童22元起。聖淘沙線來回票：成人15元起、兒童10元起。Cable Car Sky Pass(包含花柏山線及聖淘沙線來回搭乘)：成人35元起、兒童25元起。以上為現場票價，至官網購票可另享優惠。 Ⓤ www.mountfaberleisure.com

花柏山的空中纜車以高雅的黑色金屬作為車廂外觀，並在車廂周圍加裝成排燈泡，只要天色一暗，燈泡閃閃發亮，循著纜車行駛軌道望去，彷彿流動的燈籠般形成美麗線條。當纜車升至120公尺的高度，360度的眺望視野也變得更遠更開闊。

舊有的花柏山線(Mount Faber Line)擁有花柏山、港灣及聖淘沙3座纜車站，而新的聖淘沙線(Sentosa Line)於2015年完工，分別在聖淘沙島設有西樂索、英比奧及魚尾獅3個纜車站，雖然兩線並未相連，只要步行3~5分鐘仍可轉乘，建構出從空中遊賞花柏山與聖淘沙的新旅遊方式。

此外，纜車站還推出空中晚餐的獨特體驗，坐進車廂，享用全套的美酒佳餚，舉凡準備表白、打算為戀情加溫或計畫求婚的人，都推薦來趟空中晚餐，據說成功率高達百分之百。

聖淘沙

聖淘沙

Sentosa

沙灘、椰影、比基尼，讓這座新加坡離島充滿南國熱帶風情，度假人潮絡繹不絕。同時，島上的人工娛樂設施更創下無數先進科技紀錄，從4D探險樂園、斜坡滑車、高空滑索到室內跳傘等，為遊客帶來歡樂驚奇；全球知名的杜莎夫人蠟像館也進駐聖淘沙，與萬象新加坡共同展示獅城的前世今生以及世界知名人物。除了體驗各項遊樂設施，當然別忘了漫步在沙灘上，享受熱情的陽光。

自從聖淘沙名勝世界開幕後，不但匯聚了東南亞首座環球影城、全球規模最大的海洋生物園，還提供眾多嶄新的娛樂休閒活動，將聖淘沙的度假勝地美名推上國際舞台。

聖淘沙之最Top Highlights of Sentosa

新加坡環球影城Universal Studios Singapore
來到充滿歡笑的環球影城，除了《史瑞克》、《芝麻街》，園內還有全球首創的變形金剛3D遊樂設施，以及驚險度破表的雙軌雲霄飛車，當然還有人氣超夯的《小小兵樂園》，吸引無數遊客前來大排長龍！(P.225)

S.E.A海洋館與水上探險樂園S.E.A. Aquarium & Adventure Cove Waterpark
位於聖淘沙名勝世界的S.E.A海洋館與水上探險樂園，構築出一個大型的海洋生物園，提供動與靜、乾與濕的不同體驗。(P.221)

聖淘沙天空喜立
SkyHelix Sentosa
坐進開放式觀光輪盤，由專業工作人員陪伴並解說，載著遊客緩緩旋轉上升至79公尺高空，可俯瞰聖淘沙，將新加坡本島的建築天際線收納眼底，白天視野清新，夜晚別有一種奇幻情景。(P.230)

邁佳探險樂園
Mega Adventure Park
玩家只要利用一根滑索和腰間的扣環，從450公尺高的英比奧山頂滑翔而下，直達西樂索海灘外的小島，享受從山林滑向大海的刺激快感，是聖淘沙獨一無二的冒險活動。(P.235)

西樂索海灘Siloso Beach
喜歡沙灘活動的人，一定不會錯過西樂索海灘，這裡到處可見人們在打沙灘排球，玩獨木舟、香蕉船，沿著沙灘走，還有幾座主題酒吧與娛樂設施，可以挑戰Bungy Jump、巨型鞦韆，也可以體驗室內飛行。(P.233)

斜坡滑車
Skyline Luge Singapore
源自紐西蘭的斜坡滑車，透過地心引力的牽引，從12樓高的山頂順著4條不同難易度跑道飛快滑下，刺激指數隨著重力加速度不斷飆高，歡迎熱愛極限運動的人來挑戰。(P.232)

INFO

如何前往——機場到聖淘沙
◎地鐵
　　從樟宜機場站(Changi Airport, CG2)搭乘東西線(East West Line)，在歐南園站(Outram Park, EW16/NE3)下車，轉搭東北線(North East Line)至港灣站(HarbourFront, NE1/CC29)下車，再轉乘聖淘沙捷運(Sentosa Express)可進入聖淘沙。
　　⏷週一至週六05:31~23:18，週日05:59~23:18。
　　💲地鐵依乘坐距離遠近而不同，約2.13元起。聖淘沙捷運車資另計。

如何前往——市區到聖淘沙
◎地鐵
　　搭乘地鐵東北線(North East Line)或環線(Circle Line)在港灣站(HarbourFront, NE1/CC29)下車，走

出口E進入怡豐城，上3樓可搭乘聖淘沙捷運(Sentosa Express)進入聖淘沙島。聖淘沙捷運共有4個停靠站，分別為怡豐城站(VivoCity)、名勝世界站(Resorts World)、英比奧站(Imbiah)和海灘站(Beach)。
　　🚝港灣地鐵站P.212D3、怡豐城站P.212D3、名勝世界站P.218B1、英比奧站P.218B2、海灘站P.218B2
　　⏷地鐵05:31~23:18、聖淘沙捷運07:00~午夜12:00
　　💲聖淘沙捷運：4元，在島內可無限次搭乘。
◎公車
　　地鐵港灣站的A出口前方設有站牌，可搭乘公車123號進入聖淘沙各站。
　　💲依搭乘距離遠近而不同，票價約1.09~1.30元。
◎空中纜車
　　在港灣地鐵站下車後，走出口B進入怡豐城，上2樓循Cable Car的指標前往港灣第二大廈(HarbourFront Tower 2)，搭乘開往聖淘沙方向的纜車可直達英比奧山頂景區。
　　⏷08:45~22:00
　　💲花柏山線來回票：成人33元、兒童22元，至官網購

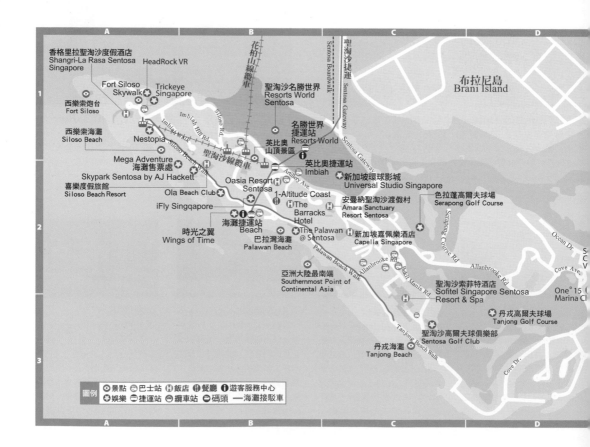

票可享有優惠價。

🌐www.mountfaberleisure.com

◎步行

　在港灣地鐵站下車後，走出口B進入怡豐城1樓，沿指標步行至聖淘沙跨海步行道(Sentosa Boardwalk)，步道有頂棚和扶手電梯，走完全程約10分鐘。如果不趕時間，又想省下一筆交通費，不妨踏上這條步道，悠閒的前往聖淘沙島。

🕐24小時　💲免費

聖淘沙島內交通

◎循環巴士及海灘火車

　聖淘沙的島內免費交通包括：2條循環巴士(Sentosa Bus)路線A、B，以及往返於西樂索與丹戎之間的海灘接駁車(Sentosa Beach Shuttle)。循環巴士行駛於島內主要景點之間，可事先在各捷運站或聖淘沙旅客詢問中心拿取Island Map，地圖上會有詳細行駛路線可參考；而海灘接駁車是行駛於路面的遊園車，對於要沿著海灘遊逛景點的遊客來說，是方便的代步工具。

🔽Bus A：07:00~00:10；Bus B：07:00~00:10，以上皆每15分鐘一班。海灘接駁車：09:00~22:00(週六至23:30)，每15~25分鐘一班。時間和路線易有變動，請以官網為準。　💲免費

◎空中纜車

　空中纜車在聖淘沙島上設有一條聖淘沙線(Sentosa Line)，由東往西，分別停靠魚尾獅、英比奧山頂及西樂索3個站，可以從空中近距離俯瞰聖淘沙島。

💲聖淘沙線來回票：成人15元起、兒童10元起。官網上購票可享有優惠價。

旅遊諮詢

◎聖淘沙旅客詢問中心

🔺P.218B1B2

　在島上的海灘、英比奧、名勝世界3座捷運站旁都設有售票櫃台(Ticketing Counter)，可購買各景點門票、Fun Discovery Pass或詢問旅遊相關資訊。

🌐www.sentosa.com.sg

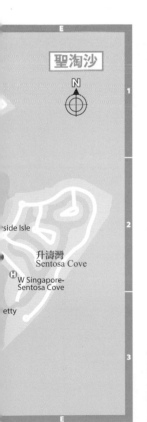

聖淘沙

N

1

side Isle

2

升濤灣
Sentosa Cove

Ⓗ W Singapore-
Sentosa Cove

etty

3

©新加坡旅遊局

MAP ▶ P.218B1B2C1

MOOK Choice

聖淘沙名勝世界
Resorts World at Sentosa
超人氣頂級度假勝地

🚇 乘聖淘沙捷運在「名勝世界(Resorts World)」站下車可達。
🏠8 Sentosa Gateway　☎6577-8888　🌐www.rwsentosa.com

　　聖淘沙名勝世界是由馬來西亞的雲頂集團所興建的綜合娛樂城，耗資新幣65.9億元，佔地49公頃，擁有多種不同主題風格的飯店、東南亞唯一的環球影城、全球最大的海洋生物館之一、吃喝玩樂購物全包的節慶大道，以及大型合法賭場、米其林名廚餐廳等。因此有些人來到新加坡，乾脆就把這裡當成一站式的旅遊定點，盡情在島上度過完整假期。

　　區內的建築都透過國際建築大師邁克爾·格拉夫斯(Michael Graves)的設計，以不著痕跡的方式置入熱帶雨林之中，兼具環保和教育意義，堪稱亞洲最頂級的家庭度假勝地。時至今日，雲頂集團再度砸下45億美元，為名勝世界展開擴建和翻新計畫，採用再生能源供電，朝著永續發展的目標前進。

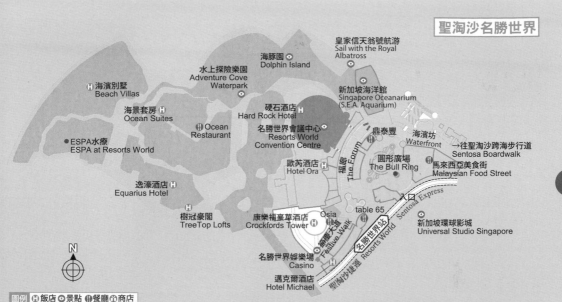

皇家信天翁號航游
Sail with the Royal
Albatross

海豚園
Dolphin Island

水上探險樂園
Adventure Cove
Waterpark

海濱別墅
Beach Villas

新加坡海洋館
Singapore Oceanarium
(S.E.A. Aquarium)

硬石酒店
Hard Rock Hotel

海景套房
Ocean Suites

Ocean
Restaurant

名勝世界會議中心
Resorts World
Convention Centre

鼎泰豐

海濱坊
Waterfront

ESPA水療
ESPA at Resorts World

→往聖淘沙跨海步行道
Sentosa Boardwalk

福廊
The Forum

歐芮酒店
Hotel Ora

圓形廣場
The Bull Ring

馬來西亞美食街
Malaysian Food Street

逸濠酒店
Equarius Hotel

入口

table 65

Sentosa Express

名勝世界站 Resorts World

樹冠豪閣
TreeTop Lofts

康樂福豪華酒店
Crockfords Tower

Osia

Festive Walk

新加坡環球影城
Universal Studio Singapore

名勝世界娛樂場
Casino

邁克爾酒店
Hotel Michael

聖淘沙捷運

N

圖例 H飯店 ◎景點 ⊕餐廳 ⊞商店

聖
淘沙 Sentosa

S.E.A.海洋館S.E.A. Aquarium

🕙10:00~17:00 💲一日票：13歲以上44元，4~12歲33元。

　　S.E.A.海洋館擁有約800個物種、超過10萬個海洋生物，是世界上最大的海洋館之一，其中最受矚目的是位於深海景觀區的大型水族觀景窗，長達36公尺、高8.3公尺，魟魚、豹紋鯊及各種大小型魚類悠遊其中。

　　館內範圍相當寬廣，由10大主題區構成一趟海洋之旅，自卡里瑪納海峽和爪哇海啟程，經馬六甲海峽、深海展區、阿拉伯海灣等展區，最後自南中國海來到鯊魚海域。這條觀展路線其實發跡自航海家在過去千年來經歷的航線，與鄭和下西洋主題相呼應。觀賞重點除了大型觀景窗之外，還包括觸摸池、珊瑚園、水母及鯊魚海域等等，另外搭配每季更換主題的展覽，遊客除了觀賞海

洋生態，亦可以吸收新知，達到寓教於樂的效果。

　　同時，海洋館正積極擴建中，完工後的規模將是現有面積的三倍以上，遊客將身臨其境般，透過「多感官故事敘述」來瞭解海洋生物的演化，以及新加坡獨特的沿海生態。

水上探險樂園Adventure Cove Waterpark

🔽 10:00~17:00　💲 一日票：13歲以上40元起、4~12歲32元起
❗ 身高少於122公分兒童須由成人陪伴。部分設施有身高限制。

想一邊大玩刺激的水上設施，一邊和兩萬隻魚兒在珊瑚礁間浮潛？不妨來到東南亞唯一融入海洋生物元素的水上探險樂園，園內設有經典的「探險河流」、「灌水屋」等設施及不同形式的滑水道，可以沁涼玩樂一整天。

「探險河流」宛如園區裡的遊園車，只不過車子換成了大橡皮圈，可以窩坐其中一路漂流過10多個主題區。而在各種滑水道中，噴射滑道(Riptide Rocket)是東南亞首座磁懸浮滑道，遊客會在40秒內自225公尺的滑道急衝直下；飛躍極限滑道(Dueling Racer)則設有兩條滑道，可以兩兩同行，分別趴在滑水墊上，然後一同滑下水道。

大受歡迎的「彩虹礁游」，魚缸內有常見於珊瑚礁海域的「海洋神仙魚」，如條紋刺蓋魚、馬鞍刺蓋魚等，數量多達兩萬隻，可以在此浮潛，與魚兒同游。園內也設有付費項目，例如海豚園、魟魚灣，還有與鯊魚接觸等體驗。因付費項目有人數限制，欲體驗者建議事先預約。

海豚園Dolphin Island

🔽 10:00~17:00　❗ 因有人數和時段限制，欲體驗者請事先預約。
💲 海豚探索成人177元，海豚奇遇成人84元，海豚伴遊成人221元，以上價格包含S.E.A.海洋館門票；海豚介紹每人21元(不含其他門票)。參加者必須年滿4歲、身高超過110公分。

這是水上探險樂園的付費體驗之一，可以和印度太平洋樽鼻海豚近距離接觸，有幾種不同的體驗方式，包括：「海豚奇遇(Dolphin Encounter)」是在不下水的狀態下與海豚親密互動；「海豚探索(Dolphin Discovery)」是讓遊客進入池內，與海豚一同玩耍；「海豚伴遊(Dolphin Adventure)」則是與海豚一起游泳，互動指數最高。至於沒有參與互動的同行親友，也可以利用「海豚望角(Dolphin Observer)」，見證這令人興奮的時刻。

節慶大道和圓形廣場FestiveWalk & Bull Ring

彷彿走進了拉斯維加斯與東京六本木的繁華街頭，在節慶大道上你可以什麼都不做，只管放肆的吃喝玩樂。從薈萃廊、世界坊到福廊，再從圓形廣場一路奔向海濱坊，超過60間餐廳、40多家精品專賣店全面報到，想吃星級名廚親手做的菜，沒問題，偏愛街頭風味小吃，這裡也有，逛街購物更是走在流行前端。

位於邁克爾酒店與歐芮酒店之間的薈萃廊，短短一條長廊星光雲集，舉凡Cartier、Bulgari、Boss、Coach、Montblanc、Swarovski等，還有來自美國的知名內衣品牌——維多利亞的秘密(Victoria's Secret)，以及小孩最愛的樂高認證店(LEGO® Certified Store)，無論試穿選購或瀏覽櫥窗都很過癮。位於圓形廣場的Hershey's Chocolate World以黑巧克力享譽全球，巧克力控千萬別錯過。

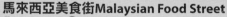

馬來西亞美食街Malaysian Food Street

☎8798-9530　🕐08:30~20:30

在聖淘沙名勝世界也可以大啖馬來西亞美食小吃，這個美食廣場呈現1950年代的復古懷舊風格，內部有10多間馬來西亞著名大排檔，如在吉隆坡營業超過30年的禤記瓦煲雞飯，店家堅持現點現做，並且依循傳統使用炭火燒煮，雞飯用料豐富、米飯煮得入味，更加入鹹魚提升香味，端上桌立刻香氣撲鼻；而海峽沙嗲的沙嗲肉口感扎實且多汁，沾上店家招牌醬料，入口後味道十分濃郁。

此外，還有馬六甲雞飯粒、巴生肉骨茶、檳城亞妹福建蝦麵、甘榜椰漿飯、各式甜品等，選擇眾多，每份小吃單價約5~10元，平價用餐也能兼顧味覺享受。

名勝世界娛樂場Resorts World Casino

💲觀光客持護照可免費進場，其護照必須含有短期居留證的移民廳蓋章。

這座娛樂場舖滿了印花紅地毯，充滿東方的喜氣氛圍。500多張賭桌沿著走道兩側排開，吃角子老虎機及各種桌牌遊戲花招百出，讓人玩到樂不思蜀。隨處可見的玻璃作品來自美國藝術家Dave Chihuly的創意，連賭場入口外的大廳裡也擺設了一隻由達利創作的太空象，讓賭場變成了藝廊；至於餐廳酒吧則走平民中價位路線。

進賭場前的注意事項！

1. 記得帶護照，賭場要確認你真的是外國人。
2. 你必須年滿21歲。
3. 走外國人專用的通道免費入場，本國人進去可是要付入場費的。
4. 不得穿著汗衫、短褲、拖鞋、帽子、墨鏡和口罩進場。

經典名廚餐廳

🔽各家餐廳營業時間不同，請上網查詢。

在名勝世界裡，可以開懷享受米其林等級的精湛手藝，尤其是澳洲名廚Scott Webster主持的「Osia Steak and Seafood Grill」，使用食材都是行家之選，主推澳洲頂級牛排與海鮮燒烤，鮮嫩多汁，佐以紅酒堪稱絕配。來自荷蘭的名廚 Richard van Oostenbrugge和Thomas Groot 將傳統歐洲菜注入新意，從「table 65」開放式廚房中端出宛如藝術品或迷你雕塑般的佳餚，以套餐方式呈現與享用。

「Ocean Restaurant」是東南亞首家水底餐廳，主廚 Olivier 的菜單以環保和零浪費的理念，讓客人在4萬隻海洋生物的陪伴下，體驗現代歐洲美食。此外，還有新式日本料理餐廳「Syun」以及純正粵菜餐廳「風水廷」，選擇豐富。

環球影城知多少？

環球影城是電影龍頭環球影業的相關企業，環球影業誕生於1912年，目前隸屬於康卡斯特公司旗下的NBC環球集團，近幾年的賣座大片包括《玩命關頭》、《變形金剛》、《熊麻吉》、《神鬼認證》等。

目前全世界僅有5座環球影城樂園，第一座位於環球影業老家的好萊塢，最大的一座位於佛羅里達的奧蘭多，另外3座則分別位於大阪、新加坡和北京。

減少排隊的省時玩法

所謂「時間就是金錢」，想要少花點時間，自然就得多花些金錢。不想排隊的人，可以另外加購優先通行卡(Universal Express)。許多熱門設施會有兩個入口，一個是一般通道，另一個是優先通行卡的通道，由於優先通行卡並非廉價之物，想當然爾，隊伍當然要比一般通道短得多。優先通行卡在每項設施只能使用一次，若想同設施一玩再玩，可以購買無限優先通行卡(Unlimited Universal Express)。

優先通行卡的價格依日期而異，一般為新幣50元，無限優先通行卡為新幣80元。

新加坡環球影城Universal Studios Singapore

🚇乘聖淘沙捷運在「名勝世界(Resorts World)」站下車可達。🏠8 Sentosa Gateway ☎6577-8888 🕐10:00~19:00，營運時間依不同月份做調整，如有變動請以官網公告為準。💲一日票：13歲以上88元起、4~12歲67元起。持一日票者再購買優先通行卡，可經由快速通道優先進入遊樂設施，優先通行卡50元、無限優先通行卡80元。🌐www.rwsentosa.com ❗建議提前上官網訂票，以免向隅。酒店房客如欲入場，請洽詢酒店櫃台。部分設施有身高限制。

新加坡環球影城坐落於聖淘沙名勝世界中，誇它是東南亞唯一的環球影城也許不稀奇，但說到電影《史瑞克》與《變形金剛》，想跟這些明星主角們面對面同樂，你只能乖乖到新加坡來，才能體驗全球僅此一家、別無分號的接觸快感。

新加坡環球影城規劃為7大主題區域，包括好萊塢、紐約、科幻城市、古埃及、失落的世界、遙遠王國與小小兵樂園；每個區域都以賣座電影的故事作為藍圖，其中，「變形金剛3D對決之終極戰鬥」是全球首創的設施，而新登場的小小兵樂園則推出新加坡獨有的原創遊樂體驗。

●紐約New York

　全紐約的知名地標都被濃縮在這條短短的街道上，行走其中，很輕易就遇見熟悉的電影場景。街頭轉角的嘻哈青少年正大跳Breaking，充滿活力；想深入了解電影幕後製作，就得走進由史蒂芬‧史匹柏主持的**A2**電影特效片場(Lights, Camera, Action)，看工作人員如何利用特效將空蕩的攝影棚變成慘遭五級颶風侵襲的紐約城。還可登上全球首創的**A3**芝麻街之義大利麵太空戰(Sesame Street Spaghetti Space Chase)，展開拯救地球的任務!

●好萊塢Hollywood

　走進影城大門，迎面而來的就是好萊塢大道。各式禮品店散列於街道兩側，從造型玩具、七彩糖果、動畫明星商品到古怪逗趣的派對帽等，讓人眼花撩亂，街上還有超高人氣的卡通人物——小小兵的主題商店。拐個彎，來到**A1**好萊塢劇院(Pantages Hollywood Theater)，可以坐在這裡觀賞一場搖滾音樂劇，體驗百老匯的經典舞台效果。圓盤造型、繽紛醒目的梅爾斯速食店(Mel's Drive-in)以復古裝潢、懷念流行金曲，搭配典型的美式漢堡、薯條、三明治、洋蔥圈、汽水加冰淇淋等，彷彿置身於50年代的美國。

新加坡環球影城

失落的世界
The Lost World

古埃及
Ancient Egypt

科幻城市
Sci-Fi City

遙遠王國
Far Far Away

小小兵樂園
Minion Land

預計2024年底開幕

好萊塢
Hollywood

紐約
New York

N

●科幻城市Sci-Fi City

☀人氣推薦A4：變形金剛3D對決之終極戰鬥
TRANSFORMERS The Ride: The Ultimate 3D Battle

邪惡的霸天虎入侵，人類的命運岌岌可危，為了保護能量塊，來吧！一起闖入變形金剛的3D科幻國度，挺身而出捍衛地球。穿越地鐵、城市大街，飛過高樓屋頂，跟擎天柱和博派汽車機械人對抗惡勢力。透過3D聲光視覺效果，全程驚心動魄，絕無冷場。

☀人氣推薦A5：旋轉飛盤Accelerator

以遨遊星際為主題，設計出黃色的圓形飛盤，跟旋轉咖啡杯有異曲同工之妙，唯一不同的是，在這裡每個人都化身為星際戰士，翱翔在宇宙裡，適合親子一起享受旋轉的快感。

☀人氣推薦A6 A7：太空堡壘卡拉狄加Battlestar Galactica

設計靈感來自電視連續劇《Battlestar Galactica》，只要坐上車，一場正義與邪惡的星際爭霸戰就此展開。你可以選擇座椅式的「人類戰隊」，以90公里時速飛竄，整個拋向14層樓高空；想要再刺激一點？那就搭上懸掛式的「機械戰隊」，體驗一連串急速攀升、蛇行旋轉、螺旋翻滾與高空倒轉。雙軌列車同時啟程，90秒的過程中還會歷經與對面來車險險相撞的驚悚瞬間。

227

●失落的世界The Lost World

❄人氣推薦A10：侏儸紀河流探險Jurassic Park Rapids Adventure

坐上圓形橡皮艇，隨著湍急河流穿梭在原始叢林裡，恐龍變成了主角，任意出沒，電影《侏儸紀公園》的場景竟活生生在身邊上演，頓時狂風暴雨，橡皮艇意外墜入無底漩渦，險象環生，眾人能存活嗎？親自走一趟答案就能揭曉。

❄人氣推薦A11：恐龍騎士Dino-Soarin'

請繫好安全帶，一隻隻史前巨蜻蜓、翼手龍就要起飛了！時而高高升起，時而下降貼地而飛，就在一高一低的旋轉中，孩童不時進出的歡笑聲說明了一切，這是專為新加坡環球影城所設計的遊樂設施，非常適合親子同樂。

❄人氣推薦A12：天幕飛行Canopy Flyer

坐在無齒翼龍的巨大翅膀下，雙腳懸空，循著軌道出發囉！跟著史前飛鳥俯瞰整個失落的世界，並騰空飛越侏儸紀公園的茂密叢林，實現了許多人渴望高空飛行的夢想。

●遙遠王國Far Far Away

❄人氣推薦A14：鞋貓劍客歷險記Puss In Boots' Giant Journey

全球首創的鞋貓劍客主題懸吊飛車在此登場！一座被魔豆藤蔓纏繞的城堡出現在遙遠王國中，從這裡登上蛋頭先生的飛車，與鞋貓劍客、Q手吉蒂一起尋找藏在城堡內的金蛋。途中歷經小鵝告密，與巨鵝在城堡上方展開險的追逐戰，究竟一行人能否平安找到金蛋呢？成功後別忘了為凱旋歸來的自己歡呼！

❄人氣推薦A17：史瑞克4-D影院Shrek 4-D Adventure

這是全球首座史瑞克城堡，在城堡中可觀賞多話驢要寶秀以及聲光科技一流的4-D劇院。只要戴上劇院特製的眼鏡，史瑞克與費歐娜的故事彷彿近在眼前，透過絕妙的視聽震撼效果，座椅隨著劇情時而彈跳、時而起伏，莫名的水氣噴射襲來，你就算坐著也能搖身變成童話人物，協助史瑞克去營救費歐娜公主，沿途一起冒險患難，為電影《史瑞克》寫下精彩續集。

❄人氣推薦A18：小龍飛行學校Enchanted Airways

不讓大人專美於前，小朋友也有屬於自己的過山車。設於4-D劇院對面的小龍飛行學校，將多話驢最摯愛的小龍設計成細長的雲霄飛車，並邀請小木偶、大野狼、薑餅人及三隻小豬擔任機艙員，只要爬上小龍的背部座椅，就能一同旋轉遨遊，俯瞰遙遠的王國，笑聲滿天飛。

●古埃及Ancient Egypt

人氣推薦A8：木乃伊復仇記Revenge of the Mummy

走進古老神殿，坐上時光機般的過山車，瞬間就回到了1930年代的埃及，隨著眾多盜墓者前進墓穴尋寶。黑暗中，你完全無法預知車子的動向，不是突然加速前進，就是冷不防轉個大彎，衝下陡degree近乎90度的斜坡，還來不及喘口氣，巨大火球從四面八方熊熊襲來，木乃伊群起、聖甲蟲進攻……這場古墓恐怖驚魂將尾隨著你的扭曲尖叫，直到聲嘶力竭。

人氣推薦A9：尋寶奇兵Treasure Hunters

這是專為小朋友設計的尋寶遊戲，在漫天風沙裡，駕著古老的吉普車循著動線前進，到埃及沙漠中挖掘被遺忘許久的寶藏，喚起大小朋友的想像力。

與環球影城明星會面

在環球影城裡，不是只有冒險刺激的遊樂設施才會大排長龍，跟電影動畫裡的主角們拍照更是人潮洶湧。在好萊塢大道跟最受大小朋友歡迎的《神偷奶爸》小小兵來個相見歡，再和瑪麗蓮夢露、卓別林等好萊塢巨星不期而遇；到科幻城市參加《變形金剛：塞伯坦之聲》，鼓起勇氣和機器人交朋友；來到遙遠王國城堡，當然不能錯過與史瑞克、費歐娜、鞋貓劍客、皮諾丘、魔法婆婆合照的大好時機。

這些明星與遊客見面合影的時間每天均有固定安排，建議一進入影城時就先查詢見面會的時間表(Meet & Greet)，以免錯過。

●小小兵樂園Minion Land

人氣推薦：神偷奶爸小小兵混亂
Despicable Me Minion Mayhem

透過身臨其境的運動模擬器3D技術，搭配近乎真實的神偷奶爸世界投影，讓遊客彷彿也變身為小小兵，可以參觀格魯的家和他的實驗室，體驗不可預測的劇情變化。此外，還有專為新加坡環球影城獨家打造的原創遊樂設施，當然也有小小兵的主題商店與餐廳，將在2024年年底開放。

英比奧山頂景區
Imbiah Lookout
聖淘沙科技娛樂精華區

🚇乘聖淘沙捷運往「英比奧(Imbiah)」站下車，循指標搭乘手扶梯往上，經過魚尾獅纜車站，走階梯往上可達杜莎夫人蠟像館，再往前走可陸續抵達聖淘沙天空喜立、斜坡滑車、4D探險樂園。如果在島上乘坐循環巴士，可在「英比奧山頂(Imbiah Lookout)」站下車，斜坡滑車、4D探險樂園就在附近。

在聖淘沙名勝世界開幕以前，英比奧山頂已是新加坡著名的旅遊景點，這裡聚集了多家著名遊樂設施以及各種體驗活動，囊括了聲光科技、感官刺激、自然景觀、歷史文化等主題，當然還有不少極限冒險項目，幾乎所有觀光型態這裡都具備了。儘管名勝世界開幕後，英比奧山頂被搶去了些許風頭，但由於名勝世界吸引來大批觀光人潮，相鄰的英比奧也跟著水漲船高，遊客量不減反增。

聖淘沙天空喜立 SkyHelix Sentosa

🚇P.230C2 🚌乘坐循環巴士A，在「英比奧山頂(Imbiah Lookout)」站下車，沿Imbiah Rd走約3分鐘可達。🏠41 Imbiah Road ☎6361-0088 ⏰10:00~21:30 💲成人16.2元、兒童13.5元 🌐www.mountfaberleisure.com/attraction/skyhelix-sentosa ❗身高必須105公分以上才能乘坐

若要欣賞聖淘沙360度的全景，該上哪裡好呢？答案就是位於英比奧山上的SkyHelix Sentosa。由法國Aerophile公司設計建造，其觀光輪盤完全由3個地面控制的電動絞盤供電，採用一套電子安全機制確保遊客入座安全，並配備了緊急車功能和電源供給系統。坐在觀光輪盤裡，將帶著乘客緩緩旋轉上升至79公尺高空，全程12分鐘，其中10分鐘會在頂端旋轉，可將聖淘沙、新加坡本島的天際線盡收眼底。

英比奧山頂景區

A1 Nestopia
西樂索站 Siloso Point
邁佳探險樂園售票處 Mega Adventure Park
Imbiah Trail
Zipline
Skypark Sentosa by AJ Hackett
Siloso Beach Walk
Siloso Beach Resort
Scentopia
Rumours Beach Club
Ola Beach Club
Bikini Bar
斜坡滑車(西樂索海灘售票處) Skyline Luge Singapore
Imbiah Trail
聖淘沙線纜車 Sentosa Line
Imbiah Walk
邁佳探險樂園 Mega Adventure Park
Siloso Rd
聖淘沙4D探險樂園 Sentosa 4D AdventureLand
花柏山線纜車
Mt Faber Line
Imbiah Nature Trail
英比奧山頂 Imbiah Lookout
斜坡滑車(英比奧山頂售票處) Skyline Luge Singapore
杜莎夫人蠟像館 Madame Tussauds Singapore
Gogreen Eco Adventure
Coastes
聖淘沙站 Sentosa
Imbiah Rd
聖淘沙自然探索中心 Sentosa Nature Discovery
Garden Ave
星巴克 Starbucks
聖淘沙天空喜立 SkyHelix Sentosa
魚尾獅站 Merlion
Sensory Gardens
Imbiah Rd
iFly Singapore
Sentosa Express Bch Vw Rd
Central Beach Bazaar
Siloso Bch Walk
海灘捷運站 Beach
歐芮酒店 Hotel Ora
名勝世界娛樂場 Resorts World｜Casino
節慶大道 Festive Walk
康樂福豪華酒店 Crockfords Tower
名勝世界捷運站 Resorts World
聖淘沙之連
Siloso Rd
Sensoryscape
邁克爾酒店 Hotel Michael
Artillery Ave
英比奧捷運站 Imbiah Station
Oasia Resort Sentosa
10 Artillery Ave
Village Hotel Sentosa
The Outpost Hotel Sentosa
The Barracks Hotel Sentosa
1-Altitude Coast
聖淘沙海灘站 售票櫃台
Beach Station Bus Terminal

圖例：景點｜飯店｜捷運站｜遊客服務中心｜酒吧｜娛樂｜餐廳｜巴士站｜纜車站｜咖啡廳

聖 / 淘沙 / Sentosa

聖淘沙心之音 Sentosa Sensoryscape

P.231D2C3　乘聖淘沙捷運在「英比奧(Imbiah)」站下車，走出站即達。步行道免費，各式活動體驗費用各不同。

穿過遊樂場，一路往南看見寧靜海岸，眼前這條Sensoryscape步行道，以獨特的空間格局點亮了遊人的心與想像力，僅僅350公尺路程就能從名勝世界經由英比奧山頂，直達西樂索海灘，勢必成為聖淘沙的新地標。步行道沿途精心設計了幾座半封閉式花園，外型採用斜格網狀結構，宛如一個個編織複雜的圓形藤籃，內部完全不見樑柱，既通風遮陽又有自然採光，與周遭的雨林花木巧妙融合，白天被綠意流水環繞，夜晚就成了燈光音樂和擴增實境特效交織的魔幻異境。

©Sentosa Sensoryscape

©Sentosa 4D AdventureLand

聖淘沙4D探險樂園 Sentosa 4D AdventureLand

P.231C1　乘坐循環巴士A，在「英比奧山頂(Imbiah Lookout)」站下車，走1分鐘可達。51B Imbiah Road　6274-5355　12:00~19:00　四合一日套票：13歲以上43元、3~12歲34元。傍晚5點之後推出優惠票(四選二)：13歲以上26.5元、3~12歲24.5元。www.4dadventureland.com.sg

所謂4D電影是除了立體影像外，還多了觸覺的感官體驗，在聖淘沙4D冒險樂園裡，只需買一張套票，即可當天無限次體驗Haunted Mine Ride、Extreme Log Ride、Journey 2: The Mysterious Island和Desperados互動槍戰等，總共4種4D劇院遊戲。劇院座椅經過特殊設計，用細微的水柱、出風口與震動，營造出逼真的觸覺，還會看到黃蜂、蝙蝠就在眼前飛舞；Extreme Log Ride則是坐在特製原木騎上，隨著劇情時而飛向山頂、時而墜入深淵；Desperados的場景在19世紀的美國大西部，遊將將扮演警長騎在奔騰的馬匹上，拔出手槍，朝著螢幕上的壞蛋扣下扳機。最後螢幕上會秀出前三名，讓大家看看誰是今天的神槍手。

Sentosa Nature Discovery

🚠 P.231C1 🚌 乘坐循環巴士A，在「英比奧山頂(Imbiah Lookout)」站下車，沿Imbiah Rd走約2分鐘可達。🏠40 Imbiah Road ⏰09:00~17:00 💲免費

　　聖淘沙全島有70%為熱帶雨林所覆蓋，忙於體驗遊樂設施之外，別忘了緩下腳步，來一趟自然步道探索。這條步道位於英比奧山頂，沿途設有雕塑、互動展覽館和觀景台，其中的地質畫廊展示了地球演變過程、岩石樣本、沿海森林及聖淘沙島的地質結構，深具教育意義。步道地勢平緩，適合親子同遊，運氣好的話，也許能看到藍尾蜂鳥、青蛙或島上瀕臨絕種的喜鵲。步道終點連接了Imbiah Trail，喜歡健行的人不妨繼續挑戰。

斜坡滑車Skyline Luge Singapore

🚠 P.231C2C3 🚌 乘坐循環巴士A，在「英比奧山頂(Imbiah Lookout)」站下車，沿Imbiah Rd走約3分鐘可達。⏰週一至週四11:00~19:30，週五11:00~21:00，週六10:00~21:00，週日10:00~19:30。離峰時間為平日11:00~14:00。💲斜坡滑車套票(包含Skyride)：2 Ride Combo 25~30元、3 Ride Combo 27~33元。6歲以下兒童雙人票12元。另有推出4 & 5 Ride Combo。🌐www.skylineluge.com ❗年滿6歲且身高超過110公分才能單獨騎乘，6歲以下必須與1名成人共乘。

　　源自紐西蘭的斜坡滑車是利用身體重心來過彎，全世界約有10多個國家擁有這類型的設施，而聖淘沙的斜坡滑車更是東南亞絕無僅有，規劃了4條不同難易度的滑道提供選擇。在地心引力牽引下，斜坡滑車從12樓高的山頂順着平均650公尺長的跑道飛快滑下，刺激指數隨着重力加速度不斷飆高，如果速度過快，你也能隨心所欲地控制煞車。倘若滑到山下後覺得不過癮，想再玩一次，可以搭乘空中吊椅(Skyride)回到原處。此外新加坡也首創夜間滑行項目，滑行沿途還有音樂相伴！

杜莎夫人蠟像館Madame Tussauds Singapore

🚠 P.231C2 🚌 乘聖淘沙捷運在「英比奧(Imbiah)」站下車，循指標搭乘手扶梯往上走，經過魚尾獅纜車站，走階梯往上可達杜莎夫人蠟像館。或乘坐循環巴士A，在「英比奧山頂(Imbiah Lookout)」站下車，沿Imbiah Rd走，從天空喜立旁的小徑走階梯可達。🏠40 Imbiah Road ☎6715-4000 ⏰10:00~18:00，最後入場時間為17:00。💲現場購買當天票：13歲以上44元、4~12歲32元；提前1天線上購買：13歲以上38元、4~12歲22元。🌐www.madametussauds.com/singapore

　　杜莎夫人蠟像館以製作栩栩如生的蠟像聞名，2014年在新加坡設立分館，目前規劃有7個主題區。先乘坐Spirit of Singapore遊船，遊覽新加坡河、摩天輪、濱海灣花園及F1夜間賽事等景觀，這可是全球唯一有設置乘船遊河設施的分館；再進入Images of Singapore，透過影片和逼真的蠟像故事帶遊客快速了解獅城的前世今生。

　　接着來到蠟像館，館內超過70尊蠟像中，除了耳熟能詳的電影明星、政治人物、體育健將和藝人歌手，最受矚目的就屬新加坡名人蠟像，包括已故建國總理李光耀與夫人柯玉芝、現任總理李顯龍、歌手孫燕姿、林俊傑和導演梁智強等。館內還推出漫威4D電影，透過各種聲光特效，讓觀眾隨着雷神索爾、火箭人、蜘蛛人和黃蜂女一起拯救世界。

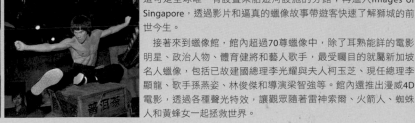

MAP ▶ P.236AB

西樂索海灘與景區

Siloso Beach & Siloso Point

白色沙灘上的活力與浪漫

MOOK Choice

🚇乘聖淘沙捷運在「海灘(Beach)」站下車，步行前往沙灘邊各景點；或轉乘循環巴士在「Siloso Point」站下車，步行可達各景點。

在這條綿延數公里長的潔白沙灘上，到處可看到活力充沛的人們奮力地救球與殺球，這裡正是新加坡沙灘排球盛行的發源地。海灘人道旁佇立著許多餐廳與酒吧，棕櫚樹的枝葉隨著海風輕拂搖曳，樹影下的人們悠閒享受日光浴或坐賞夕陽，形成一幅美麗的南島風情畫。沙灘旁聚集許多高人氣的極限活動設施，包括高空滑索、Bungy Jump、獨木舟、香蕉船等，適合勇於挑戰自我的人前來體驗。

西樂索炮台與空中步道Fort Siloso & Skywalk

🚇P.236A1 🚌乘聖淘沙捷運在「海灘(Beach)」站下車，轉乘循環巴士在「Siloso Point」站下車，步行3分鐘可達。📞6736-8672 🕙10:00~18:00 💲成人12元，3~12歲兒童9元。空中步道免費。

西樂索炮台建於1880年代，曾是英軍防衛新加坡南方海域的軍事重地，景區在這些碉堡、營房中布置了大量蠟像與複製品，重現當年英國士兵在此服役時的生活面貌。區內重頭戲是兩間名為受降室的房間，以1比1的比例如實還原了1942年白思華將軍向日軍投降，與1945年板垣征四郎向聯軍投降時的場景。戶外區域也展示著昔日英軍所使用的大炮，其中有不少是來自日軍的艦船。在Siloso Point巴士站牌附近，可發現一條空中步道，高達11層樓，長181公尺，可居高俯瞰周邊風光，也可連接通往砲台。

Gogreen Eco Adventure

🚇P.236B1 🚌乘聖淘沙捷運在「海灘站(Beach)」站下車，步行約5分鐘可達。🏠51 Siloso Beach Walk #01-01(Bikini Bar對面) 🕙10:00~19:30 💲單車租借1小時15元、2小時21元。另推出套裝組合，請上網訂購可享優惠價。🌐gogreenecoadventure.com

這裡提供Gogreen自行車、踏板車(Kick Scooter)和限量版零售商品，大人小孩都適用，可以乘風盡情探索聖淘沙的海灘與獨特的角落。另有推出單車探險行程，詳情請詢問店家或上網查詢。

聖

淘沙 Sentosa

Trickeye Singapore

⛰P.236A1 🚇乘聖淘沙捷運在「海灘(Beach)」站下車，轉乘循環巴士在「Siloso Point」站下車，步行3分鐘可達。🏠80 Siloso Road Southside Blk B #01-40 ☎6592-0607 🕚11:00~19:00 💲13歲以上32元，4~12歲及60歲以上28元。線上購票享8折優惠。ⓤ trickeye.com/sg

來自韓國的Trickeye，2014年在聖淘沙開設分館，以展出充滿創意、趣味和互動性的錯視作品而大受歡迎。近年由於數位科技日新月異，Trickeye Singapore搖身成為3D+AR互動式博物館。走進館場，先以手機下載免費的「XR Museum」應用程式，透過擴增實境的特效，比如煙火、聲光或魔法，將眼前所見的畫面拍得活靈活現。探訪4個精彩主題區，讓遊客也能從大金剛手中逃脫、殺死巨龍、和鯨魚一起游泳，近距離盡情拍照攝影，體驗真實與虛擬世界同時並存的神奇趣味。

HeadRock VR

⛰P.236A1 🚇乘聖淘沙捷運在「海灘(Beach)」站下車，轉乘循環巴士在「Siloso Point」站下車，步行3分鐘可達。🏠80 Siloso Road Southside Blk B #01-03 ☎6963-4127 🕚13:00~19:00 🈹週四 💲VR任選1項：15元，VR任選3項套裝：40元，VR任選5項套裝：60元。Hello My Dino：30元。線上購票皆享優惠價。採線上購票皆須預約時段，1人使用1張門票，無法多人共用。ⓤheadrockvr.sg

走進新加坡首座HeadRock VR主題樂園，只要戴上頭罩式顯示器，就能在VR Play Zone進入8種驚心動魄的虛擬實境遊戲，執行現實世界中不可能的任務。人氣最高的Storm Blizzard，是乘坐狗拉雪橇穿越冰雪覆蓋的道路，沿途暴風雪襲擊，在崎嶇路況中克服難關。類似的還有Jungle Rafting，坐上橡皮艇體驗叢林漂流，逃離暴龍的威脅；Jump Jump則是坐在升降鞦韆上，化身為泰山攀爬跳躍。喜歡槍戰的人，就跳進Zombie Busters的末日世界，跟隊友並肩消滅殭屍吧！在VR Play Zone旁邊，還有專為12歲以下孩童設計的Hello My Dino!媒體互動遊樂區。

Nestopia

🚠P.236A1 🚇乘聖淘沙捷運在「海灘(Beach)」站下車，轉乘循環巴士在「Siloso Point」站下車，沿Siloso Beach Walk走3分鐘可達。

🏠6 Siloso Beach Resort ☎6371-1067 🕐週三至週五14:00~18:45，週六和週日10:00~19:00。💲1小時：2~12歲每人12元。7歲以下必須有成人陪同入場。

Nestopia是專為12歲以下孩童設計的露天遊樂空間，地面鋪以軟墊，大大小小的設施由粗繩織成的三組巨網串連起來，讓孩子們得以盡情攀爬和爬行，宛如小型障礙賽訓練場，非常具有挑戰性，攀至最高處還可欣賞南中國海的壯麗景色。場內最受歡迎的就是兩條長長的圓管狀溜滑梯，連大人看了都躍躍欲試。

©Nestopia

©Mega Adventure

邁佳探險樂園Mega Adventure Park

🚠P.236A1 🚇乘聖淘沙捷運在「海灘(Beach)」站下車，轉乘海灘火車可達；或從海灘捷運站走Siloso Beach Walk約10分鐘可達。🏠報名售票櫃台：10A Siloso Beach Walk 🕐11:00~18:00 💲Megazip：66元，MegaClimb&Jump：66元，Megazip＋MegaClimb&Jump：99元，MegaBounce：20元。🌐www.sg.megaadventure.com 🅘必須先到Siloso Beach Walk的櫃台購票後，會有工作人員開車載遊客前往英比奧山頂的Jungle Park。部分設施有身高和體重限制。

漫步在西樂索海灘，頭上忽然有人影呼嘯而過，這是怎麼回事？原來這是邁佳探險樂園的遊樂項目——Megazip，玩家只利用一根滑索和腰間的扣環，便自450公尺的英比奧山頂滑翔而下，直達西樂索海灘外的小島。雖然這種高空滑索在歐美國家算是常見的戶外活動，但從山林滑向大海，恐怕只有在聖淘沙才玩得到。

這裡還推出MegaClimb & Jump和MegaBounce等項目；MegaClimb藉由不同的繩索關卡，讓遊客體驗像泰山一樣在森林攀爬的樂趣，每一道關卡至少都有2至3層樓高；MegaJump則模擬降落傘自15公尺高處降落的狀態；MegaBounce就是彈跳床，可彈至8公尺高空中飛翔或翻轉。

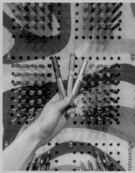

©Scentopia

Scentopia

🚠P.236B1 🚇乘聖淘沙捷運在「海灘(Beach)」站下車，轉乘海灘火車可達；或從海灘捷運站走Siloso Beach Walk約8分鐘可達。🏠36 Siloso Beach Walk, #01-02 ☎8031-7081 🕐11:00~19:00 💲自製香水體驗50ml：13歲以上95元、12歲以下75元。線上購票享85折優惠價。🌐www.scentopia-singapore.com

Scentopia坐落於聖淘沙的熱帶雨林和西樂索海灘之間，寬廣的空間裡除了展售芬芳迷人的香水與香氛產品，更擅長運用新加坡的特色花卉為你量身調製香水，比如本地培育的蘭花。這趟量身調配的過程饒富趣味，首先你會拿到一份性格測驗表，測驗的結果將顯示你的個性傾向，不同的指數有對應的花卉精油，提供你從現場400多種精油樣本中，細細挑選自己偏愛的氣味，收集完畢後，再交由調香師進行配製，一瓶個人專屬的香水就誕生了。

Skypark Sentosa by AJ Hackett

🚠P.236A1 🚇乘聖淘沙捷運在「海灘(Beach)」站下車,轉乘海灘火車可達;或從海灘捷運站走Siloso Beach Walk約8分鐘可達。🏠36 Siloso Beach Walk ☎6911-3070 🕐11:30~19:30 💲Bungy Jump:每人99元。Giant Swing:每人59元,Skybridge:每人15元。🌐www.skyparksentosa.com ❗必須體重45~150公斤、身高120公分以上,才能體驗Bungy Jump。

這絕對是最瘋狂的極限運動了!由Bungy Jump創始人AJ Hackett來新加坡親自設計的彈跳台,高達47公尺,無論是渴望突破自我或追求刺激的冒險家,莫不鼓起勇氣前來挑戰,可以選擇頭朝下跳,也可以邊緣拋出空翻。除了Bungy Jump,巨型鞦韆(Giant Swing)是另種極限選項,3人一組趴臥於巨型鞦韆上,

從空中以每小時120公里的速度前後大幅擺盪,飛衝於西樂索海灘上方,尖叫聲此起彼落。跳台旁架設了一條Skybridge,可以從47公尺高的視角俯瞰西樂索海灘。

Ola Beach Club

🚠P.236B1 🚇乘聖淘沙捷運在「海灘(Beach)」站下車,沿Siloso Beach Walk走約5分鐘可達。🏠46 Siloso Beach Walk ☎8189 6601 🕐水上活動09:00~19:00,餐廳:週一至週四10:00~21:00、週五10:00~22:00、週六09:00~22:00、週日09:00~21:00。💲站立式單槳衝浪每人35元,Kayak單人25元,香蕉船2人25元。針對初學者有開設體驗課程,詳情請上官網查詢。🌐www.olabeachclub.com

既然來到海島,怎能不玩水上冒險活動?就踩著西樂索的白沙走進Ola Beach Club吧!香蕉船、甜甜圈船是必備基本款,適合三五好友或親子同樂嗨翻天;喜歡衝浪的玩家,不妨跳上立式單槳衝浪板(Stand Up Paddle Boarding),探訪聖淘沙平靜的潟湖;至於獨木舟(Kayak)可選擇單人或雙人座,無須任何經驗也能上陣,可參加專人教學導覽課程。Ola在沙灘畔設有夏威夷主題的餐廳酒吧,無論品嚐燒烤、新鮮的夏威夷醃生魚蓋飯(Ahi Poke),或喝杯Tiki風格雞尾酒,都能有滿滿的幸福感。

西樂索海灘・巴拉灣海灘

西樂索砲台天空步道 Fort Siloso Skywalk
HeadRock VR
Trickeye Singapore
邁佳探險樂園售票處 Mega Adventure Park
魚尾獅站 Merlion
英比奧捷運站 Imbiah Station
英比奧山頂站 Imbiah Lookout
Sensoryscape
Beach Station Ticketing Counter
UltraGolf
The Palawan Food Trunks
狗狗樂園 The Palawan Dog Run
Imbiah Walk
聖淘沙線纜車 Sentosa Line
Skypark Sentosa by AJ Hackett
Siloso Beach Resort
Gogreen Eco Adventure
Imbiah Rd
iFly Singapore
Palawan Beach Walk
FQC Sentosa
西樂索站 Siloso Point
Trapizza
Nestopia
Siloso Beach Walk
Ola Beach Club
Beach Station Bus Terminal
Splash Tribe
巴拉灣海灘 Palawan Beach
西樂索海灘 Siloso Beach
Siloso Beach Bar
Bikini Bar
Sand Bar
Siloso Bch View
巴拉灣島 Palawan Island
Megazip 滑索終點
Tipsy Unicorn
Scentopia
Rumours Beach Club
Coastes
海灘捷運站 Beach Station
浮動海上樂園 HydroDash
+Twelve
斜坡滑車(西樂索海灘售票處) Skyline Luge Singapore
Central Beach Bazaar
HydroDash 售票處
時光之翼 Wings of Time
卡丁車賽場 HyperDrive
亞洲大陸最南端 Southernmost Point of Continental Asia
圖例 🔵景點 🅷飯店 🍴餐廳 ℹ️遊客服務中心 🍸酒吧 🎡娛樂 🚇捷運站 🚌巴士站 🚠纜車站 🚂海灘火車

iFly Singapore

P.236C1　乘聖淘沙捷運在「海灘站(Beach)」站下車，步行約2分鐘可達。　43 Siloso Beach Walk #01-01　6571-0000　09:00~22:00(週三11:00開始營業)　初學者：1次飛行89元、2次飛行119元。7歲以上才能參加。　www.iflysingapore.com

iFly於2011年開幕，這裡的飛行洞高達17公尺、寬達5公尺，是世界上最大的室內跳傘風洞之一，還設有一面壓克力玻璃牆，在此飛行時可以欣賞到西樂索沙灘和南中國海的風景。體驗者必須在飛行前1小時到達，專業教練團隊會帶領體驗者進行訓練課程，確保飛行姿勢正確。除了初學者的飛行體驗，也提供客製化的訓練課程，可以不斷挑戰重力並突破個人極限。

時光之翼 Wings of Time

P.236C2　乘聖淘沙捷運在「海灘(Beach)」站下車，步行2~3分鐘可達。　位於聖淘沙捷運海灘站前方的沙灘　19:40、20:40各一場次　分為Standard和Premium兩種座位，每人19~24元。在官網訂票可享優惠價。　www.mountfaberleisure.com

夜裡的聖淘沙更加迷人，因為每晚都有神奇絕妙的多感官聲光秀「時光之翼」在海灘上演，吸引無數觀賞人潮。以開闊的大海為背景，史前鳥類 Shahbaz 和他的朋友們將穿越優美的風景，穿越時間的奧秘，一同去探險。透過最先進的 Sparkular 機器打造出燦爛奪目的煙火、耀眼的水幕、激光和火焰效果，讓觀賞者身臨其境，隨著Shahbaz的故事足跡，一起在夜空中飛翔。

到海灘酒吧享受度假最高境界

在聖淘沙最浪漫的事，就是到海灘上找一家餐館酒吧，讓海天光影或燈火月色相伴，度過愉悅的下午和夜晚。光是西樂索海灘沿岸就聚集不少，每一家都提供招牌飲品和美食，比如Coaste，擁有成排的日光浴床和躺椅，一路延伸至沙灘上；Bikini Bar洋溢峇里島風情，經常座無虛席；Sand Bar有DJ帶來流行音樂饗宴。Rumours Beach Club是新加坡唯一擁有3個游泳池的海灘俱樂部，深受老外青睞。

www.coastes.com、bikinibar.sg、www.rumoursbeach.club、sandbar.sg

Central Beach Bazaar

P.236C1C2　乘聖淘沙捷運在「海灘(Beach)」站下車，步行2~3分鐘可達各景點。　www.mountfaberleisure.com

Central Beach Bazaar位於捷運海灘站前方，是一方日夜都有亮點的娛樂景區，包括東南亞最高的噴泉Sentosa SkyJet、時光之翼、聖淘沙音樂噴泉（Sentosa Musical Fountain），以及國際街頭小吃餐車、Good Old Days食閣和紀念品店等。其中由卡車、貨櫃車、麵包車改裝而成的餐車群，色彩鮮豔相當吸睛，提供多種異國街頭小吃，包括漢堡、熱狗、炸雞、炸玉米餅、各式飲料冰品等。

MAP ▶ P.236CD

MOOK Choice

巴拉灣海灘與丹戎海灘
Palawan Beach &Tanjong Beach
遠離人潮的寧靜沙灘

🚇乘聖淘沙捷運在「海灘(Beach)」站下車，沿Palawan Beach Walk步行可達；或轉乘海灘接駁車在「Palawan West」、「Palawan Beach」或「Tanjong Beach」站下車可達。

The Palawan@Sentosa

🏠54 Palawan Beach Walk ☎6277-7095 ⓦwww.thepalawansentosa.com

相較於西樂索海灘的喧鬧活力，位於東南邊的巴拉灣與丹戎海灘顯得清幽許多，尤其是丹戎海灘，幾乎沒有人工娛樂設施，偏愛寧靜氛圍的人都喜歡坐在椰影下看書、吹海風、享受日光浴，或到沙灘旁的酒吧淺酌。

相鄰的巴拉灣則活潑許多，由香格里拉集團進駐，將海灣西側打造成一站式的娛樂天地「The Palawan@Sentosa」，占地183,000平方英尺，針對不同年齡層推出多項遊樂活動和餐飲設施，包括：大人版的海灘俱樂部+Twelve、新加坡首間室內卡丁車賽場、18洞迷你高爾夫球場、浮動海上樂園、適合親子家庭的Splash Tribe、10台繽紛可愛的餐車（Palawan Food Trucks）以及不拴拉繩的狗狗樂園（The Palawan Dog Run）。在這裡可以盡情的探索、玩耍和交朋友。

+Twelve

🔺P.236C1 ☎6277-7095 🕐週一至週四10:00~1400、14:00~17:30、17:30~21:00，週五至週日10:00~1400、14:00~18:00、18:00~22:00。💲1張海灘沙發床：週一至週四100元，週五至週日200元。1張泳池畔沙發床：週一至週四150元，週五至週日300元。每張沙發床最多容納4人。1間Cabana小屋：週一至週四400元，週五至週日800元，最多容納10人。ⓦwww.thepalawansentosa.com/plustwelve

專為大人量身訂做的+Twelve，未滿16歲請止步。宛若酒店規格的俱樂部，規劃了12間獨立露台小屋，每間都坐擁私人小型泳池與絕美海景，是開派對、慶生或好友相聚的私密園地。

俱樂部中央設有一座無邊際泳池和酒吧，池畔擺設了沙發床，適合淺酌嚐美食、耍廢發呆，耳邊傳來DJ現場播放的樂音，隨著節奏搖擺，玩嗨了，直接跳進腳邊的泳池戲水，獨享大人的專屬時光。泳池外的沙灘上另備有野餐桌和沙發床可供選擇。有了香格里拉集團坐鎮，這裡的菜單自然在水準之上。推薦一系列的壽司捲、熱帶水果沙拉、松露薯條和特調雞尾酒，充滿南洋風情。

浮動海上樂園HydroDash

📍P.236C1 📞6277-7095 ⏰週一至週五12:00~18:00，週六和週日10:00~18:00。 💲週一至週五：每人1小時19元起，週六和週日：每人1小時22元起。 ❗必須年滿6歲、身高超過110公分者才能進入。6歲兒童必須由成人陪同參加。 🌐www.thepalawansentosa.com/hydrodash

這是新加坡首座也是唯一的浮動海上樂園，完全架設於海面上的充氣墊活動設施，設置了27個障礙挑戰，擁有不同難度級別的關卡，舉凡平衡木、彈跳圓頂、攀爬塔、Flip彈射器等，讓人盡情滑行、衝刺、跳躍、重複、攀爬或跳進海中，享受水花四濺的樂趣，也極度考驗體能。提醒你，主辦單位會提供所有人全程配戴浮力輔助裝置，但必須從岸邊穿著救生衣游20公尺才能抵達海上的樂園。

卡丁車賽場HyperDrive

📍P.236C1 📞6277-7091 ⏰週一至週五12:30~21:00，週六和週日10:00~21:00。離峰時間：週一至週五12:30~13:50。 💲Senior Kart每人45元起，Junior Kart每人40元起，Dual Kart雙人50元起。離峰時間各項票價另給予新幣10元折扣。 🌐www.thepalawansentosa.com/hyperdrive ❗必須年滿9歲、身高超過130公分才能單獨駕駛，90公分以上兒童可乘坐由成人駕駛的雙人卡丁車。

在這座室內電動賽車場中，無論是初次駕駛者或職業賽車手，都能體驗極速飆風的快感。場內擁有三層環狀賽道，路寬5.3公尺、全長308公尺，沿途精心布置14個轉彎處，考驗技術與膽識。每場體驗時段最多可容納12輛卡丁車，全程30分鐘，包括8分鐘賽道比賽，以及22分鐘賽前簡報、全罩式安全帽穿戴教學等。因應身高和年齡的不同，現場提供三種環保電動卡丁車類型。比賽進行時，電視螢幕會顯示每位車手的車速和最後總排名。此外也推出Game of Karts，透過遊戲將虛擬賽車帶入生活，提供另類體驗。

Splash Tribe

📍P.236C1 📞6277-7096 ⏰週一至週五10:00~14:30、14:30~19:00，週六和週日10:00~14:00、14:00~18:00、18:00~22:00。 💲1對日光躺椅：週一至週五每4.5小時50元，週六和週日每4小時100元。池畔餐桌價格同日光躺椅。1張沙發床：週一至週五每4.5小時100元起，週六和週日每4小時150元起。價格易有變動，請事先上網確認。 🌐www.thepalawansentosa.com/splash-tribe

Splash Tribe是專為家庭而設計的海灘俱樂部，聚集了休閒、娛樂和美食功能。俱樂部中央就是最受孩童歡迎的沙堡主題水上樂園，擁有各式滑水道、傾倒大水桶和噴霧飛濺等多種互動水景；旁邊的無邊際泳池適合享受悠閒的游泳時光；池畔更設有餐桌、沙發床和日光躺椅和私人涼亭等選擇，方便親子在戲水同樂之餘也能有一方區域休息片刻並享用美食，推薦鴨肉生菜捲、日式Tataki鮭魚碗和各種飲品等，適時補充活力。

UltraGolf

📍P.236C1　📞6277-7093　🕐週一至週五12:30~21:00，週六和週日10:00~21:00。離峰時間：週一至週五12:30~13:50。💲13歲以上22元起，離峰時間15元起。3~12歲18元起，離峰時間12元起。🌐www.thepalawansentosa.com/ultragolf　❗13歲以下必須由一名付費成人陪同才能參加課程

　　UltraGolf是一座18洞的海濱迷你高爾夫球場，面積超過20,450平方英尺，比賽長度為750公尺。每個洞都有2個起始發球位置，適合初學者、不同等級玩家和經驗豐富的球手。球場允許72人同時比賽，每場比賽每組最多4名選手，整個比賽課程大約45分鐘至1小時，由18洞中桿數最少的選手獲勝。

亞洲大陸最南端
Southernmost Point of Continental Asia

📍P.236D2　🚇乘聖淘沙捷運在「海灘(Beach)」站下車，沿Palawan Beach Walk步行10分鐘可達；或轉乘海灘火車在「Opp Southernmost Point of Continental Asia」站下車可達。

　　湛藍的海天，陽光下椰影輕搖，這裡是新加坡南端最美麗的金黃海灘，無論散步、戲水、野餐、玩球或做日光浴，都很愜意。沿著巴拉灣海灘走，會發現一條懸索吊橋，通過狹長的橋面就踏上一座小島，這座小島被證實是整塊亞洲大陸最南方的領土，可登上木製觀景台俯瞰海灣潟湖，或尋找亞洲大陸極南點的石塊標誌，拍照留影見證。

ⓗ Where to Stay in Sentosa
住在聖淘沙

聖淘沙名勝世界Resorts World Sentosa

MAP ▶ P.221　　**逸濠酒店Equarius Hotel**

🚇乘聖淘沙捷運在「名勝世界(Resorts World)」站下車可達。　🏠8 Sentosa Gateway　📞6577-8899　🌐www.rwsentosa.com

　　逸濠酒店緊倚著熱帶雨林而建，宛如遠離塵囂的世外桃源，酒店共有172間客房，裝潢色調以棕色、紫紅色為主，並搭配深色及淺色的木質家具，也擺放色彩豐富的抽象畫作，以不同的主題呼應出熱帶的自然風格。所有客房面積均大於51平方公尺，寬敞舒適，設有露天陽台，讓人得以親近英比奧山丘和雨林的綠色景觀。此外，新加坡名廚梁兆基的「森」餐廳也位於酒店中，他將西式的烹飪手法、餐飲服務與中餐做結合，呈現出獨特的當代餐飲理念。

海濱別墅與海景套房
Beach Villas & Ocean Suites

MAP ▶ P.221

🚇乘聖淘沙捷運在「名勝世界(Resorts World)」站下車可達。
🏠8 Sentosa Gateway　☎6577-8899　🌐www.rwsentosa.com

坐落於聖淘沙名勝世界西側的海濱別墅共有22棟，規劃了1房至4房的類型，每間房間都有木製的私人露臺，因為置身於熱帶雨林之中，可以欣賞周遭林木蓊鬱的景象，也可欣賞壯闊的海港景色。別墅中2房以上的房型擁有私人泳池，也可通往露天泳池。同時，入住房客都能免費使用ESPA水療中心的設施。

除了22棟別墅，最受矚目的11間海景套房也隸屬於海濱別墅中，海景套房緊鄰S.E.A海洋館和水上探險樂園，房間內有雙層設計，上層為客廳及室外露臺，下層是擁有大型觀景窗的臥室，窗外景色為S.E.A海洋館中的繽紛海洋世界，超過5萬隻海洋生物優游水中，有時還能看見館方人員在水中餵食生物，如此獨特的美景，只要坐在房間裡就能看見。

MAP ▶ P.221　## 邁克爾酒店Hotel Michael

🚇乘聖淘沙捷運在「名勝世界(Resorts World)」站下車可達。
🏠8 Sentosa Gateway　☎6577-8899　🌐www.rwsentosa.com

凡是對設計有興趣的人，一定都聽過這位美國建築大師邁克爾•格拉夫斯(Michael Graves)的名氣，在名勝世界力邀之下，邁克爾將強烈的個人色彩融入飯店每個角落，從大廳、走廊、餐廳到客房的陳設細節，他的魔手伸到哪，哪兒就綻放粉嫩色系的幾何圖案與風景壁畫，就連浴室也不放過，淋浴間的牆面由藍色馬賽克瓷磚鑲嵌而成，讓洗澡充滿了童話氛圍，彷彿住在美術館裡。邁克爾酒店是名勝世界所有酒店中，最靠近環球影城的一家，地理位置極佳。

聖淘沙名勝世界Resorts World Sentosa

MAP ▶ P.221 **逸豪樹冠豪閣TreeTop Lofts**

🚇乘聖淘沙捷運在「名勝世界(Resorts World)」站下車可達。
🏠8 Sentosa Gateway ☎6577-8899 ⓦwww.rwsentosa.com

　　森林裡隱藏著兩棟豪華的樹冠豪閣「青木」與「香莉」，以空中小木屋為概念，分別不著痕跡地架設在7和12公尺高的樹幹上，外觀反璞歸真，室內裝潢則以低調奢華為風格，並提供私人管家服務，私密度極高。清晨時分可以和鳥兒共進早餐，夜晚則享用燭光晚餐，坐擁雨林的浪漫背景，怡然自得。

聖淘沙名勝世界Resorts World Sentosa

MAP ▶ P.221 **硬石酒店Hard Rock Hotel**

🚇乘聖淘沙捷運在「名勝世界(Resorts World)」站下車可達。
🏠8 Sentosa Gateway ☎6577-8899 ⓦwww.rwsentosa.com

　　擁有50多年搖滾歷史的Hard Rock，將進駐新加坡的首座飯店獻給了名勝世界。以往充滿青春活力的風格，如今多了幾分低調奢華的穩重感，客房採用暗紫、墨綠、粉芋、啡咖橘等色調構成，床頭牆面懸掛搖滾巨星的復古照片，天花板垂吊著造型獨特的水晶燈，點亮一屋子摩登氛圍，可以窩在房裡與牆上的巨星徹夜談心，滿足死忠搖滾迷的夢想。由於整棟建築呈半圓形設計，從客房的陽台望出去，視野極佳，而中庭環抱的空間就是露天游泳池與戲水區，適合全家大小同住。

聖淘沙名勝世界Resorts World Sentosa

MAP ▶ P.221 　歐芮酒店Hotel Ora

🚇乘聖淘沙捷運在「名勝世界(Resorts World)」站下車可達。🏠8 Sentosa Gateway　☎6577-8899　🌐www.rwsentosa.com

走進飯店大廳，工業風格的黑色框架搭配木質櫥櫃和桌椅，恍惚間以為來到一間工作室，架上擺滿各式藝術品，綠色植栽點綴其中，造型椅和皮沙發深具手工質感，自助式咖啡吧Grab & Co販售沖泡的茶、咖啡和輕食，24小時營業，即使不是入住房客，只要買一杯飲料，就能與大廳共享舒適的辦公空間。誰說工作和度假不能相輔相成？走進客房，簡約時尚的家具與格局設計，佐以色彩繽紛的現代畫作，推開門走上陽台，可坐擁南國熱帶風光。

聖淘沙名勝世界Resorts World Sentosa

MAP ▶ P.221　康樂福豪華酒店
Crockfords Tower

🚇乘聖淘沙捷運在「名勝世界(Resorts World)」站下車可達。🏠8 Sentosa Gateway　☎6577-8899　🌐www.rwsentosa.com

這是名勝世界裡最奢華氣派的酒店，從裝潢材料到家具設備全是最頂級的，例如睡床用的是席夢思，床具用的是400針埃及棉織品，房內甚至還有私人專用的水療池和桑拿浴。所有的房型都是套房，採高度個人化服務，除了提供迎賓酒和點心，還有24小時隨傳隨到的管家服務。

海灘站Beach Station

MAP ▶ P.218C2　嘉佩樂酒店Capella Singapore

🚇乘聖淘沙捷運在「海灘站(Beach)」站下車，轉乘循環巴士在「Opp Amara Sanctuary Resort」站下車，沿Artillery Ave走，右轉The Knolls可達。🏠1 The Knolls, Sentosa Island　☎6591-5000　🌐www.capellahotels.com

嘉佩樂酒店坐落在熱帶雨林中，周遭環境與飯店本身的殖民風格建築相映襯，帶出濃厚的度假風情。酒店建築原本是由英國皇家砲兵於1880年建造，用以作為海防基地，後來經過整修及增建成為嘉佩樂酒店。這間頂級度假酒店擁有72間客房及套房，還有38棟附有私人泳池的獨立別墅以及兩座莊園。

嘉佩樂酒店自開業以來頗受世界旅客好評，不僅是因為其融合傳統與現代亞洲風格的空間設計，更因為親切熱情的貼心服務。另外，酒店還有圖書室、戶外泳池及SPA水療中心，入住這裡，可充份享受私密的隱世假期，若要前往名勝世界或島內其他景點，交通也很便利。

安曼納聖淘沙度假村
Amara Sanctuary Resort Sentosa

MAP ▶ P.218C2

🚈乘聖淘沙捷運在「海灘(Beach)」站下車，轉乘循環巴士A或B在「Opp Amara Sanctuary Resort」站下車，步行5分鐘可達。🏠Larkhill Road, Sentosa ☎6825-3888 🌐 sentosa.amarahotels.com

改建自殖民時期英軍的軍事基地，混合著新舊建築，重新打造出獨具南洋風情的豪華Villa與兩層樓高的Verandah和Courtyard典雅套房；淺白色的牆面與木造樓房既現代又懷舊，既簡潔又摩登，宛如一座迷人的世外桃源，不僅處處可見野生孔雀漫步遊晃，還能徜徉於天堂鳥、野薑花等熱帶植物盛開的美景中。比鄰著高爾夫球場和海灘，多元化的戶外活動提供放鬆身心的休閒娛樂。佇立在花園中的玻璃會館，以全透明的設計外觀和桌椅帶出浪漫氛圍，提供新人在此註冊結婚、舉辦小型婚宴。

聖淘沙香格里拉
Shangri-La Rasa Sentosa, Singapore

MAP ▶ P.218A1

🚈乘聖淘沙捷運在「海灘站(Beach)」下車，轉乘循環巴士在「Siloso Point」站下車，步行5分鐘可達。🏠101 Siloso Road, Sentosa ☎6275-0100 🌐www.shangri-la.com/singapore/rasasentosaresort

位於西樂索海灘邊的香格里拉度假村，454間套房與客房都擁有私人陽台，並依照房型分為山景和海景，可欣賞南中國海、花園景觀或泳池。酒店的休閒設備眾多，舉凡健身房、戶外游泳池、SPA中心、兒童俱樂部等，一應俱全。迎向海灘的餐廳Trapizza，全天候提供Buffet，環境優美，盡享浪漫的晚餐時光。

英比奧站Imbiah Station

MAP ▶ P.231D2

聖淘沙豪亞度假酒店
Oasia Resort Sentosa

乘聖淘沙捷運在「英比奧(Imbiah)」站下車，步行2~3分鐘可達。23 Beach View, Palawan Ridge, #01-01, Sentosa Island 6818-3388 www.oasiahotels.com/en/singapore/hotels/Oasia-Resort-Sentosa

走進橘瓦白牆的英國殖民建築，古老的時光遇見了綠植盎然的明亮空間，彷彿來自熱帶雨林的呼喚，讓聖淘沙豪亞度假酒店以健康為主題，打造出田園詩歌般的溫馨勝地，透過養生美饌、舒適專業的設施以及豐富的活動課程，幫助旅途中疲憊的身心靈恢復活力。

酒店保留了三層樓的英式老屋，命名為Wellness Sanctuary，並在後方興建一棟現代化的巴拉灣翼樓（Palawan Wing），放眼所及芳草連天，191間套房和客房就分佈其中，裝潢擺設採用溫暖平靜的自然色調，多數房間配有獨立起居區和超大浴缸，提供澳洲品牌Biology沐浴用品。入住精緻套房（Junior Suite），可享有量身訂製的健康小吃、養生電視頻道和各種精心策劃的

健身養生專案。而絕無僅有的兩間複式套房（Duplex Suite）位於酒店最高樓層，採閣樓設計，坐擁開闊的海島風光，沿著螺旋梯緩緩走上屋頂露臺，竟藏著一座健身泳池，宛如秘密基地般，適合舉辦小型派對或沉醉於兩人世界的浪漫情境。

既然是全方位的呵護，當然不能錯過屢獲獎項的豪亞水療中心（Oasia Spa）。走進靜謐詳和的空間，由理療師奉上一杯香茶展開舒緩旅程，可以體驗結合泰式、日式指壓和刮痧等亞洲技法的豪亞特色按摩，或選擇採用知名有機護膚產品KOTOSHINA的臉部和身體護理項目，還能嘗試酒店獨家引進的森林日光浴及冷凍療法。此外也推出量身訂製的各種健身活動及健康工作坊，度過充實的假期。

聖淘沙豪亞度假酒店隸屬遠東酒店集團，該集團在聖淘沙擁有4家概念獨特的酒店群，包括標榜奢華典雅服務的百瑞營聖淘沙酒店、享受全方位身心健康的聖淘沙豪亞度假酒店、成人專屬服務的遨堡聖淘沙酒店，以及親子家庭同樂的悅樂聖淘沙酒店。4家酒店彼此相通，多數公共設施均可共享，只要入住任何一家，就能享受主題泳池、屢獲殊榮的水療中心、眾多餐飲選擇和各種精彩活動。

郊區

北部
西部　　東部

Natural Region

提起新加坡，一般印象通常是現代化高樓大廈和進步的建設，很少人會想到在這麼小的國家裡，依然保有眾多綠地，透過完善的規劃後，這些保護區及國家公園不但是新加坡珍貴的天然資源，也成為市民的最佳遊憩場所。如果想多接近大自然，郊區絕對是旅程中的首選地，尤其北部區域坐擁熱帶雨林、紅樹林濕地和中央集水公園，可以慢慢散步，享受雨林生態和綠意風情。

新加坡非常適合親子同遊，各種規劃良好的主題樂園兼具教育和娛樂功能，動物、植物、鳥類、科技、遊樂園等應有盡有。其中的萬禮野生動物保護區涵蓋了動物園、夜間野生動物園、河

川生態園與飛禽公園，若計畫造訪，不妨安排一天暢遊。

郊區之最 Top Highlights of Natural Region

新加坡動物園Singapore Zoo
走進這座開放式動物園，彷彿進入自然的環境中探險。「脆弱森林」中有麛鹿、冠鳩自在的在腳邊行走，狐猴爬過身旁的樹枝，宛如來到縮小版的雨林區。園內還有許多非看不可的表演，讓人更加了解動物與生態。(P.249)

雙溪布洛濕地保留區 SungeiBuloh Wetland Reserve
因為河流流經，孕育出雙溪布洛濕地中豐富的動植物生態，不僅紅樹林生長繁盛，彈塗魚、寄居蟹、水蛇、蜘蛛等生物都很常見。(P.248)

夜間野生動物園
Night Safari
夜色籠罩之時，來到開放式的園區中，在月光下乘坐專車穿越雨林，看著馬來貘、羚羊等動物步行經過身旁，的確有種奇妙的感受。(P.250)

河川生態園River Wonders
走逛河川生態園，世界各大淡水河流域一一呈現在眼前。在野生亞馬遜展區當中，還可一探亞馬遜雨林生態，看大水獺、食人魚及巨龍魚優游於洪溢林中的景象。(P.251)

武吉知馬自然保護區
Bukit Timah Nature Reserve
走進新加坡唯一的熱帶雨林保護區，一路上枝葉大且茂密的熱帶植物密布，鳥叫蛙鳴，幸運的話還能看見長尾獼猴在樹林間擺盪。(P.252)

INFO

如何前往──市區至北部郊區
◎地鐵＋公車
　　北部的主要景點有萬禮野生動物保護區（二大動物園和飛禽公園）與自然保護區，這些景點都離地鐵站有段距離，可乘坐地鐵再轉乘公車前往。

　　欲前往動物園和飛禽公園，可乘地鐵南北線(North South Line)在宏茂橋站(Ang Mo Kio, NS16)下車，轉搭138號公車可達；或在蔡厝港站(Choa Chu Kang, NS4)下車，轉搭927號公車可達。欲前往雙溪布洛濕地保留區，可乘地鐵南北線(North South Line)在克蘭芝站(Kranji, NS7)下車，轉乘925號公車可達。欲前往武吉知馬自然保護區，可乘地鐵濱海市區線(Downtown Line)在美世界站(Beauty World, DT5)下車，步行可達。欲前往麥里芝蓄水池公園，可乘地鐵環線(Circle Line)或湯申–東海岸線(Thomson–East Coast Line)在加利谷站(Caldecott, TE9/CC17)站下車，步行可達。

🚇宏茂橋站P.07C2、蔡厝港站P.07B2、美世界站P.07B3、克蘭芝站P.07B2、加利谷站P.07B3

如何前往──市區至東部郊區
◎地鐵＋公車／渡輪
　　東部的景點分布較為零散，包括主題樂園、展覽館、巴西立公園、烏敏島和樟宜機場，從東西線(East West Line)上的地鐵站下車後，需轉乘公車或渡輪才能抵達。欲前往巴西立公園和Wild Wild Wet，可至巴西立站(Pasir Ris, EW1)下車。欲前往樟宜博物館、新生水展覽館及烏敏島，可至丹那美拉站(Tanah Merah, EW4)，分別轉乘公車後可達，前往烏敏島需換乘渡輪。欲前往Forest Adventure，可乘地鐵濱海市區線(Downtown Line)在勿洛蓄水池站(Bedok Reservoir, DT30)下車。

🚇巴西立站P.07D2、丹那美拉站P.07D3、勿洛蓄水池站P.07D2、樟宜機場站P.07D2

如何前往──市區至西部郊區
◎地鐵
　　西部的景點以親子同遊的主題館為主，多數可乘坐地鐵東西線(East West Line)抵達。從裕廊東站(Jurong East, NS1/EW24)下車，步行可達雪城及新加坡科學館；裕群站(Joo Koon, EW28)則鄰近知新館。前往虎豹別墅可乘地鐵環線(Circle Line)在虎豹別墅站(Haw Par Villa, CC25)下車可達。

🚇裕廊東站P.07B3、文禮站P.07A3、裕群站P.07A3、虎豹別墅站P.07B3

◉ Where to Explore in Natural Region
賞遊郊區

北部郊區Northern

MAP▶P07A1B1

MOOK Choice

雙溪布洛濕地保留區
Sungei Buloh Wetland Reserve
到沼澤賞鳥看紅樹林生態

🚇乘坐地鐵南北線在「Kranji」站下車，走出口C，轉乘925或925M號公車在「Kranji Reservoir Pk B」或「Opp PUB Quarter」站下車，循指標步行約5分鐘可達遊客中心。🏠301 Neo Tiew Crescent ☎6794-1401 ⏰07:00~19:00 💲免費 🌐beta.nparks.gov.sg

　　佔地87公頃的雙溪布洛濕地保留區，河流流經

造就它廣大的沼澤溼地，孕育出豐富的生物。紅樹林在此生長繁盛，常見的彈塗魚、寄居蟹、水蛇、蜘蛛、飛蛾等，完全不怕生地跑來跑去，甚至連巨蜥都大搖大擺地在沼澤邊遊晃。除了尋覓各種動植物之外，賞鳥也是這兒熱門的活動，平時就可見到蒼鷺、魚狗、翡翠鳥等鳥類，到了9月～3月的候鳥季節更是熱鬧，會由西伯利亞飛來許多候鳥在此停駐，一路上設置了許多鳥類圖示，可以清楚辨別。

北部郊區Northern

MAP ▶ P.07B2

新加坡動物園

MOOK Choice

Singapore Zoo

近距離認識動物生態

🚇 乘地鐵南北線在「Ang Mo Kio」站下車，走出口C，往右循指標走室內通道，經AMK Hub購物中心至Bus Interchange，轉搭138號公車，或在「Choa Chu Kang」站下車，走出口C至Choa Chu Kang Interchange，轉搭927號公車；或乘地鐵湯申－東海岸線在「Springleaf」站下車，走出口3至「Bef Springleaf Rd」站牌，轉搭138號公車。以上公車皆在「Singapore Zoo」站下車可達。🏠80 Mandai Lake Road 📞6269-3411 ⏰08:30~18:00（最後入場時間為17:00）💲成人48元、3~12歲33元，門票皆包含遊園導覽車。雙園套票（四選二）成人88元、3~12歲60元。另推出4園優惠套票，詳見官網。🌐www.mandai.com

Singapore Zoo是一座「開放式動物園」，利用小溪流、岩壁或水塘等天然屏障隔離動物，而不是用鐵欄杆，讓人覺得動物就在身邊，充滿探險的刺激感。例如走進「脆弱森林(Fragile Forest)」，就像來到縮小版的野生雨林區，冠鳩在地面行走，草叢邊有體型嬌小、行動敏捷的鼷鹿，爬上觀景台後，則能觀察狐猴以及高掛在樹枝上的馬來狐蝠，讓人近距離接觸脆弱的雨林生

態，也提醒我們反思雨林保育問題。

園內非看不可的表演包括「海洋動物表演」和「雨林大反擊」等，同時園方還安排了動物餵食活動，包括大象、長頸鹿、白犀牛等，只要上網預約就能近距離接觸。由於動物園佔地廣大，不妨利用遊園專車節省體力，遊園專車從入口開始行駛，沿途停靠3站，可參考地圖做路線規劃。

善用接駁車暢遊萬禮野生動物保護區

從地鐵南北線的卡迪地鐵站 (Khatib, NS14)，每天有接駁車(Mandai Khatib Shuttle)可前往萬禮野生動物保護區(Mandai Wildlife Reserve)，路線中設有2個停靠站，分別是「Bird Paradise and Mandai Wildlife West」(站牌編號#48111)和「Singapore Zoo, River Wonders and Night Safari」(站牌編號#48131)。如有異動，請以官網發布訊息為準。

🏠從卡迪地鐵站出口A附近的站牌上車 ⏰08:30~23:40，平均10~15分鐘一班，23:00~午夜12:00每20分鐘一班，視交通狀況而定。💲卡迪地鐵站至萬禮：每人2元，7歲以下免費。萬禮至卡迪地鐵站：免費（包括萬禮內所有站牌）。車資不收現金，可使用易通卡或信用卡支付。

MAP　P.07B2

夜間野生動物園

Night Safari

月光下夜訪叢林生物

同新加坡動物園　80 Mandai Lake Road　6269-3411
19:15~午夜12:00，餐廳和商店18:30開始營業。
成人55元、3~12歲38元，票價包含乘坐導覽專車。雙園套票(四選二)成人96元、3~12歲66元，另推出4園優惠套票，詳見網站。www.mandai.com

這是全世界第一座夜間動物園，成立於1994年，取名為Night Safari，就是有叢林探險的意思。這裡的動物同樣不用圍籬圍起，而是運用溪流、岩石、樹幹等天然屏障，讓夜間探訪花豹、蟒蛇等叢林生物更有真實感。園區規劃了兩種遊園方式：一是乘坐導覽專車行經3.2公里路線，大約45分鐘行程，沿途可看到花豹、馬來貘、野牛、羚羊、懶猴、眼鏡猴等動物，在月光下坐車穿越雨林，的確是奇妙的感受；二則開闢了漁貓小徑、花豹小徑、東站小徑和沙袋鼠小徑等步道，可以慢慢探訪夜色籠罩下的叢林景象，每條步道的行走時間約20分鐘。

園內大門廣場每晚上演2場「暮光表演」，運用LED燈帶來精彩燈光秀，點亮每位訪客的夜晚；在表演劇場展開的「夜晚的精靈動物表演」將有許多夜行生物登場，觀眾還有機會上台與動物近距離接觸。

MAP　P.07B2

新加坡飛禽公園

Bird Paradise

探訪千奇百怪的雨林鳥群

同新加坡動物園　80 Mandai Lake Road　6269-3411
08:30~18:00　成人48元、3~12歲兒童33元，門票包含乘坐導覽車。雙園套票(四選二)成人88元、3~12歲60元，另推出4園優惠套票，詳見網站。www.mandai.com　記得提前查好各項表演節目的當日時刻表，以免錯過。

相信嗎？生活在飛禽公園裡的鳥類竟超過3,500多隻，品種多達400餘種，千奇百怪，令人嘆為觀止。園內建立了8座超大型鳥舍，按照飛禽的類別與原生地打造自由飛翔的家，比如「緋紅濕地」的粉紅琵鷺、金剛鸚鵡和優雅的美洲紅鶴；「神秘巴布亞」裡不會飛的雙垂鶴鴕；擁有峇里島梯田造景的「亞洲珍禽」，能近距離看見藍喉皺盔犀鳥、大眼斑雉等30多種稀有珍禽。此外還有「企鵝館」、「澳大利亞內陸」、「彩鸚谷」等。

當然別錯過天際劇場裡的「猛禽表演」，各種老鷹在訓練師的指揮下呼嘯而過，有時還會演出爆笑舉動，逗得觀眾哈哈大笑；「展翅高飛」由眾多鳥兒領銜演出，熱鬧非凡。

MAP ▶ P.07B2

河川生態園
River Wonders

探訪世界知名河流生態區

🚃同新加坡動物園 🏠80 Mandai Lake Road ☎6269-3411 🕐園區10:00~19:00，亞馬遜河探索11:00~18:00。 💲園區成人42元、3~12歲30元。亞馬遜河探索遊船每人5元，身高滿106公分才能登船。雙園套票(四選二)成人88元、3~12歲60元，另推出4園優惠套票，詳見網站。🌐www.mandai.com

亞洲首座以河川為主題的野生動物園，以世界各大淡水河生態為靈感，設計出北美密西西比河、非洲剛果河、尼羅河、印度恆河、東南亞湄公河、中國長江，以及南美洲亞馬遜河等區域。走逛其中，可以看見世界上最大的淡水魚類——湄公河大鯰，也能在長江展區看見稀有的揚子鱷。在野生亞馬遜(Wild Amazonia)展區中，更分出亞馬遜河探索、松鼠猴生態林及亞馬遜洪溢林三部分，遊客可以搭船一探亞馬遜雨林生態，還可以到洪溢林中，觀賞大水獺、食人魚及巨龍魚在水底遨遊。

園內還有不少生活在陸地的動物明星，如中國贈送給新加坡的一對大熊貓「凱凱與嘉嘉」和牠們的寶寶，以及被稱為火狐的小熊貓，都具備

超高人氣。此外在遊船廣場每天有幾場「河言物語」表演，讓觀眾隨著各種奇妙的河居生物一起展開冒險之旅。

MAP ▶ P.07C2

麥里芝蓄水池公園
MacRitchie Reservoir Park

漫步在集水區周邊小徑

🚃乘地鐵湯申－東海岸線在「Caldecott」站下車，走出口1，沿Toa Payoh Rise，過斑馬線，右轉沿Thomson Rd.直走，左轉Reservoir Rd.可達；或乘地鐵南北線在「Newton」站下車，在出口A的公車站，轉乘167號公車在「MacRitchie Reservoir」站(編號#51071)下車可直達。

🏠入口位於Lornie Road 💲免費 🌐www.nparks.gov.sg

麥里芝蓄水池屬於中央集水區的一部分，園內擁有300種鳥類與150種哺乳動物。為了減少武

吉知馬自然保護區過多的人潮，新加坡政府於蓄水池周遭搭起6條木製步道，沿途設有植物解說牌，可以邊散步邊觀賞豐富生態。這6條步道各具特色，除了Golf Link，其餘5條都以園內常見的樹木來命名；位於水池東北岸的Prunus/Petai步道長3公里，約1小時腳程，屬輕量級；Petaling步道則深入森林核心，長10.3公里，走完全程約4~5小時，屬中量級，不妨視個人體力來選擇路線。

MAP ▶ P.07B2

武吉知馬自然保護區
Bukit Timah Nature Reserve
新加坡唯一熱帶雨林保護區

🚇乘地鐵濱海市區線在「Beauty World」站下車，走出口A，沿Upper Bukit Timah Rd往前走，繞至武吉知馬購物中心另一端，走天橋至對街，往左沿Upper Bukit Timah Rd繼續走，經過新加坡教會，右轉Hindhede Rd直走到底，往左沿小徑可達遊客中心，全程步行約20分鐘。 ⏰07:00~19:00 🌐www.nparks.gov.sg

成立於1883年的武吉知馬自然保護區，是新加坡唯一的熱帶雨林保護區，生態資源十分豐富。園區內規劃了4條登山健行路線，不妨先到遊客中心或上網查詢指南，指南上清楚地標示4條路線所需花費的時間，建議可走紅色路線，來回約1小時，上坡走約30分鐘就可抵達新加坡最高的山峰，雖然高度只有164公尺，不過登頂後自然保護區蓊鬱的全貌一覽無遺，感覺神清氣爽。幸運的話，還能看到長尾獼猴在樹上盪來盪去，當然這一路上鳥叫蛙鳴是少不了的，指南上印著許多動植物介紹，有興趣的人可以仔細對照一下。

MAP ▶ P.07B3

新加坡科學館
Science Centre Singapore
玩樂中學豐富科學知識

🚇乘地鐵東西線或南北線在「Jurong East」站下車，走出口B，沿Jurong East Street 12，過馬路，走Science Centre Rd.可達，步行約8分鐘；或由「Jurong East」站出口B通往公車轉運站，轉乘66、335號公車在「Singapore Science Centre」站下車直達。 🏠15 Science Centre Road ☎6425-2500 ⏰10:00~17:00 🚫週一（國定假日除外） 💲科學館：成人12元，3~12歲8元，萬象館：每人14元。 🌐www.science.edu.sg

科學館擁有將近900種互動式與非互動式的展品，舉凡物理、化學、天文、能量、人體、聲音等10

多個展廳，都有充滿知性與趣味的遊戲。戶外戲水場裡有水迷宮、水時鐘、水火箭等遊戲，孩子玩水時，不知不覺便學會了水壓、水循環與彩虹折射的原理，最後再到大型乾衣機吹乾身體，順便連蒸發的道理也學會了。此外也設有萬象館（Omni-Theatre），是東南亞首座8K3D數位球幕劇院，可體驗一場太空之旅。

MAP ▶ P.07B3

雪城
Snow City
在赤道國家滑雪玩冰上碰碰車

🚇乘地鐵東西線或南北線在「Jurong East」站下車，步行約10分鐘可達；或由「Jurong East」站轉乘66、335號公車在「Singapore Science Centre」站下車後，步行3分鐘可達 🏠21 Jurong Town Hall Road ☎6560-2306 ⏰週二至週五10:00~17:00，週六、週日和國定假日10:00~18:00。 🚫週一 💲1小時＋1次冰上碰碰車：成人25元、3~12歲21元，冰上碰碰車單次每人7元。請事先上網購票。 🌐www.snowcity.com.sg

在熱帶國家新加坡也可以滑雪了！雪城是一處室內冰雪中心，利用科學技術製造出如假包換的真雪，擁有60公尺長的雪坡，可以體驗從高處往下滑的驚喜刺激，也能享受堆雪人、打雪仗、賞冰雕的樂趣；坐上最熱門的冰上碰碰車(Ice Pumper Car)，讓人在零度以下的冰面上漂移，與親朋好友一起High翻天。若是沒機會到北國玩雪，來到新加坡，還等什麼呢？

西部郊區Western

MAP ▶ P.07A3

知新館

Singapore Discovery Centre

在遊戲中深度認識新加坡

🚇乘地鐵東西線「Joo Koon」站下車,走出口B,沿Benoi Rd.往北,過馬路,進入Jurong Heritage Trail可達,步行約8~10分鐘。🏠510 Upper Jurong Road ☎6792-6188 ⏰週一至週五12:00~18:00,週六、週日和國定假日11:00~19:00。💲常設展:成人10元、3~12歲8元。黑湖雷射戰場:成人15元、3~12歲12元。黑湖密室逃脫:每場成人30元、3~12歲24元。請上網訂票預約時段。🌐www.sdc.com.sg

　　知新館的「新」,指的就是新加坡,帶領民眾深入了解新加坡。館內規劃2個常設展區和6種遊戲區:透過互動式常態展覽與影片,從新視角認識獅城的歷史文化;最熱門的就是全島最大的密室逃脫遊戲「黑湖設備」以及室內槍戰「黑湖雷射戰場」,使用嶄新科技讓人身臨其境,同時訓練手眼協調及反應力。此外,還有XD劇院、射箭與多層彩彈射擊競技場,值得遊玩一整天。

東部郊區Eastern

MAP ▶ P.07B2

樟宜博物館

The Changi Museum

紀念第二次世界大戰的歷史

🚇乘地鐵東西線在「Tanah Merah」站下車,在出口B轉乘2號公車在「Opp Changi Chapel Museum」站下車步行可達;或乘地鐵濱海市區線在「Upper Changi」站下車,從出口A轉乘2號公車可達。🏠1000 Upper Changi Road North ☎6214-2451 ⏰09:30~17:30 🈺週一 💲成人8元,學生和60歲以上者5元,6歲以下免費。館內提供免費導覽。🌐www.nhb.gov.sg/changichapelmuseum

　　樟宜監獄其實是二次大戰期間的日軍戰俘營,而在日軍高壓統治下,還曾有幾千位平民被關押在這裡。當年戰俘為尋求心靈安慰,在

西部郊區Western

MAP ▶ P.07B3

虎豹別墅

Haw Par Villa

探索死亡與來世的主題展區

🚇乘地鐵環線「Haw Par Villa」站下車,走出口A,步行直達。🏠262 Pasir Panjang Road ☎6773-0103 ⏰10:00~18:00 💲公園免費。地獄博物館:成人18元、兒童10元。建議未滿8歲不要參觀地獄博物館。🌐www.hawparvilla.sg

　　由出生於緬甸的華人胡文虎為弟弟胡文豹所興建,於1937年開幕。園內的造景充分展現了胡文虎對中華文化與神話故事的熱愛,除了塔樓、曲橋和涼亭,還有1千多座雕塑與150個實景模型,描繪《西遊記》、《白蛇傳》和《八仙過海》等民間故事場景。

　　歷經二次世界大戰後,新加坡旅遊局在1985年接管這片土地,展開修復工程,

　　將最具代表性的「十殿閻羅」納入地獄博物館(Hell's Museum),成為全球唯一探索不同的宗教文化是如何看待死亡與來世的主題館。循著參觀動線,認識各國的信仰和面對死者的儀式,最後進入華人熟知的十殿閻羅展區,透過塑像將每一層地獄會遭受的酷刑逼真呈現,充滿警示意味。

郊
區 Natural Region

監獄中建了一座木造蓬屋式教堂。二戰結束後,新加坡政府在監獄旁蓋了博物館,展出當時戰俘的書信、壁畫、照片與私人物

©The Changi Museum

品等,讓人記取這段淪陷時期的慘痛歷史,供後人追念人們在逆境中的生存意志,也期望能鼓舞未來的世代。可惜的是原來的監獄在2001年因為需要擴建而被拆除,博物館因而遷至現址。

MAP P.07D2

Wild Wild Wet

清涼暢快的消暑勝地

乘地鐵東西線在「Pasir Ris」站下車，走出口A：1.沿Pasir Ris Dr 3步行約12~15分鐘可達。2.從Pasir Ris Bus Interchange搭乘3、5、6、12、17、21、89、354、358號公車可達。3.出口A有開往Downtown East的免費接駁車可直達，每天11:00~10:00營運。🏠1 Pasir Ris Close ☎6581-9128 🕐週一至週五12:00~18:00、週六、週日和國定假日11:00~18:00。🚫週二 💲週一至週五成人29元、3~12歲21元；週末假日成人39元、3~12歲29元。🌐www.wildwildwet.com

想消消暑氣嗎？就遠離鬧區往東部去吧!Wild

Wild Wet是新加坡最大的水上樂園之一，來到這兒，當然要玩經典滑水道Kraken Racers，從12公尺高的賽車型水道急速而下；如果還不過癮，就挑戰亞洲最長的自由落體滑水道，以每秒50英尺的速度從近乎垂直的地方縱身一躍。刺激的還有乘坐6人橡皮艇Ular-Lah，從極高點加速滑下，中間會經過一處超級髮夾彎，宛如水上版的頭文字D。此外，也有漂漂河、大海嘯、兒童水樂園專區，以及各種形式的滑水道。

MAP P.07D3

新生水展覽館

NEWater Visitor Centre

回收水變新鮮飲用水

乘地鐵東西線在「Tanah Merah」站下車，走出口B，轉乘12、24、31、38號公車，在「Aft Bedok Rd」站下車，往右走Upper Changi Rd. E，過了Bedok Canal，右轉Upper Changi Rd. E可達，步行約1.2公里。🏠20 Koh Sek Lim Road ☎6546-7874 🕐週二至週日09:00~17:30。導覽時間為09:00、10:45、12:30、14:15、16:00，全程約1小時，可事先於網站預約。🚫週一 💲免費 🌐www.pub.gov.sg/water/newater

新加坡地狹人稠，集水面積遠遠不敷全國用水量，因此開發新水源成了當務之急。新生水是運用微

過濾、逆滲透、紫外線殺菌等處理流程，將廢水回收利用，乃目前各國重複使用水資源的技術，而新加坡的新生水更達到飲用水的超高標準！為了掃除大眾對新生水的疑慮，新生水廠特別開設展覽館，透過展示介紹、多媒體視聽、各類遊戲等方式，讓人對新生水更了解。館內聲光效果十足宛如主題樂園，遊客可以實地參觀新生水的製作過程，還有機會品嚐新鮮的新生水。

MAP P.07D2

巴西立公園

Pasir Ris Park

到紅樹林溼地賞鳥走步道

乘地鐵東西線在「Pasir Ris」站下車，走出口A，往前走至Pasir Ris Dr 3，沿小路可進入公園範圍，步行約10~15分鐘。🏠Pasir Ris Central 💲免費 🌐www.nparks.gov.sg

位於新加坡東北角海邊、佔地17公頃的巴西立公園，是新加坡最大的公園之一，沿著長長的木板道前行，可以深入廣達6公頃的紅樹林世界，泥蟹、彈塗魚在泥地裡鑽行跳躍，五梨跤、紅茄苳等稀有植物也隨風擺弄，登上3層樓高的賞鳥台架起望遠鏡，珍貴的生態環境就在眼前展開。公園裡設有遊客中心、單車道、烤肉區、海灘餐廳、兒童遊樂場、迷宮花園等設施，水上活動也不少，假日常常有音樂會在露天劇場演出。若你是大自然的愛好者，這裡提供紮營的宿營地，不妨租個帳篷睡袋，在星空的陪伴下聽潮而眠。

東部郊區Eastern

MAP ▶ P.07D2

烏敏島

MOOK Choice

Pulau Ubin

在都會城市發現桃花源

🚇乘地鐵東西線在「Tanah Merah」站下車,走出口B,轉乘2號公車在「Changi Village Ter」站下車,沿Lor Bekukong走到Changi Point Ferry Terminal,搭乘渡輪可達烏敏島,船程約10~15分鐘。 ☎6542-4842 ⏰渡輪行駛⏰06:00~天黑 💲渡輪每趟費用3元,單車出租依時數每輛從10~15元不等。

從樟宜尾碼頭搭乘渡輪僅僅10分鐘,就來到這座世外桃源。島上仍保有古早的傳統鄉村景觀,居民坐在自家門前聊天,氣氛悠閒,安靜的村子裡最喧鬧的聲音,竟是空曠街道中傳來遊客騎單車的鐵鍊回音,以及小徑旁的鳥叫蟲鳴。

從碼頭上岸、穿過迎賓牌坊之後,右側是遊客中心和花崗岩海岸,左側街道有幾家單車出租店和小吃店。島上規劃了幾條單車路線,推薦前往仄爪哇濕地(Chek Jawa Wetlands),路長約3.3公里,這片100公頃的原始濕地直到西元2000年才被政府發現,同時坐擁沿海森林、岩石沙灘、海草潟湖和紅樹林沼澤等生態,可以沿著海岸木板道觀賞奇妙豐富的海邊植物與生物。喜歡沙灘的人,請朝著NPCC Campsite方向往北騎至終點,就是美麗海灘,路長約3公里。

東部郊區Eastern

MAP ▶ P.07 C 2C3

Forest Adventure

如泰山般穿梭叢林

🚇乘地鐵濱海市區線在「Bedok Reservoir」站下車,走出口B,沿Bedok North Ave 3往北走,過馬路,沿勿洛蓄水池路走可達,步行約分10~15鐘。 🏠825 Bedok Reservoir Road ☎6206-9744 ⏰週一09:30~14:00,週二至週五09:30~18:00,週六和週日09:30~18:30。 💲Grand Course 50.9元,Kids Course 40.9元。 🌐www.forestadventure.com.sg ❗Grand Course身高必須超過145公分,Kids Course身高必須超過110公分。請事先上網報名。

來到Forest Adventure,你可以像泰山一樣,

恣意在叢林綠意之間穿梭擺盪。在勿洛蓄水池(Bedok Reservoir)畔的森林探險,結合了各種繩索設施,例

如攀梯、樹橋、攀網、高空鞦韆等樹端關卡,在離地5公尺的高度上挑戰自己的體能與膽識。最過癮的是,其中還包含了4段飛越勿洛水池上空的滑索,最長的一段約有200公尺,彷彿施展武功水上飄一般。除了讓大人挑戰自我的Grand Course外,也有兒童專用的Kids Course,讓孩子從小練出一副好身手。

東部郊區Eastern

MAP ▶ P.07D2

星耀樟宜

MOOK Choice

Jewel Changi Airport

比機場還火紅的旅遊新地標

🚇乘地鐵東西線在「Changi Airport」站下車，循指標步行可達。 🏠78 Airport Boulevard（位於樟宜機場第一航廈入境大廳旁） 🕐公共空間24小時開放。多數商店10:00~22:00。 🌐www.jewelchangiairport.com

　　把一座世界級機場變身為時尚生活新地標，不時散發主題樂園般的光芒，這就是星耀樟宜的獨家魅力。由知名建築師Moshe Safdie操刀，以鋼材結合玻璃屋的概念，構成充滿未來感的橢圓形外觀，再將自然生態深植於135,700平方公尺的寬廣面積中，彷彿置身綠洲，轉身卻有300多家商店和餐廳鋪展在眼前，娛樂遊戲與美麗花園並存，對旅客和當地居民來說，星耀樟宜已超越了航空樞紐的美名，躋身為新加坡必訪的人氣休閒景點。

漫步森林谷打卡雨漩渦瀑布

　　星耀樟宜最閃亮的主角，就是玻璃圓頂籠罩下的資生堂森林谷(Shiseido Forest Valley)，900棵綠樹和6萬棵灌木種植於層層階梯之間，位居中央的滙豐銀行雨漩渦 (HSBC Rain Vortex)以40公尺高的力道從天傾瀉而下，清涼的雨霧瀰漫著芬多精，榮登全球最高的室內瀑布。陽光下氣勢恢弘，夜晚則上演水舞聲光秀。無論從哪個角度取景，都能拍出網美照。

到星空花園賞景玩遊戲設施

　　頂樓的星空花園（Canopy Park）擁有眾多遊樂設施，包括：造型童趣的「神奇滑梯」、地面不斷釋放薄霧的「雲霧碗」、繽紛悅目的「花卉園」和「灌木花園」。還有掛設在花園上空的「步行網」和「蹦跳網」，可以盡情彈跳、釋放體能。喜歡靜態休閒的話，不妨逛逛「樹籬迷宮」或「鏡子迷宮」。走上「天懸橋」雲端漫步，從意想不到的角度接近瀑布，更是獨一無二的體驗。

國際&本土美食各擁一片天

在挑高寬敞的空間裡匯集了眾多潮牌餐廳和咖啡館。來自紐約的漢堡店Shake Shack、正宗丹麥冰淇淋Anderson's of Denmark、以龍蝦漢堡聞名的英國連鎖餐館Burger & Lobster，以及創立於2017年的新品牌Luckin Coffee，主打著每一批咖啡都由WBC冠軍團隊精心調配。除了國際風味，本土美食更加搶眼。由獅城娘惹料理大師溫美玉經營的餐廳Violet Oon，帶來獲獎無數的經典佳餚；而松發肉骨茶、海南寶、三巴旺白米粉、Birds of Paradise、Fun Toast、PS. Café等，各擁一片天；還有寬敞的美食街，在地小吃齊聚。

在綠意環繞中逛街買伴手禮

有了森林谷的綠意加持，在星耀樟宜逛街也成為一種享受。這裡有東南亞最大的Nike商店，以及日本在亞洲開設的唯一一永久店面－新加坡寶可夢中心，同步販售一系列官方原創商品。其他還包括Adidas、Puma、Foot Locker、Desigual等休閒品牌。

最吸引觀光客的當然是新加坡本土設計產品，推薦流行服飾精品店CHARLES & KEITH和Lovet、價格優惠的兒童書店My Greatest Child、以瑞士捲打響名號的裕佳西餅店、販售生活雜貨的Turtle，都各具亮點；更要逛逛超市FairPrice Finest，各種在地風味的糕餅、醬料包、泡麵、風味茶等，應有盡有。

H Where to Stay in Natural Region
住在郊區

MAP ▶ P.07D2

樟宜機場皇冠假日酒店
Crowne Plaza Changi Airport

🚇乘地鐵東西線在「Changi Airport」站下車，循指標步行可達。🏠75 Airport Boulevard 01-01（位於機場第三航廈入境大廳旁）📞6823-5300 🌐changiairport.crowneplaza.com

在旅人來去如風的樟宜機場，即使身為過境旅宿，皇冠假日酒店從未輕忽怠慢，始終以優質貼心的服務，讓每趟短暫的停留彷彿回到了家。如此的熱誠將它推上了Skytrax世界機場獎的最高榮譽，連續8年獲選為「全球最佳機場飯店」及「亞洲最佳機場飯店」。

看似風格時尚的外觀下，其實是一座綠建築，從大廳、多功能會議室到游泳池，幾乎被熱帶雨林所環繞，更遑論飯店裡的575間客房皆坐擁挑高落地窗，有些推開門就是樹蔭中的泳池露台，有些可以觀賞星耀樟宜的人潮燈火，也有隔窗坐看飛機起降的房型，以灰藍、橄欖綠地毯搭配大地色系家具，安穩舒適。

走進Allora，品嚐正宗的手工披薩和義大利麵；到Club Lounge淺酌片刻；前往健身中心揮灑汗水，住在樟宜機場皇冠假日酒店，你將發現，原來轉機也能夠輕鬆度假。

©Legoland Malaysia Resort

鄰國

馬來西亞
新山

印尼
民丹島

Neighboring countries

近年來旅遊新加坡最熱門的延伸玩法，便是將行程安排至馬來西亞的新山，展開一場主題樂園之旅。這裡有亞洲第一座樂高樂園及樂高水上樂園，帶領旅人進入繽紛多彩的樂高世界，非常適合親子同遊。

如果想在短時間內體驗兩種度假心情：動與靜、快與慢、繁華都會與熱帶雨林，遊逛完新加坡之後，可以再搭船快速擁抱民丹島；踏上這座島嶼，可以享受頂級度假村的休閒設施、做SPA舒緩身心、從事水上活動、探訪當地自然生態，也可以打高爾夫球，或是發呆一整天，徹底慵懶到最高境界。

鄰國

馬來西亞
新山

新加坡

印尼
民丹島

N

鄰國之最Top Highlights of Neighboring countries

樂高樂園與樂高水上樂園
Legoland & Legoland Water Park

一塊塊樂高積木可以堆砌出無限的創意作品，讓人也幻想走進那色彩繽紛的小小世界。現在，只要來到馬來西亞樂高樂園與水上樂園，便可以暢遊多項樂高主題設施，住進宛如巨型樂高城堡的歡樂氛圍中。(P.262)

民丹島Bintan Island

潔白的沙灘、透明的海水，只要不到1小時的船程，就能從新加坡的繁華都市奔向度假天堂──民丹島，不論是享受度假村設施、品嚐美食、體驗芳香按摩療法，或是打高爾夫球、參與在地休閒活動，都能享有一次美好浪漫的假期。(P.264)

![馬來西亞新山地圖]馬來西亞新山

馬來西亞新山
Johor Bahru, Malaysia

文●墨刻編輯部　攝影●墨刻攝影組

馬來西亞柔佛州的新山市(Johor Bahru)距
離馬六甲約216公里，與新加坡僅隔著柔
佛海峽，因為位於馬六甲與新加坡之間，發展
成相當繁榮的城市。自從2012年全亞洲第一座
樂高主題樂園出現，接著更陸續開設了樂高水
上樂園及大型商場，吸引無數觀光人潮，由於
從新加坡乘車到新山相當便利，不妨將行程延
伸至新山，展開主題樂園之旅。

INFO

如何前往──新加坡至新山

從新加坡有兩條通道可前往新山，分別是：新柔
長堤(Johor-Singapore Causeway, 1st Link)和馬新
第二通道(Malaysia-Singapore Second Link, 2nd
Link)。前者連接新加坡的Woodlands Checkpoint

及馬來西亞的Sultan Iskandar Checkpoint；後者連接新加坡的Tuas Checkpoint及馬來西亞的Saltan Abu Baker Checkpoint(CIQ 2nd Link)，如果要開車前往樂高主題樂園，建議走2nd Link，距離最近。

提醒你，出入境時需於新加坡及馬來西亞各自境內辦理手續，記得要攜帶護照。辦完手續後，乘巴士者可回原車前往目的地；乘Causeway Link公車者，可再搭上CW任一路線公車；搭乘計程車者，出入境時皆不必下車。

◎地鐵+巴士
經由新柔長堤1st Link前往
從克蘭芝地鐵站(Kranji)：在地鐵站附近可找到Causeway Link巴士站牌，搭乘Causeway Link CW1巴士，前往兀蘭檢查站(Woodlands Checkpoint)。

從皇后街公車站(Queen Street Bus Terminal)：搭乘Causeway Link CW2巴士，前往兀蘭檢查站(Woodlands Checkpoint)。

從紐頓地鐵站(Newton)：在紐頓小販中心附近的站牌，搭乘Causeway Link CW5巴士，前往兀蘭檢查站（Woodlands Checkpoint）。

通過兀蘭檢查站後，搭乘同一輛巴士前往新山海關（Johor Bahru Checkpoint）。經過新山海關後，步行至新山中央車站巴士站區搭乘 Causeway Link LM1，直達Mall of Medini下車/上車點，再步行至樂高樂園入口。

經由馬新第二通道2nd Link前往
1. 從裕廊東地鐵站(Jurong East)：從地鐵站往Venture Ave.方向走，附近設有Causeway Link巴士站，找到Venture Ave Pte Bay No. 5，由此搭乘Causeway Link CW3、CW4巴士，前往大士檢查站（Tuas Checkpoint）。

2. 從文禮地鐵站(Boon Lay)：從地鐵站走往301 Boon Lay Way，找到巴士站，搭乘Causeway Link CW6巴士，前往大士檢查站（Tuas Checkpoint）。

3. 從大士連地鐵站(Tuas Link)：從地鐵站沿著Tuas West Dr.走，可找到巴士站，由此搭乘Causeway Link CW7巴士，前往大士檢查站（Tuas Checkpoint）。

經過大士檢查站後，搭乘同一輛巴士直達新山海關（JB Customs.）。出入境檢查後，搭乘 Causeway Link CW7L巴士，直達Mall of Medini下車/上車點，再步行至樂高樂園入口。

🚇裕廊東站P.07B3、文禮站P.07A3、紐頓站P.144C1D1、大士連站P.07A3、皇后街公車站P.187B2

❤各號巴士的發車班次不同，平均大約每20~30分鐘一班，但容易不準時，請多加留意。

💲在以上新加坡各乘車站附近，皆可找到馬來西亞發行的旅遊巴士通行卡（ManjaLink）的自動售卡機，上下車持卡輕觸即可，可無限次搭乘。卡費依乘車地點而不同，從新幣1.8~4.5元不等。

🌐www.causewaylink.com.my、manja.my

◎WTS Travel巴士
從新加坡可以搭乘WTS Travel巴士，直接抵達馬來西亞的樂高樂園。搭乘地點是位於新達城購物中心的Suntec City Mall Tower 2 Coach Bay，同時WTS Travel旅行社在新達城設有分店，由此站報到上車對旅客來說最為方便；另一個上車地點設於Jurong East Venture Avenue No.5 Bus Bay，適合飯店居住在西部的旅客。

乘坐直達巴士是最迅速便利的方式，不過費用也較高，車票可於WTS Travel網站或新達城分店的櫃台購買。乘客需於發車前15分鐘抵達乘車處。WTS Travel除了販售來回車票，也推出樂高樂園的門票套票。

樂高樂園直達巴士去程每天9:00從Suntec City Mall Tower 2 Coach Bay發車，9:30停靠Jurong East Venture Avenue No.5 Bus Bay，而後往樂高樂園直奔而去，車程約1.5小時；回程17:15從LEGOLAND Coach Bay 出發，返回新加坡新達城。班次時間易有變化，請事先上網查詢。

🏠新達城購物中心P.64C1

🚇可乘地鐵環線(Circle Line)在濱海中心站(Esplanade, CC3)下車，走出口A步行至新達城購物中心。

☎6466-8558

💲來回車票約26~32元，另販售含樂園門票之套票。請事先上網預訂。

🌐www.wtstravel.com.sg

馬來西亞旅遊資訊
◎簽證
凡持有效台灣護照（效期6個月以上）入境馬來西亞，可停留馬來西亞30天免簽證。

◎貨幣
使用貨幣單位為令吉（Ringgit，縮寫為RM），本篇即以RM表示。

◎時差
台灣與馬來西亞及新加坡無時差

◎電壓
電壓為220~240伏特，50HZ，插座為3腳扁型。與新加坡相同。

◎馬來西亞旅遊局網站
🌐www.tourism.gov.my

MAP ▶ P.263A2

馬來西亞
樂高樂園度假村

MOOK Choice

Legoland Malaysia Resort

集結水陸設施及酒店的繽紛度假區

🚗 從新達城購物中心Tower 2可乘WTS巴士直達，詳情請見P.261。 🏠 7 Jalan Legoland, Bandar Medini., Nusajaya, Johor, Malaysia ☎(07)5978888 🌐www.legoland.com.my

　　自從亞洲第一座、全球第六座樂高主題樂園，以及樂高水上樂園以及酒店陸續開幕，在此打造出集結水陸樂園及酒店的度假區，為馬來西亞柔佛州新山帶來了大量觀光人潮。也因為樂園位置距離新加坡並不遠，成為不少旅客造訪星洲之餘，一定會拜訪的景點。

馬來西亞樂高樂園Legoland Malaysia

🕙 10:00~18:00(最後入場時間為17:00)。營業時間時有變動，建議出發前先至網站查詢。 💲一日票成人RM199、優待票RM169；與水族館套票成人RM279、優待票RM219；3歲以下均免費。另有推出其他套票及年票。

　　樂高樂園動用了5千萬塊積木打造出1萬5千多個模型，佔地超過31公頃，分成7大主題區，包括迷你樂園(Miniland)、樂高王國(Lego Kingdoms)、幻想樂園(Imagination)、樂高科技城(Lego Technic)、樂高城市(Lego City)、冒險園地(Land of Adventure)等。迷你樂園是樂園中的焦點區域，漫步其中，可以看見17個亞洲國家的著名景點，包括吉隆坡國際機場、新加坡魚尾獅公園、印度泰姬瑪哈陵、印尼海神廟及柬埔寨吳哥窟等樂高作品，精緻的迷你世界就呈現在眼前。

　　園內還有包含長達500公尺、高20公尺雲霄飛車在內的樂高主題遊樂設施40餘項，富含教育意義的互動式休閒娛樂，老少咸宜。

樂高樂園酒店Legoland Hotel

　　酒店繽紛的外觀宛如一座巨型樂高城堡，內部有249間主題套房，共分為海盜、城堡或探險等主題，且都設有兩個房間，一邊為成人的特大床，一邊為兒童專屬的雙層床，共可入住3位成人及2位兒童，或是2位成人及3位兒童。酒店內隨處可見樂高造型裝飾，還有專為兒童打造的樂高遊戲區，對大人小孩來說都像一座真正的歡樂城堡。

柔佛州新山

新山
Johor Bahru

馬來西亞

Nusajaya

Jln Ismail Sultan

Jln Tun Abdul Razak

新山檢查站
Johor Bahru Checkpoint

兀蘭檢查站
Woodlands
Checkpoint

雙溪布洛濕地
保留地

TE1
Woodlands
NS9
TE2

Marsiling
NS8

Kranji NS7

實里達快速公路

Lebuh Medini Utama

馬來西亞樂高樂園度假村
Legoland Malaysia Resort
樂高樂園 Legoland Malaysia
樂高水上樂園 Legoland Water Park
H 樂高樂園酒店 Legoland Hotel

Lebuh Medini Utama

萬禮
胡姬花園 Mandai

夜間野生 河川
動物園 生態園

Woodlands Rd

NS5

新加坡
動物園

Second Link Expy

NS4 DT1

NS3

Upp Bukit Timah Rd

武吉知馬
自然保護區

大士檢查站
Tuas Checkpoint

南洋理工大學

NS2

EW33 Tuas Link

Pan-Island Expressway

泛島快速公路

EW27

NS1 Jurong
FW24 Fast

武吉知馬路
Bukit Timah Rd

圖例 ◉景點 H 飯店

EW32

EW31 EW30 EW29

知新館 Boon Lay

裕廊湖
花園

新加坡
科學館

West Coast Rd

EW25
EW26

裕廊飛禽公園

雪蘭

樂高水上樂園
Legoland Water Park

🕙10:00~18:00。 💲一日票成人RM149元、
優待票129元、3歲以下免費

　這是全球第3座樂高水上樂園，與美國
加州、佛羅里達州的樂園相比，不僅是面
積最大的一個，更因為位置靠近赤道，成
為唯一終年開放的樂高水上樂園。

　入口位於樂高樂園側邊，園內大致可分
為兩區，共有20種適合全家一同玩樂的水
上設施。靠近入口的區域有漂漂河類型的
「Build-A-Raft」，河道不算長，特點是可
以自己組裝出飄浮在河道上的Lego浮床；
「Joker Soaker」裡有許多小型滑水道、
水槍，上方的大水桶每兩分鐘還會傾倒一
次。較靠近山邊的區域則有7項滑水道設
施，其中「Lego Slide Racers」可讓6名遊
客同時滑下水道，急速俯衝的體驗很受遊
客青睞。

印尼民丹島
印尼
民丹島

Bintan Island, Indonesia

文●墨刻編輯部　攝影●墨刻攝影組

民丹島雖為印尼屬地，但與新加坡的距離很近，只要不到1小時的船程，就能從繁華的都會奔向充滿甜蜜因子的度假天堂。民丹島北部規劃為民丹度假勝地，在這裡看不到高聳的大樓，有的只是潔白的沙灘、透明的海水，和一顆早就飛到雲端的美好心情；無論和情人漫步花園、追逐浪花、品嚐美食或享受頂級奢華的酒店及度假村設施，都能讓人擁有備受尊寵的浪漫假期。

INFO

如何前往──新加坡至民丹島
◎地鐵

　　從樟宜機場(Changi Airport)或新加坡市中心均可搭乘地鐵東西線(East West Line)在丹那美拉站(Tanah Merah, EW4)下車，轉搭35號公車前往丹那美拉渡輪碼頭(Tanah Merah Ferry Terminal)，乘坐

民丹島

圖例　●景點　Ｈ飯店　●餐廳　●商店　●碼頭

娜灣度假村酒店
Nirwana Resort Hotel

碧茹別墅
Banyu Biru Villa

娜灣海灘俱樂部
Nirwana Beach Club

Club Med民丹島度假村
Club Med Bintan

媚陽沙麗度假村
Mayang Sari Beach Resort

悅榕庄度假村
Banyan Tree Bintan

銀雅別墅
Indra Maya Pool Villa

悅椿民丹度假村
Angsana Bintan

樂雅高爾夫俱樂部
Ria bintan Golf Club

奎籠海鮮餐廳
Kelong Restaurant

Bandar Bentan
Telani Ferry Terminal

Masjid Al
Muhajirin Lagoi

Mangrove River
Boat Tour

紅樹林探索
Mangrove Discovery

民丹島
Bintan

渡輪可抵達民丹島。

⛴丹那美拉地鐵站P.07D3

◎渡輪

從丹那美拉渡輪碼頭(Tanah Merah Ferry Terminal)乘坐渡輪前往民丹島的班達本單特拉尼渡輪碼頭(Bandar Bentan Telani Ferry Terminal)，船程約55分鐘。渡輪票可以在渡輪碼頭內的Bintan Resort Ferries(BRF)櫃台購買，或是提前於BRF的網站購買。另須注意的是，遊客需於開船前1.5小時辦理登船手續。

⛴丹那美拉渡輪碼頭P.07D3、班達本單特拉尼渡輪碼頭P.265B2

民丹島度假勝地渡輪公司Bintan Resort Ferries

⌂50 Tanah Merah Ferry Road#01-21

☎6240-1780　⏱09:00~17:30

$

船資（新幣）		單程	來回	
		離峰	尖峰	
經濟艙	成人	57	90	100
	兒童	52	78	88
翡翠艙	成人	84	144	154
	兒童	75	124	134

🌐www.brf.com.sg

❗離峰時段為週一至週四和週日，每天約3班，尖峰時段為週五和週六及國定假日，每天約4~5班。

◎飯店免費接送

民丹島的部份飯店有提供住客優惠船資和免費穿梭巴士接送服務，詳情可向各飯店洽詢。

印尼民丹島旅遊資訊

◎簽證

自104年10月8日起，凡持有效台灣護照（效期6個月以上），於限定機場及港口入境印尼觀光，需出示回程機票或赴其他國家之機票，並支付落地簽證費用500,000印尼盾(只接受現金)，停留天數30天，可延長乙次。以落地簽證方式入境之旅客不可在印尼境內轉換簽證類別，亦不可申請居留證。

◎貨幣

主要流通貨幣為印尼盾(Rp)，但在民丹島度假勝地的範圍裡可使用新加坡幣消費，如欲前往民丹島南部旅遊則需使用印尼盾。本篇價格資訊除非特別標示，貨幣均為新加坡幣。

◎時差

民丹島比新加坡及台灣慢1小時

◎電壓

220V，50HZ，插座為3腳扁型。與新加坡相同。

◎小費

大部分的酒店及餐廳都已收取服務費，無需另外給小費。

◎速遊民丹島

民丹島上所有酒店都設有活動櫃檯，提供一系列民丹島的景點遊或主題之旅，詳情可向住宿酒店洽詢。

◎民丹島度假勝地

🌐www.bintan-resorts.com

官方網站首頁設有中英文點選，內容包括民丹島基本資訊、各大景點介紹、主題行程、度假酒店與各類休閒活動等。

MAP　P.265C1

Club Med 民丹島度假村

MOOK Choice

Club Med Bintan Island

量身訂做全包式假期

Site A11 Lagoi Bintan Island, Indonesia　(62) 770-692-801　www.clubmed.com.sg　訂位請洽Club Med 台灣分公司，電話：0800-258-263。

以全包式假期聞名的Club Med，在全球已有約80個村子，在民丹島也設立了據點。這裡同樣有藍天碧海的好景致，和一種舒緩恬靜的南國風情，時間在這裡，似乎是件不存在的事。然而對喜歡熱鬧的人來說，Club Med更提供所有「瘋狂」的可能性，村裡來自世界各地的工作人員—GO(Gentle Organizers)是你最佳的玩伴，白天玩各項水陸活動時，他們是耐心的教練，晚上精彩有趣的GO秀，也由這群GO搞笑演出。可以在這裡跳舞到深夜，或是跑到海邊喝啤酒大聲吶喊，來到Club Med，就是這麼快樂、自由。唯一要做的就是放開自己，要擔心的只有時間不夠、度假的心收不回來！

MAP　P.265B2

紅樹林探索之旅

Mangrove Discovery

日賞紅樹林夜賞螢

在民丹島所有度假飯店均可預約此行程，可搭乘住宿飯店的接駁車前往，或在飯店報名參加套裝行程。時間與價格請詳洽各飯店或旅行社。

民丹島西北方的思夢河(Sungei Sebung)流經一片紅樹林，白天這裡是觀賞紅樹林生態、探尋野生動物，如銀葉猴、蜥、鳥類的天然教室；晚上則可搭乘小舟，欣賞漫天飛舞的螢火蟲。這裡的螢火蟲數量繁多，他們在靜謐的夜晚閃耀著點點光芒，你可以近身觀察螢火蟲，而遠遠欣賞則

更為燦爛迷人。船上導遊同時也會介紹這裡的生態環境，以及沿途的水上人家，告訴你他們是如何利用水上屋來捕魚。

樂雅民丹島高爾夫俱樂部
Ria Bintan Golf Club
球壇巨星設計的最佳球場

🏠位於民丹度假勝地的北部濱海 ☎(65) 6546-7555 🌐www.riabintan.com 🚌球場推出各種套裝行程，從飯店到球場的交通接駁請洽球場。

　　對高爾夫球迷來說，在Ria Bintan Golf打球絕對是美好的體驗。這個曾獲得《亞洲高球月刊》評選為全亞洲最佳的高球場，正是由曾為球壇巨星的Gary Player所設計，並成為他最引以為傲的作品之一。這個27洞、標準竿72竿的球場，擁有極佳的草坪設計。另外，這裡的沙坑設計造型獨特，球場與海景一氣呵成的設計，兼顧了美感與挑戰性，更令人嘆為觀止，也毋怪這裡接連獲得亞洲最佳海景第七洞、第八洞及第九洞的美譽。

民丹島娜灣花園度假村
MOOK Choice
Nirwana Gardens Resort Bintan
面積等同聖淘沙的大型度假村

🏠Jalan Panglima Pantar, Lagoi 29155, Bintan Resorts, Indonesia ☎(62) 6323-6636 🌐www.nirwanagardens.com

　　民丹島娜灣花園度假村面積33公頃，在這幾乎等同於聖淘沙島的面積中，推出5家型態各異的度假村或酒店，針對不同類型的客人，推出適合的住宿環境。娜灣度假酒店(Nirwana Resort Hotel)是標準型式酒店，設計清新典雅，適合所有客人居住；媚陽沙麗海灘度假村(Mayang Sari Beach Resort)內的50間度假小屋，坐落在充滿熱帶植物的環境裡，全部面海的絕佳地理位置，安靜的只聽得到鳥鳴與浪濤聲，非常適合情侶、夫妻享受不受打擾的浪漫假期。娜灣海灘俱樂部(Nirwana Beach Club)有50間度假小屋，適合喜愛水上運動的住客。

　　碧茹別墅(Banyu Biru Villas)內366間獨棟別墅坐落在草木扶疏、湖濱圍繞的花園裡，每間都設有廚房、客廳及超過一間的臥室，再加上現代化的設備，最適合全家福或公司旅遊。銀雅泳池別墅(Indra Maya Pool Villa)在度假村內則是尊貴的代名詞，14間豪華Villa皆倚山面海，每間皆享有獨立的私人泳池、庭院、客廳和戶外浴室，許多名流政要都來這裡享受頂級豪華假期。

奎籠海鮮餐廳The Kelong Seafood Restaurant

🔺P.265B1 🏠位於民丹島娜灣花園度假村內，靠近銀雅別墅 🕐週二至週四16:30~22:30，週五至週日11:30~22:30。 🚫週一

　　奎籠在馬來傳統中是一種用來捕魚的海上木屋，在民丹島娜灣花園度假村內則以奎籠的造型，建成一座海邊的海鮮餐廳。每天早上，當地漁夫會將剛捕捉的魚蝦時鮮帶到這裡供主廚選貨，選好的海產就會放在餐廳內讓客人挑選，或許就是因為食物肥美新鮮，客人又可以邊吹著海風、欣賞著海景，邊享受豐富的海鮮大餐，使奎籠馬上成為整個度假村內最受歡迎的餐廳。

鄰國…印 尼民丹島 Bintan Island, Indonesia

MAP ▶ P.265B1

悅榕庄民丹度假村

Banyan Tree Bintan

建在山巔水湄的頂級度假天堂

🏠Jalan Teluk Berembang, Laguna Bintan, Lagoi 29155, Bintan Resorts, Indonesia ☎(62) 770-693-100 ⓦwww.banyantree.com ❀度假村提供多種套裝行程與促銷專案

　　頂著全球知名度假村的榮耀，悅榕庄在民丹島的出現，正說明此地得天獨厚的神奇魅力。眾人夢寐以求的64棟獨立頂級別墅，都建造在最美的山巔水湄，你可以選擇住在熱帶森林、山崖岩壁旁，也可以面對海灣，沉浸在與海天相連的私人泳池裡；每間客房內，每天都會點上不同的薰香油，怡人的氣息融合著自然花朵的馨香，讓你倆伴隨浪濤聲，享受一個不被打擾的甜蜜空間。數度摘下全球SPA寶座的悅榕庄，SPA中心運用面海的優越位置，特別設計整片落地玻璃窗，正好將如詩畫般的海天美景送進房內，讓你在做Spa的同時，也和大自然一起律動呼吸。

MAP ▶ P.265B1

悅椿民丹度假村

Angsana Bintan

遠離喧囂的華美度假村

🏠Jalan Teluk Berembang, Laguna Bintan, Lagoi 29155, Bintan Resorts, Indonesia ☎(62) 770-693-111 ⓦwww.angsana.com

　　悅榕庄的姐妹品牌悅椿民丹度假村，坐落於風景如畫的丹戎塞得海灣(Tanjung Said Bay)，置身於度假村的135間客房和套房中，可遠眺南中國海的壯麗景色，同時沐浴在散發著濃郁香味的環境中，祥和寧靜是這個世外桃源的最佳形容詞，讓遊客遠離喧囂、享受寧靜。SPA水療是度假村不可或缺的一部分，位於樓頂的空中芳療室，讓人可在露天Villa迎著柔柔的風，感受在熱帶花園裡Spa的情調，不若悅榕所使用的護膚品多來自藥草，天然的水果和蔬菜、優格，全是這裡最自然芬芳的美容聖品！

The Savvy Traveler
聰明旅行家

基本資訊

正式國名
新加坡共和國 (Republic of Singapore)

◎地理位置
位於馬來半島最南端，鄰近馬六甲海峽南口，其南面以新加坡海峽與印尼相隔，北面隔著柔佛海峽與馬來西亞相望，新馬兩岸之間由一條長堤緊密連接。

◎面積
新加坡的領土範圍包括本島以及鄰近60多個大小島嶼，地勢起伏和緩，面積約728平方公里。新加坡有部分地區是填海造陸而來，從1950年至今已有25%的國土面積來自於填海工程。

◎人口
目前約568多萬人

◎種族
新加坡由眾多種族組成，其中，華人約佔74.2%，馬來人約佔13.4%，印度人約佔9.2%，歐亞混血及土生華人約佔3.3%。

◎宗教
主要的信仰宗教包括：佛教、伊斯蘭教、基督教、道教、印度教。信仰佛教的人口最多，約佔31.1%，信徒基本上都是華人；穆斯林佔人口的15.6%；基督教則佔18.9%；信奉道教的人口約為總人口的8.8%；印度教徒佔總人口的5%，約8萬多人。

◎語言
英語、華語、馬來語、泰米爾語是新加坡的四大主要語言，國語為馬來語(Bahasa Melayu)，而英語是對外的官方語言，使用最為普遍，泰米爾語則是印度裔常用的語言。除了英語和華語，新加坡華人平日也會以福建、海南、廣東或潮州等家鄉話交談。

簽證辦理

◎簽證
凡持中華民國護照（有效期限6個月以上），可免簽證入境新加坡，即可在當地停留30天。計畫停留超過30天以上者，請前往新加坡駐台北商務辦事處辦理簽證。

新加坡駐台北商務辦事處
- 臺北市仁愛路四段85號9樓
- (02)2772-1940
- www.mfa.gov.sg/taipei

◎填寫電子入境卡
所有旅客抵達新加坡時，必須填妥新加坡電子入境卡（SG Arrival Card）才能通關。可在出發前三天即事先上官方網站免費填寫；如果來不及提前填寫，可在抵達樟宜機場後、通關前，到大廳旁櫃台架設的電腦填寫，但經常需要排隊，等候時間較長。

移民與檢驗站管理局
- eservices.ica.gov.sg/sgarrivalcard

旅遊諮詢

◎新加坡旅遊局台灣市場推廣代表處
- 台北市民生東路三段130巷9號8樓
- (02)7707-1314

◎新加坡旅遊局總局
- 1-800-736-2000（新加坡境內免付費）、(65)6736-2000（海外撥打）
- www.yoursingapore.com

◎駐新加坡台北代表處
- 460 Alexandra Road #23-00 P.S.A. Building
- (65)6500-0100
- www.roc-taiwan.org/SG

飛航資訊

從桃園中正機場直飛新加坡的航空公司，包括新加坡、長榮、中華、酷航、星宇，單程飛行時間大約4小時30分。正確的班機時刻表請洽各航空公司或上網查詢。

航空公司	電話	網址
新加坡航空	(02)7750-7708	www.singaporeair.com
中華航空	(02)412-9000	www.china-airlines.com
長榮航空	(02)2501-1999	www.evaair.com
星宇航空	(02)2791-1199	www.starlux-airlines.com
酷航	008-0149-1454 (02)7753-5370	www.flyscoot.com

住宿資訊

在觀光服務業盛行的新加坡，住宿種類琳瑯滿目，不同區域也發展出不同的旅館型態，從平價背包客棧到頂級度假別墅，還包括近年來火紅的精品飯店和膠囊旅館，莫不讓人眼花撩亂。

五星級飯店多集中在濱海灣、烏節路與新加坡河畔，雙人房每晚約新幣250元起；四星級和精品飯店每晚約新幣200元起；中價位的二、三星級旅館約新幣100元起，大部分由本土飯店集團經營，在全島擁有眾多分館，缺點是客房空間通常較為狹小。

新加坡的背包客棧和膠囊旅館相當普遍，2~8人房每張床約新幣20~80元，房內設有空調，提供免費早餐、冷熱水與無線上網等服務，深受背包客喜愛。這種旅館集中在小印度、武吉士、牛車水、加東、芽籠士乃附近，一般來說，武吉士、牛車水與新加坡河畔的環境較為單純，芽籠士乃和小印度則需留意是否位在紅燈區，女性旅客如果介意的話不妨事先篩選一下。

當地旅遊

◎時差

新加坡時間與台灣時間相同，無時差。

◎貨幣及匯率

新加坡貨幣單位為Singapore Dollar，一般簡寫成SGD。1台幣≒0.04新加坡幣、1新

加坡幣≒23.48台幣（匯率僅供參考）。紙鈔面額有2、5、10、20、50、100、1,000、10,000元，硬幣則有1分、5分、10分、20分、50分、1元。

◎電壓

220～240V，50HZ。插座為3孔扁型。

◎電話

台灣直撥新加坡：+65-電話號碼

新加坡直撥台灣：+886-區域號碼（去0）-電話號碼

◎小費

新加坡的多數酒店與餐廳都已將10%服務費算在帳單裡，因此無需另外再給小費。

◎用餐的消費稅與服務費

在餐廳、酒吧等處用餐時，通常會看到菜單上的金額後面加上「＋＋」符號，或在菜單的最底下標註，譬如「$24.80＋＋」。這是因為菜單上所列的價格並不含消費稅(GST)，因此結帳金額還要再加上7%，有些餐廳還會另外再加收10%的服務費，用餐前可先計算一下是否超出預算。至於外帶則不加收服務費。

在少數情況下，你甚至會看到「＋＋＋」，這是在消費稅和服務費外，還要加上1%的政府稅金。而商品價錢若是標註「nett」，則代表沒有額外費用，菜單上的數字就是你實際買單的價錢。

◎到處都有外幣兌換處

不像台灣只能去銀行兌換外幣，新加坡幾乎到處都可以換錢，無論是百貨公司、大型商場、景點區等，可看到寫著「Money